财政部规划教材
全国财政职业教育教学指导委员会推荐教材
全国高等院校财经类教材

国 家 税 收

罗昌财　宋生瑛　主　编
　　　黄毅凤　副主编

中国财经出版传媒集团

·北 京·

图书在版编目（CIP）数据

国家税收／罗昌财，宋生瑛主编. —— 北京：经济科学出版社，2024.2

财政部规划教材　全国财政职业教育教学指导委员会推荐教材　全国高等院校财经类教材

ISBN 978－7－5218－5539－5

Ⅰ.①国… Ⅱ.①罗…②宋… Ⅲ.①国家税收－中国－高等学校－教材 Ⅳ.①F812.42

中国国家版本馆 CIP 数据核字（2024）第 005700 号

责任编辑：白留杰　凌　敏
责任校对：郑淑艳
责任印制：张佳裕

国家税收
GUOJIA SHUISHOU

罗昌财　宋生瑛　主　编
黄毅凤　副主编

经济科学出版社出版、发行　新华书店经销
社址：北京市海淀区阜成路甲 28 号　邮编：100142
教材分社电话：010－88191309　发行部电话：010－88191522
网址：www.esp.com.cn
电子邮箱：bailiujie518@126.com
天猫网店：经济科学出版社旗舰店
网址：http://jjkxcbs.tmall.com
北京鑫海金澳胶印有限公司印装
787×1092　16 开　21.25 印张　540000 字
2024 年 2 月第 1 版　2024 年 2 月第 1 次印刷
ISBN 978－7－5218－5539－5　定价：69.00 元
（图书出现印装问题，本社负责调换。电话：010－88191545）
（版权所有　侵权必究　打击盗版　举报热线：010－88191661
QQ：2242791300　营销中心电话：010－88191537
电子邮箱：dbts@esp.com.cn）

前　言

　　党的二十大擘画了以中国式现代化全面推进中华民族伟大复兴的宏伟蓝图。本教材坚持以习近平新时代中国特色社会主义思想为指导，以全面深化改革为着力点，以"优化税制结构"为核心依据，研究在新的起点上更好地发挥和拓展税收职能作用，以税收现代化更好地服务中国式现代化。

　　本书是财政部规划教材，由财政部教材编审委员会组织编写并审定。主要内容根据新的税收政策及相关法律法规的更新编写，并对税制改革历程进行了系统梳理，涵盖了"十四五"期间税制改革已发生的新动向。本书是一部系统介绍中国税收理论与税收制度的教材，包括三方面内容：一是税收与税制的相关概念和基础理论。二是我国绝大多数税种的制度内容，从纳税人、课税对象、税率到纳税环节、纳税地点和税收优惠等，都作出了较为详细的讲解。三是税收征收管理制度、税收法律责任和税收法律救济制度。

　　本教材在编写过程中严格遵循以下三项原则。

　　1. 思想上坚持正确的政治方向，突出思想政治教育一体化建设。将推进习近平新时代中国特色社会主义思想融入各篇章内容中，并配以思政小课堂，使课程思政与专业融合，把社会主义核心价值观融入专业学习、融入社会发展、融入日常生活。深化爱国主义、集体主义、社会主义教育，突出育人导向，着力培养担当民族复兴大任的时代新人。

　　2. 内容上以精练理论、突出实务为原则。本教材编写内容详简有度，整合了税收制度改革的最新内容，突出基础性、严谨性、实用性与创新性、灵活性的有机结合。

　　3. 结构上以强化应用性、实践性和可操作性为原则，配合大量自测习题，旨在帮助读者更好地理解和掌握税收政策，增强分析问题的能力和应用技能。

　　本书将教材、课堂、教学资源三者融合，推动线上线下相结合的混合式教学模式改革，提高课程教学质量。设有"学习目标、思政小课堂、本章小结、思考题、拓展阅读、政策解读"等栏目，设置二维码关联课程信息资料、政策文件、内容讲解视频等多种形式，拓展课程学习资源，让学生了解相关实践知识或关联知识，强化知识体系的联系性。

　　本书共分为七篇二十二章。第一章和第二章，介绍了税收制度的基本概念和基本理论，主要包括税收的概念与特征，税收的职能与作用，税收原则、税收负担及转嫁、税制构成要素、税制的分类以及税法等内容。第三章至第二十章是根据征税对象，并结合税务机关税种管理实践划分，分别介绍货物和劳务税制、所得税制、财产税制、资源与环境税制及其他税制。这部分以我国现行的税收法律、法规为依据，详细介绍了我国现行税收体系中各税种税制要素的设置以及税款的计算和缴纳等各项具体规定。第二十一章和第二十二章包括税收征收管理、税收法律责任与税收法律救济两部分，具体分为税务管理、纳税申报、税款征收、税收检查、纳税担保等内容，同时介绍税务行政处罚、税务行政复议、税务行政诉讼与赔偿内容。

　　本书可作为高等院校经济与管理类专业本科生和研究生的教材使用，也可以作为政府财政税务部门以及广大纳税人学习税收知识的参考书。本教材由罗昌财、宋生瑛担任主编，黄毅凤担任副主编。各章编者分工是：第一章为徐俊兵；第二章、第九章、第十章为朱文娟；第三章、第四章、第五章为黄毅凤；第六章、第七章、第八章、第二十一章、第二十二章为罗昌财；第十二章至第二十章为宋生瑛；最后由罗昌财、宋生瑛总纂定稿。

　　由于笔者的水平有限，教材中难免有一些疏漏或不妥之处，恳请广大读者提出宝贵意见，以便进一步修订和完善。

编者

2023 年 11 月

目录

第一篇 税收基础理论

第一章 税收概论 (3)
- 第一节 税收的概念与特征 (3)
- 第二节 税收的职能与作用 (5)
- 第三节 税收原则 (7)
- 第四节 税收负担及其转嫁与归宿 (9)
- 本章小结 (12)
- 思考题 (12)

第二章 税制概述 (13)
- 第一节 税制要素 (13)
- 第二节 税收制度类型 (20)
- 第三节 我国税收制度的沿革及现行税制体系 (25)
- 本章小结 (31)
- 思考题 (32)

第二篇 货物和劳务税

第三章 增值税 (35)
- 第一节 增值税概述 (35)
- 第二节 增值税的纳税义务人 (41)
- 第三节 增值税的征税范围 (43)
- 第四节 增值税的税率与征收率 (52)
- 第五节 增值税应纳税额的计算 (55)
- 第六节 出口货物、劳务和跨境应税行为的退（免）税 (67)
- 第七节 增值税税收优惠 (75)
- 第八节 增值税的征收管理 (76)

第九节　增值税专用发票的使用与管理 ………………………………………（78）
　　本章小结 …………………………………………………………………………（81）
　　思考题 ……………………………………………………………………………（82）

第四章　消费税 ……………………………………………………………………（83）

　　第一节　消费税概述 ……………………………………………………………（83）
　　第二节　消费税的征税范围和纳税义务人 ……………………………………（86）
　　第三节　消费税的税目与税率 …………………………………………………（87）
　　第四节　消费税应纳税额的计算 ………………………………………………（93）
　　第五节　出口应税消费品退（免）税 …………………………………………（99）
　　第六节　消费税的征收管理 ……………………………………………………（101）
　　本章小结 …………………………………………………………………………（103）
　　思考题 ……………………………………………………………………………（103）

第五章　关税 ………………………………………………………………………（104）

　　第一节　关税概述 ………………………………………………………………（104）
　　第二节　关税的征税对象和纳税义务人 ………………………………………（108）
　　第三节　进出口税则、税率及运用 ……………………………………………（109）
　　第四节　原产地规定 ……………………………………………………………（111）
　　第五节　关税完税价格和应纳税额的计算 ……………………………………（112）
　　第六节　关税的减免规定 ………………………………………………………（116）
　　第七节　关税的征收管理 ………………………………………………………（119）
　　本章小结 …………………………………………………………………………（121）
　　思考题 ……………………………………………………………………………（121）

第三篇　所得税

第六章　企业所得税 ………………………………………………………………（125）

　　第一节　企业所得税概述 ………………………………………………………（125）
　　第二节　企业所得税的纳税义务人和征税对象 ………………………………（126）
　　第三节　企业所得税的税率 ……………………………………………………（128）
　　第四节　企业所得税应纳税所得额的计算 ……………………………………（128）
　　第五节　应纳税额的计算 ………………………………………………………（145）
　　第六节　企业所得税的税收优惠 ………………………………………………（150）
　　第七节　征收管理 ………………………………………………………………（157）
　　本章小结 …………………………………………………………………………（158）
　　思考题 ……………………………………………………………………………（159）

第七章 个人所得税 (160)

- 第一节 个人所得税概述 (160)
- 第二节 个人所得税的纳税义务人和征税范围 (164)
- 第三节 税率 (167)
- 第四节 个人所得税应纳税额的计算 (168)
- 第五节 个人所得税的税收优惠 (181)
- 第六节 个人所得税的征收管理 (184)
- 本章小结 (187)
- 思考题 (187)

第八章 土地增值税 (188)

- 第一节 土地增值税概述 (188)
- 第二节 土地增值税的纳税义务人、征税对象及税率 (189)
- 第三节 土地增值税应纳税额的计算 (191)
- 第四节 土地增值税的税收优惠 (196)
- 第五节 土地增值税的征收管理 (198)
- 本章小结 (199)
- 思考题 (199)

第四篇 财产税

第九章 房产税 (203)

- 第一节 房产税概述 (203)
- 第二节 纳税义务人和征税范围 (204)
- 第三节 应纳税额的计算 (205)
- 第四节 税收优惠 (207)
- 第五节 征收管理 (209)
- 本章小结 (209)
- 思考题 (210)

第十章 契税 (211)

- 第一节 契税概述 (211)
- 第二节 纳税义务人和征税范围 (211)
- 第三节 应纳税额的计算 (213)
- 第四节 税收优惠 (215)

第五节　征收管理 ……………………………………………………………（216）
　　本章小结 ………………………………………………………………………（216）
　　思考题 …………………………………………………………………………（217）

第十一章　车船税 ……………………………………………………………（218）
　　第一节　车船税概述 …………………………………………………………（218）
　　第二节　纳税义务人和征税范围 ……………………………………………（219）
　　第三节　应纳税额的计算 ……………………………………………………（220）
　　第四节　税收优惠 ……………………………………………………………（222）
　　第五节　征收管理 ……………………………………………………………（223）
　　本章小结 ………………………………………………………………………（223）
　　思考题 …………………………………………………………………………（223）

第五篇　资源与环境税

第十二章　资源税 ……………………………………………………………（227）
　　第一节　资源税概述 …………………………………………………………（227）
　　第二节　纳税义务人和征税范围 ……………………………………………（230）
　　第三节　应纳税额的计算 ……………………………………………………（230）
　　第四节　税收优惠 ……………………………………………………………（235）
　　第五节　征收管理 ……………………………………………………………（237）
　　本章小结 ………………………………………………………………………（238）
　　思考题 …………………………………………………………………………（238）

第十三章　环境保护税 ………………………………………………………（239）
　　第一节　环境保护税概述 ……………………………………………………（239）
　　第二节　纳税义务人和征税对象 ……………………………………………（241）
　　第三节　应纳税额的计算 ……………………………………………………（242）
　　第四节　税收优惠 ……………………………………………………………（248）
　　第五节　征收管理 ……………………………………………………………（248）
　　本章小结 ………………………………………………………………………（249）
　　思考题 …………………………………………………………………………（250）

第十四章　城镇土地使用税 …………………………………………………（251）
　　第一节　城镇土地使用税概述 ………………………………………………（251）
　　第二节　纳税义务人和征税对象 ……………………………………………（252）

第三节　应纳税额的计算 ………………………………………………………… (253)
　　第四节　税收优惠 ………………………………………………………………… (253)
　　第五节　征收管理 ………………………………………………………………… (254)
　本章小结 …………………………………………………………………………… (255)
　思考题 ……………………………………………………………………………… (255)

第六篇　其他税种

第十五章　印花税 ……………………………………………………………… (259)
　　第一节　印花税概述 ……………………………………………………………… (259)
　　第二节　纳税义务人和征税范围 ………………………………………………… (260)
　　第三节　应纳税额的计算 ………………………………………………………… (262)
　　第四节　税收优惠 ………………………………………………………………… (265)
　　第五节　征收管理 ………………………………………………………………… (266)
　本章小结 …………………………………………………………………………… (268)
　思考题 ……………………………………………………………………………… (268)

第十六章　耕地占用税 ………………………………………………………… (269)
　　第一节　耕地占用税概述 ………………………………………………………… (269)
　　第二节　纳税义务人和征税范围 ………………………………………………… (270)
　　第三节　应纳税额的计算 ………………………………………………………… (271)
　　第四节　税收优惠 ………………………………………………………………… (272)
　　第五节　征收管理 ………………………………………………………………… (272)
　本章小结 …………………………………………………………………………… (273)
　思考题 ……………………………………………………………………………… (273)

第十七章　城市维护建设税 …………………………………………………… (274)
　　第一节　城市维护建设税概述 …………………………………………………… (274)
　　第二节　纳税义务人和征税范围 ………………………………………………… (275)
　　第三节　应纳税额的计算 ………………………………………………………… (275)
　　第四节　税收优惠 ………………………………………………………………… (277)
　　第五节　征收管理 ………………………………………………………………… (277)
　本章小结 …………………………………………………………………………… (278)
　思考题 ……………………………………………………………………………… (278)

第十八章　车辆购置税 ………………………………………………………… (279)
　　第一节　车辆购置税概述 ………………………………………………………… (279)

第二节　车辆购置税的征收制度 ·· (280)
本章小结 ··· (281)
思考题 ··· (282)

第十九章　烟叶税 ··· (283)

第一节　烟叶税概述 ·· (283)
第二节　烟叶税征收制度 ·· (284)
本章小结 ··· (285)
思考题 ··· (285)

第二十章　船舶吨税 ·· (286)

第一节　船舶吨税概述 ··· (286)
第二节　船舶吨税征收制度 ··· (287)
本章小结 ··· (290)
思考题 ··· (290)

第七篇　税收管理

第二十一章　税收征收管理 ·· (293)

第一节　税收征收管理概述 ··· (293)
第二节　税务登记管理 ··· (295)
第三节　税款征收管理 ··· (298)
第四节　税务检查管理 ··· (302)
第五节　税收法律责任 ··· (304)
第六节　纳税担保与纳税信用管理 ··· (307)
本章小结 ··· (310)
思考题 ··· (311)

第二十二章　税收行政处罚与税务行政赔偿 ·· (312)

第一节　税收行政处罚 ··· (312)
第二节　税务行政复议 ··· (314)
第三节　税务行政诉讼 ··· (320)
第四节　税务行政赔偿 ··· (324)
本章小结 ··· (326)
思考题 ··· (326)

参考文献 ··· (327)

第一篇 税收基础理论

第一章 税收概论

> 【学习目标】
> 1. 了解税收的概念与特征。
> 2. 掌握税收的职能与作用。
> 3. 理解和掌握税收的原则和税收的负担。
> 4. 了解税收如何转嫁。

第一节 税收的概念与特征

一、税收的概念

税收是一个古老的经济范畴,是人类社会生产力发展到一定历史阶段的产物。税收随着国家的产生而产生,随着国家的发展而发展,并将随着国家的消亡而消亡。

税收在历史上也称为税、租税、赋税或捐税,它是国家为了满足社会公共需要,凭借政治权力,按照法律规定的标准,向社会成员强制、无偿地取得财政收入的一种主要形式。税收的概念有以下含义。

(一) 国家征税是为了满足其履行职能的需要

国家在履行其社会公共职能的过程中必须要有相应的人力和物力消耗,形成一定的支出,这些支出一般具有受益的非排斥性和享用的非竞争性特点,因此,一般不可能采取自愿出价的方式,而是采取强制征税的方式,由社会成员负担。因此,税收是为了满足政府履行其经济和社会管理职能的需要而征收的,是国家提供社会公共产品和公共服务的收入保证。

(二) 征税凭借的是国家的政治权力

税收是国家参与并调节国民收入分配的一种手段,这里有两个含义:一是征税主体是政府而不是其他单位和社会组织,即只有政府才有权力征税,其他单位和社会组织是不可能有这种权力的。征税权力是一个国家(包含各级政府)主权的重要内容,这无论是在国际税收关系中,还是在国内各地区间以及中央与地方之间的财政关系中都体现得非常充分。拥有了这种权力,政府才能合法征税,取得必要的财政收入,满足其职能活动的需要。二是政府征税凭借的是政治权力。政府拥有财产权利和政治权力两种基本权力,凭借财产权利取得的收入(包括财产转让收入和财产出租出借收入)本质上是一种所有权收入,而凭借政治权力取得的收入才是税收收入。

(三) 税收是国家财政收入的主要形式

在大多数国家,政府的财政收入中,除了税收收入外还有其他收入,而其他财政收入一般是政府凭借拥有的国有资产、国有资源而取得的产权收入，包括国有资产的出让收入和出租出借收入、国有资产经营收益等。在不同的历史发展阶段和不同的国家，政府掌握的财产和资源占整个社会的财产和资源的份额是有很大差异的，所以不同时代、不同国家的政府凭借财产权利取得收入的规模也就大不一样。此外，政府还可以通过发行纸币和举借国债来取得财政收入。但长久靠大量发行纸币和举借国债来筹集财政资金必然会引起严重的通货膨胀和经济的严重破坏，甚至还会导致政局不稳。只有税收才可能成为稳定可靠的财政收入形式。这种稳定可靠性表现为政府通过制定和实施税收法规来取得稳定可靠的财政收入，以维持经常性财政支出的需要。当然，罚没收入也是政府凭借政治权力取得的收入，但罚没收入不可能，事实上也未曾成为政府的主要财政收入形式。总之，虽然政府可以采取其他非税收形式筹集财政资金，但从各国的实际和历史看，税收是各国政府的主要财政收入形式。

二、税收的特征

税收作为国家财政收入的主要形式，体现了以国家为主体，凭借国家政治权力会对产品进行分配的特殊分配方式，这种特殊分配具有自己鲜明的特征，即强制性、无偿性和固定性三个特征，通常被称为税收"三性"，是税收本身所固有的，是一切社会形态下税收的共性。

（一）税收的强制性

税收的强制性是指国家凭借政治权力，依托于相关的法律法规实施。任何有纳税义务的单位和个人都必须依法纳税，否则就会受到法律的制裁。在对社会产品的分配过程中，国家政府存在两种权力：财产权利和政治权力。前者依据对生产要素的所有权取得收入，后者凭借政治权力占有收入。而税收关系的实现是以政权而非物权为前提的，政权征税是私人财产公共化的过程，是对私人财产的有限"侵犯"，没有强制性的国家权力作后盾是不可能实现的。因此，在税收分配中，国家政治权力高于财产权利。加之现代市场经济是法治经济，这种以政权为依托的强制性在市场经济条件下就必然转化为法律的强制性。通过税收的法律法规来协调征纳双方的利益冲突，税收的权力义务关系也由此得到法律的确认。这就是每一个社会成员有义务向国家缴纳一部分社会产品，分担一部分社会公共费用，尽一个社会成员应尽的纳税义务；而国家借助于税法的形式来保证税收收入的实现。

（二）税收的无偿性

税收的无偿性是指国家征税以后，税款即归国家所有，既不再直接归还纳税人，也不需要向纳税人支付任何报酬或代价。就政府和具体纳税人的关系而言，政府通过征税占有和支配一部分社会产品或资源，不具有直接的返还性，政府将获得的税款用于生产和提供公共产品，满足各方面的公共需求，不是直接用于具体纳税人单方面的需求，而每一位纳税人从政府支出中所获得的利益与其所纳的税款在价值量上也不一定相等。由此可见，税收在本质上具有非市场的"等价交换"性质，它是人们为了享受政府所提供的公共产品而支付的费用。

税收的无偿性是针对具体纳税人而言的，但从国家与全体纳税人的利益关系来看，国家在履行其职能过程中为全体纳税人提供了安全的环境、良好的社会秩序和便利的公共设施等各种社会公共服务，为社会全体成员共同享用，从这个意义上讲，税收又具有整体有偿的特点，即税收是国家对全体纳税人的一般利益返还，不是对某一个纳税人直接的、个别的利益返还。税收的无偿性是税收最重要的特征，它的存在有赖于税收的强制性。

（三）税收的固定性

税收的固定性是指国家在征税以前就以法律或法规的形式预先规定了征税的标准，包括征税对象、征收的数额或比例，并只能按预定的标准征收。征纳双方都必须遵守，不能随意改变。

税收的固定性包含两层含义：一是税法具有相对的稳定性。税法一经公布实施，征纳双方都要共同遵守。纳税人只要取得了应税收入，发生了应税行为或者拥有了应税财产，就必须按照预定标准缴纳税款。同样，国家对于纳税人也只能按照预定的标准征税，不能任意提高或降低预定的征收标准。并且，作为征税主体的国家有责任和义务保证税法在一定时期内相对稳定。二是税收的征收数量具有有限性。国家不能不顾纳税人的利益随意征收税款。在强制性和无偿性的前提下，税收只能按照法律规定的标准有限度地征收。

当然，对于固定性的理解也不能完全绝对化，随着国家政治、经济的发展变化，税收的征税对象、范围和征收标准不可能是固定不变的，但是需要通过法律的程序来进行调整。总的来看税收的固定性体现了一定的连续性特点，这样才使得税收成为国家经常性的财政收入。

税收的"三性"是相互关联、密不可分的统一体。社会公共产品和公共服务客观需要的性质决定了税收的无偿性特点，税收的无偿性决定了税收的强制性特点，税收的无偿性必须以税收的强制性作保障。税收的强制性和无偿性决定了税收的固定性。因此，税收作为一种重要的财政收入必须具备这三个基本特征。[①]

第二节 税收的职能与作用

税收职能是税收本身所固有的职责和功能，是由税收的本质所决定的。税收作用是税收在一定的政治经济条件下对国家、社会和经济所产生的影响或效果，与税收职能存在密切的联系。税收作用是对象化了的税收职能，是行使税收职能产生的效果，因此，经常把税收作用和税收职能合并起来，统称为"税收职能作用"。

税收的本质是分配问题。税收是以国家为主体，凭借国家政治权利对社会产品进行分配的特殊分配方式，使一部分社会产品和国民收入无偿地转移到国家手中，形成国家的财政收入。税收分配产生三个方面的影响：一是为国家筹集财政收入；二是在筹集财政收入的过程中对纳税人的经济利益和经济行为产生影响；三是在筹集财政收入的过程中反映和监督纳税人的生产经营和经济运行的某些情况，并针对存在的问题制定相应的税收政策，从而对经济活动实行有效管理。由此可见，税收具有筹集财政收入、调节社会经济和监督管理三种职能。

一、税收的财政职能

税收的财政职能，又称筹集财政收入的职能，是税收所具有的从社会成员中强制取得一部分收入，用以满足政府提供公共产品与服务所需物质的职责和功能。它是税收最基本的职能。国家为了行使自己的职能，需要有足够的财力基础，而这种财力基础主要依赖于财政收

[①] 于立宏，张立. 国家税收（第3版）[M]. 北京：中国农业大学出版社，2020.

入。税收组织财政收入的职能实现程度如何，直接关系到国家机器赖以生存的基础是否稳固的问题。

税收的财政职能，不仅内在于税收取得财政收入的量上，而且内在于税收取得财政收入的质的规定性。由于税收具有强制性、无偿性、固定性，决定了税收取得财政收入具有及时、稳定、可靠的功能，因而成为世界各国最主要的财政收入来源。尽管随着国家财政的发展，一些新的财政收入范畴，如公债、规费等收入不断出现，但是，它们都没有也不可能取代税收在取得财政收入方面的功能。

二、税收的经济职能

税收的经济职能即调节社会经济的职能，是指在税收分配过程中对各经济主体行为所产生的影响。税收在执行财政职能的过程中，为国家取得了财政收入；同时改变了一部分社会产品的所有权和支配权归属，形成了经济主体新的收入格局。国家利用税收调节经济职能，通过税种、税目、税率的设计和调整，征税对象的选择以及税收优惠措施等税制要素的运用等，贯彻国家的经济政策目标，调节各经济主体的利益，从而协调社会经济的发展。

首先，根据不同时期、不同经济发展阶段的经济发展战略和产业政策，利用税收杠杆，国家可以有效地调节生产要素在各部门、各地区间的合理流动，协调产业结构，调整社会再生产的比例关系，促进社会经济的协调发展。例如通过减免税、优惠税率等手段，可以扶植和支持短线产品和新兴产业；而通过提高税率、征附加税等办法，则可以限制长线产品和夕阳产业，从而协调经济发展。

其次，利用税收手段可以调节社会财富在社会成员之间的分配，逐步实现共同富裕。利用税收手段对高收入者征收一定比例的税收，可以防止收入差距过分悬殊，实现社会公平。

再次，通过税收手段，可以有效地调节商品流通，促进商品交换的顺利发展。

最后，通过税收手段，国家可以有效地指导和调节消费，实现消费结构合理化和消费水平的不断提高。

三、税收的监督管理职能

税收的监督管理职能是指税收在参与社会产品分配，取得财政收入的过程中所具有的对经济运行过程进行监督管理的职责与功能。它能够借助和经济的必然联系来反映国民经济运行和企业生产经营中的某些情况，发现存在的问题，为国家制定相应政策和为企业解决这些问题提供线索和依据。在税收的征收过程中，需要对纳税人的经济活动进行税务管理，如通过纳税检查、税务审计、税源调查、税源预测等一系列工作，正确反映国民经济动态和对经济活动实行有效的监督。税收之所以具有监督管理职能，是因为税收一方面具有满足国家对社会经济运行监督管理需要的职责，另一方面也具有对社会经济进行有效监督的能力。

税收的三大职能具有紧密的内在联系，它们以筹集财政收入为核心，相互联系、相互制约、互为条件，共同构成一个统一的税收职能体系。其中，税收组织财政收入职能是税收基本的和首要的职能，经济调节职能、监督管理职能是它在特定条件下的派生和发展。从三个职能的内在关系看，没有税收的组织财政收入职能，税收的调节经济职能和监督管理职能便无从产生，而组织财政收入、调节经济职能的充分发挥，又依赖于税收的监督与管理职能，随着市场经济的发展，税收的两个派生职能将变得更为重要。

拓展阅读：国新办就"更好地发挥税收职能作用 更优服务经济社会高质量发展"举行新闻发布会

第三节 税收原则

税收原则是政府制定税收政策、设计税收制度的指导思想，是实施税法过程中所遵循的理论准则，也是评价税收制度优劣的基本标准。税收原则是税收行为的准则，税收行为包括立法、执法和守法等过程。因此所谓税收原则，是指一国政府在税收制度设计、执行或修订时所必须遵循的指导思想。

税收原则的发展经历了重商主义时期、古典经济学时期、新古典主义经济学时期等不同的阶段和思想流派。威廉·配第提出公平、便利、节省等原则，古典经济学家亚当·斯密在《国富论》中从自由主义立场出发，提出了平等、确实、便利、最少征收费用的税收4项原则。继亚当·斯密之后，英国、法国、德国等国的经济学家相继提出了许多课税原则，其中德国经济学家瓦格纳在19世纪的社会背景下，将税收作为重要的政策工具，提出了4项税收原则，即财政收入原则、国民经济原则、社会公正原则和税务行政原则，更全面地考虑了税收的财政、经济、社会和行政方面的问题，为现代税收原则的发展提供了更加完备和系统的理论基础。

当代学者在前人的理论上不断完善和补充，现代税收原则是依据税收在现代经济生活中的职能加以概括，除了筹集资金、满足公共需要的财政原则和便利、最少征收费用的税务行政原则以外，着重强调了公平、效率和稳定的税收原则。

一、税收公平原则

税收公平原则，是指政府征税要使纳税人所承受的负担与其经济状况相适应，并且在纳税人之间保持均衡。税收的公平不仅是财政问题，而且还是社会和经济问题。无论是对于纳税人，还是对于政府，一个公平的税制都是非常重要的。只有当纳税人感觉纳税制度是比较公平的，税收负担是合理的，才能促进他们积极地依法纳税，从而有效地维持税收制度的正常运转。此外，公平的税收还具有校正收入分配不均衡或收入差距悬殊的作用。所以税收的公平原则是税收制度的基本原则，是检验一个国家税收制度和政策优劣的标准。税收公平原则包括横向公平和纵向公平。

（一）横向公平原则

横向公平是指对具有相同纳税能力的人给予相同的税收待遇，征税后，纳税人之间相对的生活水平或收入水平不发生变化。横向公平要求普遍征税，反映了市场经济条件下纳税人之间基本的平等权利。相对而言，税收的横向公平比较容易实现。

（二）纵向公平原则

纵向公平是指具有不同纳税能力的纳税人必须得到不同的税收待遇，即对具有不同纳税能力的人征不同的税，收入高、负担能力强的多纳税；收入低、负担能力弱的少纳税。

税收的纵向公平比横向公平要复杂，因为纵向公平是不同的纳税人采用不同的纳税方式，而在一定条件下衡量不同纳税人的经济负担能力相对比较困难。

二、税收效率原则

税收效率原则，是指税收征收所引起的资源在公私部门的转移要达到效率原则的要求，包括资源配置效率、经济运行效率和税务行政效率，即强调税收应有助于实现资源的有效配置，从而有效地发挥经济调节的功能。政府征税行为不可避免地会给纳税人和经济运行带来不同程度的影响，税收效率原则，是要求政府征税活动有利于资源的有效配置和经济机制的有效运行，尽可能地缩小非税款形式的负担。所以，税收效率包括税收对资源配置的效率和税收课征行为自身的效率大小两个方面的内容，也就是说，税收效率原则要求政府征税既要有利于自由有效配置和市场机制的有效运行，又要提高税务行政管理效率。具体可归纳为税收的经济效率原则和税收的行政效率原则。

（一）税收的经济效率原则

税收经济效率原则是指国家征税应有助于提高经济效率，保证经济的良性、有序运行，实现资源的有效配置。税收的经济效率原则会影响到经济资源配置和经济机制运行，同时要使税收超额负担最小化和尽量增加税收的额外收益。这是因为，税收在将社会资源从纳税人手中转移到政府部门过程中，可能会在两方面给社会带来超额负担：一是资源配置方面的超额负担，征税一方面是纳税人的收入支出；另一方面又增加政府部门收入。如果征税导致私人经济利益损失大于征税增加的社会经济利益，就发生了税收在资源配置方面的超额负担。二是经济机制运行方面的超额负担，如果征税对市场经济运行发生不良影响，干扰了私人消费和生产的最佳决策，同时相对价格和个人行为方式随之变更，就发生税收在经济机制运行方面的超额负担。因此，在现实生活中，一方面尽可能压低税收的征收数额，减少税收对资源配置的影响度；另一方面尽可能保持税收对市场机制运行的中性，并在市场机制失灵时，将税收作为调节杠杆加以有效纠正。而在实践中，没有一个国家能够完全遵循这一原则。

（二）税收的行政效率原则

税收的行政效率原则是指以尽可能少的税收成本获得尽可能多的税收收入。税收成本是实现资源配置效率要求所必须承担的成本，但是，如果税收成本超过必要的限度，就会形成浪费。为了使社会资源得到更有效的配置，应当使税收成本最小化，这就是税收的行政效率原则。

税收的成本费用包括税务稽征成本费用和税务奉行成本费用两个方面。税务稽征成本费用，是指税务部门在征税过程中所发生的各种开支，例如在税收征管过程中发生的人员工资支出、设备、用品购置费用及其他部门提供的相关的各种劳务费用等。税务稽征成本费用占所征税额的比重，即为征税效率的体现。税务奉行成本费用，是指纳税人为了依法履行纳税义务而耗费的各种成本费用，既包括纳税人按税法要求直接办理纳税登记、纳税申报和缴纳税款等纳税事务所支付的费用，也包括纳税人雇用税务师、会计师来完成纳税申报所支付的各种费用。它的衡量和测算要比税务稽征成本费用复杂和困难。

提高税收的行政效率，除了要尽可能采用现代化的征管手段、改进征管技术外，还要求税收制度的制定要明确具体、切实可行。

三、税收的稳定原则

税收的稳定原则，是指通过税收加强对宏观经济的干预，减少经济波动，实现经济稳定的原则。也就是税收对经济发展的宏观调控应依据稳定准则，或实现稳定目标，促使经济稳定发展。

在市场经济条件下，市场机制具有自动调节经济平衡，保持经济稳定的功能。但市场经济也有很大的局限性，在现代货币制度下，市场不能有效地自动调节经济平衡，经常由于总需求小于总供给而导致需求不足的失业，或总需求大于总供给而导致的通货膨胀，以及经济的过快增长或停滞增长，使经济不能保持稳定发展。市场经济缺陷导致的经济失衡不可能由市场本身解决，需要政府运用各种宏观经济政策调节总需求或总供给，促使经济稳定发展。政府的宏观经济政策能够促进经济稳定，是由于政府财政收支和货币供给影响着总供求。其中，税收是总供给的一个组成部分，同时，税收又直接或间接影响总需求中的消费、投资等因素。因此，在宏观经济方面，税收应同财政支出、货币等其他政策手段协调配合，依据稳定准则调节经济，实现价格稳定、充分就业和经济增长等宏观经济目标。

第四节 税收负担及其转嫁与归宿

税收负担是指纳税人因向政府缴纳税款而承担的货币损失或经济福利的牺牲。国家征税减少了纳税人的直接经济利益，从而使其承受的经济负担，反映了一定时期内社会产品在国家和纳税人之间税收分配的数量关系。从国家的角度看，税负是一种法律制度的要求，体现在税收征收管理活动中；从纳税人的角度看，税负则是一种经济付出，体现在履行纳税义务的活动中。任何一项税收政策首先要考虑的是税收负担的高低，税收负担定低了，会影响到国家财政收入；税收负担定高了又会挫伤纳税人的积极性，阻碍社会生产力的提高。

一、税收负担分类

依据衡量方式的不同，将税收负担划分为：绝对税负和相对税负，名义税负和实际税负，直接税负和间接税负，平均税负和边际税负，宏观税负和微观税负等。

（一）绝对税负和相对税负

绝对税负是指纳税人实际缴纳的税款金额，一般用"负担额"来表示。相对税负则是指纳税人应纳税额与其计税依据价值的比率，即税收负担率。绝对税负和相对税负都是衡量税收负担的常用方式，但用税收负担率来表示税收负担，有利于不同纳税人、不同时期、不同税种之间进行税负比较，因而，多在实际中采用。

（二）名义税负和实际税负

名义税负是指按照税法规定的税率和计税依据计算的应纳税额占纳税人负担能力的程

度。在计算名义税负时，通常会考虑纳税人的全部税款，包括直接缴纳的税款和间接缴纳的税款。名义税负通常用于比较不同纳税人之间的税收负担情况，或者比较不同国家之间的税收政策和税收负担水平。

实际税负是指纳税人实际缴纳的税额占纳税人负担能力的程度。实际税负考虑了纳税人的实际经济情况，包括收入水平、家庭状况、纳税方式等因素。实际税负通常用于评估税收政策的公平性和效率性。

（三）直接税负和间接税负

依据税收负担是否转嫁，可将税收负担划分为直接税负和间接税负。直接税负是指纳税人直接承担的税收负担，不能通过价格等方式转嫁给其他人。直接税负主要针对纳税人的收入和财产，直接影响了纳税人的实际收入水平和经济利益。

间接税负是指纳税人在支付货物和服务的价格中所隐含的税收负担。间接税负并不是直接从纳税人的收入或财产中征收的，而是通过商品和服务的价格传递给了消费者。因此，间接税负可以转嫁给其他人。

（四）平均税负和边际税负

从总量和增量的关系角度，可将税收负担划分为平均税负和边际税负。平均税负是指在一定时期内纳税人缴纳的各种税收的总和与纳税人的全部收入相比较得出的税收负担水平。平均税负可以从多个角度进行考察，比如从税种、税率等角度。平均税负可以用于评估一个国家或地区的税收负担水平，同时也可以用于评估个人或企业的税收承担能力。

边际税负是指最后一单位税基所承担的税收数量，也就是在纳税人增加一单位税基的情况下，所要承担的额外税收。边际税负通常从不同的角度进行考察，比如从边际税率、纳税人缴纳各种税收总额的增量与纳税人收入增量等方面进行比较。边际税负可以用于评估税收政策对纳税人的刺激作用，也可以用于研究税制改革对不同纳税人的影响。

（五）宏观税负和微观税负

根据考察的层次和角度不同，可将税收负担划分为宏观税负和微观税负。宏观税负是指在一定时期内国家通过税收形式所集中的价值总额及其比率（税收总额/国内生产总值），通常用于评估一个国家或地区整体的税收负担水平。

微观税负，又称个体税收负担，是指经济个体向国家承担的具体税款，表明各个具体纳税人的税收负担情况。通常用某个纳税人应纳税额与其所得或收益的比率来表示。微观税负通常用于评估个人或企业的税收承担能力，也可以用于研究税制改革对不同纳税人的影响。

拓展阅读：大数据详解企业税负 衡量轻与重不能以偏概全

二、税负转嫁与归宿

(一) 税负转嫁与归宿的定义

在市场经济运行中,由于各种税的征收都会影响到经济中的相对价格,从而产生引起资源配置和价格变化的各种力量,因此,在法律上必须负税的个人或企业,不一定是承担税收负担的人。税收通过价格变化,可能被转嫁给经济中的其他个人或企业。

所谓税负转嫁,是指纳税人在经济交易中通过各种途径和方式,将所纳税收转移给他人负担的行为和过程。其含义包括:第一,税负转嫁是经济利益在各个经济主体之间的再分配;第二,税负转嫁与价格密切相关,价格的变动为税负转嫁提供了基本途径,纳税人或提高商品的出售价格,或压低商品的购买价格,或者两者并用;第三,税负转嫁是纳税人的一般行为倾向,是有意识地减少自身利益损失的主动行为。

税负可以多次转嫁,也可以一次性转嫁;可以部分转嫁,也可以全部转嫁。但需要注意的是,税负转嫁并非总是成功的。如果市场竞争激烈,生产者和销售者无法将税负转嫁给消费者,他们就必须承担更多的税负,这可能导致他们的利润率降低。因此,税负转嫁不仅取决于税收政策和市场需求,还取决于市场竞争力和产业链条上下游的定价权。

所谓税负归宿,是指税负转嫁的最终落脚点或税收负担的最终承担者。税负转嫁与税负归宿存在密切的联系。税负归宿分为法定归宿和经济归宿:法定归宿是指纳税人所缴纳的税款无法转嫁,只能由纳税人自己负担,即法律上的纳税义务人与实际的税负承担者一致;经济归宿是指因纳税人将税负部分或者全部转嫁给了他人,使得税收法律上的纳税义务人与实际的税负承担者不一致,税负最终归宿到了被转嫁人身上,导致资源配置或收入分配发生变化。

总之,税负转嫁是税收运动过程中表现出来的税收负担分配问题,而税负归宿是税收负担运动结果反映出的税收负担分配问题。所以税收负担的转嫁与归宿,实际上是税收负担分解、转移和归宿的过程。

(二) 税负转嫁的基本形式

根据税负转嫁的不同途径,税负转嫁可分为以下几种形式。

1. 税负前转,也称税负顺转,是指纳税人将其所纳税款,通过提高商品或生产要素价格的方法,向前转移给商品或生产要素购买者的一种形式。一般来说,前转是税收转嫁最典型和最普遍的形式,一般发生在对商品和劳务的课税上。

2. 税负后转,又称税负逆转,是指纳税人将其所纳税款,通过压低生产要素进价或降低工资等方法,向后转移给生产要素的供给者的一种形式。后转一般发生在生产要素的课税上。税收转嫁有时之所以表现为后转,主要是因为市场供求条件不允许纳税人以提高商品价格的方法向前转移税收负担。

3. 税负混转,在现实经济生活中,税负并不总是向一个方向变化,税负转嫁与归宿的方向和程度会受到多种经济因素的影响。因此,税负混转是指纳税人将应纳税款的一部分通过前转向商品购买者或消费者转嫁,将另一部分通过后转向生产要素供给者转嫁的行为。

4. 税负消转,又称税收转化,指纳税人对其所纳税款,既不前转,也不后转,而是通过改善经营管理或改进生产技术等方法,自行消化税收负担。严格地说,消转是一种特殊的税负转嫁形式，因为它并没有把税收负担转嫁给他人。

5. 税收资本化，是税负后转的特殊形式，是指生产要素购买者将所购买的生产要素未来应纳税款，通过从购入价款中预先扣除的方法，向后转移给生产要素出售者的一种形式。税收资本化是有条件的，课税的商品必须具有资本价值，且有年金或租金；还必须具有耐久的性质，例如土地、房屋等。

本章小结

税收是国家为满足其行使公共职能的需要，依靠手中所掌握的政治权力，按照事先确定的标准，强制、无偿地向居民、公民或经济组织征收而取得财政收入，是国家参与国民收入分配的一种形式。税收是人类社会发展到一定历史阶段的产物，随着人类政治经济、文化生活等各个方面的发展和演变，税收得以产生和不断发展，在人类社会中发挥着越来越重要的作用。

税收职能是税收所具有的满足国家需要的能力。它以税收的内在功能为基础，以国家行使职能的需要为转移，是税收内在功能与国家行使职能需要的有机统一。税收职能是指在一定社会制度下，税收这种分配关系本身在社会经济活动中内在固有的基本功能。它是税收本质的具体表现。

税收原则是一种基本指导思想和基本规则，是当政府制定税收制度、执行税收职能时应遵循的，是税务管理应遵循的一种理论标准和准则，是一定社会经济关系在税制建设中的反映，如何使税收关系适应一定生产关系的要求是其核心，它体现了政府征税的基本思想。

税收负担是纳税人应履行纳税义务而承受的一种经济负担，也指纳税人应支付给国家的税款额或纳税人的应纳税额与其计税依据价值的比率，是国家税收政策的核心。

☞【思考题】

1. 如何理解税收一词？
2. 简述税收的基本特征。
3. 简述税收的作用机制有哪些？分别谈谈如何理解。
4. 如何理解税收的原则？
5. 简述税负转嫁的定义及基本形式。

自测习题及参考答案

第二章 税制概述

> 【学习目标】
> 1. 掌握税收制度的构成要素。
> 2. 熟悉税收分类方法、税制结构类型。
> 3. 了解我国税收制度的沿革及现行税制体系。

第一节 税制要素

税收制度的组成要素，简称税制要素，也称为税收要素或税法要素，是构成税收法律制度的共同因素，亦是构成每一税种的必要元素。每一税种都具有相应的税收法律制度，尽管不同时期的各个税种有不同的内容和特点，但是构成税制的要素是相同的。税制要素一般包括纳税义务人、征税对象、税率三个基本要素和纳税环节、纳税期限、税收优惠、违章处罚等要素。世界各国在税收制度上可能存在差别，但是在构成某一具体税种的要素上都毫无例外地包括上述要素。

一、纳税义务人

纳税义务人（或纳税人）又叫纳税主体，是税法规定的直接负有纳税义务的单位和个人，是税款的直接承担者。任何一个税种首先要解决的就是国家对谁征税的问题，例如，我国个人所得税法、印花税法、增值税、消费税等暂行条例的第一条规定的都是该税种的纳税义务人。如果纳税人不履行纳税义务，就由该行为的直接责任人承担法律责任。

（一）自然人和法人

税法规定，直接负有纳税义务的人可以是自然人，也可以是法人。自然人和法人是两个相对称的法律概念。自然人是基于自然规律而出生的，依法享有民事权利、承担民事义务的主体，包括本国公民，也包括外国人和无国籍人，他们以个人身份承担法律所规定的纳税义务。

法人是自然人的对称，根据《民法典》第 57 条规定，法人是具有民事权利能力和民事行为能力，依法独立享有民事权利和承担民事义务的组织，例如企业、社团、单位等，是社会组织在法律上的人格化。

"法人"应具备四个条件：

第一，法人是依法成立的，法人的成立必须是根据相关的法律和法规，也就是说法人组织的设立是符合法律相关规定的。

第二，有必要的财产和经费。"财产"一般针对企业法人而言；"经费"一般针对机关、事业单位和社会团体法人而言。法人必须拥有一定数量的财产或者经费作为清偿债务、承担风险的后盾，以保障社会经济秩序和交易的安全。

第三，有自己的名称、组织机构和场所。这个规定主要是防止"皮包公司"合法化。

第四，符合法律规定的其他相关条件。①

（二）扣缴义务人

与纳税人相关的概念是扣缴义务人。《中华人民共和国税收征收管理法》（以下称《税收征收管理法》）规定法律、行政法规规定负有代扣代缴、代收代缴税款义务的单位和个人为扣缴义务人。扣缴义务人既不是纯粹意义的纳税人，又非实际负担税款的负税人，只是负有代为扣税并缴纳税款义务的单位和个人。

代扣代缴是指按照税法规定，负有扣缴税款义务的单位和个人，负责对纳税人应纳的税款进行代扣代缴的一种方式。即由支付人在向纳税人支付款项时，从所支付的款项中依法直接扣收税款代为缴纳。其目的是对零星分散、不易控制的税源实行源泉控制。例如，企业代扣员工工资薪金所得的个人所得税。

代收代缴指由国家税法规定的代收代缴义务人，在向纳税人收取商品或劳务收入时，依法代收代缴纳税人应纳税款的一种征收方法。例如《消费税暂行条例》规定，委托加工的应税消费品，除受托方为个人外，由受托方向机构所在地或者居住地的主管税务机关解缴消费税税款。这种方式一般是指税收网络覆盖不到或者很难控管的领域，同样适用于对零星分散、不易控制的税源实行税源控制。

《税收征收管理法》规定，税务机关应给付扣缴义务人所代扣、代收税款一定比例的手续费。同时扣缴义务人必须履行代扣、代收税款义务，扣缴义务人应扣未扣、应收而不收税款的，由税务机关向纳税人追缴税款，对扣缴义务人处应扣未扣、应收未收税款50%以上3倍以下的罚款。

（三）负税人

负税人不同于纳税人。负税人是实际负担税款的单位和个人。在税负不能转嫁的条件下，负税人就是纳税人，例如各种所得税；在税负能够转嫁的条件下，负税人并不是纳税人，如增值税、消费税等。税法中并没有负税人的规定，但在进行税收制度设计的时候，政策制定者须认真考虑和研究负税人的税收负担问题。

二、征税对象

征税对象又称课税对象，是指税法规定的对什么征税，是征税的标的物，也就是缴纳税款的客体。征税对象是税收制度最基本的要素，是区别一种税与另一种税的重要标志，因为它体现着征税的最基本界限，决定着某一种税的基本征税范围，即凡是列入征税对象的，就属于该税的征收范围，所以不同税种在性质和名称上的差别，主要取决于不同的征税对象。例如，消费税的征税对象是消费税条例所列举的应税消费品，房产税的征税对象是房屋等。

与征税对象有关的概念包括：税目、税基、税源。税目是在税法中对征税对象分类规定的具体的征税项目，反映具体的征税范围，体现征税的广度，凡列入税目的即为应税项目，未列入税目的，则不属于应税项目。一般情况下设置税目有两种基本方法：一种是列举法，

---

① 《民法典》第58条。

即按征税对象的具体项目分别设置。其优点是界限清楚，便于掌握，缺点是税目过多，不便查找。另一种是概括法，即按征税对象的类别设置。其优点是税目较少，查找方便，缺点是税目过粗，不利于体现国家政策。设计税目时，一方面应注意不同税目的划分界限要十分明确，不能模棱两可。否则，由于税目不同税率不同，在征税时，适用税目不明，就会发生混乱。另一方面应注意同一税目的积累水平要接近，同一税目有同一税率，如果同一税目的积累水平相差悬殊，征税后，就会发生税负过轻过重的不合理现象。

税法中规定税目是基于征税技术上的需要，它是划分征免界限和征税高低界限的准绳。划分税目，一是贯彻国家税收调节政策的需要，国家可根据不同项目的利润水平以及国家经济政策等制定高低不同的税率，以体现不同的税收政策；二是为了体现"简便"原则，对性质相同、利润水平相同且国家经济政策调控方向也相同的项目进行分类，以便按照项目类别设置税率。有些税种不分征税对象的性质，一律按照课税对象的应税数额采用同一税率计征税款，因此没有必要设置税目，例如企业所得税。有些税种具体课税对象复杂，需要规定税目，例如消费税。

税基是征税的客观基础，狭义的税基称为计税依据，它规定了征税对象的计量单位和征税标准。计税依据按照计量单位的性质划分，有两种基本形态：价值形态和物理形态。价值形态包括应纳税所得额、销售收入、营业收入等，物理形态包括面积、体积、容积、重量等。以价值形态作为税基，称为从价计征，即按征税对象的货币价值计算税额，如企业所得税是以应纳税所得额的多少为计税依据，消费税中的大部分应税消费品以销售数量和单位销售价格的乘积为计税依据。以物理形态作为税基，称为从量计征，即按征税对象的自然单位计算税额。例如消费税中的黄酒、啤酒以吨数为计税依据，汽油、柴油以升数为计税依据。有些税种计税依据与课税对象一致，例如企业所得税、个人所得税征税对象和计税依据都是所得额。有些税种计税依据与课税对象不一致，例如房产税，征税对象是房屋，计税依据是房产余值或租金收入。

税源一般指经济税源，即税收收入的经济来源，它主要是指国民经济各个部门当年创造的国民收入或往年累积的国民收入。每一种税因其征税对象的不同，都有不同的经济来源。有的税种征税对象与税源一致，例如所得税的税源与征税对象都是纳税人的所得，有的税种征税对象与税源不一致，例如货物和劳务税以货物、劳务的销售额或者增值额为征税对象，税源却全部或者部分来自商品购买者的收入。真正的税源只有在实际负税人那里查明，从征税对象到税源，是一个从纳税人到负税人的收入再分配过程，以征税对象为核心，分析其与税源的关系，是了解税收负担相关问题的重要途径。

三、税率

税率是指纳税人的应纳税额与征税对象数额之间的比例，是法定的计算应纳税额的尺度。税率的高低直接关系到国家财政收入的多少和纳税人负担的轻重，体现了国家对纳税人征税的深度，是税收制度的核心要素。我国现行税率分为三种基本形式。

（一）比例税率

比例税率，即对同一征税对象，不论其数量或金额的多少，统一按一个百分比征税。例如，我国的增值税、城市维护建设税、企业所得税等采用的是比例税率。比例税率在适用中又可分为三种具体形式。

1. 单一比例税率，是指对同一征税对象的所有纳税人都适用同一比例税率。
2. 差别比例税率，是指对同一征税对象的不同纳税人适用不同的比例征税。我国现行税法又分别按产品、行业和地区的不同将差别比例税率划分为以下三种类型：一是产品差别比例税率，即对不同产品分别适用不同的比例税率，同一产品采用同一比例税率，例如消费税、关税等。二是行业差别比例税率，即对不同行业分别适用不同的比例税率，同一行业采用同一比例税率，例如增值税等。三是地区差别比例税率，即区分不同的地区分别适用不同的比例税率，同一地区采用同一比例税率，例如城市维护建设税等。
3. 幅度比例税率，是指对同一征税对象，税法只规定最低税率和最高税率，各地区在该幅度内确定具体的适用税率。

比例税率的优点：一是计算简便，有利于税收的征收管理；二是对于同一征税对象，不同纳税人的税收负担相同，税负透明度高，不妨碍商品流转额扩大，具有鼓励先进、鞭策后进的作用，有利于纳税人公平竞争。但比例税率的税收负担与负担能力不相适应，不能针对不同的收入水平实施不同的税收负担，不能体现负担能力大者多征、能力小者少征的原则，在调节纳税人收入水平方面难以体现税收的公平原则。

（二）累进税率

累进税率，是指随着征税对象数额增大而随之提高的税率，即按征税对象数额的大小划分为若干等级，不同等级的课税数额分别适用不同的税率，课税数额越大，适用税率越高。累进税率一般在所得课税中使用，可以充分体现对纳税人"收入多的多征、收入少的少征、无收入的不征"的量能负担原则，从而有效地调节纳税人的收入，正确处理税收负担的纵向公平问题。根据累进税率的计算方法和依据的差别，累进税率分为以下几种：

1. 全额累进税率，是把征税对象的数额划分为若干等级，对每个等级分别规定相应税率，当征税对象的数额超过某个级距时，对其全部数额都按提高后级距的相应税率征税，表2-1假定为某个人所得税所适用的三级全额累进税率。

表2-1　　　　　　　　某个人所得税三级全额累进税率

级数	全月应纳税所得额（元）	税率（%）
1	5 000（含）以下	10
2	5 000~20 000（含）	20
3	20 000以上	30

运用全额累进税率的关键是确定每一纳税人应税收入在税率表中所属的级次，与其对应的税率便是该纳税人所适用的税率，全部应税收入乘以适用税率即可计算出应纳税额。例如，某纳税人某月应纳税所得额为5 500元，按表2-1所列税率，适用第二级次，应纳税额=5 500×20%=1 100（元）。全额累进税率计算方法简便，但税收负担不合理，特别是在划分级距的临界点附近，税负呈跳跃式递增，甚至会出现税额增加超过征税对象数额增加的不合理现象，不利于鼓励纳税人增加收入。

2. 超额累进税率，是指把征税对象按数额的大小分成若干等级，每一等级规定一个税率，税率依次提高，但每一纳税人的征税对象则依所属等级同时适用几个税率分别计算，将计算结果相加后得出应纳税额。超累税率的"超"字，是指征税对象数额超过某一等级时，仅就超过部分，按高一级税率计算征税。表2-2假定为某个人所得税所适用的三级超额累进税率。

表2-2　　　　　　　　　　　某个人所得税三级超额累进税率

级数	全月应纳税所得额（元）	税率（%）	速算扣除数
1	5 000（含）以下	10	0
2	5 000～20 000（含）	20	500
3	20 000 以上	30	2 500

假如某人某月应纳税所得额为5 500元，按表2-2所列税率，其应纳税额可以分步计算：

第一级的5 000元适用10%的税率，应纳税额 = 5 000 × 10% = 500（元）

第二级的500元（5 500 - 5 000）适用20%的税率，应纳税额 = 500 × 20% = 100（元）

其该月应纳税额 = 5 000 × 10% + 500 × 20% = 600（元）

目前我国个人所得税的综合所得和经营所得采用的就是超额累进税率。

在级数较多的情况下，分级计算然后相加的方法比较烦琐。为了简化计算，也可采用速算扣除数法。速算扣除数法的原理是基于全额累进计算的方法比较简单，可将超额累进计算的方法转化为全额累进计算的方法。对于同样的课税对象数量，按全额累进方法计算出的税额比按超额累进方法计算出的税额多，即有重复计算的部分，这个多征的常数叫速算扣除数。用公式表示为：

速算扣除数 = 按全额累进方法计算的税额 - 按超额累进方法计算的税额

公式移项得：

按超额累进方法计算的税额 = 按全额累进方法计算的税额 - 速算扣除数

接上例，某人某月应纳税所得额为5 500元，如果直接用5 500元乘以所对应级次的税率20%，则对于第一级次的5 000元应纳税所得额就出现了5 000 ×（20% - 10%）的重复计算的部分。因为这5 000元仅适用10%的税率，而现在全部用了20%的税率来计算，故多算10%，这就是应该扣除的所谓速算扣除数。如果用简化的方法计算，则5 500元/月应纳税所得额 = 5 500 × 20% - 500 = 600（元）。

3. 全率累进税率，与全额累进税率的累进方法相同，只是税率的累进依据是相对数，例如销售利润率、资金利润率、工资利润率等。

4. 超率累进税率，即以征税对象数额的相对率划分若干级距，分别规定相应的差别税率，相对率每超过一个级距的，对超过的部分就按高一级的税率计算征税。目前我国采用超率累进税率的是土地增值税。

（三）定额税率

定额税率亦称"固定税额"，是按征税对象的一定计量单位规定固定税额。它是税率的一种特殊形式，一般适用于从量征收的税种。从经济方面看，它能促使纳税人提高单位征税对象的利用效率或增加单位实物量的价值量，对提高经济效益有重要作用。但从贯彻社会政策角度看，它使税收负担与负担能力相脱节，无法做到公平税负。此外，由于征税对象种类繁多，要分别对每种征税对象规定单位税额，也十分复杂。定额税率已不是主要的税率形式，一般适用于征税对象的规格质量规范、价格稳定、收入均衡的税种。目前我国采用定额税率的有城镇土地使用税和车船税等，以及消费税中的黄酒、啤酒和成品油。

四、纳税环节

纳税环节，是指税法规定的征税对象在从生产到消费的流转过程中应当缴纳税款的环节。例如，流转税在生产和流通环节纳税、所得税在分配环节纳税等。纳税环节有广义和狭义之分。广义的纳税环节指全部征税对象在再生产中的分布情况。例如，资源税分布在资源生产环节，流转税分布在生产或流通环节，所得税分布在分配环节等。狭义的纳税环节特指应税商品在流转过程中应纳税的环节。商品从生产到消费要经历诸多流转环节，各环节都存在销售额，都可能成为纳税环节。但考虑到税收对经济的影响、财政收入的需要以及税收征管水平等因素，国家常常对在商品流转过程中所征税种规定不同的纳税环节。按照征税环节的多少，可以将税种划分为一次课征制或多次课征制。

确定纳税环节，是流转课税的一个重要问题，它主要解决征一道税、两道税还是道道征税以及确定在哪个环节征税的问题。它关系到税制结构和税种的布局，关系到税款能否及时足额入库，关系到地区间税收收入的分配，同时关系到企业的经济核算以及是否便利纳税人缴纳税款等问题。合理选择纳税环节，对加强税收征管、有效控制税源、保证国家财政收入的及时、稳定、可靠，方便纳税人生产经营活动和财务核算，灵活机动地发挥税收调节经济的作用等，具有十分重要的理论和实践意义。

五、纳税期限

纳税期限是指税法规定的关于税款缴纳时间即纳税时限方面的限定。它是税收强制性、固定性在时间上的体现。任何纳税人都必须如期纳税，否则就是违反税法，应受到法律制裁。税法关于纳税期限的规定，有三个相关概念：

（一）纳税义务发生时间

纳税义务发生时间，是指应税行为发生的时间。例如，《增值税暂行条例》规定，纳税人销售货物或者应税劳务，其纳税义务发生时间为收讫销售款项或者取得索取销售款项凭据的当天。

（二）纳税计算期

纳税人每次发生纳税义务后，不可能马上缴纳税款，税法规定了每种税的纳税计算期，即每隔固定时间汇总一次纳税义务的时间。例如，《增值税暂行条例》规定，增值税的具体纳税期限分别为1日、3日、5日、10日、15日、1个月或者1个季度。纳税人的具体纳税期限，由主管税务机关根据纳税人应纳税额的大小分别核定；不能按照固定期限纳税的，可以按次纳税。

（三）税款缴库期

由于纳税人对纳税计算期内取得的应税收入和应纳税款需要一定时间进行结算并办理纳税手续，因此税法规定了税款缴库期，即纳税计算期满后，纳税人将应纳税款缴入国库的期限。例如，《增值税暂行条例》规定，纳税人以 1 个月或者 1 个季度为 1 个纳税期限的，自期满之日起 15 日内申报纳税；以 1 日、3 日、5 日、10 日或者 15 日为 1 个纳税期限的，自期满之日起 5 日内预缴税款，于次月 1 日起 15 日内申报纳税并结清上月应纳税款。

六、纳税地点

纳税地点主要是指根据各个税种征税对象的纳税环节和有利于对税款的源泉控制而规定的纳税人（包括代征、代扣、代缴义务人）的具体申报缴纳税收的地方。我国税收制度对纳税地点规定的总原则是纳税人在其所在地就地申报纳税，同时考虑到某些纳税人生产经营和财务核算的不同情况，对纳税地点也作出了不同规定。

七、减税免税

减税免税，是指国家运用税收政策在税收法律、行政法规中规定对特定纳税人和征税对象给予减轻或免除税收负担的一种措施。减税免税是为了配合国家在一定时期的政治、经济和社会发展总目标，在税收方面相应采取的激励和照顾措施，是国家干预经济的重要手段之一。

根据 2015 年国家税务总局发布的《税收减免管理办法》，减免税包括税基式减免、税率式减免和税额式减免三类。

（一）税基式减免

税基式减免，是通过缩小计税依据的方式来实现的税收减免。具体包括起征点、免征额、项目扣除及亏损弥补等。

1. 起征点，是征税对象达到一定数额开始征税的起点。征税对象数额未达到起征点的不征税，达到或超过起征点的就全部数额征税。

2. 免征额，是在征税对象的全部数额中免予征税的数额，免征额以内的部分不征税，仅就超过免征额的部分征税。

3. 项目扣除，是指在征税对象中扣除一定项目的数额，以其余额作为依据计算应纳税额。

4. 亏损弥补，是指将以前纳税年度的经营亏损在本纳税年度的经营利润中扣除，以其余额作为计税依据计算税额。

（二）税率式减免

税率式减免，是通过降低税率的方式来实现的税收减免。具体包括重新确定税率、选用其他低税率、零税率以及关税的暂定税率。例如企业所得税中，对于符合小型微利条件的企业可以适用 20% 的税率，而对于国家重点扶持的高新技术企业，则适用 15% 的税率，因此 20% 和 15% 的企业所得税税率相对于 25% 的基本税率就是税率式减免。

(三)税额式减免

税额式减免，是通过直接减少应纳税额的方式来实现的税收减免。具体包括减税、免税、出口退税、投资抵免、税收抵免、税收饶让等。

> 【思政小课堂】
> 　　党的二十大报告提出，坚持以人民为中心的发展思想。维护人民根本利益，增进民生福祉，不断实现发展为了人民、发展依靠人民、发展成果由人民共享，让现代化建设成果更多更公平惠及全体人民。2019年开启的深化增值税改革在降低税率的基础上，调整了税基，直接减轻了增值税整体税负，具有减税力度大、受益面广、企业获得感强的特点。特别是增值税留抵退税、进项税额加计抵减等政策的出台，作用直接、效应明显。深化增值税改革激发了市场主体活力，提振了经济发展信心，为推动经济高质量发展提供了内生动力。

八、违章处理

违章处理指对纳税人违反税法的行为采取的处罚措施，是税收强制性在税收制度中的集中体现。纳税人必须按期足额地缴纳税款，凡有拖欠税款、逾期不缴税、偷税逃税等违反税法行为的，都应受到制裁（包括法律制裁和行政处罚制裁等）。

税收处罚法是对税收活动中违法犯罪行为进行处罚的法律规范的总称。我国税收处罚法由四部分构成：一是刑法中对偷税、抗税、骗税等税收犯罪行为的刑事罚则；二是最高司法机关对税收犯罪做出的司法解释和规定；三是《税收征收管理法》中的"法律责任"一章对税收违法行为的行政处罚规定；四是有关单行税法和其他法规中有关税收违法处罚的规定。

第二节　税收制度类型

税制结构是国家根据国情所确定的税种、税类、税系构成的体系。税制结构有三个层次，第一层次是设置税种的多少，只有在设置多种税的情况下才存在税种之间的协调配合问题，第二层次是对税种进行分类形成税类，不同的税类形成税类结构，第三层次是直接税与间接税的配比形成税系结构。

一、税制类型

一般而言，税制类型根据一国开征税种的多少和类别，分为单一税制与复合税制。

(一)单一税制

单一税制，是指以一种征税对象为基础设置税种所形成的税制。单一税制的优点是纳税人容易知晓其应纳税额，征管简单，征收成本低。但是它也有明显的不足，它使得应税收入不充分且缺乏弹性，因为只就某一征税对象征税，容易导致税源枯竭，难以满足国家财政收入的需要；同时征税面窄也容易导致税负集中在少数人身上，所以历史上没有一个国家真正实行过单一税制。

(二) 复合税制

复合税制，是指由多种征税对象为基础设置税种所形成的税制，它是由主次搭配、层次分明的多个税种构成的税制体系。复合税制的税种多、征税面宽、税源广，各个税种互为补充，能保证国家财政收入，实现国民经济的均衡和持续发展。现代税收是多税种组成的复合税制体系，主体税种的选择是建立合理税制结构的中心环节，合理地设置辅助税种，从而形成一个相互协调、相互补充的税制体系也十分重要。在这一体系中各税种既有各自的特点，又存在多方面的共同点，有必要对各税种进行分类，以建立合理的税制结构。

二、税种分类

按照一定的标准把性质相同或相近的税种归为一类，以便于与其他税种相区别，这就是税种分类。按照不同的分类标准，税种分类一般有以下几种方法。

(一) 按征税对象分类

征税对象是税制的一个基本要素，是一种税区别于另一种税的主要标志。因此，按征税对象的不同来分类，是税种最基本和最主要的分类方法。按照这个标准，我国税种大体可分为以下五类。

1. 货物和劳务税，又称流转税，是对销售商品或提供劳务的流转额征收的一类税。商品交易发生的流转额称为商品流转额。这个流转额既可以是指商品的实物流转额，也可以是指商品的货币流转额。商品交易是一种买卖行为，如果税法规定卖方为纳税人，商品流转额即为商品销售数量或销售收入；如果税法规定买方为纳税人，商品流转额即为采购数量或采购支付金额。非商品流转额是指各种社会服务性行业提供劳务所取得的业务或劳务收入金额。

货物和劳务税与商品（或劳务）的交换相联系，商品无处不在，又处于不断流动之中，这决定了货物和劳务税的征税范围十分广泛；货物和劳务税的计征，只问收入有无，而不管经营好坏、成本高低、利润大小；货物和劳务税都采用比例税率或定额税率，计算简便，易于征收；货物和劳务税形式上由商品生产者或销售者缴纳，但其税款常附着于卖价，易转嫁给消费者负担，而消费者却不直接感到税负的压力。由于以上这些原因，货物和劳务税对保证国家及时、稳定、可靠地取得财政收入有着重要的作用。同时，它对调节生产、消费也有一定的作用。因此，货物和劳务税一直是我国的主体税种。一方面体现在它的收入在全部税收收入中所占的比重一直较大；另一方面体现在它的调节面比较广泛，对经济的调节作用一直比较显著。

我国当前开征的货物和劳务税主要有：增值税、消费税、关税等。

2. 所得税，是以所得额为征税对象征收的一类税。税法规定应当征税的所得额，一般是指下列方面：一是有合法来源的所得。合法的所得大致包括生产经营所得（如利润等）、提供劳务所得（如工资、薪金、劳务报酬等）、投资所得（如股息、利息、特许权使用费收入等）和其他所得（如财产租赁所得、遗产继承所得等）四类。二是纳税人的货币所得，或能以货币衡量或计算其价值的经济上的所得。不包括荣誉性、知识性的所得和体质上、心理上的所得。三是指纳税人的纯所得，即纳税人在一定时期的总收入扣除成本、费用以及纳税人个人的生活费用和赡养近亲的费用后的净所得。这样，使税负比较符合纳税人的负担能力。四是增强纳税能力的实际所得。例如利息收入可增加纳税人能力，可作为所得税的征收范围；而存款的提取，就不应列入征税范围。总的来说，所得税是对纳税人在一定时期（通常为一年）的合法收入总额减除成本费用和法定允许扣除的其他各项支出后的余额，即应纳税所得额征收的税收。

所得税按照纳税人负担能力（即所得）的大小和有无来确定税收负担，实行"所得多的多征，所得少的少征，无所得的不征"的原则。因此，它对调节国民收入分配，缩小纳税人之间的收入差距有着特殊的作用。同时，所得税的征收面也较为广泛．故成为经济发达国家的主要收入来源。在我国，随着经济的发展，人民所得的增加，所得税已成为近年来收入增长较快的一类税。

我国当前开征的所得税主要有：企业所得税、个人所得税、土地增值税等。

3. 资源税，是对开发、利用和占有国有自然资源的单位和个人征收的一类税。征收这类税有两个目的：一是为了取得资源消耗的补偿基金，保护国有资源的合理开发利用；二是为了调节资源级差收入，以利于企业在平等的基础上开展竞争。

我国当前开征的资源税主要有：资源税、城镇土地使用税、环境保护税等。

4. 财产税，是对纳税人所拥有或由其支配的财产数量或价值额征收的一类税。包括对财产的直接征收和对财产转移的征收。开征这类税收除为国家取得财政收入外，对提高财产的利用效果、限制财产的不必要占有量有一定作用。

我国当前开征的财产税主要有：房产税、契税、车船税等。

5. 行为税，是指以某些特定行为为征税对象征收的一类税。征收这类税，或是为了对某些特定行为进行限制、调节，使微观活动符合宏观经济的要求；或只是为了开辟地方财源，达到特定的目的。这类税的设置比较灵活，其中有些税种具有临时税的性质。

我国当前开征的行为税主要有：印花税、车辆购置税、烟叶税等。

（二）按税收管理和使用权限分类

税收按其管理和使用权限划分，可分为中央税、地方税、中央地方共享税。这是在分级财政体制下的一种重要的分类方法。通过这种划分，可以使各级政府有相应的财政收入来源和一定范围的税收管理权限，从而有利于调动各级政府组织财政收入的积极性，更好地完成一级财政的任务。一般的做法是，将税源集中、收入大、涉及面广，而由全国统一立法和统一管理的税种，划为中央税。一些与地方经济联系紧密，税源比较分散的税种，划为地方税。一些既能兼顾中央和地方经济利益，又有利于调动地方组织收入积极性的税种，列为中央地方共享税。当前我国的中央税主要有关税、消费税、车辆购置税；地方税主要有城镇土地使用税、土地增值税、房产税等；中央地方共享税主要有增值税、资源税等。

拓展阅读：国地税合并：从瘦身到强身

(三)按税收与价格的关系分类

按税收与价格的关系划分,税收可分为价内税和价外税。在市场经济条件下,税收与商品、劳务或财产的价格有着密切的关系,对商品和劳务课征的税收既可以包含于价格之中也可以在价格之外。凡税收构成价格组成部分的税收称为价内税,其价格等于成本、利润和税金的总和;凡税收是价格之外的附加额的税收称为价外税,其价格等于成本加利润。价内税,有利于国家通过对税负的调整,直接调节生产和消费,但往往容易造成对价格的扭曲。价外税与企业的成本核算和利润、价格没有直接联系,能更好地反映企业的经营成果,不致因征税而影响公平竞争;同时,不干扰价格对市场供求状况的正确反映,更适应市场经济的要求。我国的增值税是价外税,消费税是价内税。

(四)按税负是否易于转嫁分类

税收按其负担是否易于转嫁,可分为直接税和间接税。所谓税负转嫁是指纳税人依法缴纳税款之后,通过种种途径将所缴税款的一部分或全部转移给他人负担的经济现象和过程,它表现为纳税人与负税人的非一致性。由纳税人直接负担的税收为直接税。在这种情况下纳税人即负税人,如所得税、遗产税等。可以由纳税人转嫁给负税人的税收为间接税,即负税人通过纳税人间接缴纳的税收,如增值税、消费税、关税等。

(五)按计税标准分类

税收按其计税标准的不同,可分为从价税和从量税。从价税是以征税对象的价值量为标准计算征收的税收。税额的多少将随着价格的变动而相应增减。从量税,是按征税对象的重量、件数、容积、面积等为标准,采用固定税额征收的税收。从量税具有计算简便的优点,但税收收入不能随价格高低而增减。

(六)其他分类方法

除上述几种方法外,税收还可以按其他标准进行划分,例如,按税款缴纳形式分,税收可分为力役税、实物税和货币税;按税收的用途分,税收可分为一般税和目的税;按税种的存续时间分为临时税和经常税;按税率的形式特点分为比例税、累进税、定额税。

三、税制体系类型

复合税制下根据主体税种的选择以及辅助税种的配合情况,形成五种类型的税制体系。

(一)以货物和劳务税为主体税种的税制体系

这类税制体系中货物和劳务税居主体地位,在整个税制中发挥主导作用,其他税居次要地位。由于货物和劳务税是以流转额为课征对象,只要有流转额发生,就能课征到税款。所以这类税征收范围广,而且不受生产经营成本与费用变化的影响,具有广阔的税源,可以保证财政收入稳定增长、调节经济和促进企业加强经济核算。在实行价内税的情况下,这类税的税款又是价格的组成部分,它能够与价格杠杆相配合,调节生产和消费并在一定程度上调节企业的盈利水平。当然，这种税制体系也存在一些缺点：由于这类税只是在生产与流通领域形成收入的过程中对国民收入进行调节，所以其调节功能相对较弱，而且容易产生税负转移，其中有些税种还存在累退性，有些税种存在重复征税等缺陷。

（二）以所得税为主体税种的税制体系

这类税制体系中所得税居主导地位，在整个税制中发挥主导作用。这类税制体系以纳税人的所得额为计税依据，对社会所有成员普遍征收，即不仅对生产经营者征税，而且对非生产经营但取得收入的单位或个人征税。所得税还可与累进税率配合，具有按负担能力大小征收、自动调节经济和公平分配的特点。当然，这类税制体系也存在收入不稳定、计算复杂、要求较高的会计核算程度、征管难度较大等缺陷。

（三）以资源税为主体税种的税制体系

这类税制体系中资源税居主体地位，在整个税制中发挥主导作用。这类税是对土地、矿产、水力、滩涂、森林等所有资源征税，所以这类税制体系具有保护资源、促进合理配置资源、调节资源级差收入和课税一般不受成本与费用变化影响等特点。由于世界上大多数国家的资源分布都有不均匀的现象，所以除少数中东石油资源丰富的国家外，其他国家很少采用这种税制体系。

（四）以低税结构为特征的"避税港"税制体系

这类税制体系中普遍实行低税甚至免税的税收制度，即在这些地方，人们拥有资产或取得收入只负担比在主要工业国家轻得多的税收，或者不必负担税收。这类税制体系有三种具体类型：一类是没有个人所得税、财产税、遗产税或赠与税。另一类是课征税负较轻的所得税、财产税等直接税，同时实行许多涉外税收优惠。还有一类是实行正常税制，只是有较为灵活的税收优惠办法。"避税港"税制体系的主要特点表现在三个方面：有独特的低税结构；以所得税为主，一般很少征收或不征收包括关税在内的货物和劳务税；有明确的避税区域范围。当然，这类税制体系通常是在政治环境比较安定、财政预算支出不太沉重、地理位置靠近高税和经济发达国家、交通方便的小岛国家、地区或某国中的一个局部范围采用。

（五）双主体税制体系

这类税制体系中，货物和劳务税与所得税均居主体地位，两类税收作用相当，互相协调、配合。这类税制体系既能发挥货物和劳务税征收范围广泛、税源充足、征收简便等优势，又能发挥所得税按负担能力大小征收、自动调节经济、公平分配等优势，形成两个税类的优势互补。

税收的作用通过税收制度来体现，一个国家税种的设置以及各税种、税类、税系的相互关系又制约着税收作用的发挥程度，税制结构合理，税收才能充分发挥作用。无论发达国家还是发展中国家，都积极立足本国特点改革税制，致力于构建一个相互协调、相互补充的税制体系，以有效发挥税收职能作用，充分体现税收公平与效率原则。

我国目前采用双主体税制结构，在党的二十大召开后，税务机关将发展的重心放在加快构建新发展格局,着力推动高质量发展。健全现代预算制度,优化税制结构,完善财政转移支付体系。意味着未来我国还会致力于地方税体系的建设,房地产税征收面的铺开、新税种的开征,现有税种的制度优化将持续推进。

第三节 我国税收制度的沿革及现行税制体系

一、我国税收制度的沿革[①]

(一)改革开放前的税制状况(1949~1978年)

1. 1949年,新中国诞生后立即着手建立新税制。自1949年新中国成立至1978年的29年间,中国税制建设的发展历程十分坎坷。

新中国诞生以后,立即着手建立新税制。1950年1月30日,中央人民政府政务院公布《关于统一全国税政的决定》,附发《全国税政实施要则》,规定全国统一设立14个税种,即货物税、工商业税(包括营业税和所得税两个部分)、盐税、关税、薪给报酬所得税、存款利息所得税、印花税、遗产税、交易税、屠宰税、房产税、地产税、特种消费行为税和车船使用牌照税。其他税种一般由省、市或者大行政区根据习惯拟订办法,报经大行政区或者中央批准以后征收(当时主要有农业税、牧业税和契税,其中牧业税始终没有全国统一立法。此外,属于中央税的船舶吨税的征收办法由财政部、海关总署制定)。当时的税收法规,以政务院发布的暂行条例等为主。

在执行中,税制作了一些调整。例如,先后增加契税、船舶吨税和文化娱乐税为全国性税种,其中契税自20世纪50年代中期以后基本停征;将房产税和地产税合并为城市房地产税;将特种消费行为税改为文化娱乐税(1956年由全国人民代表大会常务委员会立法),部分税目并入工商业税;将使用牌照税确定为车船使用牌照税;试行商品流通税;将交易税确定为牲畜交易税,但是没有全国统一立法;薪给报酬所得税、遗产税始终没有开征。

总的来看,1950~1957年,中国根据当时的政治、经济状况,在原有税制的基础上,建立了一套以多种税、多次征为特征的复合税制。这套新税制的建立和实施,对于保障财政收入,稳定经济,保证革命战争的胜利,实现全国财政经济状况的根本好转,促进国民经济的恢复和发展,配合农业、手工业和资本主义工商业的社会主义改造,建立、巩固和发展社会主义经济制度,发挥了重要的作用。

2. 1958年,中国实施了新中国成立以后的第二次大规模税制改革。改革工商税制,试行工商统一税。1958年9月全国人民代表大会常务委员会通过了关于工商统一税的立法,把原来的商品流通税、货物税、营业税、印花税四种税合并为工商统一税,同时调整了一些税种的法规规定,例如,1959年因国家降低银行存款利率而停征利息所得税;1962年为了配合加强集贸市场管理,开征了集市交易税(1964年保留税种,暂停征收);继1958年实行工商统一税后,原工商业税种的所得税成为一个独立税种,1963年对工商所得税负担和征税办法进行调整,加重个体工商业户和合作商店的税收负担等。

[①] 刘佐. 中国税制改革40年的简要回顾(1978-2018年)[J]. 经济研究参考, 2018(38): 3-12.

建立全国统一的农业税制度。1958年6月，全国人民代表大会常务委员会通过了关于农业税的立法，决定废除原有的农业税制，在全国范围内实行统一的农业税制，在巩固和发展农村集体经济，促进农业生产，巩固工农联盟，积累国家财政资金等方面发挥了积极作用。

3. 1973年，中国实施了新中国成立以来的第三次大规模税制改革。其主要内容是简化工商税制，全面试行工商税。1972年3月，国务院发布《工商税条例（草案）》，决定从1973年1月起全面试行工商税，把企业原来缴纳的工商统一税及其附加、城市房地产税、车船使用牌照税、盐税、屠宰税等合并为工商税。合并以后，对国营企业只征收工商税，对集体企业只征收工商税和工商所得税。城市房地产税、车船使用牌照税、屠宰税只对个人和外侨等继续征收。同时简化税目、税率，改变征税办法，调整部分行业税率。

总的来看，1958~1978年，税制几经变革，走的都是偏于简化的路子。同时，税务机构被大量撤并。结果是税种越来越少，税制越来越简单，从而大大缩小了税收在经济领域中的活动范围，在一定程度上影响了税收职能作用的发挥。

（二）改革开放40年的税制改革

1978年以后40年间中国税制的改革进程大体可以划分为三个阶段：第一阶段是1978~1993年（中共十一届三中全会至中共十四届三中全会以前），即经济转轨时期，这是中国改革开放以后税制改革的起步阶段，以建立涉外税收制度为起点，继而实行了国营企业"利改税"和工商税制的全面改革。第二阶段是1993~2013年（中共十四届三中全会至中共十八届三中全会以前），即建立社会主义市场经济体制时期，这是中国改革开放以后税制改革深化的阶段，逐步建立了适应社会主义市场经济体制需要的新税制。第三阶段从2013年（中共十八届三中全会）开始，即全面深化改革时期，这是中国改革开放以后税制改革完善的阶段，改革的目标是建立适应新时代要求的现代税收制度。

1. 经济转轨时期的税制改革（1978~1993年）。

（1）税制改革取得了改革开放以后的第一次重大突破。1978~1982年，中共十一届三中全会明确地提出了改革经济体制的任务；中国共产党第十二次全国代表大会进一步提出要抓紧制定改革的总体方案和实施步骤，在第七个五年计划期间（1986~1990年）逐步推开。这些重要的会议及其所作的一系列重大决策，对于这一期间中国的经济体制改革和税制改革具有极为重要的指导作用。这一时期是中国税制建设的恢复时期和税制改革的准备、起步时期，从思想、理论、组织和税制等方面为后来的改革做了大量的准备工作，打下了良好的基础。

从税制方面看，财税部门自1978年底、1979年初就开始研究税制改革问题，提出了包括开征国营企业所得税、个人所得税等内容的初步设想和实施步骤，并确定为了配合贯彻国家的对外开放政策，第一步先行解决对外征税的问题。

1980~1981年，第五届全国人民代表大会先后公布《中外合资经营企业所得税法》《个人所得税法》《外国企业所得税法》。同时规定，对中外合资企业、外国企业和外国人沿用20世纪50年代制定的税收法规，继续征收工商统一税、城市房地产税和车船使用牌照税。

1982年，国务院提交第五届全国人民代表大会第五次会议的《关于第六个五年计划的报告》提出了3年后税制改革的任务,并得到了会议的批准。同年,国务院批转了《财政部关于征收烧油特别税的试行规定》,发布《牲畜交易税暂行条例》。

(2)税制改革取得了改革开放以后的第二次重大突破。这一时期是中国税制改革全面展开的时期,作为国营企业改革和城市改革的一项重大措施,1983年,国务院决定在全国试行国营企业"利改税",即将新中国成立以后实行了30多年的国营企业向国家上缴利润的制度改为缴纳企业所得税的制度,并取得了初步的成功。这一改革从理论上和实践上突破了国营企业只能向国家缴纳利润,国家不能向国营企业征收所得税的禁区。这是国家与国营企业分配关系改革的一个历史性转变。

为了加快城市经济体制改革的步伐,1984年9月,经全国人民代表大会批准和全国人民代表大会常务委员会授权,国务院决定自当年10月起在全国实施国营企业"利改税"的第二步改革和税收制度的全面改革,发布了产品税、增值税、盐税、营业税、资源税、国营企业所得税条例(草案)和国营企业调节税征收办法。

1985年,第六届全国人民代表大会第三次会议通过了《全国人民代表大会关于授权国务院在经济体制改革和对外开放方面可以制定暂行的规定或者条例的决定》。此后,国务院据此陆续制定了一系列的税收法规,包括《城市维护建设税暂行条例》《进出口关税条例》《集体企业所得税暂行条例》《房产税暂行条例》《车船使用税暂行条例》《个人收入调节税暂行条例》等,并决定开征特别消费税。

1991年,第七届全国人民代表大会第四次会议将《中外合资企业所得税法》与《外国企业所得税法》合并,制定了《外商投资企业和外国企业所得税法》。同年,国务院将建筑税改为固定资产投资方向调节税,发布了《固定资产投资方向调节税暂行条例》。

总的来看,1978~1993年,随着经济的发展和改革的深入,中国对税制改革进行了全面的探索,改革逐步深入,取得了很大的进展,初步建成了一套内外有别、城乡不同,以货物和劳务税、所得税为主体,财产税和其他税收相配合的新的税制体系,大体适应了中国经济体制改革起步阶段的经济状况,税收的职能作用得以全面加强,税收收入随经济发展持续稳定增长,宏观调控作用明显增强,对于贯彻国家的经济政策,调节生产、分配和消费,促进改革开放,起到了积极的促进作用,并为以后税制改革的深入打下了重要基础。

2. 建立社会主义市场经济体制时期的税制改革(1994~2013年)。

1992年以后,中国进入建立社会主义市场经济体制时期,社会主义经济理论和实践取得了重大进展,税制改革随之深化,取得了改革开放以后的第三次重大突破。

1992年10月,中国共产党第十四次全国代表大会提出了建立社会主义市场经济体制的战略目标,其中包括税制改革的任务。

1993年11月,中国共产党第十四届中央委员会第三次全体会议通过了《中共中央关于建立社会主义市场经济体制若干问题的决定》,确定了税制改革的基本原则和主要内容。至当年12月底,税制改革的有关法律、行政法规陆续公布,包括《个人所得税法(修订)》《增值税暂行条例》《消费税暂行条例》《营业税暂行条例》《企业所得税暂行条例》《土地增值税暂行条例》《资源税暂行条例》《全国人民代表大会常务委员会关于外商投资企业和外国企业适用增值税、消费税、营业税等税收暂行条例的决定》,均自1994年起实施。

1994年税制改革的主要内容是：第一，全面改革货物和劳务税制，实行了以比较规范的增值税为主体，消费税、营业税并行，内外统一的货物和劳务税制。第二，改革企业所得税制，将过去对国营企业、集体企业和私营企业分别征收的多种企业所得税合并为统一的企业所得税。第三，改革个人所得税制，将过去对外国人征收的个人所得税、对中国人征收的个人收入调节税和城乡个体工商业户所得税合并为统一的个人所得税。第四，大幅度调整其他税收，如扩大了资源税的征收范围，开征了土地增值税，取消了盐税、烧油特别税、集市交易税等12个税种，并将屠宰税、筵席税的管理权下放到省级地方政府，增设了遗产税、证券交易税（这两种税后来没有立法开征）。

1995~2013年，为了适应建立完善的社会主义市场经济体制的需要，中国继续完善税制，分步实施了下列重大改革，基本实现了税制的城乡统一、内外统一。

（1）改革农业税制。2000年，中共中央、国务院发出了《关于进行农村税费改革试点工作的通知》，此后农村税费改革逐步推进。2005年，全国人民代表大会常务委员会决定自2006年起取消农业税。2005~2006年，国务院先后取消了牧业税、屠宰税，对过去征收农业特产税的烟叶产品改征烟叶税，公布了《烟叶税暂行条例》。

（2）完善货物和劳务税制。1998年以后，经国务院批准，财政部、国家税务总局陆续调整了消费税的部分税目、税率（税额标准）和计税方法。2000年，国务院公布《车辆购置税暂行条例》，自2001年起施行。为了适应加入世界贸易组织的需要，逐步降低了进口关税的税率。2003年，国务院公布新的《关税条例》，自2004年起施行。2008年，国务院修订了增值税、消费税和营业税暂行条例，初步实现了增值税从生产型向消费型的转变，结合成品油税费改革调整了消费税，自2009年起施行。

（3）完善所得税制。1999~2011年，全国人民代表大会常务委员会先后5次修改个人所得税法，主要内容是调整工资、薪金等所得的费用扣除标准和储蓄存款利息征税的规定。2007年，全国人民代表大会将过去对内资企业和外资企业分别征收的企业所得税合并，制定了《企业所得税法》，自2008年1月1日起施行。

（4）完善财产税制。1997年，国务院发布《契税暂行条例》，自当年10月起施行。自2001年起，国务院将船舶吨税重新纳入财政预算管理。2011年，国务院公布《船舶吨税暂行条例》，自2012年起施行。2006年，国务院将对内征收的车船使用税与对外征收的车船使用牌照税合并为车船税，公布了《车船税暂行条例》，自2007年起施行；2011年，全国人民代表大会常务委员会通过了《车船税法》，自2012年起施行。2006~2009年，国务院先后修改了《城镇土地使用税暂行条例》《耕地占用税暂行条例》，将对内征收的城镇土地使用税、耕地占用税改为内外统一征收，分别自2007年、2008年起施行。自2009年起取消了对外征收的城市房地产税，规定中外纳税人统一缴纳房产税。2011年，国务院修改了《资源税暂行条例》，自当年11月起施行。

此外，国务院先后于2000年停止征收固定资产投资方向调节税，2008年、2013年取消了筵席税、固定资产投资方向调节税，自2010年12月起将外商投资企业和外国企业纳入城市维护建设税的纳税人范围。

至2013年，中国的税制设有18个税种，即增值税、消费税、车辆购置税、营业税、关税、企业所得税、个人所得税、土地增值税、房产税、城镇土地使用税、耕地占用税、契税、资源税、车船税、船舶吨税、印花税、城市维护建设税和烟叶税。

1994年税制改革是新中国成立以来规模最大、范围最广泛和内容最深刻的一次税制改革，改革的方案是在中国改革开放以后税制改革的基础上，经过多年的理论研究和实践探索，积极借鉴外国税制建设的成功经验，结合中国的国情制定的，推行以后从总体上看取得了很大的成功。经过这次税制改革和后来的逐步完善，中国初步建立了适应社会主义市场经济体制需要的税收制度，税制逐步简化、规范，税负更加公平，对于保证财政收入，加强宏观调控，深化改革，扩大开放，促进经济和社会的发展，起到了重要的作用，并为以后全面深化税制改革奠定了坚实的基础。

3. 全面深化改革时期的税制税种改革（2013年以后）。自2013年以后，中国进入全面深化改革时期，税制改革随之全面深化，并取得了一系列重要进展。

2013年11月，中国共产党第十八届中央委员会第三次全体会议通过了《中共中央关于全面深化改革若干重大问题的决定》。决定中提出：改革税制，稳定税负。完善地方税体系，逐步提高直接税比重。推进增值税改革，适当简化税率。调整消费税征收范围、环节和税率，把高耗能、高污染产品和部分高档消费品纳入征收范围。逐步建立综合与分类相结合的个人所得税制。加快房地产税立法并适时推进改革，加快资源税改革，推动环境保护费改税。完善以税收、社会保障、转移支付为主要手段的再分配调节机制，加大税收调节力度。坚持使用资源付费和谁污染环境、谁破坏生态谁付费原则，逐步将资源税扩展到占用各种自然生态空间。

2016年3月，第十二届全国人民代表大会第四次会议批准了《中华人民共和国国民经济和社会发展第十三个五年规划纲要》。纲要中提出：按照优化税制结构、稳定宏观税负、推进依法治税的要求全面落实税收法定原则，建立税种科学、结构优化、法律健全、规范公平、征管高效的现代税收制度，逐步提高直接税比重。全面完成"营改增"改革，建立规范的消费型增值税制度。完善消费税制度，将一些高档消费品和高消费行为纳入消费税征收范围。实施资源税从价计征改革，逐步扩大征税范围，建立矿产资源国家权益金制度，健全矿产资源税费制度。清理规范相关行政事业性收费和政府性基金。开征环境保护税。完善地方税体系，推进房地产税立法。完善关税制度。加快推进非税收入管理改革，建立科学规范、依法有据、公开透明的非税收入管理制度。深化国税、地税征管体制改革，完善税收征管方式，提高税收征管效能。推行电子发票。降低增值税税负和流转税比重，清理规范涉企基金，清理不合理涉企收费，降低企业税费负担。加快建立综合和分类相结合的个人所得税制度。

2018年9月公布的十三届全国人大常委会立法规划，提出了增值税、消费税和房地产税等10个税种的立法和修改税收征管法等规划。

这一时期深化税制改革采取的主要措施如下：

（1）完善货物和劳务税制。自2012年起，经国务院批准，财政部、国家税务总局逐步实施了营业税改征增值税的试点。其中，2016年全面推行此项试点；2017年废止了《营业税暂行条例》，修改了《增值税暂行条例》。此外，调整了增值税的税率、征收率，统一了小规模纳税人的标准。在消费税方面，经国务院批准，财政部、国家税务总局陆续调整了部分税目、税率。在关税方面，进口关税的税率继续逐渐降低。

（2）完善所得税制。在企业所得税方面，2017年和2018年，全国人民代表大会常务委员会先后修改了《企业所得税法》的个别条款。经国务院批准，财政部、国家税务总局等单位陆续作出了关于部分重点行业实行固定资产加速折旧的规定；提高企业研究开发费用税前加计扣除比例的规定；购进单位价值不超过 500 万元的设备、器具允许一次性扣除的规定；提高职工教育经费支出扣除比例的规定；小微企业减征企业所得税的规定，而且减征的范围不断扩大，等等。

在个人所得税方面，2018 年，全国人民代表大会常务委员会修订了《个人所得税法》，主要内容是调整居民个人、非居民个人的判定标准，部分所得合并为综合所得征税，调整税前扣除标准和税率，完善征管方面的规定，自 2019 年 1 月 1 日起实施。此外，经国务院批准，财政部、国家税务总局等单位陆续联合作出了关于上市公司股息、红利差别化个人所得税政策，完善股权激励和技术入股有关所得税政策，科技人员取得职务科技成果转化现金奖励有关个人所得税政策等规定。

（3）完善资源税制。逐步调整资源税的税目、税率。2016 年，根据中共中央、国务院的部署，财政部、国家税务总局发出《关于全面推进资源税改革的通知》，自当年 7 月起实施，改革的主要内容是扩大征税范围和从价计税方法的适用范围。2018 年 12 月，全国人民代表大会常务委员会通过了《耕地占用税法》，自 2019 年 9 月 1 日起施行。2019 年 8 月 26 日，十三届全国人大常委会第十二次会议通过了《资源税法》，自 2020 年 9 月 1 日起施行。

此外，2016 年、2017 年，全国人民代表大会常务委员会先后通过了《环境保护税法》《烟叶税法》，分别自 2018 年 1 月 1 日、7 月 1 日起施行。

通过上述改革，中国的税制进一步简化、规范，税负更加公平并有所减轻，税收的宏观调控作用进一步增强，在促进经济持续稳步增长的基础上实现了税收收入的持续稳步增长，有力地支持了中国的改革开放和各项建设事业的发展。

二、我国现行税制体系

我国现行的税制体系是中华人民共和国成立后经过上述一系列改革后逐步演变而来的，是以货物和劳务税与所得税为主体，多税种、多次征、主次分明的复合式税制结构。共设有 18 个税种，按照征税对象分为五大类：货物和劳务税类、资源与环境税类、所得税类、财产税类和其他税类。以上税种中，以国家法律形式发布实施的有：企业所得税、个人所得税、耕地占用税、资源税、车船税、车辆购置税、船舶吨税、烟叶税、环境保护税、契税、城市维护建设税、印花税。除此之外的其他税种都是经全国人民代表大会授权，由国务院以暂行条例的形式发布实施的，这些法律法规共同组成我国税收实体法体系。现行税制体系见表 2-3。

表 2-3　　　　　　　　　　　我国现行税制体系

税种分类	税种名称	作用
货物和劳务税类	增值税、消费税、关税	主要在生产、流通、服务业发挥调解作用
资源与环境税类	资源税、城镇土地使用税、环境保护税	主要调节因开发和利用自然资源差异而形成的级差收入

续表

税种分类	税种名称	作用
所得税类	企业所得税、个人所得税、土地增值税	主要是在国民收入形成后，对生产经营者的利润和个人的纯收入发挥调解作用
财产税类	房产税、契税、车船税	主要是对某些财产发挥调节作用
其他税类	印花税、城市维护建设税、烟叶税、车辆购置税、耕地占用税、船舶吨税	主要是为了达到特定目的，调节特定对象和特定行为

根据财政部国库司公布的数据，2022年全国税收收入166 614亿元，比上年下降3.5%，扣除留抵退税因素后增长6.6%，主要税收收入项目情况如下：国内增值税48 717亿元，国内消费税16 699亿元，企业所得税43 690亿元，个人所得税14 923亿元，进口货物增值税、消费税19 995亿元关税2 860亿元，出口退税16 258亿元（考虑动用以前年度结转资金等因素后，全年实际办理出口退税18 678亿元），城市维护建设税5 075亿元，车辆购置税2 398亿元，印花税4 390亿元（其中，证券交易印花税2 759亿元），资源税3 389亿元。土地和房地产相关税收中，契税5 794亿元，土地增值税6 349亿元，房产税3 590亿元，耕地占用税1 257亿元，城镇土地使用税2 226亿元，环境保护税211亿元，车船税、船舶吨税、烟叶税等其他各项税收收入合计1 309亿元。

数据表明，在我国现有的18个税种中，增值税、消费税、企业所得税和个人所得税4个主要税种地位稳固，始终是全国税收收入的主要支柱。其中，增值税和企业所得税一直稳居前两名。目前我国税收体系中货物和劳务税仍然是第一主体，所得税类为第二主体，其他税类占比较低。

本章小结

税收制度是用来规范税务机关、纳税人及其他有关单位和个人的税务行为的税收法律、法规、规章等的总称。税制要素，是构成税收法律制度的共同因素，也是构成每一税种的必要元素。税制要素一般包括纳税人、征税对象、税率三个基本要素和纳税环节、纳税期限、纳税地点、减免税、违章处罚等要素。

税制结构类型根据一国开征税种的多少和类别，分为单一税制与复合税制。单一税制是指以一种课税对象为基础设置税种所形成的税制。复合税制是指由多种征税对象为基础设置税种所形成的税制，它是由主次搭配、层次分明的多个税种构成的税收体系。目前我国采取货物和劳务税、所得税双主体税制结构。税种分类是按某一种标志，把性质相同的或近似的税种归为一类，而与其他税种相区别。按照不同的分类标志，税种的分类有不同的方法。

我国现行的税制是以流转税和所得税为主体，多税种、多次征、主次分明的复合式税制结构。共设有18个税种，即增值税、消费税、车辆购置税、关税、企业所得税、个人所得税、土地增值税、房产税、城镇土地使用税、耕地占用税、契税、资源税、车船税、船舶吨税、印花税、城市维护建设税、烟叶税和环境保护税。现行税制体系下,在促进经济持续稳步增长的基础上实现了税收收入的持续稳步增长,有力地支持了中国的改革开放和各项建设事业的发展。

☞【思考题】

1. 税收制度的组成要素是什么?
2. 税率有哪几种形式?为什么说税率是税制的中心环节?
3. 简述累进税率的分类及特点。
4. 税制结构的概念是什么?税制结构有哪些类型、各有什么特点?
5. 我国现行的税制体系体现了哪些特征?未来的改革方向是什么?

自测习题及参考答案

第二篇 货物和劳务税

第三章　增值税

> 【学习目标】
>
> 1. 了解增值税的基本原理、特点与作用。
> 2. 掌握增值税制度的基本内容、专用发票管理与出口退税制度。
> 3. 熟练掌握增值税税款的计算和缴纳。

第一节　增值税概述

一、增值税的概念

增值税是以商品（含应税劳务）在流转过程中产生的增值额作为计税依据而征收的一种货物和劳务税。根据《增值税暂行条例》和《营业税改征增值税试点实施办法》的规定，增值税是对在中华人民共和国境内销售货物或者提供加工、修理修配劳务、销售服务、无形资产或者不动产以及进口货物的单位和个人，以其增值额为征税对象征收的一种税。要准确把握增值税原理及其计税方法，首先必须理解什么是增值额。

增值额是指企业或其他经营者，在一定时期内，因从事生产经营或提供劳务，在购入的商品或者取得劳务的价值基础上新增加的价值额，即纳税人在一定时期内，所取得的商品销售（或劳务）收入额大于购进商品（或取得劳务）所支付金额的差额。

从理论上讲，增值额就是劳动者在生产过程中新创造的那一部分价值，相当于从社会产品总值 $C+V+M$ 中，扣除生产过程中消耗掉的、能够从商品销售收入中收回的生产资料 C 的价值后的余额，即 $V+M$ 部分，从内容上讲大体相当于净产值或国民收入。

现实经济生活中，对增值额这一概念可以从以下两个方面理解：

第一，从一个生产经营单位来看，增值额是该单位商品销售收入额或业务收入额，扣除非增值项目金额后的余额，相当于该单位劳动创造的价值。这些非增值项目主要包括转移到商品价值中去的原材料、辅助材料、燃料、动力、包装物和低值易耗品等。

第二，从一项货物或劳务来看，增值额是该货物或劳务经历的生产和流通的各个环节所创造的增值额之和，也就是该项货物或劳务的最终销售价格。从商品生产经营的全过程来看，一个商品最终实现销售时的最后销售价格，相当于该商品从生产到最终销售各个生产经营环节的增值额之和，而不论其生产经营经过几个环节。

例如，某项货物最终销售价格300元，这300元是从生产、流通到消费五个环节共同创造的，那么，该货物在五个环节中创造的增值额之和就是该货物的全部销售额。其各个环节的销售额和增值额的数量及关系如表3-1所示（为便于计算，假定每一环节没有物质消耗，都是该环节新创造的价值）。

表3-1　　　　　　　　　货物销售额与增值额的关系　　　　　　　　单位：元

生产流通环节	销售额	增值额	各环节累计增值额
原材料生产环节	50	50	50
零部件生产环节	80	30	80
产成品生产环节	160	80	160
批发环节	240	80	240
零售环节	300	60	300

从表3-1可以看出，该商品在各个生产环节的增值额累计数正好等于最后销售额300元，可见一种商品的最后销售额是由各环节的增值额组成的，在税率一致的情况下，对每一生产流通环节征收的增值税之和，实际上就是按货物最终销售额征收的增值税，或者说是销售税。

需要特别指出的是，上述增值额仅仅是一种理论增值额，实行增值税的国家，据以征税的增值额与之并不完全一致，而是一种法定增值额。所谓的法定增值额是指各国政府根据各自的国情、政策要求，在增值税制度中人为确定的增值额，可以等于理论增值额，也可以大于或小于理论增值额。造成法定增值额与理论增值额不一致的重要原因，是各国在规定扣除范围时，对外购固定资产的处理办法不同，有些国家允许扣除，有些国家不允许扣除。由此，也形成了不同类型的增值税。

二、增值税的类型

增值税按对外购固定资产处理方式的不同，可划分为生产型增值税、收入型增值税和消费型增值税。

（一）生产型增值税

生产型增值税，是指在计算增值税的课税对象即增值额时，只允许扣除作为劳动对象的外购货物的价款，不允许扣除外购固定资产的价款（包括年度折旧）。作为课税对象的法定增值额除包括纳税人新创造的价值外，还包括当期计入成本的外购固定资产价款部分，即当期工资、利息、租金、利润等理论增值额和折旧额之和。从整个国民经济的角度看，这一课税对象相当于国民生产总值的口径，故称为生产型增值税。

由于生产型增值税对固定资产的转移价值，即固定资产折旧额也作为增值额课征增值税，这部分转移价值在购进固定资产时已缴纳增值税，在产品销售时，对它又要课征增值税，因而并没有完全解决重复征税的问题。这种类型的增值税虽然不利于鼓励投资，但是可以保证财政收入。

（二）收入型增值税

收入型增值税，是指在计算增值税的课税对象即增值额时，不仅允许扣除作为劳动对象的外购货物的价款，还允许扣除外购固定资产折旧部分的价款。作为其课税对象的法定增值额,相当于当期工资、利息、租金和利润等各增值项目之和。从整个国民经济的角度看,这一课税对象相当于国民收入部分,故称为收入型增值税。

收入型增值税的法定增值额与理论增值额一致,从理论上讲是一种标准的增值税,但由于外购固定资产价款是以计提折旧的方式分期转入产品价值的,不仅使增值额和增值税的计算复杂化,而且转入部分没有合法的外购凭证,不利于凭票扣税计算方法的使用,加大增值税的征管难度,从而影响了这种类型增值税的广泛采用。

(三) 消费型增值税

消费型增值税,是指在计算增值税的课税对象即增值额时,不仅允许扣除作为劳动对象的外购货物的价款,还允许扣除外购固定资产的全部价款,即允许扣除外购的全部生产资料。

作为其课税对象的法定增值额,相当于纳税人当期的全部销售额扣除外购的全部生产资料价款后的余额。从整个国民经济的角度看,这一课税对象仅限于消费资料的部分,故称为消费型增值税。

消费型增值税在购进固定资产的当期因扣除额大大增加,会减少财政收入。但由于对外购固定资产采取一次性扣除的办法,简化了增值额和增值税的计算,降低了增值税的征管难度。而且由于消费型增值税的税基中不含转移价值C,不管商品经过多少流转环节,均不存在重复征税的问题,它有利于社会生产的专业化分工。因此,消费型增值税为世界上大多数国家所采用。

三、增值税的特点

增值税作为一种货物和劳务税,既保留了按流转额征税的优点,也避免了按流转额全值征税的弊端,其主要特点包括:

(一) 税不重征,具有中性税收的特征

根据增值税的计税原理,增值税只对销售额中由纳税人新创造的、尚未征过税的新增价值额征税,而对销售额中由以前各环节创造、已征过税的转移价值额不再征税,从而有效排除了重复征税的因素。所以,从理论上看,增值税不存在重复征税的问题,这是增值税与其他流转税的主要区别。

增值税避免了重复征税问题,其税收负担不受生产结构变化和生产经营环节多少的影响。对任何一种货物或应税劳务来说,只要最后销售价格相同,无论它是由哪个单位生产、经过多少道生产经营环节,也无论是由一个或是多个单位生产经营,该货物或劳务负担的增值税额都是相同的。因此增值税对生产经营活动以及消费行为基本不发生影响,从而具有中性税收的特征。

(二) 普遍征税,道道征税

增值税保留了流转税对商品和劳务道道征税的特点,是一种多环节连续课征的税种。从理论上讲,作为增值税课税对象的增值额,可以遍及社会经济的各部门、各行业和各个企业,无论是从事矿产开发、工业制造,还是从事货物销售或劳务供应,都会在劳动过程中创

造出增值额，都可能成为增值税的征收范围，即普遍征税。同时，任何一种货物或应税劳务从生产到消费，每经过一个流转环节，只要有增值额就对其征税，即道道征税。

（三）税收负担具有向前推移性

在增值税的征税过程中，增值税后一环节纳税人总是前一环节纳税人已交税款的负担者，商品和劳务的购买者总是销售者已纳税款的归宿。当税负随商品流转推移至最终销售环节时，消费者便成为增值税的最终归宿。

四、增值税的作用

（一）有利于保证财政收入及时、稳定增长

首先，增值税的课税范围涉及社会的生产、流通、消费和劳务等诸多生产经营领域，凡从事货物销售、应税劳务供应、进口货物以及发生应税行为的单位和个人，只要实现了增值额就必须缴纳增值税，税基极为广泛。其次，增值税在货物销售、应税劳务提供或应税行为发生的环节课征，税款随同销售额一并向购买方收取，只要纳税人的销售收入实现，税款就能及时入库。此外，增值税实行购进扣税法和凭发票注明税款抵扣，使购销单位之间形成相互制约的关系，有利于税务机关对纳税情况的交叉稽核，防止偷税问题的发生。总之，增值税征收范围的广阔性、征收的普遍性和连续性，使增值税有着充足的税源和众多的纳税人，从而使通过增值税组织的财政收入具有稳定性，可以保证财政收入的及时入库。

（二）有利于促进专业化协作生产发展和生产经营结构优化

现代工业生产随着科学技术的广泛应用，工艺流程越来越复杂，分工也越来越细，产品通常具有高、精、尖与大批量的特点，因此要求改变"大而全""小而全"的低效能生产模式，大力发展生产专业化和协作化。一方面，实行增值税有效地排除了按流转全额计税所造成的重复征税的弊端，使税负不受生产组织结构和经营方式变化的影响，始终保持相对平衡。因此，增值税不仅有利于生产专业化、协作化的发展，而且不影响专业化基础上的联合经营，从而有利于优化社会生产要素配置，调整生产经营结构。另一方面，由于增值税负担不受商品流转环节多寡的影响，有利于疏通渠道，搞活流通领域。

（三）有利于"奖出限入"，促进对外贸易发展

随着世界经济的一体化，各国政府为保护和促进本国经济的发展，在对外贸易方面大多采取"奖出限入"的经济政策。为了抢占国际市场、提高本国商品的出口竞争能力，大多对出口商品实行退税政策，使其以不含税价格进入国际市场。然而在传统流转税制下，由于存在重复征税的缺陷，出口商品价格所包含的税金因该商品的生产结构和经营环节的不同而多少不一，给准确退税带来很大困难。实行增值税可以从根本上克服这一弊端。这是因为增值税是以增值额为课税对象的，一件货物的最终销售或出口价格就是其全部增值额，根据最终销售价格和增值税率计算出来的增值税额，就是该货物出口以前各环节已缴纳的增值税之和。政府只要能准确地确定出口货物的价格，就可以将出口货物在出口环节以前已缴纳的增值税税金退还给商品出口经营者，做到准确、彻底的退税，使之以完全不含税价格进入国际市场。

对进口货物征收增值税，是根据组成计税价格乘以按增值额设计的税率计算的，使进口货物和国内同类货物承担相同的税负，把进口货物在出口国因退税或不征税给进口企业带来的经济利益转化为国家所有，不仅体现了国家间同等征税的原则，而且维护了国家经济权益和民族工业的发展。

五、增值税的计税方法

增值税的课税对象是增值额，从定义上讲，应纳增值税额应等于增值额乘以适用税率。这只是增值税计算的基本方法。从理论上讲，为实现对增值额征税的目的，增值税的计税方法可分为直接计税法和间接计税法两种类型。

（一）直接计税法

直接计税法是指按照规定直接计算出应税货物或劳务的法定增值额，然后以此为依据乘以适用税率，计算出应纳税额的一种计税方法。其计算公式为：

$$应纳增值税额 = 法定增值额 \times 适用税率$$

在直接计税法中，又因计算法定增值额的方法不同，分为"加法"和"减法"两种。

1. 加法，是指将纳税人在税款计算期内从事生产经营活动所创造的新价值逐项累加起来，求出增值额，再乘以适用税率，计算出应纳增值税额的方法。其计算公式为：

$$应纳增值税额 = （工资 + 利息 + 租金 + 利润 + 其他增值项目金额） \times 适用税率$$

采用这种方法的关键在于确定哪些属于增值项目，哪些属于非增值项目。然而纳税人的增值因素和非增值因素在会计处理上，尤其在某个短时期（例如一个月）是难以划分清楚的，影响了增值额的准确计算，在实际工作中容易造成税企争执。因此，这种方法一直未被采用。

2. 减法，又称扣额法，是指将纳税人在税款计算期内销售货物（或劳务）实现的销售额，减去规定的外购非增值项目金额后的余额作为增值额，再乘以适用税率，计算出应纳增值税额的方法。其计算公式为：

$$应纳增值税额 = （销售额 - 非增值项目金额） \times 适用税率$$

由于这种方法也存在增值项目和非增值项目难以准确划分的问题，特别是在纳税人兼营不同税率货物或免税货物时，允许扣除的非增值项目金额在不同税率货物以及免税货物之间的划分难度更大，因此在实务中也没有得到采用。

（二）间接计税法

间接计税法又称扣税法，是指不直接根据增值额计算增值税额，而是首先以纳税人在税款计算期内销售货物（或应税劳务）实现的销售额乘以适用税率，计算出销售应税货物（或劳务）的整体税负（即销项税额），然后减去非增值项目的已纳税额，计算出应纳增值税额的方法。其计算公式为：

$$应纳增值税额 = 销售额 \times 适用税率 - 非增值项目已纳税额$$

在间接计税法中,由于计算法定扣除项目已纳税额的方法不同,又分为实耗扣税法和购进扣税法两种。

1. 实耗扣税法,是指以纳税人本期销项税额减去本期实际耗用的非增值项目已纳税额,计算出本期应纳增值税额的方法。其计算公式为:

$$应纳增值税额 = 本期销项税额 - 本期实耗非增值项目的已纳税额$$

2. 购进扣税法,是指以纳税人本期销项税额减去本期外购的非增值项目已纳税额(即本期进项税额),计算出本期应纳增值税税额的方法。其计算公式为:

$$应纳增值税额 = 本期销项税额 - 本期进项税额$$

这种方法既能体现增值税的基本原理,又能克服直接计税法的缺陷,计算方法简便易行,已被世界上开征增值税的大多数国家所采用。我国目前一般纳税人采用的增值税计算方法为购进扣税法,并采用凭增值税专用发票或其他合法扣税凭证注明的税款进行抵扣的办法。

六、增值税的产生与发展

(一) 国外增值税制度的产生与发展

20 世纪初,为了解决传统营业税阶梯性重复征税的矛盾,满足工业生产日益社会化和专业化的需求,促进资本主义商品生产和流通,西方学者进行了许多有益的探讨,1917 年,美国耶鲁大学的亚当斯教授在其发表的《营业税》一文中提出的营业毛利税就具有现代增值税的雏形。1921 年,担任政府顾问的德国资本家西蒙斯博士在《改进的周转税》中提出,以"一种精巧的销售税"来取代当时的营业税,正式提出增值税的名称,并详细阐述了这种税收的内容,标志着增值税思想的萌芽。第二次世界大战结束后,法国首先进行改革营业税、开征增值税的实践。1948 年,法国政府允许制造商扣除中间投入物资后对产成品价值征税。1954 年,在莫里斯·劳莱的努力下,法国政府进一步把扣除范围扩大到固定资产已纳税款,将营业税改为增值税,标志着增值税的正式诞生。不久,法国增值税从工业企业扩展到农业、商业、交通、服务等行业,在世界上率先建立了一套最系统化的消费型增值税制度。从 20 世纪 70 年代开始,增值税制在全世界范围得到迅速推广,迄今为止,世界上已有 170 多个国家和地区开征了增值税,增值税已经成为一个国际性税种,并在一些国家成为主体税种。

(二) 我国增值税制度的建立与发展

为了适应我国经济体制改革的需要,我国自 1978 年开始研究增值税,并于 1979 年下半年开始在部分城市的机器机械、农业机具等行业进行试点。1982 年在试点的基础上,财政部制定了《增值税暂行办法》,规定从 1983 年 1 月 1 日起,在全国范围内对两个行业(机器机械及其零配件、农用机具及其零配件)三种产品(自行车、缝纫机和电风扇)统一试行增值税。1984 年工商税制改革,国务院正式颁布《增值税条例(草案)》,同年 10 月 1 日起在全国范围内开征增值税,并将征收范围扩大到机器机械、钢材钢坯、自行车、缝纫机、电风扇及其零配件等 12 类商品,对其他商品则征收产品税,标志着我国增值税制度正式建立。随后,我国又根据实际情况逐步扩大了增值税的征收范围、规范了增值税的计算办法和扣除项目。

1993年12月13日，国务院颁布《增值税暂行条例》，从1994年1月1日开始在全国统一实施，将增值税征收范围扩大到整个工业生产领域和商品流通领域，并将增值税由价内税改为价外税，由多档税率改为17%基本税率，由依据法定扣除项目计算的扣除税额扣税，改为依据法定扣除项目发票扣除税额扣税。

1994年实施的增值税采用的是生产型增值税，存在重复征税问题，制约企业技术改进的积极性。进入21世纪，为了完善增值税制度，鼓励扩大投资、设备更新和技术进步，促进本国产品与外国产品的公平竞争，"十五"期间，财政部等部门根据经济发展的需要和征管中出现的问题，初步形成了增值税由生产型转为消费型的改革思路。自2004年7月1日起，在东北老工业基地三省一市（黑龙江省、吉林省、辽宁省和大连市）的装备制造业、石油化工业等8个行业进行增值税转型试点，对纳入增值税转型试点范围的纳税人新购进的设备、工具、器具等所含的增值税税额实行抵扣的办法。自2007年7月1日起，将增值税转型改革的试点范围扩大到中部地区6省份的26个老工业基地城市的8个行业；2008年7月，内蒙古东部五盟市纳入转型改革试点；2008年8月1日，将汶川地震受灾严重地区纳入转型试点范围。并于2009年1月1日起，在全国范围内全面实施消费型增值税。

为鼓励第三产业的发展，最大限度地保持增值税抵扣链条的完整性，解决重复征税，公平税负，促进产业结构的调整和优化，我国自2012年起逐步实施增值税的扩围改革，即营业税改为增值税（简称"营改增"）。"营改增"改革实施"三步走"战略。

第一步，在部分行业、部分地区进行"营改增"试点。自2012年1月1日起，上海启动在交通运输业和部分现代服务业开展"营改增"。2012年下半年，扩大到北京、天津、江苏、安徽、浙江、福建、湖北、广东等8个省份，扩大了"营改增"的试点地区。

第二步，选择部分行业在全国范围内进行试点。自2013年8月1日起在全国范围内开展交通运输业和部分现代服务业"营改增"试点，并将广播影视作品的制作、播映、发行纳入试点行业。2014年1月1日，铁路运输业和邮政业纳入"营改增"试点。2014年6月1日，电信业纳入"营改增"试点。

第三步，在全国范围内实现"营改增"。自2016年5月1日起，建筑业、房地产业、金融业、生活服务业等行业纳入"营改增"试行范围，"营改增"试点在全国范围内全面推开。至此，营业税全部改征增值税，"营改增"改革任务全面完成。

第二节 增值税的纳税义务人

一、纳税义务人的一般规定

增值税的纳税义务人，是指在中华人民共和国境内销售货物或者提供加工、修理修配劳务（以下称应税劳务），销售服务、无形资产或者不动产（以下称应税行为）以及进口货物的单位和个人。

在境内销售货物或者提供加工、修理修配劳务是指：（1）销售货物的起运地或者所在地在境内。（2）提供的应税劳务发生在境内。（3）应税劳务的提供方或者接受方在境内。

在境内销售服务、无形资产或者不动产，是指：（1）服务（租赁不动产除外）或者无形资产（自然资源使用权除外）的销售方或者购买方在境内。（2）所销售或者租赁的不动产在境内。（3）所销售自然资源使用权的自然资源在境内。（4）财政部和国家税务总局规定的其他情形。

下列情形不属于在境内销售服务或者无形资产：（1）境外单位或者个人向境内单位或者个人销售完全在境外发生的服务。（2）境外单位或者个人向境内单位或者个人销售完全在境外使用的无形资产。（3）境外单位或者个人向境内单位或者个人出租完全在境外使用的有形动产。（4）财政部和国家税务总局规定的其他情形。包括：①为出境的函件、包裹在境外提供的邮政服务、收派服务；②向境内单位或者个人提供的工程施工地点在境外的建筑服务、工程监理服务；③向境内单位或者个人提供的工程、矿产资源在境外的工程勘察勘探服务；④向境内单位或者个人提供的会议展览地点在境外的会议展览服务[①]。

单位，是指企业、行政单位、事业单位、军事单位、社会团体及其他单位。

个人，是指个体工商户和其他个人。

对报关进口的货物，以进口货物的收货人或办理报关手续的单位和个人为纳税人。对代理进口货物，以海关开具的完税凭证上的纳税人为纳税人。也就是说，对报关进口的货物，凡是海关的完税凭证开具给委托方的，则委托方履行纳税义务，对代理方不征收增值税；凡是海关的完税凭证开具给代理方的，对代理方应按规定征收增值税。

二、纳税义务人的特殊规定

1. 承包承租经营的纳税义务人。从事销售或进口货物、提供应税劳务的单位租赁或者承包给其他单位或者个人经营的，以承租人或者承包人为纳税义务人。

发生应税行为的单位以承包、承租、挂靠方式经营的，承包人、承租人、挂靠人（简称承包人）以发包人、出租人、被挂靠人（简称发包人）名义对外经营并由发包人承担相关法律责任的，以该发包人为纳税人；否则，以承包人为纳税人。

2. 扣缴义务人。境外的单位或个人在境内提供应税劳务，销售服务、无形资产或者不动产，在境内未设有经营机构的，以其境内代理人为扣缴义务人；在境内没有代理人的，以购买方为扣缴义务人。

三、小规模纳税人和一般纳税人的登记管理

由于增值税实行凭增值税专用发票抵扣税款的制度，上一环节纳税人缴纳的增值税，下一环节纳税人在缴纳增值税时可以抵扣，这就要求增值税纳税人会计核算必须健全，并能够准确核算销项税额、进项税额和应纳税额。鉴于目前我国纳税人经营管理规模差异大、会计核算水平参差不齐的实际情况，为严格增值税专用发票的管理，《增值税暂行条例》依据纳税人的会计核算是否健全、是否能够提供准确的税务资料以及年销售额的大小，将增值税纳税人分为一般纳税人和小规模纳税人。

1. 小规模纳税人的登记管理。小规模纳税人，是指年应税销售额在规定标准以下，并且会计核算不健全，不能按规定报送有关税务资料的增值税纳税人。

会计核算不健全是指不能准确核算增值税的销项税额、进项税额和应纳税额。

根据《财政部 税务总局关于统一增值税小规模纳税人标准的通知》规定，自2018年

[①] 《财政部 国家税务总局关于全面推开营业税改征增值税试点的通知》（财税〔2016〕36号）附件1：《营业税改征增值税试点实施办法》。

5月1日起，增值税小规模纳税人标准为年应征增值税销售额（以下简称应税销售额）500万元及以下。

根据《营业税改征增值税试点有关事项的规定》，应税行为的年应税销售额标准为500万元（含本数）。

年应税销售额超过规定标准的纳税人为一般纳税人；未超过规定标准的纳税人为小规模纳税人。年应税销售额超过小规模纳税人标准的其他个人按小规模纳税人纳税。年应税销售额超过规定标准但不经常发生应税行为的单位和个体工商户，以及非企业性单位、不经常发生应税行为的企业，可选择按小规模纳税人纳税。

2. 一般纳税人的登记管理。根据《国家税务总局关于增值税一般纳税人登记管理办法》规定，增值税纳税人年应税销售额超过财政部、国家税务总局规定的小规模纳税人标准的，除按照政策规定选择按照小规模纳税人纳税的和年应税销售额超过规定标准的其他个人外，应当向主管税务机关办理一般纳税人登记。

年应税销售额，是指纳税人在连续不超过12个月或四个季度的经营期内累计应征增值税销售额，包括纳税申报销售额、稽查查补销售额、纳税评估调整销售额。

销售服务、无形资产或者不动产有扣除项目的纳税人，其应税行为年应税销售额按未扣除之前的销售额计算。纳税人偶然发生的销售无形资产、转让不动产的销售额，不计入应税行为年应税销售额。

年应税销售额未超过规定标准的纳税人，会计核算健全，能够提供准确税务资料的，可以向主管税务机关办理一般纳税人登记，成为一般纳税人。

所谓会计核算健全，是指能够按照国家统一的会计制度规定设置账簿，根据合法、有效凭证核算。

除国家税务总局另有规定外，一经登记为一般纳税人后，不得转为小规模纳税人。

第三节 增值税的征税范围

拓展阅读：增值税一般纳税人登记管理办法

一、增值税征税范围的一般规定

根据《增值税暂行条例》和《财政部 国家税务总局关于全面推开营业税改征增值税试点的通知》的规定，在中华人民共和国境内销售货物，提供加工、修理修配劳务，销售服务、无形资产、不动产以及进口货物，属于增值税的征税范围。

（一）销售或者进口货物

货物是指有形动产，包括电力、热力和气体在内。

销售货物，是指在中国境内有偿转让货物的所有权。有偿是指从购买方取得货币、货物或者其他经济利益。

进口货物，是指申报进入我国海关境内的货物，包括从境内保税工厂、保税仓库、保税区运往境内其他地区的货物。确定一项货物是否属于进口货物，必须看其是否办理了报关进口手续。只要是报关进口的应税货物，均属于增值税征税范围，应在进口环节缴纳增值税。

（二）提供加工、修理修配劳务

加工是指受托加工货物，即委托方提供原料及主要材料，受托方按照委托方的要求制造货物并收取加工费的业务。修理修配是指受托对损伤或丧失功能的货物进行修复，使其恢复原状和功能的业务。

提供加工、修理修配劳务，是指有偿提供应税劳务，不包括单位或个体工商户聘用的员工为本单位或雇主提供的加工、修理修配劳务。

（三）销售服务、无形资产或者不动产

销售服务、无形资产或者不动产，是指有偿提供服务、有偿转让无形资产或者不动产。其中，应税服务包括交通运输服务、邮政服务、电信服务、建筑服务、金融服务、现代服务、生活服务。

有偿，是指取得货币、货物或者其他经济利益。但属于下列非经营活动的情形除外：

（1）行政单位收取的同时满足以下条件的政府性基金或者行政事业性收费。由国务院或者财政部批准设立的政府性基金，由国务院或者省级人民政府及其财政、价格主管部门批准设立的行政事业性收费；收取时开具省级以上（含省级）财政部门监（印）制的财政票据；所收款项全额上缴财政。

（2）单位或者个体工商户聘用的员工为本单位或者雇主提供取得工资的服务。

（3）单位或者个体工商户为聘用的员工提供服务。

（4）财政部和国家税务总局规定的其他情形。

1. 交通运输服务，是指利用运输工具将货物或者旅客送达目的地，使其空间位置得到转移的业务活动。包括陆路运输服务、水路运输服务、航空运输服务和管道运输服务。

（1）陆路运输服务，是指通过陆路（地上或者地下）运送货物或者旅客的运输业务活动，包括铁路运输服务和其他陆路运输服务。

铁路运输服务，是指通过铁路运送货物或者旅客的运输业务活动。

其他陆路运输服务，是指铁路运输以外的陆路运输业务活动。包括公路运输、缆车运输、索道运输、地铁运输、城市轻轨运输等。

出租车公司向使用本公司自有出租车的出租车司机收取的管理费用，按照陆路运输服务缴纳增值税。

（2）水路运输服务，是指通过江、河、湖、川等天然、人工水道或者海洋航道运送货物或者旅客的运输业务活动。

水路运输的程租、期租业务，属于水路运输服务。

程租业务，是指运输企业为租船人完成某一特定航次的运输任务并收取租赁费的业务。

期租业务，是指运输企业将配备有操作人员的船舶承租给他人使用一定期限，承租期内听候承租方调遣，不论是否经营，均按天向承租方收取租赁费，发生的固定费用均由船东负

担的业务。

（3）航空运输服务，是指通过空中航线运送货物或者旅客的运输业务活动。

航空运输的湿租业务，属于航空运输服务。

湿租业务，是指航空运输企业将配备有机组人员的飞机承租给他人使用一定期限，承租期内听候承租方调遣，不论是否经营，均按一定标准向承租方收取租赁费，发生的固定费用均由承租方承担的业务。

航天运输服务，按照航空运输服务缴纳增值税。航天运输服务，是指利用火箭等载体将卫星、空间探测器等空间飞行器发射到空间轨道的业务活动。

（4）管道运输服务，是指通过管道设施输送气体、液体、固体物质的运输业务活动。

无运输工具承运业务，按照交通运输服务缴纳增值税。

无运输工具承运业务，是指经营者以承运人身份与托运人签订运输服务合同，收取运费并承担承运人责任，然后委托实际承运人完成运输服务的经营活动。

2. 邮政服务，是指中国邮政集团公司及其所属邮政企业提供邮件寄递、邮政汇兑和机要通信等邮政基本服务的业务活动。包括邮政普遍服务、邮政特殊服务和其他邮政服务。

（1）邮政普遍服务，是指函件、包裹等邮件寄递，以及邮票发行、报刊发行和邮政汇兑等业务活动。

函件，是指信函、印刷品、邮资封片卡、无名址函件和邮政小包等。

包裹，是指按照封装上的名址递送给特定个人或者单位的独立封装的物品，其重量不超过50千克，任何一边的尺寸不超过150厘米，长、宽、高合计不超过300厘米。

（2）邮政特殊服务，是指义务兵平常信函、机要通信、盲人读物和革命烈士遗物的寄递等业务活动。

（3）其他邮政服务，是指邮册等邮品销售、邮政代理等业务活动。

3. 电信服务，是指利用有线、无线的电磁系统或者光电系统等各种通信网络资源，提供语音通话服务，传送、发射、接收或者应用图像、短信等电子数据和信息的业务活动。包括基础电信服务和增值电信服务。

（1）基础电信服务，是指利用固网、移动网、卫星、互联网，提供语音通话服务的业务活动，以及出租或者出售带宽、波长等网络元素的业务活动。

（2）增值电信服务，是指利用固网、移动网、卫星、互联网、有线电视网络，提供短信和彩信服务、电子数据和信息的传输及应用服务、互联网接入服务等业务活动。

卫星电视信号落地转接服务，按照增值电信服务缴纳增值税。

4. 建筑服务，是指各类建筑物、构筑物及其附属设施的建造、修缮、装饰、线路、管道、设备、设施等的安装以及其他工程作业的业务活动。包括工程服务、安装服务、修缮服务、装饰服务和其他建筑服务。

（1）工程服务，是指新建、改建各种建筑物、构筑物的工程作业，包括与建筑物相连的各种设备或者支柱、操作平台的安装或者装设工程作业，以及各种窑炉和金属结构工程作业。

（2）安装服务，是指生产设备、动力设备、起重设备、运输设备、传动设备、医疗实验设备以及其他各种设备、设施的装配、安置工程作业，包括与被安装设备相连的工作台、梯子、栏杆的装设工程作业，以及被安装设备的绝缘、防腐、保温、油漆等工程作业。

固定电话、有线电视、宽带、水、电、燃气、暖气等经营者向用户收取的安装费、初装费、开户费、扩容费以及类似收费，按照安装服务缴纳增值税。

（3）修缮服务，是指对建筑物、构筑物进行修补、加固、养护、改善，使之恢复原来的使用价值或者延长其使用期限的工程作业。

（4）装饰服务，是指对建筑物、构筑物进行修饰装修，使之美观或者具有特定用途的工程作业。

（5）其他建筑服务，是指上列工程作业之外的各种工程作业服务，如钻井（打井）、拆除建筑物或者构筑物、平整土地、园林绿化、疏浚（不包括航道疏浚）、建筑物平移、搭脚手架、爆破、矿山穿孔、表面附着物（包括岩层、土层、沙层等）剥离和清理等工程作业。

5. 金融服务，是指经营金融保险的业务活动。包括贷款服务、直接收费金融服务、保险服务和金融商品转让。

（1）贷款服务。贷款，是指将资金贷与他人使用而取得利息收入的业务活动。

各种占用、拆借资金取得的收入，包括金融商品持有期间（含到期）利息（保本收益、报酬、资金占用费、补偿金等）收入、信用卡透支利息收入、买入返售金融商品利息收入、融资融券收取的利息收入，以及融资性售后回租、押汇、罚息、票据贴现、转贷等业务取得的利息及利息性质的收入，按照贷款服务缴纳增值税。

融资性售后回租，是指承租方以融资为目的，将资产出售给从事融资性售后回租业务的企业后，从事融资性售后回租业务的企业将该资产出租给承租方的业务活动。

以货币资金投资收取的固定利润或者保底利润，按照贷款服务缴纳增值税。

（2）直接收费金融服务，是指为货币资金融通及其他金融业务提供相关服务并且收取费用的业务活动。包括提供货币兑换、账户管理、电子银行、信用卡、信用证、财务担保、资产管理、信托管理、基金管理、金融交易场所（平台）管理、资金结算、资金清算、金融支付等服务。

（3）保险服务，是指投保人根据合同约定，向保险人支付保险费，保险人对于合同约定的可能发生的事故因其发生所造成的财产损失承担赔偿保险金责任，或者当被保险人死亡、伤残、疾病或者达到合同约定的年龄、期限等条件时承担给付保险金责任的商业保险行为。包括人身保险服务和财产保险服务。

人身保险服务，是指以人的寿命和身体为保险标的的保险业务活动。

财产保险服务，是指以财产及其有关利益为保险标的的保险业务活动。

（4）金融商品转让，是指转让外汇、有价证券、非货物期货和其他金融商品所有权的业务活动。

其他金融商品转让包括基金、信托、理财产品等各类资产管理产品和各种金融衍生品的转让。

6. 现代服务，是指围绕制造业、文化产业、现代物流产业等提供技术性、知识性服务的业务活动。包括研发和技术服务、信息技术服务、文化创意服务、物流辅助服务、租赁服务、鉴证咨询服务、广播影视服务、商务辅助服务和其他现代服务。

（1）研发和技术服务，包括研发服务、合同能源管理服务、工程勘察勘探服务、专业技术服务。

研发服务，也称技术开发服务，是指就新技术、新产品、新工艺或者新材料及其系统进行研究与试验开发的业务活动。

合同能源管理服务，是指节能服务公司与用能单位以契约形式约定节能目标，节能服务公司提供必要的服务，用能单位以节能效果支付节能服务公司投入及其合理报酬的业务活动。

工程勘察勘探服务，是指在采矿、工程施工前后，对地形、地质构造、地下资源蕴藏情况进行实地调查的业务活动。

专业技术服务，是指气象服务、地震服务、海洋服务、测绘服务、城市规划、环境与生态监测服务等专项技术服务。

（2）信息技术服务，是指利用计算机、通信网络等技术对信息进行生产、收集、处理、加工、存储、运输、检索和利用，并提供信息服务的业务活动。包括软件服务、电路设计及测试服务、信息系统服务、业务流程管理服务和信息系统增值服务。

软件服务，是指提供软件开发服务、软件维护服务、软件测试服务的业务活动。

电路设计及测试服务，是指提供集成电路和电子电路产品设计、测试及相关技术支持服务的业务活动。

信息系统服务，是指提供信息系统集成、网络管理、网站内容维护、桌面管理与维护、信息系统应用、基础信息技术管理平台整合、信息技术基础设施管理、数据中心、托管中心、信息安全服务、在线杀毒、虚拟主机等业务活动。包括网站对非自有的网络游戏提供的网络运营服务。

业务流程管理服务，是指依托信息技术提供的人力资源管理、财务经济管理、审计管理、税务管理、物流信息管理、经营信息管理和呼叫中心等服务的活动。

信息系统增值服务，是指利用信息系统资源为用户附加提供的信息技术服务。包括数据处理、分析和整合、数据库管理、数据备份、数据存储、容灾服务、电子商务平台等。

（3）文化创意服务，包括设计服务、知识产权服务、广告服务和会议展览服务。

设计服务，是指把计划、规划、设想通过文字、语言、图画、声音、视觉等形式传递出来的业务活动。包括工业设计、内部管理设计、业务运作设计、供应链设计、造型设计、服装设计、环境设计、平面设计、包装设计、动漫设计、网游设计、展示设计、网站设计、机械设计、工程设计、广告设计、创意策划、文印晒图等。

知识产权服务，是指处理知识产权事务的业务活动。包括对专利、商标、著作权、软件、集成电路布图设计的登记、鉴定、评估、认证、检索服务。

广告服务，是指利用图书、报纸、杂志、广播、电视、电影、幻灯、路牌、招贴、橱窗、霓虹灯、灯箱、互联网等各种形式为客户的商品、经营服务项目、文体节目或者通告、声明等委托事项进行宣传和提供相关服务的业务活动。包括广告代理和广告的发布、播映、宣传、展示等。

会议展览服务，是指为商品流通、促销、展示、经贸洽谈、民间交流、企业沟通、国际往来等举办或者组织安排的各类展览和会议的业务活动。

（4）物流辅助服务，包括航空服务、港口码头服务、货运客运场站服务、打捞救助服务、装卸搬运服务、仓储服务、收派服务、收件服务、分拣服务和派送服务。

航空服务，包括航空地面服务和通用航空服务。航空地面服务，是指航空公司、飞机场、民航管理局、航站等向在境内航行或者在境内机场停留的境内外飞机或者其他飞行器提供的导航等劳务性地面服务的业务活动。包括旅客安全检查服务、停机坪管理服务、机场候机厅管理服务、飞机清洗消毒服务、空中飞行管理服务、飞机起降服务、飞行通信服务、地面信号服务、飞机安全服务、飞机跑道管理服务、空中交通管理服务等。通用航空服务，是指为专业工作提供飞行服务的业务活动，包括航空摄影、航空培训、航空测量、航空勘探、航空护林、航空吊挂播洒、航空降雨、航空气象探测、航空海洋监测、航空科学实验等。

港口码头服务，是指港务船舶调度服务、船舶通信服务、航道管理服务、航道疏浚服务、灯塔管理服务、航标管理服务、船舶引航服务、理货服务、系解缆服务、停泊和移泊服务、海上船舶溢油清除服务、水上交通管理服务、船只专业清洗消毒检测服务和防止船只漏油服务等为船只提供服务的业务活动。

港口设施经营人收取的港口设施保安费按照港口码头服务缴纳增值税。

货运客运场站服务，是指货运客运场站提供货物配载服务、运输组织服务、中转换乘服务、车辆调度服务、票务服务、货物打包整理、铁路线路使用服务、加挂铁路客车服务、铁路行包专列发送服务、铁路到达和中转服务、铁路车辆编解服务、车辆挂运服务、铁路接触网服务、铁路机车牵引服务等业务活动。

打捞救助服务，是指提供船舶人员救助、船舶财产救助、水上救助和沉船沉物打捞服务的业务活动。

装卸搬运服务，是指使用装卸搬运工具或者人力、畜力将货物在运输工具之间、装卸现场之间或者运输工具与装卸现场之间进行装卸和搬运的业务活动。

仓储服务，是指利用仓库、货场或者其他场所代客贮放、保管货物的业务活动。

收派服务，是指接受寄件人委托，在承诺的时限内完成函件和包裹的收件、分拣、派送服务的业务活动。

收件服务，是指从寄件人收取函件和包裹，并运送到服务提供方同城的集散中心的业务活动。

分拣服务，是指服务提供方在其集散中心对函件和包裹进行归类、分发的业务活动。

派送服务，是指服务提供方从其集散中心将函件和包裹送达同城的收件人的业务活动。

（5）租赁服务，包括融资租赁服务和经营租赁服务。

融资租赁服务，是指具有融资性质和所有权转移特点的租赁活动，即出租人根据承租人所要求的规格、型号、性能等条件购入有形动产或者不动产租赁给承租人，合同期内租赁物所有权属于出租人，承租人只拥有使用权，合同期满付清租金后，承租人有权按照残值购入租赁物，以拥有其所有权。不论出租人是否将租赁物销售给承租人，均属于融资租赁。

按照标的物的不同，融资租赁服务可分为有形动产融资租赁服务和不动产融资租赁服务。

融资性售后回租不按照本税目缴纳增值税。

经营租赁服务，是指在约定时间内将有形动产或者不动产转让他人使用且租赁物所有权不变更的业务活动。

按照标的物的不同，经营租赁服务可分为有形动产经营租赁服务和不动产经营租赁服务。

将建筑物、构筑物等不动产或者飞机、车辆等有形动产的广告位出租给其他单位或者个人用于发布广告，按照经营租赁服务缴纳增值税。

车辆停放服务、道路通行服务（包括过路费、过桥费、过闸费等）等按照不动产经营租赁服务缴纳增值税。

水路运输的光租业务、航空运输的干租业务，属于经营租赁。

光租业务，是指运输企业将船舶在约定的时间内出租给他人使用，不配备操作人员，不承担运输过程中发生的各项费用，只收取固定租赁费的业务活动。

干租业务，是指航空运输企业将飞机在约定的时间内出租给他人使用，不配备机组人员，不承担运输过程中发生的各项费用，只收取固定租赁费的业务活动。

(6) 鉴证咨询服务，包括认证服务、鉴证服务和咨询服务。

认证服务，是指具有专业资质的单位利用检测、检验、计量等技术，证明产品、服务、管理体系符合相关技术规范、相关技术规范的强制性要求或者标准的业务活动。

鉴证服务，是指具有专业资质的单位受托对相关事项进行鉴证，发表具有证明力的意见的业务活动，包括会计鉴证、税务鉴证、法律鉴证、职业技能鉴定、工程造价鉴证、工程监理、资产评估、环境评估、房地产土地评估、建筑图纸审核、医疗事故鉴定等。

咨询服务，是指提供信息、建议、策划、顾问等服务的活动，包括金融、软件、技术、财务、税收、法律、内部管理、业务运作、流程管理、健康等方面的咨询。

翻译服务和市场调查服务按照咨询服务缴纳增值税。

(7) 广播影视服务，包括广播影视节目（作品）制作服务、发行服务和播映（含放映，下同）服务。

广播影视节目（作品）制作服务，是指进行专题（特别节目）、专栏、综艺、体育、动画片、广播剧、电视剧、电影等广播影视节目和作品制作的服务。具体包括与广播影视节目和作品相关的策划、采编、拍摄、录音、音视频文字图片素材制作、场景布置、后期的剪辑、翻译（编译）、字幕制作、片头、片尾、片花制作、特效制作、影片修复、编目和确权等业务活动。

广播影视节目（作品）发行服务，是指以分账、买断、委托等方式，向影院、电台、电视台、网站等单位和个人发行广播影视节目（作品）以及转让体育赛事等活动的报道及播映权的业务活动。

广播影视节目（作品）播映服务，是指在影院、剧院、录像厅及其他场所播映广播影视节目（作品），以及通过电台、电视台、卫星通信、互联网、有线电视等无线或者有线装置播映广播影视节目（作品）的业务活动。

(8) 商务辅助服务，包括企业管理服务、经纪代理服务、货物运输代理服务、代理报关服务、人力资源服务、安全保护服务。

企业管理服务，是指提供总部管理、投资与资产管理、市场管理、物业管理、日常综合管理等服务的业务活动。

经纪代理服务，是指各类经纪、中介、代理服务，包括金融代理、知识产权代理、货物运输代理、代理报关、法律代理、房地产中介、职业中介、婚姻中介、代理记账、拍卖等。

货物运输代理服务，是指接受货物收货人、发货人、船舶所有人、船舶承租人或者船舶经营人的委托，以委托人的名义，为委托人办理货物运输、装卸、仓储和船舶进出港口、引航、靠泊等相关手续的业务活动。

代理报关服务，是指接受进出口货物的收、发货人委托，代为办理报关手续的业务活动。

人力资源服务，是指提供公共就业、劳务派遣、人才委托招聘、劳动力外包等服务的业务活动。

安全保护服务，是指提供保护人身安全和财产安全，维护社会治安等的业务活动，包括场所住宅保安、特种保安、安全系统监控以及其他安保服务。

(9) 其他现代服务，是指除研发和技术服务、信息技术服务、文化创意服务、物流辅助服务、租赁服务、鉴证咨询服务、广播影视服务和商务辅助服务以外的现代服务。

7. 生活服务，是指为满足城乡居民日常生活需求提供的各类服务活动，包括文化体育服务、教育医疗服务、旅游娱乐服务、餐饮住宿服务、居民日常服务和其他生活服务。

(1) 文化体育服务，包括文化服务和体育服务。

文化服务，是指满足社会公众文化生活需求提供的各种服务，包括：文艺创作、文艺表演、文化比赛，图书馆的图书和资料借阅，档案馆的档案管理，文物及非物质遗产保护，组织举办宗教活动、科技活动、文化活动，提供游览场所。

体育服务，是指组织举办体育比赛、体育表演、体育活动，以及提供体育训练、体育指导、体育管理的业务活动。

(2) 教育医疗服务，包括教育服务和医疗服务。

教育服务，是指提供学历教育服务、非学历教育服务、教育辅助服务的业务活动。

学历教育服务，是指根据教育行政管理部门确定或者认可的招生和教学计划组织教学，并颁发相应学历证书的业务活动，包括初等教育、初级中等教育、高级中等教育、高等教育等。

非学历教育服务，包括学前教育、各类培训、演讲、讲座、报告会等。

教育辅助服务，包括教育测评、考试、招生等服务。

医疗服务，是指提供医学检查、诊断、治疗、康复、预防、保健、接生、计划生育、防疫服务等方面的服务，以及与这些服务有关的提供药品、医用材料器具、救护车、病房住宿和伙食的业务。

(3) 旅游娱乐服务，包括旅游服务和娱乐服务。

旅游服务，是指根据旅游者的要求，组织安排交通、游览、住宿、餐饮、购物、文娱、商务等服务的业务活动。

娱乐服务，是指为娱乐活动同时提供场所和服务的业务，具体包括：歌厅、舞厅、夜总会、酒吧、台球、高尔夫球、保龄球、游艺（包括射击、狩猎、跑马、游戏机、蹦极、卡丁车、热气球、动力伞、射箭、飞镖）。

(4) 餐饮住宿服务，包括餐饮服务和住宿服务。

餐饮服务，是指通过同时提供饮食和饮食场所的方式为消费者提供饮食消费服务的业务活动。

住宿服务，是指提供住宿场所及配套服务等的活动，包括宾馆、旅馆、旅社、度假村和其他经营性住宿场所提供的住宿服务。

(5) 居民日常服务，是指主要为满足居民个人及其家庭日常生活需求提供的服务，包括市容市政管理、家政、婚庆、养老、殡葬、照料和护理、救助救济、美容美发、按摩、桑拿、氧吧、足疗、沐浴、洗染、摄影扩印等服务。

(6) 其他生活服务，是指除文化体育服务、教育医疗服务、旅游娱乐服务、餐饮住宿服务和居民日常服务之外的生活服务。

8. 销售无形资产，是指转让无形资产所有权或者使用权的业务活动。

无形资产，是指不具实物形态，但能带来经济利益的资产，包括技术、商标、著作权、商誉、自然资源使用权和其他权益性无形资产。

技术，包括专利技术和非专利技术。

自然资源使用权，包括土地使用权、海域使用权、探矿权、采矿权、取水权和其他自然资源使用权。

其他权益性无形资产，包括基础设施资产经营权、公共事业特许权、配额、经营权（包括特许经营权、连锁经营权、其他经营权）、经销权、分销权、代理权、会员权、席位权、网络游戏虚拟道具、域名、名称权、肖像权、冠名权、转会费等。

9. 销售不动产，是指转让不动产所有权的业务活动。

不动产，是指不能移动或者移动后会引起性质、形状改变的财产，包括建筑物、构筑物等。

建筑物，包括住宅、商业营业用房、办公楼等可供居住、工作或者进行其他活动的建造物。

构筑物，包括道路、桥梁、隧道、水坝等建造物。

转让建筑物有限产权或者永久使用权的，转让在建的建筑物或者构筑物所有权的，以及在转让建筑物或者构筑物时一并转让其所占土地的使用权的，按照销售不动产缴纳增值税。

二、增值税征税范围的特殊规定

（一）视同销售货物

视同销售货物行为，是指按照财务会计制度的规定，不属于货物销售，但按照税法有关规定应当申报缴纳增值税的行为，包括不发生所有权转移和不以直接有偿形式进行的货物转让。根据我国现行增值税税法规定，单位或个体工商户的下列行为，视同销售货物：

（1）将货物交付其他单位或个人代销。

（2）销售代销货物。

（3）设有两个以上机构并实行统一核算的纳税人，将货物从一个机构移送到其他机构用于销售，但相关机构设在同一县（市）的除外。

"用于销售"，是指受货机构发生以下情形之一的经营行为：一是向购货方开具发票；二是向购货方收取货款。

受货机构的货物移送行为有上述两项情形之一的，应当向所在地税务机关缴纳增值税；未发生上述两项情形的，则应由总机构统一缴纳增值税。

如果受货机构只就部分货物向购买方开具发票或收取货款，则应当区别不同情况计算并分别向总机构所在地或分支机构所在地缴纳税款。

（4）将自产、委托加工的货物用于非增值税项目。

（5）将自产、委托加工的货物用于集体福利或个人消费。

（6）将自产、委托加工或购进的货物作为投资，提供给其他单位或个体工商户。

（7）将自产、委托加工或购进的货物分配给股东或投资者。

（8）将自产、委托加工或购进的货物无偿赠送其他单位或者个人。

（二）视同销售服务、无形资产或者不动产

根据《营业税改征增值税试点实施办法》的规定，下列情形视同销售服务、无形资产或者不动产：（1）单位或者个体工商户向其他单位或者个人无偿提供服务，但用于公益事业或者以社会公众为对象的除外。（2）单位或者个人向其他单位或者个人无偿转让无形资产或者不动产，但用于公益事业或者以社会公众为对象的除外。（3）财政部和国家税务总

局规定的其他情形。

对上述行为视同销售，按规定计算销售额并计算增值税的目的：一是为了保证增值税税款抵扣制度的实施，不至于因发生上述行为而造成税款抵扣环节的中断；二是为了防止通过上述行为逃避纳税，造成税基被侵蚀，税款流失。

（三）混合销售和兼营行为

1. 混合销售。一项销售行为如果既涉及服务又涉及货物，为混合销售。从事货物的生产、批发或者零售的单位和个体工商户的混合销售行为，按照销售货物缴纳增值税；其他单位和个体工商户的混合销售行为，按照销售服务缴纳增值税。

上述从事货物的生产、批发或者零售的单位和个体工商户，包括以从事货物的生产、批发或者零售为主，并兼营销售服务的单位和个体工商户在内。

自 2017 年 5 月 1 日起，纳税人销售活动板房、机器设备、钢结构件等自产货物的同时提供建筑、安装服务，不属于混合销售，应分别核算货物和建筑服务的销售额，分别适用不同的税率或者征收率。

2. 兼营行为，是指纳税人的经营范围既包括销售货物、加工修理修配劳务，又包括销售服务、无形资产或者不动产。

纳税人销售货物、加工修理修配劳务、服务、无形资产或者不动产适用不同税率或者征收率的，应当分别核算适用不同税率或者征收率的销售额，未分别核算销售额的，按照以下方法适用税率或者征收率：

（1）兼有不同税率的销售货物、加工修理修配劳务、服务、无形资产或者不动产，从高适用税率。

（2）兼有不同征收率的销售货物、加工修理修配劳务、服务、无形资产或者不动产，从高适用征收率。

（3）兼有不同税率和征收率的销售货物、加工修理修配劳务、服务、无形资产或者不动产，从高适用税率。

第四节　增值税的税率与征收率

从各国增值税的实践看，增值税税率的设计一般都遵循了减少税率档次的基本原则，这是由增值税实行税款抵扣的计税方法及其中性税收的特征所决定的。大多数国家一般都采用 2～3 档税率，最少的只有 1 档。我国现行增值税本着中性和简化的原则，对一般纳税人实行 13% 的基本税率，9% 和 6% 的低税率，以及出口零税率；对小规模纳税人实行 3%（或 5%）的征收率。

一、增值税的税率

（一）13% 的基本税率

增值税一般纳税人销售货物、劳务、有形动产租赁服务或者进口货物，除低税率适用范围外，适用 13% 的基本税率。

(二) 9%的低税率

增值税一般纳税人销售交通运输、邮政、基础电信、建筑、不动产租赁服务,销售不动产,转让土地使用权,销售或者进口下列货物,适用税率为9%:

1. 粮食等农产品、食用植物油、食用盐;
2. 自来水、暖气、冷气、热水、煤气、石油液化气、天然气、二甲醚、沼气、居民用煤炭制品;
3. 图书、报纸、杂志、音像制品、电子出版物;
4. 饲料、化肥、农药、农机、农膜;
5. 国务院规定的其他货物。

(三) 6%的低税率

增值税一般纳税人提供增值电信服务、金融服务、现代服务(租赁服务除外)、生活服务和销售无形资产(转让土地使用权除外),适用税率为6%。

(四) 零税率

增值税一般纳税人出口货物、劳务,或者境内单位和个人跨境销售国务院规定范围内的服务、无形资产,税率为零。

根据《跨境应税行为适用增值税零税率和免税政策》的规定,境内的单位和个人销售的下列服务和无形资产,适用增值税零税率:

1. 国际运输服务。国际运输服务,是指在境内载运旅客或者货物出境、在境外载运旅客或者货物入境以及在境外载运旅客或者货物。
2. 航天运输服务。
3. 向境外单位提供的完全在境外消费的下列服务:(1)研发服务;(2)合同能源管理服务;(3)设计服务;(4)广播影视节目(作品)的制作和发行服务;(5)软件服务;(6)电路设计及测试服务;(7)信息系统服务;(8)业务流程管理服务;(9)离岸服务外包业务,包括信息技术外包服务(ITO)、技术性业务流程外包服务(BPO)、技术性知识流程外包服务(KPO),其所涉及的具体业务活动,按照《销售服务、无形资产、不动产注释》相对应的业务活动执行;(10)转让技术。
4. 财政部和国家税务总局规定的其他服务。

二、增值税的征收率

考虑到小规模纳税人的经营规模小,会计核算不健全,难以按基本税率和低税率计税以及使用增值税专用发票抵扣进项税额,我国《增值税暂行条例》规定小规模纳税人发生应税销售行为,实行按照销售额和征收率计算应纳税额的简易办法。增值税征收率一般为3%,简易计税情形下部分应税行为适用5%的征收率。

(一) 3%征收率的适用范围

1. 小规模纳税人销售货物、提供服务、转让无形资产等。

2. 一般纳税人销售自产的下列货物，选择按照简易计税办法依照3%的征收率计算增值税：（1）县级及县级以下小型水力发电单位生产的电力；（2）建筑用和生产建筑材料所用的砂、土、石料；（3）以自己采掘的砂、土、石料或其他矿物连续生产的砖、瓦、石灰（不含黏土实心砖、瓦）；（4）用微生物、微生物代谢产物、动物毒素、人或动物的血液或组织制成的生物制品；（5）自来水；（6）商品混凝土（仅限于以水泥为原料生产的水泥混凝土）；（7）单采血浆站销售非临床用人体血液。

3. 一般纳税人提供的公共交通运输服务、电影放映服务、仓储服务、装卸搬运服务、收派服务、文化体育服务，选择适用简易计税方法的情形。

4. 资管产品管理人运营资管产品过程中发生的增值税应税行为，暂适用简易计税方法，按照3%的征收率缴纳增值税。

5. 提供物业管理服务的纳税人，向服务接受方收取的自来水费，以扣除其对外支付的自来水费后的余额为销售额，按照简易计税方法依3%的征收率计算缴纳增值税。

6. 提供非学历教育服务、教育辅助服务选择适用简易计税方法的。

7. 以清包工方式提供的建筑服务选择适用简易计税方法的。

8. 销售电梯的同时提供安装服务，其安装服务可以按照甲供工程选择适用简易计税方法计税。

9. 自2018年5月1日起，增值税一般纳税人生产销售和批发、零售抗癌药品，可选择按照简易办法依照3%征收率计算缴纳增值税。

10. 自2019年3月1日起，增值税一般纳税人生产销售和批发、零售罕见病药品，可选择按照简易办法依照3%征收率计算缴纳增值税。

（二）5%征收率的适用范围

1. 小规模纳税人销售自建或者取得的不动产。
2. 一般纳税人选择简易计税方法计税的不动产销售。
3. 房地产开发企业中的小规模纳税人，销售自行开发的房地产项目。
4. 其他个人销售其取得（不含自建）的不动产（不含其购买的住房）。
5. 一般纳税人选择简易计税方法计税的不动产经营租赁。
6. 小规模纳税人出租（经营租赁）其取得的不动产（不含个人出租住房）。
7. 其他个人出租（经营租赁）其取得的不动产（不含住房）。
8. 一般纳税人和小规模纳税人提供劳务派遣服务选择差额纳税的。
9. 一般纳税人2016年4月30日前签订的不动产融资租赁合同，或以2016年4月30日前取得的不动产提供的融资租赁服务，选择适用简易计税方法的。
10. 一般纳税人收取试点前开工的一级公路、二级公路、桥、闸通行费，选择适用简易计税方法的。
11. 一般纳税人提供人力资源外包服务，选择适用简易计税方法的。
12. 纳税人转让2016年4月30日前取得的土地使用权，选择适用简易计税办法的。
13. 纳税人提供安全保护服务，选择差额纳税的。
14. 房地产开发企业的一般纳税人销售自己开发的房地产老项目，选择适用简易计税方法的。

第五节 增值税应纳税额的计算

增值税的计税方法包括一般计税方法和简易计税方法。一般纳税人销售货物、提供应税劳务和应税服务使用一般计税方法。对于一些特定情形,一般纳税人可以选择按照简易计税方法计税,但一经选定,36个月内不得变更。小规模纳税人销售货物、提供应税劳务和应税服务,适用简易计税方法。

一、一般计税方法应纳税额的计算

我国目前对增值税一般纳税人采用的计税方法是国际上通行的购进扣税法,即增值税一般纳税人销售货物、提供应税劳务以及销售服务、无形资产和不动产,应纳税额为当期销项税额抵扣当期进项税额后的余额。其计算公式为:

$$应纳税额 = 当期销项税额 - 当期进项税额$$

因此,增值税一般纳税人当期应纳增值税税额的大小,主要取决于当期销项税额和当期进项税额两个因素。

(一) 销项税额的计算

销项税额是指纳税人销售货物、提供应税劳务以及销售服务、无形资产和不动产,按照销售额和规定的增值税税率计算并向购买方收取的增值税税额。销项税额的计算公式为:

$$销项税额 = 销售额 \times 适用税率$$

销项税额是由购买方支付的税额,对属于一般纳税人的销售方来讲,在没有依法抵扣其进项税额前,销项税额不是其应纳增值税额,而是应税销售行为的整体税负。因增值税是价外税,所以公式中的"销售额"是不包括向购买方收取的销项税额。

1. 一般销售方式下销售额的确定。销售额是指纳税人销售货物或者提供应税劳务和应税服务向购买方(承受应税劳务和应税服务也被视为购买方)收取的全部价款和价外费用,但不包括收取的销项税额以及代为收取的政府性基金或者行政事业性收费。

价外费用是指价外向购买方收取的手续费、补贴、基金、集资费、返还利润、奖励费、违约金、滞纳金、延期付款利息、赔偿金、代收款项、代垫款项、包装费、包装物租金、储备费、优质费、运输装卸费及其他各种性质的价外收费。但下列项目不包括在内:

(1) 受托加工应征消费税的消费品所代收代缴的消费税。

(2) 同时符合以下条件的代垫运输费用:①承运部门的运输费用发票开具给购买方的;②纳税人将该项发票转交给购买方的。

(3) 同时符合以下条件代为收取的政府性基金或者行政事业性收费:①由国务院或者财政部批准设立的政府性基金,由国务院或者省级人民政府及其财政、价格主管部门批准设立的行政事业性收费;②收取时开具省级以上(含省级)财政部门监(印)制的财政票据;③所收款项全额上缴财政。

(4) 销售货物的同时代办保险等而向购买方收取的保险费,以及向购买方收取的代购买方缴纳的车辆购置税、车辆牌照费。

凡随同销售货物或提供应税劳务向购买方收取的价外费用，无论其会计制度如何核算，均应并入销售额计算应纳税额。对于增值税一般纳税人，向购买方收取的价外费用和逾期包装物押金，视为含税收入，应换算成不含税收入后再并入销售额征税。

纳税人按人民币以外的货币结算销售额的，其销售额的人民币折合率可以选择销售额发生的当天或者当月1日的人民币汇率中间价。纳税人应在事先确定采用何种折合率，确定后1年内不得变更。

2. 特殊销售方式下销售额的确定。在市场竞争中，纳税人为了扩大销售、占领市场，往往会采取某些特殊、灵活的销售方式销售货物、劳务、服务、无形资产或者不动产。在不同的销售方式下如何确定计征增值税的销售额，税法明确规定了以下几种销售方式的销售额。

（1）采取折扣方式销售。折扣销售也称商业折扣，是指销售方在销售货物或提供应税劳务时，因购买方购货数量较大等原因，而给予购买方的价格优惠。按照现行税法规定，纳税人采取折扣方式销售，如果销售额和折扣额在同一张发票上分别注明的，以折扣后的价款为销售额征收增值税；未在同一张发票上分别注明的，以价款为销售额，不得减除折扣额。如果将折扣额另开发票，无论其在财务上如何处理，均不得从销售额中减除折扣额。

需要注意以下几点：①折扣销售不同于销售折扣和销售折让。销售折扣也称现金折扣，是指销售方在销售货物或应税劳务之后，为了鼓励购买方及早偿还货款而协议许诺给购买方的一种折扣优待。销售折扣发生在销货之后，是一种融资性质的理财费用，因此销售折扣不得从销售额中减除。销售折让是指在货物销售后，由于质量、规格或品种等不符合合同、协议的规定，在购买方未予退货的情况下，销售方给予购买方的一种价格折让。销售折让可以通过开具红字专用发票从销售额中减除，未按规定开具红字增值税专用发票的，不得扣减销售额。②折扣销售仅限于货物价格的折扣。如果销售方将自产、委托加工或购买的货物用作实物折扣，则该实物款额不能从货物销售额中减除，且该实物应按增值税条例"视同销售货物"中的"赠送他人"计算征收增值税。

对于纳税人销售货物并向购买方开具增值税专用发票后，由于购买方在一定时期内累计购买货物达到一定数量，或者由于市场价格下降等原因，销售方给予购买方相应的价格优惠或补偿等折扣、折让行为，销售方可按现行《增值税专用发票使用规定》的有关规定开具红字增值税专用发票。

（2）采取以旧换新方式销售。以旧换新是指纳税人在销售货物时，有偿回收同类旧货物并以折价部分冲减货物价款的一种销售方式。税法规定，纳税人采取以旧换新方式销售货物的（非金银首饰），应按新货物的同期销售价格确定销售额，不得扣减旧货物的收购价格。另外，考虑到金银首饰以旧换新业务的特殊情况，对金银首饰以旧换新业务，可按销售方实际收取的不含增值税的全部价款征收增值税。

（3）采取还本销售方式销售。还本销售是指纳税人在销售货物后，到一定期限将货款一次或分次退还给购买方全部或部分价款的一种销售方式。纳税人以还本销售方式销售货物，实质上发生了销售货物和筹集资金两项不同的交易活动，是以货物换取资金的使用价值，到期还本不付息的方法。税法规定，采取还本销售方式销售货物，其销售额就是货物的销售价格，不得从销售额中减除还本支出。

（4）采取以物易物方式销售。以物易物是一种较为特殊的购销活动，是指购销双方不是以货币结算，而是以同等价款的货物相互结算，实现货物购销的一种方式。纳税人采取以物易物方式销售货物，实质上双方都发生了销售货物和购买货物两项不同的交易活动。税法规定，以物易物双方都应作购销处理，以各自发出的货物价格核算销售额并计算销项税额，以各自收到的货物按规定核算购货额并计算进项税额。应注意的是，以物易物销售方式下，购销双方均应开具合法的票据计算销项税额，同时以各自取得的增值税专用发票或者其他合法发票抵扣进项税额；如果收到的货物不能取得相应的增值税专用发票或者其他合法票据，不得抵扣进项税额。

（5）包装物押金的计税问题。包装物，是指纳税人包装本单位货物的各种物品。为了促使购货方尽早退回包装物以便周转使用，一般情况下，销售方向购买方收取包装物押金。根据税法规定，纳税人为销售货物而出租、出借包装物收取的押金，单独记账核算，时间在1年以内，又未过期的，不并入销售额征税，但对因逾期未收回包装物不再退还的包装物押金，应按所包装货物的适用税率计算销项税额。

这里需要注意的问题是：①"逾期"是指按合同约定实际逾期或以一年为期限，对收取一年以上的押金，无论是否退还均并入销售额征税；②押金属于含税收入，应先将其换算为不含税销售额，再并入销售额征税；③包装物押金不同于包装物租金，包装物租金在销货时作为价外费用并入销售额计算销项税额；④包装物押金的适用税率为所包装货物的适用税率。

对销售除啤酒、黄酒外的其他酒类产品而收取的包装物押金，无论是否返还以及会计上如何核算，均应并入当期销售额征税。对销售啤酒、黄酒收取的包装物押金，则按一般包装物押金的规定处理①。

（6）对价格明显偏低且无正当理由，或者视同销售货物或提供应税行为的销售额的确定。

纳税人有价格明显偏低且无正当理由或者不具有合理商业目的，或者有视同销售货物或提供应税行为而无销售额的，由主管税务机关按下列顺序确定销售额：①按纳税人最近时期同类货物或应税行为的平均销售价格确定。②按其他纳税人最近时期同类货物或应税行为的平均销售价格确定。③按照组成计税价格确定。组成计税价格的计算公式为：

$$组成计税价格 = 成本 \times (1 + 成本利润率)$$

属于应征消费税的货物，其组成计税价格应加计消费税税额，计算公式为：

$$组成计税价格 = 成本 \times (1 + 成本利润率) + 消费税税额$$

或：

$$组成计税价格 = 成本 \times (1 + 成本利润率) \div (1 - 消费税税率)$$

公式中的成本分为两种情况：销售自产货物或服务的为实际生产成本；销售外购货物或服务的为实际采购成本。

公式中的成本利润率为10%。但属于应从价定率征收消费税的货物，其组成计税价格公式中的成本利润率为《消费税若干具体问题的规定》中规定的成本利润率②。

---

① 《国家税务总局加强增值税征收管理若干问题的通知》（国税发〔1995〕192号）。
② 《国家税务总局关于印发〈增值税若干具体问题的规定〉的通知》（国税发〔1993〕154号）。

不具有合理商业目的，是指以谋取税收利益为主要目的，通过人为安排，减少、免除、推迟缴纳增值税税款，或者增加退还增值税税款。

3. 差额征税的销售额。"营改增"以后，仍然存在无法通过抵扣机制避免重复征税的情况，因此对部分特殊行业保留了原营业税的差额征税办法，以下项目采用差额确定销售额：

（1）金融商品转让的销售额。金融商品转让，按照卖出价扣除买入价后的余额为销售额。转让金融商品出现的正负差，按盈亏相抵后的余额为销售额。若相抵后出现负差，可结转下一纳税期与下期转让金融商品销售额相抵，但年末时仍出现负差的，不得转入下一个会计年度。

金融商品的买入价，可以选择按照加权平均法或者移动加权平均法进行核算，选择后36个月内不得变更。

金融商品转让，不得开具增值税专用发票。

（2）经纪代理服务的销售额。经纪代理服务，以取得的全部价款和价外费用，扣除向委托方收取并代为支付的政府性基金或者行政事业性收费后的余额为销售额。向委托方收取的政府性基金或者行政事业性收费，不得开具增值税专用发票。

（3）融资租赁和融资性售后回租业务的销售额。①经人民银行、银监会（现为国家金融监督管理总局）或者商务部批准从事融资租赁业务的试点纳税人，提供融资租赁服务，以取得的全部价款和价外费用，扣除支付的借款利息（包括外汇借款和人民币借款利息）、发行债券利息和车辆购置税后的余额为销售额。②经人民银行、银监会（现为国家金融监督管理总局）或者商务部批准从事融资租赁业务的试点纳税人，提供融资性售后回租服务，以取得的全部价款和价外费用（不含本金），扣除对外支付的借款利息（包括外汇借款和人民币借款利息）、发行债券利息后的余额作为销售额。

（4）航空运输企业的销售额，不包括代收的机场建设费和代售其他航空运输企业客票而代收转付的价款。

（5）试点纳税人中的一般纳税人提供客运场站服务，以其取得的全部价款和价外费用，扣除支付给承运方运费后的余额为销售额。

（6）试点纳税人提供旅游服务，可以选择以取得的全部价款和价外费用，扣除向旅游服务购买方收取并支付给其他单位或者个人的住宿费、餐饮费、交通费、签证费、门票费和支付给其他接团旅游企业的旅游费用后的余额为销售额。

选择上述办法计算销售额的试点纳税人，向旅游服务购买方收取并支付的上述费用，不得开具增值税专用发票，可以开具普通发票。

（7）试点纳税人提供建筑服务适用简易计税方法的，以取得的全部价款和价外费用扣除支付的分包款后的余额为销售额。

（8）房地产开发企业中的一般纳税人销售其开发的房地产项目（选择简易计税方法的房地产老项目除外），以取得的全部价款和价外费用，扣除受让土地时向政府部门支付的土地价款后的余额为销售额。"向政府部门支付的土地价款"包括土地受让人向政府部门支付的征地和拆迁补偿费用、土地前期开发费用和土地出让收益等。

试点纳税人按照上述规定从全部价款和价外费用中扣除的价款，应当取得符合法律、行政法规和国家税务总局规定的有效凭证。否则，不得扣除。有效凭证是指：

①支付给境内单位或者个人的款项，以发票为合法有效凭证。

②支付给境外单位或者个人的款项，以该单位或者个人的签收单据为合法有效凭证，税务机关对签收单据有疑义的，可以要求其提供境外公证机构的确认证明。

③缴纳的税款，以完税凭证为合法有效凭证。

④扣除的政府性基金、行政事业性收费或者向政府支付的土地价款，以省级以上（含省级）财政部门监（印）制的财政票据为合法有效凭证。

⑤国家税务总局规定的其他凭证。

纳税人取得的上述凭证属于增值税扣税凭证的，其进项税额不得从销项税额中抵扣。

4. 含税销售额的换算。现行增值税实行的是价外税，其应税销售额是不含税的销售额。增值税一般纳税人销售货物或提供应税劳务，一般应向购买方开具增值税专用发票，并在专用发票上分别注明销售额和增值税税额。但在现实生活中，常常出现一般纳税人销售货物或者提供应税劳务采用销售额和销项税额合并收取的情况，其销售额就是含税销售额。在这种情况下，就必须将含税销售额换算为不含税销售额，其换算公式为：

$$不含税销售额 = \frac{含税销售额}{1 + 增值税税率}$$

（二）进项税额的计算

进项税额，是指纳税人购进货物、加工修理修配劳务、服务、无形资产或者不动产，支付或者负担的增值税税额。

进项税额与销项税额是相对应的两个概念，在购销业务中，销售方收取的销项税额就是购买方支付的进项税额。对于任何一个增值税一般纳税人，在其生产经营过程中，都会同时以卖方和买方的身份存在，都会有收取的销项税额和支付的进项税额。增值税一般纳税人以其收取的销项税额扣除其支付的进项税额后的余额，即为其当期应纳增值税额。但是，并非所有的购进货物、接受应税劳务和应税服务、无形资产或不动产所支付或者负担的增值税都可以抵扣，税法对进项税额能否抵扣作了严格的规定。

1. 准予从销项税额中抵扣的进项税额。

（1）从销售方或提供方取得的增值税专用发票（含税控机动车销售统一发票，下同）上注明的增值税额。

（2）从海关取得的海关进口增值税专用缴款书上注明的增值税额。增值税一般纳税人进口货物时应准确填报企业名称，确保海关缴款书上的企业名称与税务登记的企业名称一致。税务机关将进口货物取得的属于增值税抵扣范围的海关缴款书信息与海关采集的缴款信息进行稽核比对。经稽核比对相符后，海关缴款书上注明的增值税额可作为进项税额在销项税额中抵扣。稽核比对不相符，所列税额暂不得抵扣，待核查确认海关缴款书票面信息与纳税人实际进口业务一致后，海关缴款书上注明的增值税额可作为进项税额在销项税额中抵扣。

上述增值税额不需要纳税人计算，但要注意其增值税专用发票及海关进口增值税专用缴款书的合法性，对不符合规定的扣税凭证一律不准抵扣。

（3）购进农产品进项税额的扣除。根据现行税法的规定，纳税人购进农产品，取得一般纳税人开具的增值税专用发票或海关进口增值税专用缴款书的，以增值税专用发票或海关进口增值税专用缴款书上注明的增值税额为进项税额。从按照简易计税方法依照3%征收率计算缴纳增值税的小规模纳税人取得增值税专用发票的，以增值税专用发票上注明的金额和9%的扣除率计算进项税额。纳税人取得（开具）农产品销售发票或收购发票的，以农产品销售发票或收购发票上注明的农产品买价和9%的扣除率计算进项税额。

其进项税额的计算公式为：

$$准予抵扣的进项税额 = 买价 \times 扣除率(9\%)$$

这里需要说明的是：

①所谓"农产品"是指直接从事植物的种植、收割和动物的饲养、捕捞的单位和个人销售的自产农产品，免征增值税。

②纳税人购进用于生产销售或委托加工13%税率货物的农产品，按照10%的扣除率计算进项税额。

③买价包括纳税人购进农产品在农产品收购发票或者销售发票上注明的价款和按规定缴纳的烟叶税。

④对烟叶税纳税人缴纳的烟叶税，准予并入烟叶产品的买价计算增值税的进项税额，并在计算缴纳增值税时予以抵扣。即购进烟叶准予抵扣的增值税进项税额，按照《烟叶税法》及《财政部 国家税务总局印发〈关于烟叶税若干具体问题的规定〉的通知》规定的烟叶收购金额和烟叶税及法定扣除率计算。烟叶收购金额包括纳税人支付给烟叶销售者的烟叶收购价款和价外补贴，价外补贴统一暂按烟叶收购价款的10%计算。计算公式为：

$$烟叶收购金额 = 烟叶收购价款 \times (1 + 10\%)$$

$$应纳烟叶税额 = 烟叶收购金额 \times 税率(20\%)$$

$$准予抵扣的进项税额 = （烟叶收购金额 + 应纳烟叶税额）\times 扣除率$$

⑤部分行业试点增值税进项税额核定扣除方法。具体范围包括以购进农产品为原料生产销售液体乳及乳制品、酒及酒精、植物油的增值税一般纳税人。

（4）接受境外单位或者个人提供的应税服务，从税务机关或者境内扣缴义务人取得的解缴税款的完税凭证上注明的增值税额。

（5）旅客运输进项税额抵扣。纳税人购进国内旅客运输服务，未取得增值税专用发票的，其允许抵扣的进项税额暂按照以下规定确定：

①取得增值税电子普通发票的，为发票上注明的税额。电子普通发票上注明的购买方"名称""纳税人识别号"等信息，应当与实际抵扣税款的纳税人一致，否则不予抵扣。

②取得注明旅客身份信息的航空运输电子客票行程单的，为按照下列公式计算进项税额：

$$航空旅客运输进项税额 = （票价 + 燃油附加费）\div (1 + 9\%) \times 9\%$$

③取得注明旅客身份信息的铁路车票的，按照下列公式计算的进项税额：

$$铁路旅客运输进项税额 = 票面金额 \div (1 + 9\%) \times 9\%$$

④取得注明旅客身份信息的公路、水路等其他客票的，按照下列公式计算进项税额：

$$公路、水路等其他旅客运输进项税额 = 票面金额 \div (1 + 3\%) \times 3\%$$

国内旅客运输服务，限于与本单位签订劳动合同的员工，以及本单位作为用工单位接受的劳务派遣员工发生的国内旅客运输服务。

纳税人允许抵扣的国内旅客运输服务进项税额，是指纳税人2019年4月1日及以后实际发生，并取得合法有效增值税扣税凭证注明的或依据其计算的增值税税额。以增值税专用发票或增值税电子普通发票为增值税扣税凭证的，为2019年4月1日及以后开具的增值税专用发票或增值税电子普通发票①。

（6）进项税额加计抵减政策。根据《财政部 税务总局关于明确增值税小规模纳税人减免增值税等政策的公告》规定，自2023年1月1日至2023年12月31日，允许生产性服务业纳税人按照当期可抵扣进项税额加计5%抵减应纳税额、生活性服务业纳税人按照当期可抵扣进项税额加计10%抵减应纳税额。所称生产、生活性服务业纳税人，是指提供邮政服务、电信服务、现代服务、生活服务取得的销售额占全部销售额的比重超过50%的纳税人。

纳税人出口货物劳务、发生跨境应税行为不适用加计抵减政策，其对应的进项税额不得计提加计抵减额。

拓展阅读：关于明确增值税小规模纳税人减免增值税等政策

2. 不得从销项税额中抵扣的进项税额。根据税法规定，下列项目的进项税额不得从销项税额中抵扣。

（1）用于简易计税方法计税项目、免征增值税项目、集体福利或者个人消费的购进货物、加工修理修配劳务、服务、无形资产和不动产。其中涉及的固定资产、无形资产、不动产，仅指专用于上述项目的固定资产、无形资产（不包括其他权益性无形资产）、不动产。

纳税人的交际应酬消费属于个人消费。

（2）非正常损失的购进货物，以及相关的劳务和交通运输服务。

（3）非正常损失的在产品、产成品所耗用的购进货物（不包括固定资产）、加工修理修配劳务和交通运输服务。

（4）非正常损失的不动产，以及该不动产所耗用的购进货物、设计服务和建筑服务。

（5）非正常损失的不动产在建工程所耗用的购进货物、设计服务和建筑服务。纳税人新建、改建、扩建、修缮、装饰不动产，均属于不动产在建工程。

（6）购进的贷款服务、餐饮服务、居民日常服务和娱乐服务。

纳税人接受贷款服务向贷款方支付的与该笔贷款直接相关的投融资顾问费、手续费、咨询费等费用，其进项税额不得从销项税额中抵扣。

（7）财政部和国家税务总局规定的其他情形。

上述第（2）、第（3）、第（4）、第（5）项所说的非正常损失，是指因管理不善造成货物被盗、丢失、霉烂变质，以及因违反法律法规造成货物或者不动产被依法没收、销毁、

---

① 《财政部 税务总局 海关总署关于深化增值税改革有关政策的公告》（财政部 税务总局 海关总署2019年第39号）第6条。

拆除的情形。

上述第（4）、第（5）项所称货物，是指构成不动产实体的材料和设备，包括建筑装饰材料和给排水、采暖、卫生、通风、照明、通信、煤气、消防、中央空调、电梯、电气、智能化楼宇设备及配套设施。

（8）适用一般计税方法的纳税人，兼营简易计税方法计税项目、免征增值税项目而无法划分不得抵扣的进项税额，按照下列公式计算不得抵扣的进项税额：

$$\text{不得抵扣的进项税额} = \text{当期无法划分的全部进项税额} \times (\text{当期简易计税方法计税项目销售额} + \text{免征增值税项目销售额}) \div \text{当期全部销售额}$$

主管税务机关可以按照上述公式依据年度数据对不得抵扣的进项税额进行清算。

（9）已抵扣进项税额的不动产，发生非正常损失，或者改变用途，专用于简易计税方法计税项目、免征增值税项目、集体福利或者个人消费的，按照下列公式计算不得抵扣的进项税额，并从当期进项税额中扣减：

$$\text{不得抵扣的进项税额} = \text{已抵扣进项税额} \times \text{不动产净值率}$$

$$\text{不动产净值率} = (\text{不动产净值} \div \text{不动产原值}) \times 100\%$$

（10）纳税人从批发、零售环节购进适用免征增值税的蔬菜、部分鲜活肉蛋而取得的普通发票，不得作为计算抵扣进项税额的凭证。

（11）纳税人取得的增值税扣税凭证不符合法律、行政法规或者国家税务总局有关规定的，其进项税额不得从销项税额中抵扣。

纳税人凭完税凭证抵扣进项税额的，应当具备书面合同、付款证明和境外单位的对账单或者发票。资料不全的，其进项税额不得从销项税额中抵扣。

（12）有下列情形之一者，应当按照销售额和增值税税率计算应纳税额，不得抵扣进项税额，也不得使用增值税专用发票：①一般纳税人会计核算不健全，或者不能够提供准确税务资料的。②应当办理一般纳税人资格登记而未办理的。

（三）应纳税额的计算

在确定了销项税额和进项税额后，就可以得出实际应纳税额，基本计算公式为：

$$\text{应纳税额} = \text{当期销项税额} - \text{当期进项税额}$$

1. 计算应纳税额的时间界定。为了保证计算应纳税额的合理性、准确性，纳税人必须严格把握当期进项税额从当期销项税额中抵扣这个要点。"当期"具体是指税务机关依照税法规定对纳税人确定的纳税期限；只有在纳税期限内实际发生的销项税额、进项税额，才是法定的当期销项税额或当期进项税额。

（1）计算销项税额的时间限定。增值税纳税人销售货物或者提供应税劳务和应税服务后，什么时间确定销项税额，关系到纳税人当期应纳税额的大小。为此，税法做出了严格的规定。关于销项税额的确定时间，总的原则是：销项税额的确定不得滞后。

（2）进项税额抵扣时限的界定。进项税额是纳税人购进货物或者接受应税劳务、应税服务、无形资产或者不动产所支付或负担的增值税额，进项税额的大小，直接影响纳税人的应纳税额的多少。

增值税一般纳税人取得2017年1月1日及以后开具的增值税专用发票、海关进口增值税专用缴款书、机动车销售统一发票、收费公路通行费增值税电子普通发票，取消认证确认、稽核比对、申报抵扣的期限。纳税人在进行增值税纳税申报时，应当通过本省（自治区、直辖市和计划单列市）增值税发票综合服务平台对上述扣税凭证信息进行用途确认。

增值税一般纳税人取得2016年12月31日及以前开具的增值税专用发票、海关进口增值税专用缴款书、机动车销售统一发票，超过认证确认、稽核比对、申报抵扣期限，但符合规定条件的，仍可按照《国家税务总局关于逾期增值税扣税凭证抵扣问题的公告》《国家税务总局关于未按期申报抵扣增值税扣税凭证有关问题的公告》规定，继续抵扣进项税额①。

2. 进项税额不足抵扣的处理。由于增值税实行购进扣税法，有时纳税人当期购进的货物很多，在计算应纳税额时会出现当期销项税额小于当期进项税额、不足抵扣的情形，根据税法规定，不足抵扣的部分可以结转下期继续抵扣。

拓展阅读：2022年增值税留抵退税新政解读

相关链接：2022年增值税留抵退税政策解读（视频），https：//www.chinatax.gov.cn/chinatax/n810351/n810906/c5174424/content.html.

为推进增值税实质性减税，自2019年4月1日起，试行增值税期末留抵税额退税制度。

（1）同时符合以下条件的纳税人，可以申请退还增量留抵税额：自2019年4月税款所属期起，连续六个月（按季纳税的，连续两个季度）增量留抵税额均大于零，且第6个月增量留抵税额不低于50万元；纳税信用等级为A级或者B级；申请退税前36个月未发生骗取留抵退税、出口退税或虚开增值税专用发票情形的；申请退税前36个月未因偷税被税务机关处罚两次及以上的；自2019年4月1日起未享受即征即退、先征后返（退）政策的。

（2）增量留抵税额，是指与2019年3月底相比新增加的期末留抵税额。

（3）纳税人当期允许退还的增量留抵税额，按照以下公式计算：

$$允许退还的增量留抵税额 = 增量留抵税额 \times 进项构成比例 \times 60\%$$

进项构成比例，为2019年4月至申请退税前一税款所属期内已抵扣的增值税专用发票（含税控机动车销售统一发票）、海关进口增值税专用缴款书、解缴税款完税凭证注明的增值税额占同期全部已抵扣进项税额的比重。

（4）纳税人出口货物和劳务、发生跨境应税行为，适用免、抵、退税办法的，办理免、抵、退税后，仍符合规定条件的，可以申请退还留抵税额；适用免、退税办法的，相关进项税额不得用于退还留抵税额。

（5）纳税人应在增值税纳税申报期内，向主管税务机关申请退还留抵税额。纳税人在取得退还的留抵税额后，应相应调减当期留抵税额。按照规定再次满足退税条件的，可以继

---

① 《国家税务总局关于取消增值税扣税凭证认证确认期限等增值税征管问题的公告》（国家税务总局公告2019年第45号）。

续向主管税务机关申请退还留抵税额，但上述第（1）点规定的连续期间，不得重复计算①。

为进一步推进制造业高质量发展，财政部、税务总局规定，自2019年6月1日起，同时符合条件的部分先进制造业纳税人，可以自2019年7月及以后纳税申报期向主管税务机关申请退还增量留抵税额。所称部分先进制造业纳税人，是指按照《国民经济行业分类》，生产并销售非金属矿物制品、通用设备、专用设备及计算机、通信和其他电子设备销售额占全部销售额的比重超过50%的纳税人②。财政部、税务总局又规定，自2021年4月1日起，将先进制造业期末留抵退税范围扩大到"医药""化学纤维""铁路、船舶、航空航天和其他运输设备""电气机械和器材""仪器仪表"等行业③。

3. 扣减发生期进项税额的规定。由于增值税实行以当期销项税额抵扣当期进项税额的"购进扣税法"，当期购进的货物、应税劳务或应税服务如果事先并未确定将用于非生产经营项目，其进项税额会在当期销项税额中予以抵扣。但已抵扣进项税额的购进货物或应税劳务和应税服务如果事后改变用途，比如用于简易计税方法计税项目、非应税项目、免征增值税项目、集体福利或个人消费、购进货物发生非正常损失、在产品或产成品发生非正常损失，应将该项购进货物或应税劳务和应税服务的进项税额从当期发生的进项税额中扣减，无法确定该项进项税额的，按当期实际成本计算应扣减的进项税额。

4. 销货退回或折让的税务处理。纳税人在货物购销活动中，因货物质量、规格等原因会发生销货退回或折让情况，由于销货退回或折让不仅涉及销货价款或折让价款的退回，还涉及增值税的退回，这样销售方和购买方应对当期销项税额或进项税额进行相应的调整。为此，税法规定，一般纳税人因销售货物退回、服务中止或者折让而退还给购买方的增值税额，应从发生销售货物退回或者折让当期的销项税额中扣减；因发生服务中止、购进货物退出或者折让而收回的增值税额，应从发生购进货物退出或者折让当期的进项税额中扣减。

一般纳税人销售货物或者应税劳务，开具增值税专用发票后，发生销售货物退回、服务中止或者折让、开票有误等情况，应按国家税务总局的规定开具红字增值税专用发票。未按规定开具红字增值税专用发票的，增值税额不得从销项税额中扣减。

对于纳税人发生服务中止、进货退回或折让而不扣减当期进项税额，造成不纳税或少纳税的，都将被认定为偷税行为，并按偷税予以处罚。

【例3-1】某自行车厂（增值税一般纳税人）生产销售自行车，2023年3月该厂有关购销业务如下：

（1）向甲商场销售1 000辆，出厂不含税单价为380元/辆，甲商场当月付清货款后，厂家给予了8%的现金折扣；另外，开具普通发票，取得销售自行车的送货运输费收入22 600元。

（2）将试制的一批新自行车200辆用于赞助某运动会，成本价为280元/辆，成本利润率为10%，该新产品无同类产品市场销售价格。

（3）当期销售自行车发出包装物收取押金45 200元，本期没收逾期未收回的包装物押金56 500元。

---

① 《财政部 税务总局 海关总署关于深化增值税改革有关政策的公告》（财政部 税务总局 海关总署公告2019年第39号）。

② 《财政部、税务总局关于明确部分先进制造业增值税期末留抵退税政策的公告》（财政部 税务总局公告2019年第84号）。

③ 《财政部 税务总局关于明确先进制造业增值税期末留抵退税政策的公告》（财政部 税务总局公告2021年第15号）。

（4）购进自行车零件、原材料取得的增值税专用发票上注明金额160 000元，增值税税额20 800元；支付运输公司（增值税一般纳税人）运费，取得增值税专用发票上注明运费金额12 000元。

（5）因管理不善，库存原材料被盗，账面成本50 000元（含分摊的运费3 600元）。

假设应该认证的发票均已通过增值税发票综合服务平台进行用途确认，并允许在当月抵扣，要求计算该自行车厂2023年3月应缴纳的增值税税额。

解：（1）3月销项税额：

混合销售行为的不含税销售额 = 22 600 ÷ (1 + 13%) = 20 000（元）

视同销售行为的组成计税价格 = 280 × 200 × (1 + 10%) = 61 600（元）

逾期包装物押金的不含税销售额 = 56 500 ÷ (1 + 13%) = 50 000（元）

销项税额 = (380 × 1 000 + 20 000 + 61 600 + 50 000) × 13%

   = 66 508（元）

（2）3月准予抵扣的进项税额：

3月发生的进项税额 = 20 800 + 12 000 × 9%

   = 21 880（元）

3月进项税额转出 = (50 000 - 3 600) × 13% + 3 600 × 9%

   = 6 356（元）

3月准予抵扣的进项税额 = 21 880 - 6 356

   = 15 524（元）

（3）3月自行车厂应缴纳的增值税税额 = 66 508 - 15 524 = 50 984（元）

二、简易计税方法应纳税额的计算

根据《增值税暂行条例》和营改增相关规定，小规模纳税人销售货物、提供应税劳务或销售服务、无形资产和不动产，按简易计税方法计算应纳税额。

（一）应纳税额的计算公式

简易计税方法下，增值税应纳税额是指按照销售额和增值税征收率计算的，不得抵扣进项税额。相应的计算公式为：

$$应纳税额 = 销售额 \times 征收率$$

公式中的销售额与一般纳税人销售额的规定一样，即销售货物、提供应税劳务或销售服务、无形资产、不动产，向购买方收取的全部价款和价外费用，不包括依3%的征收率收取的增值税税额。

在按简易计税方法计算应纳税额时，纳税人不得抵扣进项税额。

（二）含税销售额的换算

因为增值税是价外税，小规模纳税人的销售额不包括其应纳税额。小规模纳税人在销售货物或者提供应税劳务和应税服务时，采用销售额和应纳税额合并定价方法的（即开具普通发票），应将其换算成不含税的销售额。换算公式为：

$$销售额 = 含税销售额 \div (1 + 征收率)$$

此外，增值税相关法规还规定，一般纳税人销售公共交通运输服务、建筑服务、金融服务、电影放映服务、仓储服务、装卸搬运服务、收派服务和文化体育服务，销售不动产、不动产租赁服务等，可选择适用简易计税方法计算应纳税额。

【例 3-2】 某个体糕饼厂（小规模纳税人），2023 年 5 月外购原材料 36 000 元，销售糕饼取得销售收入 92 700 元，用于其女儿结婚的糕饼按同类产品平均售价计算的销售额为 51 500 元，接受来料加工糕饼取得加工费收入 30 900 元（价税合并收取）。计算该糕饼厂 5 月应缴纳的增值税税额。

解：5 月应纳增值税税额 = (92 700 + 51 500 + 30 900) ÷ (1 + 3%) × 3%
= 5 100（元）

三、进口环节应纳税额的计算

对进口货物征税是国际上大多数国家的通常做法，根据《增值税暂行条例》的规定，申报进入中华人民共和国海关境内的货物，均应缴纳增值税。只要是报关进境的货物，不论其是国外产制还是我国已出口又转销国内的货物，是进口者自行采购还是国外捐赠，是进口者自用还是用于贸易或其他用途，均应按照规定缴纳进口环节的增值税（免税进口的货物除外）。

纳税人进口货物，按照组成计税价格和增值税税率计算应纳税额，不得抵扣任何税额。

（一）组成计税价格的确定

按照《海关法》和《进出口关税条例》的规定，一般贸易项下进口货物的关税价格是指以海关审定的成交价格为基础的到岸价格。所谓成交价格是指一般贸易项下进口货物的买方为购买该项货物向卖方实际支付或应当支付的价格。到岸价格是指货物价格，加上货物运抵我国关境内输入地点起卸前的包装费、运费、保险费和其他劳务费的价格。特殊贸易下进口的货物，由于进口时没有"成交价格"可作依据，因而《进出口关税条例》对这些进口货物制定了确定其完税价格的具体办法。

进口货物增值税的组成计税价格中包括已纳关税税额。

组成计税价格的计算公式为：

$$组成计税价格 = 关税完税价格 + 关税$$

如果进口货物属于《消费税暂行条例》规定的应税消费品，该进口货物的组成计税价格中还要包括进口环节已纳的消费税税额，则组成计税价格的计算公式为：

$$组成计税价格 = 关税完税价格 + 关税 + 消费税$$

或：

$$组成计税价格 = (关税完税价格 + 关税) \div (1 - 消费税税率)$$

（二）应纳税额的计算

纳税人进口货物，按照组成计税价格和适用的税率计算应纳税额，不得抵扣任何税额，即不得抵扣发生在我国境外的各种税金。

$$应纳税额 = 组成计税价格 \times 税率$$

【例3-3】 某进出口公司2023年2月进口货物一批，已知该批货物关税完税价格为100万元，按规定应纳关税15万元。货物报关后，进出口公司按规定缴纳了进口环节的增值税并取得了海关开具的增值税专用缴款书。假定该批进口货物在国内全部销售，取得不含税销售额180万元。

要求：计算该货物进口环节和国内销售环节应缴纳的增值税税额。

解：（1）进口环节应缴纳增值税：

组成计税价格 = 100 + 15 = 115（万元）

进口环节应纳增值税税额 = 115 × 13% = 14.95（万元）

（2）国内销售环节应缴纳增值税：

国内销售环节的销项税额 = 180 × 13% = 23.4（万元）

国内销售环节应纳增值税税额 = 23.4 - 14.95 = 8.45（万元）

四、扣缴税额的计算

境外单位或者个人在境内发生应税行为，在境内未设有经营机构的，扣缴义务人按照下列公式计算应扣缴税额：

$$应扣缴税额 = 购买方支付的价款 \div (1 + 税率) \times 税率$$

第六节 出口货物、劳务和跨境应税行为的退（免）税

出口货物、劳务和跨境应税行为退（免）税是指在国际贸易业务中，对报关出口的货物或劳务和跨境应税行为退还其在国内各生产环节和流转环节按税法规定已缴纳的增值税和消费税，或免征应缴纳的增值税和消费税。这是国际贸易中通常采用的、并为各国所接受的一种税收措施，目的在于鼓励各国出口货物进行公平竞争。

一、出口货物、劳务和跨境应税行为退（免）税基本政策

世界各国为了鼓励本国货物、劳务出口，在遵循世界贸易组织（WTO）基本规则的前提下，一般都采取优惠的税收政策。我国的出口货物、劳务和跨境应税行为退（免）税制度是参考国际上的通行做法，并在多年的实践基础上形成，根据本国实际，采取出口退税与免税相结合的政策。我国目前的出口货物、劳务税收政策分为三种形式。

（一）出口免税并退税

出口免税是指对货物、劳务在出口销售环节不征增值税、消费税，这是把货物、劳务出口环节与出口前的销售环节都同样视为一个征税环节；出口退税是指对货物、劳务在出口前实际承担的税收负担，按规定的退税率计算后予以退还。

（二）出口免税不退税

出口免税是指对货物、劳务在出口销售环节不征增值税、消费税；出口不退税是指货物

在出口销售环节以前的生产、销售或进口环节是免税的，该货物的价格本身就不含税，也就无须退税。

（三）出口不免税也不退税

出口不免税是指对国家限制或禁止出口的某些货物的出口环节视同内销环节，照常征税；出口不退税是指不退还出口销售环节前所负担的税款。适用这个政策的主要是税法列举限制或禁止出口的货物，如天然牛黄、麝香、白银等。

二、出口货物、劳务和跨境应税行为增值税退（免）税政策

下列出口货物、劳务，除适用增值税免税政策和征税政策的出口货物、劳务以外，实行出口货物退（免）税政策。

（一）退（免）税范围

1. 出口企业出口货物。出口企业，是指依法办理工商登记、税务登记、对外贸易经营者备案登记，自营或委托出口货物的单位或个体工商户，以及依法办理工商登记、税务登记但未办理对外贸易经营者备案登记，委托出口货物的生产企业。出口货物，是指向海关报关后实际离境并销售给境外单位或个人的货物，分为自营出口货物和委托出口货物两类。

生产企业，是指具有生产能力（包括加工修理修配能力）的单位或个体工商户。

2. 出口企业或其他单位视同出口货物。

（1）出口企业对外援助、对外承包、境外投资的出口货物。

（2）出口企业经海关报关进入国家批准的出口加工区、保税物流园区、保税港区、综合保税区、珠澳跨境工业区（珠海园区）、中哈霍尔果斯国际边境合作中心（中方配套区域）、保税物流中心（B型）（以下统称特殊区域）并销售给特殊区域内单位或境外单位、个人的货物。

（3）免税品经营企业销售的货物（国家规定不允许经营和限制出口的货物、卷烟和超出免税品经营企业"企业法人营业执照"规定经营范围的货物除外）。

（4）出口企业或其他单位销售给用于国际金融组织或外国政府贷款国际招标建设项目的中标机电产品（以下称中标机电产品）。上述中标机电产品，包括外国企业中标再分包给出口企业或其他单位的机电产品。

（5）生产企业向海上石油天然气开采企业销售的自产的海洋工程结构物。

（6）出口企业或其他单位销售给国际运输企业用于国际运输工具上的货物。上述规定适用于外轮供应公司、远洋运输供应公司销售给外轮、远洋国轮的货物，国内航空供应公司生产销售给国内和国外航空公司国际航班的航空食品。

（7）出口企业或其他单位销售给特殊区域内生产企业生产耗用且不向海关报关而输入特殊区域的水（包括蒸汽）、电力、燃气。

除另有规定外，视同出口货物适用出口货物的各项规定。

3. 出口企业对外提供加工修理修配劳务。对外提供加工修理修配劳务，是指对进境复出口货物或从事国际运输的运输工具进行的加工修理修配。

4. 一般纳税人提供适用增值税零税率的应税服务的退（免）税办法。

（1）自2014年1月1日起，增值税一般纳税人提供适用增值税零税率的应税服务，实行增值税退（免）税办法。

（2）自2016年5月1日起，跨境应税行为适用增值税零税率。跨境应税行为，是指中华人民共和国境内的单位和个人向境外提供规定的服务和无形资产。

（3）增值税零税率应税服务提供者，是指提供适用增值税零税率应税服务，且认定为增值税一般纳税人，实行增值税一般计税方法的境内单位和个人。属于汇总缴纳增值税的，为经财政部和国家税务总局批准的汇总缴纳增值税的总机构。

增值税零税率应税服务适用范围按《财政部　国家税务总局关于全面推开营业税改征增值税试点的通知》附件4的有关规定执行。

（4）增值税零税率应税服务退（免）税办法包括免抵退税办法和免退税办法，具体办法及计算公式按有关出口货物劳务退（免）税的规定执行。

（5）实行免抵退税办法的增值税零税率应税服务提供者如果同时出口货物劳务且未分别核算的，应一并计算免抵退税。税务机关在审批时，应按照增值税零税率应税服务、出口货物劳务免抵退税额的比例划分其退税额和免抵税额。

（二）退（免）税办法

适用增值税退（免）税政策的出口货物劳务，按照下列规定实行增值税免、抵、退税或免、退税办法。

1. 免、抵、退税办法。生产企业出口自产货物、视同自产货物、对外提供加工修理修配劳务，以及《财政部国家税务总局关于出口货物劳务增值税和消费税政策的通知》附件5列明生产企业出口非自产货物，免征增值税，相应的进项税额抵减应纳增值税额（不包括适用增值税即征即退、先征后退政策的应纳增值税额），未抵减完的部分予以退还。

免、抵、退税办法的"免"税，是指对生产企业出口的自产货物劳务，免征本企业生产销售环节增值税；"抵"税，是指对生产企业出口自产货物劳务所耗用的原材料、零部件、燃料、动力等所含应予退还的进项税额，抵顶内销货物的应纳税额；"退"税，是指生产企业出口的自产货物劳务在当月内应抵顶的进项税额大于应纳税额时，对未抵顶完的部分予以退税。

2. 免、退税办法。不具有生产能力的出口企业（以下统称"外贸企业"）或其他单位出口货物、劳务，免征增值税，相应的进项税额予以退还。

3. 其他规定。

（1）境内的单位和个人提供适用零税率的应税服务，如果属于适用增值税一般计税方法的，生产企业实行免抵退税办法，外贸企业外购研发服务和设计服务出口实行免退税办法，外贸企业自己开发的研发服务和设计服务出口，视同生产企业连同其出口货物统一实行免抵退税办法。如果属于适用简易计税方法的，实行免征增值税办法。

（2）境内的单位和个人提供适用零税率应税服务的，可以放弃适用零税率，选择免税或按规定缴纳增值税。放弃适用零税率后，36个月内不得再申请适用零税率。

（三）出口退税率

1. 退税率的一般规定。除财政部和国家税务总局根据国务院决定而明确的增值税出口退税率（简称退税率）外，出口货物的退税率为其适用税率。退税率有调整的，除另有规定外，其执行时间以货物（包括被加工修理修配的货物）出口货物报关单（出口退税专用）上注明的出口日期为准。

2. 退税率的特殊规定。

（1）外贸企业购进按简易办法征税的出口货物、从小规模纳税人处购进的出口货物，其退税率分别为简易办法实际执行的征收率、小规模纳税人征收率。上述出口货物取得增值税专用发票的，退税率按照增值税专用发票上的税率和出口货物退税率孰低的原则确定。

（2）出口企业委托加工修理修配货物，其加工修理修配费用的退税率，为出口货物的退税率。

（3）中标机电产品、出口企业向海关报关进入特殊区域销售给特殊区域内生产企业生产耗用的列名原材料、输入特殊区域的水电气，其退税率为适用税率。如果国家调整列名原材料的退税率，列名原材料应当自调整之日起按调整后的退税率执行。

（4）海洋工程结构物退税率的适用，具体根据《海洋工程结构物和海上石油天然气开采企业的具体范围》附件3确定执行。

3. 适用不同退税率的货物、劳务及跨境应税行为的处理。适用不同退税率的货物、劳务及跨境应税行为，应分开报关、核算并申报退（免）税；未分开报关、核算或划分不清的，从低适用退税率。

（四）退（免）税计税依据

出口货物、劳务及应税服务的增值税退（免）税的计税依据，按出口货物、劳务及应税服务的出口发票（外销发票）、其他普通发票或购进出口货物、劳务及应税服务的增值税专用发票、海关进口增值税专用缴款书确定。

1. 生产企业出口货物、劳务（进料加工复出口货物除外）增值税退（免）税的计税依据，为出口货物、劳务的实际离岸价（FOB）。实际离岸价应以出口发票上的离岸价为准，但如果出口发票不能反映实际离岸价，主管税务机关有权予以核定。

2. 生产企业进料加工复出口货物增值税退（免）税的计税依据，按出口货物的离岸价（FOB）扣除出口货物所含的海关保税进口料件的金额后确定。

所称海关保税进口料件，是指海关以进料加工贸易方式监管的出口企业从境外和特殊区域等进口的料件。包括出口企业从境外单位或个人购买并从海关保税仓库提取且办理海关进料加工手续的料件，以及保税区外的出口企业从保税区内的企业购进并办理海关进料加工手续的进口料件。

3. 生产企业国内购进无进项税额且不计提进项税额的免税原材料加工后出口的货物的计税依据，按出口货物的离岸价（FOB）扣除出口货物所含的国内购进免税原材料的金额后确定。

4. 外贸企业出口货物（委托加工修理修配货物除外）增值税退（免）税的计税依据，为购进出口货物的增值税专用发票注明的金额或海关进口增值税专用缴款书注明的完税价格。

5. 外贸企业出口委托加工修理修配货物增值税退（免）税的计税依据，为加工修理修配费用增值税专用发票注明的金额。外贸企业应将加工修理修配使用的原材料（进料加工海关保税进口料件除外）作价销售给受托加工修理修配的生产企业，受托加工修理修配的生产企业应将原材料成本并入加工修理修配费用开具发票。

6. 出口进项税额未计算抵扣的已使用过的设备增值税退（免）税的计税依据，按下列公式确定：

$$退（免）税计税依据 = \frac{增值税专用发票上的金额}{或海关进口增值税专用} \times 已使用过的设备 \div 已使用过的 \\ 缴款书注明的完税价格 \quad 固定资产净值 \quad 设备原值$$

已使用过的设备固定资产净值 = 已使用过的设备原值 − 已使用过的设备已提累计折旧

所称已使用过的设备，是指出口企业根据财务会计制度已经计提折旧的固定资产。

7. 免税品经营企业销售的货物增值税退（免）税的计税依据，为购进货物的增值税专用发票注明的金额或海关进口增值税专用缴款书注明的完税价格。

8. 中标机电产品增值税退（免）税的计税依据，生产企业为销售机电产品的普通发票注明的金额，外贸企业为购进货物的增值税专用发票注明的金额或海关进口增值税专用缴款书注明的完税价格。

9. 生产企业向海上石油天然气开采企业销售的自产的海洋工程结构物增值税退（免）税的计税依据，为销售海洋工程结构物的普通发票注明的金额。

10. 输入特殊区域的水电气增值税退（免）税的计税依据，为作为购买方的特殊区域内生产企业购进水（包括蒸汽）、电力、燃气的增值税专用发票注明的金额。

（五）免、抵、退税和免、退税的计算

1. 生产企业出口货物、劳务增值税免、抵、退税的计算公式。

（1）当期应纳税额的计算。

当期应纳税额 = 当期销项税额 − （当期进项税额 − 当期不得免征和抵扣税额）

式中：

当期不得免征和抵扣税额 = 当期出口货物离岸价 × 外汇人民币折合率 × （出口货物适用税率 − 出口货物退税率）− 当期不得免征和抵扣税额抵减额

当期不得免征和抵扣税额抵减额 = 当期免税购进原材料价格 × （出口货物适用税率 − 出口货物退税率）

（2）当期免、抵、退税额的计算。

当期免、抵、退税额 = 当期出口货物离岸价 × 外汇人民币折合率 × 出口货物退税率 − 当期免、抵、退税额抵减额

式中：

当期免、抵、退税额抵减额 = 当期免税购进原材料价格 × 出口货物退税率

（3）当期应退税额和免、抵税额的计算。

①当期期末留抵税额 ≤ 当期免、抵、退税额，则：

当期应退税额 = 当期期末留抵税额

当期免、抵税额 = 当期免、抵、退税额 − 当期应退税额

②当期期末留抵税额＞当期免、抵、退税额，则：

$$当期应退税额 = 当期免、抵、退税额$$
$$当期免、抵税额 = 0$$

当期期末留抵税额为当期增值税纳税申报表中的"期末留抵税额"。

【例3-4】某自营出口的生产企业为增值税一般纳税人，出口货物的征税率为13%，退税率为11%。2023年5月有关经营业务：内销货物不含税销售额100万元，收款113万元存入银行；出口货物的销售额为300万元。购进原材料一批，取得增值税专用发票注明的价款200万元，外购货物准予抵扣的进项税额26万元通过认证；上月末留抵税款9万元。试计算该企业当期的免、抵、退税额。

解：（1）当期应纳税额的计算：

当期不得免征和抵扣税额 = 300×（13% − 11%）= 6（万元）

当期应纳税额 = 100×13% −（26 − 6）− 9 = −16（万元）

即当期留抵税额为16万元。

（2）当期免抵退税额的计算：

免、抵、退税额 = 300×11% = 33（万元）

（3）当期应退税额和免抵税额的计算：

由于：当期期末留抵税额≤当期免、抵、退税额

所以：当期应退税额 = 当期期末留抵税额 = 16（万元）

当期免抵税额 = 当期免、抵、退税额 − 当期应退税额 = 33 − 16 = 17（万元）

2. 外贸企业出口货物、劳务增值税退（免）税的计算公式。

（1）外贸企业出口委托加工、修理修配货物以外的货物：

$$应退税额 = 增值税退（免）税计税依据 × 出口货物退税率$$

（2）外贸企业出口委托加工、修理修配货物：

$$应退税额 = 委托加工、修理修配增值税退（免）税计税依据 × 出口货物退税率$$

（3）退税率低于适用税率的，相应计算出的差额部分的税款计入出口货物劳务成本。

（4）出口企业既有适用增值税免、抵、退项目，也有增值税即征即退、先征后退项目的，增值税即征即退和先征后退项目不参与出口项目免、抵、退税计算。出口企业应分别核算增值税免、抵、退项目和增值税即征即退、先征后退项目，并分别申请享受增值税即征即退、先征后退和免抵退税政策。

【例3-5】某进出口公司2023年2月出口饲料1 000吨，进货增值税专用发票列明单价600元/吨，计税金额600 000元，退税率13%。试计算该公司当月应退税额。

解：应退税额 = 1 000×600×13% = 78 000（元）

三、出口货物、劳务和应税行为的增值税免税政策

（一）出口货物和劳务

适用增值税免税政策的出口货物和劳务，是指出口企业或其他单位出口规定的货物，具体包括：

(1) 增值税小规模纳税人出口的货物。
(2) 避孕药品和用具，古旧图书。
(3) 软件产品。其具体范围是指海关税则号前四位为"9803"的货物。
(4) 含黄金、铂金成分的货物，钻石及其饰品。
(5) 国家计划内出口的卷烟。
(6) 已使用过的设备。其具体范围是指购进时未取得增值税专用发票、海关进口增值税专用缴款书，但其他相关单证齐全的已使用过的设备。
(7) 非出口企业委托出口的货物。
(8) 非列名生产企业出口的非视同自产货物。
(9) 符合条件的农业生产者自产农产品。
(10) 油、花生果仁、黑大豆等财政部和国家税务总局规定的出口免税货物。
(11) 外贸企业取得普通发票、废旧物资收购凭证、农产品收购发票、政府非税收入票据的货物。
(12) 来料加工复出口的货物。
(13) 特殊区域内的企业出口的特殊区域内的货物。
(14) 以人民币现金作为结算方式的边境地区出口企业从所在省（自治区）的边境口岸出口到接壤国家的一般贸易和边境小额贸易出口货物。
(15) 以旅游购物贸易方式报关出口的货物。

（二）出口服务和无形资产

境内单位和个人销售的下列服务及无形资产免征增值税，但财政部和国家税务总局规定适用增值税零税率的除外。

(1) 境内单位和个人提供的国际运输服务。
(2) 境内单位和个人向境外单位提供的研发服务和设计服务（不包括对境内不动产提供的设计服务）。
(3) 境内单位和个人为出口货物提供的邮政服务、收派服务、保险服务（包括出口货物保险和出口信用保险）。
(4) 境内单位和个人向境外单位提供的完全在境外消费的服务和无形资产，包括电信服务、知识产权服务、物流辅助服务（仓储服务、收派服务除外）、鉴证咨询服务、专业技术服务、商务辅助服务、广告投放地在境外的广告服务、无形资产。
(5) 境内单位和个人为境外单位之间的货币资金融通及其他金融业务提供的直接收费金融服务，且该服务与境内的货物、无形资产和不动产无关。
(6) 财政部和国家税务总局规定的其他服务。

四、出口货物、劳务增值税征税政策

下列出口货物、劳务不适用增值税退（免）税和免税政策，按下列规定及货物征税的其他规定征收增值税（以下简称增值税征税）：

(一) 适用范围

适用增值税征税政策的出口货物、劳务为：

1. 出口企业出口或视同出口财政部和国家税务总局根据国务院决定已明确取消出口退（免）税的货物（不包括来料加工复出口货物、中标机电产品、列名原材料、输入特殊区域的水电气、海洋工程结构物）。

2. 出口企业或其他单位销售给特殊区域内的生活消费用品和交通运输工具。

3. 出口企业或其他单位因骗取出口退税被税务机关停止办理增值税退（免）税期间出口的货物。

4. 出口企业或其他单位提供虚假备案单证的货物。

5. 出口企业或其他单位增值税退（免）税凭证有伪造或内容不实的货物。

6. 出口企业或其他单位未在国家税务总局规定期限内申报免税核销以及经主管税务机关审核不予免税核销的出口卷烟。

7. 出口企业或其他单位具有以下情形之一的出口货物、劳务：

（1）将空白的出口货物报关单、出口收汇核销单等退（免）税凭证交由除签有委托合同的货代公司、报关行，或由境外进口方指定的货代公司（提供合同约定或者其他相关证明）以外的其他单位或个人使用的。

（2）以自营名义出口，其出口业务实质上是由本企业及其投资的企业以外的单位或个人借该出口企业的名义操作完成的。

（3）以自营名义出口，其出口的同一批货物既签订购货合同，又签订代理出口合同（或协议）的。

（4）出口货物在海关验放后，自己或委托货代承运人对该批货物的海运提单或其他运输单据等上的品名、规格等进行修改，造成出口货物报关单与海运提单或其他运输单据有关内容不符的。

（5）以自营名义出口，但不承担出口货物的质量、收款或退税风险之一的，即出口货物发生质量问题不承担购买方的索赔责任（合同中有约定质量责任承担者除外），不承担未按期收款导致不能核销的责任（合同中有约定收款责任承担者除外），不承担因申报出口退（免）税的资料、单证等出现问题造成不退税责任的。

（6）未实质参与出口经营活动、接受并从事由中间人介绍的其他出口业务，但仍以自营名义出口的。

(二) 应纳税额的计算

1. 一般纳税人出口货物。

$$销项税额 = \left(出口货物离岸价 - 出口货物耗用的进料加工报税进口料件金额\right) \div (1 + 适用税率) \times 适用税率$$

2. 小规模纳税人出口货物。

$$应纳税额 = 出口货物离岸价 \div (1 + 征收率) \times 征收率$$

第七节　增值税税收优惠

增值税税收优惠是对纳税人销售货物、劳务和应税行为的应纳税额予以减征、免征，或对已征税款予以返还，属于减轻纳税人负担的一项措施和政策。由于增值税"中性税收"的特征，发挥普遍调节作用，加之链条抵扣的制度设计，理论上应较少作出税收优惠的规定。但我国根据国民经济发展的需要，制定了一定数量的增值税优惠政策，既包括法定免税项目、财税主管部门规定的优惠政策，还包括"营改增"试点过渡优惠政策。本节主要介绍法定减免税、起征点、个人转让住房的优惠政策和对小规模纳税人的优惠政策。

一、法定免税项目

根据《增值税暂行条例》，下列项目免征增值税：

(1) 农业生产者销售的自产农业产品。农业，是指种植业、养殖业、林业、牧业、水产业。农业生产者，包括从事农业生产的单位和个人。农产品，是指初级农产品，具体范围由财政部、国家税务总局确定。

(2) 避孕药品和用具。

(3) 古旧图书，即向社会收购的古书和旧书。

(4) 直接用于科学研究、科学试验和教学的进口仪器、设备。

(5) 外国政府、国际组织无偿援助的进口物资和设备。

(6) 由残疾人组织直接进口、供残疾人专用的物品。

(7) 销售自己使用过的物品，即指除企业、单位、个体经营者以外的个人，销售自己使用过的除游艇、摩托车、应征消费税的小汽车以外的货物。

二、起征点

增值税起征点的适用范围限于个人和小型微利企业。增值税起征点的幅度规定如下：(1) 按期纳税的，为月销售额 5 000～20 000 元（含本数）；(2) 按次纳税的，为每次（日）销售额 300～500 元（含本数）。

所称销售额是指小规模纳税人的销售额。增值税起征点不适用于认定为一般纳税人的个体工商户。省、自治区、直辖市财政厅（局）和税务局应在规定的幅度内，根据实际情况确定本地区适用的起征点，并报财政部、国家税务总局备案。

三、个人转让住房的优惠政策

个人将购买不足 2 年的住房对外销售的，按照 5% 的征收率全额缴纳增值税；个人将购买 2 年以上（含 2 年）的住房对外销售的，免征增值税。本项政策适用于北京市、上海市、广州市和深圳市之外的地区。

个人将购买不足 2 年的住房对外销售的，按照 5% 的征收率全额缴纳增值税；个人将购买 2 年以上（含 2 年）的非普通住房对外销售的，以销售收入减去购买住房价款后的差额照 5% 的征收率缴纳增值税；个人将购买 2 年以上（含 2 年）的普通住房对外销售的，免征增值税。本项政策仅适用于北京市、上海市、广州市和深圳市。

拓展阅读：关于完善资源综合利用增值税政策的公告

四、对小规模纳税人的优惠政策

根据《财政部 税务总局关于明确增值税小规模纳税人减免增值税等政策的公告》的规定，自2023年1月1日至12月31日：（1）对月销售额10万元以下（含本数）的增值税小规模纳税人，免征增值税。（2）增值税小规模纳税人适用3%征收率的应税销售收入，减按1%征收率征收增值税；适用3%预征率的预缴增值税项目，减按1%预征率预缴增值税。

第八节 增值税的征收管理

一、增值税纳税义务发生时间

纳税义务发生时间，是指纳税人发生应税行为应当承担纳税义务的起始时间。纳税义务发生时间一经确定，纳税人必须按此时间计算应纳税款。目前实行的增值税纳税义务发生时间主要依据权责发生制或现金收付制原则确定。具体规定如下：

1. 销售货物或者应税劳务，为收讫销售款项或者取得索取销售款项凭据的当天；先开具发票的，为开具发票的当天。

收讫销售款或者取得索取销售款凭据的当天，按销售结算方式的不同，具体为：

（1）采取直接收款方式销售货物，不论货物是否发出，均为收到销售款或取得索取销售款凭据的当天。

（2）采取托收承付和委托银行收款方式销售货物，为发出货物并办妥托收手续的当天。

（3）采取赊销和分期收款方式销售货物，为书面合同约定收款日期的当天。无书面合同或者书面合同没有约定收款日期的，为货物发出的当天。

（4）采取预收货款方式销售货物，为货物发出的当天。但生产销售生产工期超过12个月的大型机械设备、船舶、飞机等货物，为收到预收款或者书面合同约定的收款日期的当天。

（5）委托其他纳税人代销货物，为收到代销单位的代销清单或者收到全部或者部分货款的当天；未收到代销清单及货款的，为发出代销货物满180日的当天。

（6）销售应税劳务，为提供劳务同时收讫销售款或取得索取销售款凭据的当天。

（7）纳税人发生除将货物交付其他单位或者个人代销和销售代销货物以外的视同销售货物行为，为货物移送的当天。

2. 发生应税行为的纳税义务发生时间：

（1）纳税人发生应税行为并收讫销售款项或者取得索取销售款项凭据的当天；先开具发票的，为开具发票的当天。

收讫销售款项，是指纳税人销售服务、无形资产、不动产过程中或者完成后收到款项。

取得索取销售款项凭据的当天，是指书面合同确定的付款日期；未签订书面合同或者书面合同未确定付款日期的，为服务、无形资产转让完成的当天或者不动产权属变更的当天。

（2）纳税人提供建筑服务、租赁服务采取预收款方式的，其纳税义务发生时间为收到预收款的当天。

（3）纳税人从事金融商品转让的，为金融商品所有权转移的当天。

（4）纳税人发生视同销售服务、无形资产或者不动产情形的，其纳税义务发生时间为服务、无形资产转让完成的当天或者不动产权属变更的当天。

3. 纳税人进口货物的，其纳税义务发生时间为报关进口的当天。

4. 增值税扣缴义务发生时间为纳税人增值税纳税义务发生的当天。

二、纳税期限

为保证按期缴纳税款，税法规定了增值税的纳税期限，分别为 1 日、3 日、5 日、10 日、15 日、1 个月或者 1 个季度。纳税人的具体纳税期限，由主管税务机关根据纳税人应纳税额的大小分别核定；不能按照固定期限纳税的，可以按次纳税。

以 1 个季度为纳税期限的规定适用于小规模纳税人、银行、财务公司、信托投资公司、信用社，以及财政部和国家税务总局规定的其他纳税人。

按固定期限纳税的小规模纳税人可以选择以 1 个月或 1 个季度为纳税期限，一经选择，一个会计年度内不得变更。

纳税人以 1 个月或者 1 个季度为一个纳税期的，自期满之日起 15 日内申报纳税；以 1 日、3 日、5 日、10 日或 15 日为一个纳税期的，自期满之日起 5 日内预缴税款，于次月 1 日起 15 日内申报纳税并结清上月应纳税款。

扣缴义务人解缴税款的期限，按照上述规定执行。

纳税人进口货物，应当自海关填发海关进口增值税专用缴款书之日起 15 日内缴纳税款。

三、纳税地点

为了保证纳税人按期申报纳税，根据纳税人跨地区经营和应税行为的特点及不同情况，税法具体规定了增值税的纳税地点：

1. 固定业户应当向其机构所在地主管税务机关申报纳税。总机构和分支机构不在同一县（市）的，应当分别向各自所在地主管税务机关申报纳税；经国务院财政、税务主管部门或者其授权的财政、税务机关批准，可以由总机构汇总向总机构所在地主管税务机关申报纳税。

2. 固定业户到外县（市）销售货物或者劳务的，应当向其机构所在地主管税务机关报告外出经营事项，并向其机构所在地主管税务机关申报纳税。未报告的，应当向销售地或者劳务发生地主管税务机关申报纳税；未向销售地或者劳务发生地主管税务机关申报纳税的，由其机构所在地主管税务机关补征税款。

3. 非固定业户销售货物或者劳务，应当向销售地或者劳务发生地的主管税务机关申报纳税；未向销售地或者劳务发生地主管税务机关申报纳税的，由其机构所在地或居住地的主管税务机关补征税款。

4. 纳税人跨县（市）提供建筑服务，应在建筑服务发生地预缴税款后，向机构所在地主管税务机关进行纳税申报。

5. 其他个人提供建筑服务，销售或者租赁不动产，转让自然资源使用权，应向建筑服务发生地、不动产所在地、自然资源所在地主管税务机关申报纳税。

6. 进口货物，应当向报关地海关申报纳税。

7. 纳税人销售不动产、出租不动产，应在不动产所在地预缴税款后，向机构所在地主管税务机关进行纳税申报。

8. 扣缴义务人应当向其机构所在地或者居住地的主管税务机关申报缴纳其扣缴的税款。

相关链接：《二手车经销等货物劳务税政策及管理措施解读》（视频），https://www.chinatax.gov.cn/chinatax/n810351/n810906/c5149727/content.html.

第九节　增值税专用发票的使用与管理

增值税专用发票是增值税一般纳税人（以下简称一般纳税人）销售货物或者提供应税劳务、应税服务开具的发票，是购买方支付增值税额并可按照增值税有关规定据以抵扣增值税进项税额的凭证。为了加强增值税的征收管理，提高纳税人依法纳税的自觉性，及时发现和查处增值税偷、骗税行为，国家制定了增值税专用发票管理的相关政策。

一、增值税专用发票的基本规定

1. 实施了增值税防伪税控系统，要求增值税一般纳税人使用专用发票（包括领购、开具、缴销、认证纸质专用发票及其相应的数据电文）应通过增值税防伪税控系统。

所谓增值税防伪税控系统，是指经过国务院同意推行，使用专用设备和通用设备，运用数字密码和电子存储技术管理增值税专用发票的计算机管理系统，是国家金税工程的主要组成部分。所称专用设备，是指金税卡、IC卡、读卡器和其他设备；所称通用设备，是指计算机、打印机、扫描器具和其他设备。

2. 专用发票由基本联次或者基本联次附加其他联次构成，分为三联版和六联版两种。基本联次为三联：发票联、抵扣联和记账联。发票联，作为购买方核算采购成本和增值税进项税额的记账凭证；抵扣联，作为购买方报送主管税务机关认证和留存备查的凭证；记账联，作为销售方核算销售收入和增值税销项税额的记账凭证。其他联次用途，由一般纳税人自行确定。

3. 专用发票实行最高开票限额管理。最高开票限额，是指单份专用发票开具的销售额合计数不得达到的上限额度。

最高开票限额由一般纳税人申请，税务机关依法审批。最高开票限额为10万元及以下的，由区县级税务机关审批；最高开票限额为100万元的，由地市级税务机关审批；最高开票限额为1 000万元及以上的，由省级税务机关审批。防伪税控系统的具体发行工作由区县级税务机关负责。

税务机关审批最高开票限额应进行实地核查。批准使用最高开票限额为10万元及以下的，由区县级税务机关派人实地核查；批准使用最高开票限额为100万元的，由地市级税务机关派人实地核查；批准使用最高开票限额为1 000万元及以上的，由地市级税务机关派人实地核查后将核查资料报省级税务机关审核。

一般纳税人申请最高开票限额时，需填报最高开票限额申请表。

4. 一般纳税人领购专用设备后，凭最高开票限额申请表、发票领购簿到主管税务机关办理初始发行。

5. 一般纳税人凭发票领购簿、IC卡和经办人身份证明领购专用发票。

二、增值税专用发票的领购

增值税一般纳税人，可以领购并自行开具增值税专用发票。小规模纳税人和非增值税一般纳税人不得领购、使用增值税专用发票。

一般纳税人有下列情形之一的，不得领购、开具专用发票：

1. 会计核算不健全，不能向税务机关准确提供增值税销项税额、进项税额、应纳税额的数据及其他有关增值税税务资料的。

上述其他有关增值税税务资料的内容，由省、自治区、直辖市和计划单列市税务机关确定。

2. 有《税收征收管理法》规定的税收违法行为，拒不接受税务机关处理的。

3. 有下列行为之一，经税务机关责令限期改正而仍未改正的：虚开增值税专用发票；私自印制专用发票；向税务机关以外的单位和个人买取专用发票；借用他人专用发票；未按规定开具专用发票；未按规定保管专用发票和专用设备；未按规定申请办理防伪税控系统变更发行；未按规定接受税务机关检查。

有上列情形的，如已领购专用发票，主管税务机关应暂扣其结存的专用发票和IC卡。

有下列情形之一的，为所称未按规定保管专用发票和专用设备：未设专人保管专用发票和专用设备；未按税务机关要求存放专用发票和专用设备；未将认证相符的专用发票抵扣联、认证结果通知书和认证结果清单装订成册；未经税务机关查验，擅自销毁专用发票基本联次。

4. 销售的货物全部属于免税项目者。

三、增值税专用发票的开具

（一）增值税专用发票的开具范围

1. 一般纳税人销售货物、劳务或者应税行为，应当向索取增值税专用发票的购买方开具增值税专用发票，并在增值税专用发票上分别注明销售额和销项税额。

2. 小规模纳税人发生应税行为，购买方索取增值税专用发票的，可以向主管税务机关申请代开。

为适应营改增之后专用发票的使用需求，自2016年8月1日起住宿业、2017年3月1日起咨询鉴证业、2017年6月1日起建筑业、2018年2月1日起工业以及信息传输、软件和信息技术服务业、2019年3月1日起租赁和商务服务业、科学研究和技术服务业、居民服务、修理和其他服务业的增值税小规模纳税人发生增值税应税行为，需要开具增值税专用发票的，可以通过增值税发票管理新系统自行开具。但相关小规模纳税人销售其取得的不动产，需要开具增值税专用发票的，仍须向所在地主管税务机关申请代开。

3. 属于下列情形之一的，不得开具增值税专用发票：

（1）商业企业一般纳税人零售的烟、酒、食品、服装、鞋帽（不包括劳保专用部分）、化妆品等消费品不得开具专用发票。

（2）向消费者个人销售货物、提供应税劳务或者销售服务、无形资产、不动产的。

（3）销售货物、提供应税劳务或者销售服务、无形资产、不动产适用增值税免税规定的，法律、法规及国家税务总局另有规定的除外。

（4）部分适用增值税简易征收政策规定的。

（5）法律、法规及国家税务总局规定的其他情形。

（二）增值税专用发票的开具要求

专用发票应按下列要求开具：

1. 项目齐全，与实际交易相符。
2. 字迹清楚，不得压线、错格。
3. 发票联和抵扣联加盖发票专用章。
4. 按照增值税纳税义务发生时间开具。

对不符合上列要求的专用发票，购买方有权拒收。

四、增值税专用发票的缴销

专用发票的缴销是指主管税务机关在纸质专用发票监制章处按"V"字剪角作废，同时作废相应的专用发票数据电文。被缴销的纸质专用发票应退还纳税人。

一般纳税人注销税务登记或者转为小规模纳税人，应将专用设备和结存未用的纸质专用发票送交主管税务机关。主管税务机关应缴销其专用发票，并按有关安全管理的要求处理专用设备。

五、增值税专用发票的认证

1. 用于抵扣增值税进项税额的专用发票应经税务机关认证相符（国家税务总局另有规定的除外）。

认证相符的专用发票应作为购买方的记账凭证，不得退还销售方。

所称认证，是税务机关通过防伪税控系统对专用发票所列数据的识别、确认。所称认证相符，是指纳税人识别号无误，专用发票所列密文解译后与明文一致。

2. 经认证，有下列情形之一的，不得作为增值税进项税额的抵扣凭证，税务机关退还原件，购买方可要求销售方重新开具专用发票。

（1）无法认证。所称无法认证，是指专用发票所列密文或者明文不能辨认，无法产生认证结果。

（2）纳税人识别号认证不符。所称纳税人识别号认证不符，是指专用发票所列购买方纳税人识别号有误。

（3）专用发票代码、号码认证不符。所称专用发票代码、号码认证不符，是指专用发票所列密文解译后与明文的代码或者号码不一致。

3. 经认证，有下列情形之一的，暂不得作为增值税进项税额的抵扣凭证，税务机关扣留原件，查明原因，分情况进行处理：

（1）重复认证。所称重复认证，是指已经认证相符的同一张专用发票再次认证。

（2）密文有误。所称密文有误，是指专用发票所列密文无法解译。

（3）认证不符。所称认证不符，是指纳税人识别号有误，或者专用发票所列密文解译后与明文不一致。所称认证不符不含上一条第（2）、第（3）项所列情形。

（4）列为失控专用发票。所称列为失控专用发票，是指认证时的专用发票已被登记为失控专用发票。

4. 一般纳税人丢失已开具专用发票的发票联和抵扣联，如果丢失前已认证相符的，购买方凭销售方提供的相应专用发票记账联复印件及销售方所在地主管税务机关出具的"丢失增值税专用发票已报税证明单"，经购买方主管税务机关审核同意后，可作为增值税进项税额的抵扣凭证；如果丢失前未认证的，购买方凭销售方提供的相应专用发票记账联复印件到主管税务机关进行认证，认证相符的凭该专用发票记账联复印件及销售方所在地主管税务机关出具的《丢失增值税专用发票已报税证明单》，经购买方主管税务机关审核同意后，可作为增值税进项税额的抵扣凭证。

一般纳税人丢失已开具专用发票的抵扣联，如果丢失前已认证相符的，可使用专用发票发票联复印件留存备查；如果丢失前未认证的，可使用专用发票发票联到主管税务机关认证，专用发票发票联复印件留存备查。

一般纳税人丢失已开具专用发票的发票联，可将专用发票抵扣联作为记账凭证，专用发票抵扣联复印件留存备查。

专用发票抵扣联无法认证的，可使用专用发票发票联到主管税务机关认证。专用发票发票联复印件留存备查。

相关链接：《机动车发票使用办法》（视频），https：//www.chinatax.gov.cn/chinatax/n810351/n810906/c5169816/content.html.

本章小结

增值税是我国重要的货物和劳务税税种，增值税收入占全部税收收入的比重一直居于首位，对国家宏观调控经济、筹集财政收入具有极其重要的作用。

从计税原理上说，增值税是对商品生产、流通、劳务服务中多个环节新增价值或商品附加值征收的一种流转税。实行价外税，也就是由消费者负担，有增值才征税，没有增值不征税。增值税实行凭增值税专用发票抵扣税款的制度，因此对纳税人的会计核算水平要求较高，要求能够准确核算销项税额、进项税额和应纳税额。但实际情况是有众多的纳税人达不到这一要求，因此将纳税人按其经营规模大小以及会计核算是否健全划分为一般纳税人和小规模纳税人。一般纳税人缴纳增值税采用购进扣税法，应纳税额为销项税额扣除进项税额后的余额。其中，销项税额＝销售额×适用税率；进项税额为购进货物或接受应税劳务所支付或负担的增值税税额，一般以当期购货发票中注明的允许扣除的增值税税款为准。为了实现不同的政策目标，我国在增值税领域规定了较多的减免税项目，主要涉及扶持农业发展、促进资源综合利用、鼓励产业发展、照顾社会公共事业、促进社会福利事业发展等目标。增值税专用发票是增值税管理的核心内容，它不仅能作为购销凭证，而且能够抵扣税款。为此，加强对增值税专用发票的管理是税务机关增值税管理的重要环节。

☞【思考题】

1. 什么是增值税？如何理解增值税概念中增值额的含义？
2. 增值税的特点和优点有哪些？
3. 简述我国增值税的计税方法。
4. 简述价外费用及其税务处理方法。
5. 增值税专用发票管理的具体规定有哪些？

自测习题及参考答案

第四章 消费税

> 【学习目标】
> 1. 了解消费税的基本原理、特点与作用。
> 2. 掌握消费税制度的基本内容。
> 3. 熟练掌握消费税税款的计算和缴纳。

第一节 消费税概述

一、消费税的概念

消费税是以消费品和消费行为的流转额为征税对象而征收的一种税。根据征税范围的大小，消费税可以分为一般消费税和特别消费税。一般消费税是对所有消费品和消费行为的流转额普遍征收；特别消费税则是对某些特定消费品和消费行为的流转额有选择地征税。我国现行消费税是对在我国境内从事生产、委托加工和进口应税消费品的单位和个人，就其销售额或销售量在特定环节征收的一种税。它是在普遍征收增值税的基础上，为贯彻国家的产业政策和消费政策而开征的一种非中性税。

消费税是一个古老的税种，在西方，早在古罗马时代，就有对特定消费品的征税。我国消费税也具有悠久的历史。在我国的《周礼》中，就有"山泽之赋"和"关市之赋"的记载，这也许是我国消费税最古老的形态。公元前 81 年，汉昭帝为避免酒的专卖"与商人争市利"，改酒专卖为征税，可以说这是我国记载最早且最为详细的消费税。以后的各朝各代都有类似的赋税形式，名目繁多，保留时间最长的消费税有盐税、茶税、酒税等。消费税不仅在中外历史上都曾发挥过重要作用，而且至今仍然受到世界各国的普遍重视，据不完全统计，目前全世界已有 120 多个国家开征消费税。

我国现行消费税是在新中国成立初期开征的货物税和特种消费税的基础上，经过半个世纪的逐步发展而形成的。1950 年建立的新税制中就开征了特种行为消费税，主要针对娱乐、筵席、冷饮和旅馆等消费行为征收。20 世纪 80 年代的税制改革中，产品税、盐税、烧油特别税都带有消费税的性质，1989 年对彩色电视机和小轿车征收的特别消费税也属于消费税类型的税种。不过与目前的消费税不同的是，这些税种大多是在我国特定形势下为平抑物价、平衡供求关系而采取的一种临时措施，尚未形成完善、系统的消费税制度。1993 年实行税制改革，我国开征了比较符合国际惯例的消费税，国务院颁布了《消费税暂行条例》，自 1994 年 1 月 1 日起正式实施。自此，我国在商品生产经营领域形成了增值税普遍征收和消费税特殊调节的税制格局。为适应我国经济的发展，充分发挥消费税调控经济的税收职能作用，2006 年 3 月，我国对消费税税目、税率及相关政策作了较大的调整，体现了我国当时产业结构、消费结构以及节能、环保等方面的要求。为进一步完善税制，2008 年 11 月 5 日国务院第 34 次常务会议通过了修订的《消费税暂行条例》，同年12月15日财政部、国家税务总局发布了修订后的《消费税暂行条例实施细则》。

> **【思政小课堂】**
>
> 　　党的二十大报告指出，推动经济社会发展绿色化、低碳化是实现高质量发展的关键环节。加快推动产业结构、能源结构、交通运输结构等调整优化。实施全面节约战略，推进各类资源节约集约利用，加快构建废弃物循环利用体系。完善支持绿色发展的财税、金融、投资、价格政策和标准体系，发展绿色低碳产业，健全资源环境要素市场化配置体系，加快节能降碳先进技术研发和推广应用，倡导绿色消费，推动形成绿色低碳的生产方式和生活方式。这为进一步发挥消费税调节消费行为、调整产业结构等作用提供了更广阔的空间，同时也明确了进一步改革与完善消费税制度的方向。

二、消费税的特点

目前，世界各国开征的消费税都是兼具财政收入职能和经济调节职能的一种货物和劳务税，与此相对应，现代消费税一般具有如下基本特征。

（一）征税范围具有选择性

现代消费税不是对所有消费品和消费行为都征收的一般消费税，而是对所选择的部分特定消费品和消费行为征收的特别消费税。从当代各国开征消费税的实践看，不论是为了实现财政、经济方面的目标，还是出于政治乃至道德等方面的考虑，一般都是选择消费量大、收入需求弹性充足和税源普遍的消费品列入消费税的征收范围，在税法中列举征税。由于受经济发展阶段和各国政府政策取向等因素的影响，各国消费税的征税范围宽窄有别，且会随着经济发展水平的提高和其他方面条件的变化而进行调整。

1994年，我国在消费税制度设计中将奢侈品、高能耗消费品、不可再生的资源消费品，以及消费普遍而又具有一定财政意义的消费品列入征税范围。为适应我国产业结构、消费水平和消费结构的变化以及节能减排、环境保护的要求，自2006年4月1日起，对消费税的征税范围进行了调整，征税税目由原来的11个增加到14个。2014年、2015年相继对消费税的征税范围和税率进行了调整，突出消费税对大气污染治理、促进发展方式转变的作用，目前我国消费税税目有15个。

（二）实行单一环节课征

消费税通常是在应税消费品的生产、流通、消费过程中选择某一特定环节课征，一方面便于控制税源，方便征收与缴纳；另一方面避免消费品在某一环节征过消费税之后，在其他环节重复课征。我国现行消费税除了卷烟和超豪华小汽车之外，实行单一环节课征制，对不同应税消费品分别在生产、进口、委托加工以及零售环节征收。

（三）征收方法灵活多样

消费税的计税方法比较灵活。为了适应不同应税消费品的情况，消费税在征收方法上不力求一致，既可以实行从价定率征收，也可以实行从量定额征收。由于两种方法各有优点和缺点，因此，在实际征税时对某些应税消费品实行复合计税方法，即在从价定率征收的同时还从量定额征收。

（四）税收负担具有明显的转嫁性

消费税无论在哪个环节征税，也无论采取价内税形式还是价外税形式，消费品中所含的消费税税款最终都要转嫁到消费者身上，由消费者负担，税负具有转嫁性。但是，在现实经济生活中，消费税能否顺利地转嫁，还要受价格体制、市场供求状况等诸多因素的影响。

（五）具有特殊的调节作用

消费税属于国家运用税收杠杆对特定消费品和消费行为进行特殊调节的税种，不仅对征税品目的确定有很强的选择性，而且对不同应税品目制定高低不同的税率，从而通过消费税征收与否以及税负的轻重体现国家政策的奖限意图，能较有力地对社会经济发挥调控作用。另外，消费税与增值税同时存在，即在增值税普遍征收的基础上，再征收一道消费税，由此形成了一种特殊的对消费品和消费行为双层调节的税收作用。

三、消费税的作用

（一）有利于贯彻国家产业政策与消费政策，调节消费结构和产业结构

消费税的征税范围具有较大的选择性，不同应税消费品适用高低不同的差别税率，消费者所选择的消费方向和内容不同，其税收负担的轻重也不同，进而关系消费者的切身利益。国家就可以通过消费税课征范围的确定和税目、税率的设计，来调节纳税人的经济利益，影响消费的方向和调节消费的结构，体现国家的消费政策。由于消费对生产具有反作用，消费结构的变化对生产结构也会产生直接的影响，进而可以引导产业结构和产品结构的调整。因此，通过征收消费税可以贯彻国家的消费政策，引导消费方向，促进社会消费结构的合理化，并能对产业结构的优化产生积极的影响。

（二）有利于筹集财政资金，增加财政收入

消费税筹集财政资金的作用与消费税征税范围所具有的特点以及较高的税率水平密切相关。一方面，由于人们对应税消费品的消费量通常比较大，而且一般会随着收入水平的提高而增加，这就使得消费税的税源较为充足和集中；另一方面，由于消费税的平均税率比较高，而且以流转全额为计税依据、不受企业经营成本水平的影响，使得消费税可以稳定、及时、足额地筹集财政资金。

（三）有利于调节收入差距，缓解社会分配不公的矛盾

人们的收入水平及其决定的支付能力是制约个人消费水平的主要因素。收入水平不同，消费水平也不尽相同。在我国当前及今后相当长的一段时间里，居民的个人收入水平客观上还会存在较大的差异，在税收上除了通过征收个人所得税等有关税种调节收入差距外，征收消费税也具有极其重要的意义。通过对某些奢侈品和高档消费品征收较高的消费税，可以调节高收入阶层的收入，达到缩小贫富差距、缓解社会分配不公的矛盾。

第二节 消费税的征税范围和纳税义务人

一、消费税的征税范围

如何选择和确定消费税的征税范围,是消费税特点的重要体现。在借鉴国外经验和国际通行做法的基础上,从我国的经济发展水平、消费政策和产业政策,人民的生活水平、消费水平和消费结构状况,保证国家财政收入稳定增长等方面对消费税的征税范围进行了选择。我国现行消费税的征税范围是在中华人民共和国境内生产、委托加工和进口的应税消费品。

目前,列入消费税征税范围的应税消费品有以下四类:

1. 过度消费会对人类健康、社会秩序、生态环境等造成危害的特殊消费品,包括烟、酒、鞭炮和焰火、电池、涂料。

2. 奢侈品和非生活必需品,包括高档化妆品、贵重首饰及珠宝玉石、高档手表、高尔夫球及球具、游艇等。

3. 高能耗消费品及高档消费品,包括摩托车、小汽车。

4. 不可再生且不易替代的稀缺性资源消费品,包括成品油。

5. 不利于可持续发展及环保的产品,包括木制一次性筷子、实木地板、涂料、电池。

消费税的征税范围不是固定不变的,随着我国经济的发展,社会消费水平和结构的变化,必须进行适当调整。

二、消费税的纳税义务人

消费税的纳税义务人是指在中华人民共和国境内从事生产、委托加工和进口应税消费品的单位和个人,以及国务院确定的销售应税消费品的其他单位和个人。

在中华人民共和国境内是指生产、委托加工和进口应税消费品的起运地或所在地在境内。

单位是指国有企业、集体企业、私有企业、股份制企业、外商投资企业和外国企业、其他企业和行政单位、事业单位、军事单位、社会团体及其他单位。

个人是指个体工商户及其他个人。

消费税的纳税人具体包括以下几类:

1. 生产应税消费品的单位和个人,包括应税消费品自产自销者和自产自用者,其中自产自用的应税消费品由自产自用单位和个人在移送使用时缴纳消费税。

2. 委托加工应税消费品的单位和个人,委托加工的应税消费品由受托方(受托方为个人除外)于委托方提货时代收代缴消费税。

3. 进口应税消费品的单位和个人,其中,个人携带或者邮寄入境的应税消费品的消费税,连同关税一并计征,由携带入境者或者收件人缴纳消费税。

凡从境外进口应税消费品,进口报关单位和个人为消费税的纳税人。

4. 国务院确定的销售应税消费品的其他单位和个人①。

---

① 其他单位和个人指金银首饰、铂金首饰、钻石及钻石饰品的零售单位和个人、卷烟及电子烟的批发单位和个人、超豪华小汽车的零售单位和个人。

第三节 消费税的税目与税率

一、消费税的税目

消费税的征收范围比较狭窄，同时还要根据我国的消费政策、产业政策、经济发展水平、居民的生活水平、消费水平和消费结构等状况，以及财政收入稳定增长和环境保护的需要等因素加以确定，并进行适时调整。税目是征税对象的具体化，反映具体的征税范围，现行消费税采用正列举的方法列举了 15 个税目，部分税目还进一步划分若干子目，具体如下：

（一）烟

凡是以烟叶为原料加工生产的产品，不论使用何种辅料，均属于本税目的征收范围。本税目包括卷烟（进口卷烟、白包卷烟、手工卷烟和未经国务院批准纳入计划的企业及个人生产的卷烟）、雪茄烟、烟丝和电子烟四个子目。

其中，电子烟是指用于产生气溶胶供人抽吸等的电子传输系统，包括烟弹、烟具以及烟弹与烟具组合销售的电子烟产品。烟弹是指含有雾化物的电子烟组件。烟具是指将雾化物雾化为可吸入气溶胶的电子装置①。

拓展阅读：关于对电子烟征收消费税的公告

（二）酒

酒是酒精度在 1 度以上的各种酒类饮料。本税目包括白酒、黄酒、啤酒、其他酒四个子目。

（三）高档化妆品

本税目的征收范围包括高档美容、修饰类化妆品、高档护肤类化妆品和成套化妆品。

高档美容、修饰类化妆品和高档护肤类化妆品是指生产（进口）环节销售（完税）价格（不含增值税）在 10 元/毫升（克）或 15 元/片（张）及以上的美容、修饰类化妆品和护肤类化妆品。

舞台、戏剧、影视演员化妆用的上妆油、卸妆油、油彩不属于本税目的征收范围。

（四）贵重首饰及珠宝玉石

本税目的征收范围包括以金、银、白金、宝石、珍珠、钻石、翡翠、珊瑚、玛瑙等高贵稀有物质以及其他金属、人造宝石等制作的各种纯金银首饰及镶嵌首饰（含人造金银、合

---

① 《财政部　海关总署　税务总局关于对电子烟征收消费税的公告》（2022 年第 33 号）。

成金银首饰）和经采掘、打磨、加工的各种珠宝玉石。

（五）鞭炮、焰火
本税目的征收范围包括各种鞭炮、焰火。体育上用的发令纸、鞭炮药引线，不按本税目征收。

（六）成品油
本税目包括汽油、柴油、石脑油、溶剂油、航空煤油、润滑油、燃料油7个子目。

1. 汽油，是指用原油或其他原料加工生产的辛烷值不小于66的可用作汽油发动机燃料的各种轻质油。汽油分为车用汽油和航空汽油。

以汽油、汽油组分调和生产的甲醇汽油、乙醇汽油也属于本税目征收范围。

2. 柴油，是指用原油或其他原料加工生产的倾点或凝点在 -50号~30号的可用作柴油发动机燃料的各种轻质油和以柴油组分为主、经调和精制可用作柴油发动机燃料的非标油。

以柴油、柴油组分调和生产的生物柴油也属于本税目征收范围。

3. 石脑油，又叫化工轻油，是以原油或其他原料加工生产的用于化工原料的轻质油。

石脑油的征税范围包括除汽油、柴油、航空煤油、溶剂油以外的各种轻质油。非标汽油、重整生成油、拔头油、戊烷原料油、轻裂解料（减压柴油VGO和常压柴油AGO）、重裂解料、加氢裂化尾油、芳烃抽余油均属轻质油，属于石脑油征收范围。

4. 溶剂油，是用原油或其他原料加工生产的用于涂料、油漆、食用油、印刷油墨、皮革、农药、橡胶、化妆品生产和机械清洗、胶粘行业的轻质油。橡胶填充油、溶剂油原料属于溶剂油征收范围。

5. 航空煤油，也叫喷气燃料，是用原油或其他原料加工生产的用作喷气发动机和喷气推进系统燃料的各种轻质油。航空煤油的消费税暂缓征收。

6. 润滑油，是用原油或其他原料加工生产的用于内燃机、机械加工过程的润滑产品。润滑油分为矿物性润滑油、植物性润滑油、动物性润滑油和化工原料合成润滑油。润滑油的征收范围包括矿物性润滑油、矿物性润滑油基础油、植物性润滑油、动物性润滑油和化工原料合成润滑油。以植物性、动物性和矿物性基础油（或矿物性润滑油）混合掺配而成的"混合性"润滑油，不论矿物性基础油（或矿物性润滑油）所占比例高低，均属润滑油的征收范围。变压器油、导热类油等绝缘油类不征消费税。

7. 燃料油，也称重油、渣油，是用原油或其他原料加工生产的，主要用作电厂发电、锅炉用燃料、加热炉燃料、冶金和其他工业炉燃料。腊油、船用重油、常压重油、减压重油、180CTS燃料油、7号燃料油、糠醛油、工业燃料油、4~6号燃料油等油品主要用于燃料燃烧，属于燃料油征收范围。

（七）摩托车
摩托车的征税范围包括轻便摩托车和摩托车两种。对最大设计车速不超过50千米/小时、发动机汽缸总工作容积不超过50毫升的三轮摩托车不征收消费税。气缸容量250毫升（不含）以下的小排量摩托车不征收消费税。

(八) 小汽车

小汽车是指由动力驱动,具有4个或4个以上车轮的非轨道承载的车辆,包括乘用车、中轻型商用客车。

乘用车指含驾驶员座位在内最多不超过9个座位(含)的,在设计和技术特性上用于载运乘客和货物的各类乘用车。中轻型商用客车指含驾驶员座位在内的座位数在10~23座(含23座)的,在设计和技术特性上用于载运乘客和货物的各类中轻型商用客车。

用排气量小于1.5升(含)的乘用车底盘(车架)改装、改制的车辆属于乘用车征收范围。

用排气量大于1.5升的乘用车底盘(车架)或用中轻型商用客车底盘(车架)改装、改制的车辆属于中轻型商用客车征收范围。

对于购进乘用车或中轻型商用客车整车改装生产的汽车,应按规定征收消费税。

含驾驶员人数(额定载客)为区间值的(如8~10人、17~26人)小汽车,按其区间值下限人数确定征收范围。

超豪华小汽车,为每辆零售价格130万元(不含增值税)及以上的乘用车和中轻型商用客车,即乘用车和中轻型商用客车子税目中的超豪华小汽车。

电动汽车不属于本税目征收范围,不征收消费税。

沙滩车、雪地车、卡丁车、高尔夫车不属于消费税征收范围,不征收消费税。

拓展阅读:关于对超豪华小汽车征收消费税有关事项的通知

(九) 高尔夫球及球具

高尔夫球及球具是指从事高尔夫球运动所需的各种专用装备,包括高尔夫球、高尔夫球杆及高尔夫球包(袋)等。

本税目征收范围包括高尔夫球、高尔夫球杆、高尔夫球包(袋)。高尔夫球杆的杆头、杆身和握把属于本税目的征收范围。

(十) 高档手表

高档手表是指销售价格(不含增值税)每只在10 000元(含)以上的各类手表。

本税目征收范围包括符合以上标准的各类手表。

(十一) 游艇

游艇,指长度大于8米小于90米,船体由玻璃钢、钢、铝合金、塑料等多种材料制作,可以在水上移动的水上浮载体。按照动力划分,游艇分为无动力艇、帆艇和机动艇。

本税目征收范围包括艇身长度大于8米(含)小于20米(含),内置发动机,可以在水上移动，一般为私人或团体购置，主要用于水上运动和休闲娱乐等非牟利活动的各类机动艇。

（十二）木制一次性筷子

木制一次性筷子，又称卫生筷子，是指以木材为原料，经过锯段、浸泡、旋切、刨切、烘干、筛选、打磨、倒角、包装等环节加工而成的各类供一次性使用的筷子。

本税目征收范围包括各种规格的木制一次性筷子。未经打磨、倒角的木制一次性筷子属于本税目征收范围。

（十三）实木地板

实木地板是指以木材为原料，经锯割、干燥、刨光、截断、开榫、涂漆等工序加工而成的块状或条状地面装饰材料。实木地板按生产工艺不同，可分为独板（块）实木地板、实木指接地板、实木复合地板三类；按表面处理状态不同，可分为未涂饰地板（白坯板、素板）和漆饰地板两类。

本税目征收范围包括各类规格的实木地板、实木指接地板、实木复合地板及用于装饰墙壁、天棚的侧端面为榫、槽的实木装饰板。未经涂饰的素板也属于本税目征收范围。

（十四）电池

电池是一种将化学能、光能等直接转换为电能的装置。本税目包括原电池、蓄电池、燃料电池、太阳能电池和其他电池。

无汞原电池、金属氢化物镍蓄电池（又称"氢镍蓄电池"或"镍氢蓄电池"）、锂原电池、锂离子蓄电池、太阳能电池、燃料电池和全钒液流电池免征消费税。

2015年12月31日前对铅蓄电池缓征消费税；自2016年1月1日起，对铅蓄电池按4%的税率征收消费税。

（十五）涂料

涂料，是指涂于物体表面能形成具有保护、装饰或特殊性能的固态涂膜的一类液体或固体材料的总称。

对施工状态下挥发性有机物（volatile organic compounds，VOC）含量低于420克/升（含）的涂料免征消费税。

二、消费税的税率

消费税采用比例税率和定额税率两种形式。消费税税率形式的选择主要取决于课税对象的具体情况。对一些供求基本平衡、价格差异不大、计量单位规范的消费品，选择计税简便的定额税率，例如黄酒、啤酒、成品油等。对一些供求矛盾突出、价格差异较大、计量单位不规范的消费品，选择价税联动的比例税率，例如高档化妆品、鞭炮、焰火、贵重首饰及珠宝玉石、摩托车、小汽车等。

一般情况下，对一种消费品只选择一种税率形式，但为了更有效地保全消费税税基，对白酒、卷烟采取了比例税率和定额税率相结合的双重征税形式。消费税各税目的税率如表4-1①所示。

表4-1 消费税税目税率

税目	税率
一、烟	
1. 卷烟	
（1）工业	
①甲类卷烟（调拨价70元（不含增值税）/条以上（含70元））	56%加0.003元/支（生产环节）
②乙类卷烟（调拨价70元（不含增值税）/条以下）	36%加0.003元/支（生产环节）
（2）商业批发	11%加0.005元/支（批发环节）
2. 雪茄烟	36%（生产环节）
3. 烟丝	30%（生产环节）
4. 电子烟	
（1）工业	36%
（2）商业批发	11%
二、酒	
1. 白酒	20%加0.5元/500克（或者500毫升）
2. 黄酒	240元/吨
3. 啤酒	
（1）甲类啤酒	250元/吨
（2）乙类啤酒	220元/吨
4. 其他酒	10%
三、高档化妆品	15%
四、贵重首饰及珠宝玉石	
1. 金银首饰、铂金首饰和钻石及钻石饰品	5%
2. 其他贵重首饰和珠宝玉石	10%
五、鞭炮、焰火	15%

---

① 《国家税务总局关于电子烟消费税征收管理有关事项的公告》（2022年第22号）附件《应税消费品名称、税率和计量单位对照表》。

续表

税目	税率
六、成品油	
1. 汽油	1.52 元/升
2. 柴油	1.20 元/升
3. 航空煤油	1.20 元/升（暂缓征收）
4. 石脑油	1.52 元/升
5. 溶剂油	1.52 元/升
6. 润滑油	1.52 元/升
7. 燃料油	1.20 元/升
七、摩托车	
1. 气缸容量（排气量，下同）为 250 毫升的	3%
2. 气缸容量 250 毫升以上的	10%
八、小汽车	
1. 乘用车	
（1）气缸容量（排气量，下同）在 1.0 升（含 1.0 升）以下的	1%
（2）气缸容量在 1.0 升以上至 1.5 升（含 1.5 升）的	3%
（3）气缸容量在 1.5 升以上至 2.0 升（含 2.0 升）的	5%
（4）气缸容量在 2.0 升以上至 2.5 升（含 2.5 升）的	9%
（5）气缸容量在 2.5 升以上至 3.0 升（含 3.0 升）的	12%
（6）气缸容量在 3.0 升以上至 4.0 升（含 4.0 升）的	25%
（7）气缸容量在 4.0 升以上的	40%
2. 中轻型商用客车	5%
3. 超豪华小汽车	按子税目 1 和子税目 2 的规定征收，同时，在零售环节加征消费税，税率为 10%
九、高尔夫球及球具	10%
十、高档手表	20%
十一、游艇	10%
十二、木制一次性筷子	5%
十三、实木地板	5%
十四、电池	4%
十五、涂料	4%

消费税税目、税率的调整由国务院决定。《消费税税目税率表》中所列应税消费品的具体征税范围，由财政部、国家税务总局确定。

纳税人兼营不同税率应税消费品，应当分别核算不同应税消费品的销售额、销售数量；未分别核算销售额、销售数量，或者将不同税率的应税消费品组成成套消费品销售的，从高适用税率。

第四节 消费税应纳税额的计算

一、消费税计税依据的确定

根据现行消费税的基本规定，消费税应纳税额的计算方法分为从价定率计税、从量定额计税和从价定率与从量定额相结合的复合计税方法。在比例税率和定额税率确定的前提下，消费税应纳税额的大小取决于计税依据，即应税销售额和应税销售数量。

（一）从价定率计税方法的计税依据

实行从价定率计税方法的应税消费品，计税依据为应税消费品的销售额。由于消费税实行价内税，增值税实行价外税，故实行从价定率征收的消费品，其消费税的应税销售额与增值税的应税销售额是一致的，即都是以含消费税但不含增值税的销售额为计税依据。

1. 纳税人销售应税消费品销售额的确定。

（1）销售额的确定。作为消费税计税依据的销售额，是指纳税人销售应税消费品向购买方收取的全部价款和价外费用，但不包括应向购买方收取的增值税税款。其中，价外费用是指价外向购买方收取的手续费、补贴、基金、集资费、返还利润、奖励费、违约金、滞纳金、延期付款利息、赔偿金、代收款项、代垫款项、包装费、包装物租金、储备费、优质费、运输装卸费以及其他各种性质的价外收费。但是，下列项目不包括在内：

①同时符合以下条件的代垫运输费用：承运部门的运输费用发票开具给购买方；纳税人将该发票转交给购买方。

②同时符合以下条件、代为收取的政府性基金或者行政事业性收费：由国务院或者财政部批准设立的政府性基金，由国务院或者省级人民政府及其财政、价格主管部门批准设立的行政事业性收费；收取时开具省级以上财政部门印制的财政票据；所收款项全额上缴财政。

（2）包装物销售收入及押金收入。应税消费品连同包装物销售的，无论包装物是否单独计价以及在会计上如何核算，均应并入应税消费品的销售额中缴纳消费税。

如果包装物不作价随同产品销售，而是收取押金，此项押金不应并入应税消费品的销售额中征税。但对因逾期未收回的包装物不再退还的或者收取时间超过12个月的押金，应并入应税消费品的销售额，按照应税消费品的适用税率缴纳消费税。

对既作价随同应税消费品销售，又另行收取押金的包装物的押金，凡纳税人在规定的期限内没有退还的，均应并入应税消费品的销售额，按照应税消费品的适用税率缴纳消费税。但是，对酒类生产企业销售酒类产品（黄酒、啤酒除外）而收取的包装物押金，无论是否返还以及在会计制度上如何处理，均应并入酒类产品销售额中，依酒类产品的适用税率征收消费税。

（3）含税销售额的换算。如果纳税人应税消费品的销售额中未扣除增值税税款或者因不得开具增值税专用发票而发生价款和增值税税款合并收取的，在计算消费税时，应换算为不含增值税税款的销售额。其换算公式为：

$$应税消费品的销售额 = 含增值税的销售额 \div (1 + 增值税税率或征收率)$$

如果消费税的纳税人同时又是增值税一般纳税人，适用13%的增值税税率；如果消费税的纳税人是小规模纳税人，适用3%的征收率。

需要注意的是，对增值税一般纳税人向购买方收取的价外费用和逾期包装物押金，应视为包含增值税的收入，在征税时需换算成不含增值税的收入，然后并入销售额计征消费税。

（4）销售额的特殊规定。

①纳税人用于换取生产资料和消费资料、投资入股或抵偿债务、支付代扣的手续费或销售回扣，以及在销售数量之外另付给购货方或中间人作为奖励和报酬等方面的应税消费品，均视同对外销售并以纳税人的同类应税消费品的最高销售价格作为计税依据。

②纳税人通过自设非独立核算的门市部销售的自产应税消费品，应以门市部的对外销售额为计税销售额。

③纳税人应税消费品的计税价格明显偏低且无正当理由的，由主管税务机关核定其计税价格。

应税消费品计税价格的核定权限规定如下：卷烟、白酒和小汽车的计税价格由国家税务总局核定，送财政部备案；其他应税消费品的计税价格由省、自治区和直辖市税务局核定。进口的应税消费品的计税价格由海关核定。

④纳税人销售的应税消费品，以人民币计算销售额。纳税人以人民币以外的货币结算销售额的，应当折合成人民币计算，其销售额的人民币折合率可以选择结算的当天或者当月1日的人民币汇率中间价。纳税人应在事先确定采用何种折合率，确定后1年内不得变更。

2. 纳税人自产自用应税消费品计税依据的确定。自产自用是指纳税人生产应税消费品后，不是直接用于对外销售，而是用于自己连续生产应税消费品或用于其他方面。

（1）用于连续生产应税消费品。纳税人自产自用的应税消费品，用于连续生产应税消费品的，是指该消费品是作为生产最终应税消费品的直接材料，并构成最终应税消费品的实体。在这种情形下，对自产自用的应税消费品不征税，只就最终应税消费品征税，因而不存在对自产自用的应税消费品确定计税销售额的问题。

（2）用于其他方面。所谓"用于其他方面"，是指纳税人将应税消费品用于在建工程、管理部门、非生产机构、提供劳务，以及用于馈赠、赞助、集资、广告、样品、职工福利、奖励等方面。纳税人自产的应税消费品虽然没有用于销售或连续生产应税消费品，但应税消费品已经离开生产过程，进入消费过程，与对外销售在本质上没有区别，按税法规定均视同销售，其应税销售额的确定方法如下：

①按照纳税人生产的同类消费品的销售价格计算纳税。同类消费品的销售价格是指纳税人当月销售的同类消费品的销售价格，如果当月同类消费品各期销售价格高低不同，应按销售数量加权平均计算。但销售的应税消费品有下列情况之一的，不得列入加权平均计算：销售价格明显偏低又无正当理由的；无销售价格的。

如果当月无销售或者当月未完结，应按照同类消费品上月或者最近月份的销售额计算纳税。

②没有同类消费品销售价格的，按照组成计税价格计算纳税。

实行从价定率办法计算纳税的组成计税价格计算公式：

$$组成计税价格 = （成本 + 利润）÷（1 - 消费税税率）$$

实行复合计税办法计算纳税的组成计税价格计算公式：

$$组成计税价格 = （成本 + 利润 + 自产自用数量 × 定额税率）÷（1 - 比例税率）$$

公式中，成本是指应税消费品的生产成本；利润是指根据应税消费品的全国平均成本利润率计算的利润。应税消费品的全国平均成本利润率由国家税务总局确定（见表4-2）。

表4-2 平均成本利润率

应税消费品	平均成本利润率（%）	应税消费品	平均成本利润率（%）
甲类卷烟	10	贵重首饰及珠宝玉石	6
乙类卷烟	5	摩托车	6
雪茄烟	5	乘用车	8
烟丝	5	中轻型商用客车	5
电子烟	10	高尔夫球及球具	10
粮食白酒	10	高档手表	20
薯类白酒	5	游艇	10
其他酒	5	木制一次性筷子	5
化妆品	5	实木地板	5
鞭炮、焰火	5		

资料来源：《消费税若干具体问题的规定》1993-12-28；《关于调整和完善消费税政策的通知》2006-04-01；《国家税务总局关于电子烟消费税征收管理有关事项的公告》（2022年第22号）。

3. 委托加工应税消费品计税依据的确定。委托加工的应税消费品是指由委托方提供原料和主要材料，受托方只收取加工费和代垫部分辅助材料加工的应税消费品。由此可见，税法规定的委托加工业务必须同时符合两个条件：一是由委托方提供原料和主要材料；二是受托方只收取加工费和代垫部分辅助材料。因此，对于由受托方提供原材料生产的应税消费品，或者受托方先将原材料卖给委托方，然后再接受加工的应税消费品，以及由受托方以委托方名义购进原材料生产的应税消费品，不论纳税人在财务上是否作销售处理，都不得作为委托加工应税消费品，而应按照受托方销售自制应税消费品对待。

对于实行从价定率征收的委托加工应税消费品，应区分以下两种情况分别确定应税销售额：

（1）受托方有同类消费品销售价格的委托加工应税消费品。在这种情况下，一般应按受托方当月销售的同类消费品的销售价格计算应税销售额；如果受托方当月同类消费品各期销售价格高低不同，应按销售数量加权平均计算应税销售额，但受托方销售的应税消费品无销售价格或销售价格明显偏低且无正当理由的，不得列入加权平均计算；如果受托方当月无销售或当月未完结，应按照同类消费品上月或最近月份的销售价格计算应税销售额。

（2）受托方没有同类消费品销售价格的委托加工应税消费品。在这种情况下，应以组成计税价格为应税销售额。

①实行从价定率办法计算纳税的组成计税价格计算公式为：

$$组成计税价格 = （材料成本 + 加工费）÷ （1 - 比例税率）$$

②实行复合计税办法计算纳税的组成计税价格计算公式为：

$$组成计税价格 = （材料成本 + 加工费 + 委托加工数量 × 定额税率）÷ （1 - 比例税率）$$

公式中的材料成本，是指委托方所提供加工材料的实际成本。委托加工应税消费品的纳税人，必须在委托加工合同上如实注明（或者以其他方式提供）材料成本，凡未提供材料成本的，受托方主管税务机关有权核定其材料成本。

公式中的加工费，是指受托方加工应税消费品向委托方所收取的全部费用（包括代垫辅助材料的实际成本）。

4. 进口应税消费品计税依据的确定。对于进口应税消费品，以组成计税价格为应税销售额。组成计税价格的计算公式为：

（1）实行从价定率办法计算的组成计税价格公式为：

$$组成计税价格 = （关税完税价格 + 关税）÷ （1 - 消费税税率）$$

（2）实行复合计税办法计算的组成计税价格公式为：

$$组成计税价格 = \frac{关税完税价格 + 关税 + 进口数量 × 消费税定额税率}{1 - 消费税比例税率}$$

公式中所说的关税完税价格，是指海关核定的关税计税价格。

（二）从量定额计税方法的计税依据

在从量定额计税方法下，消费税的计税依据是应税消费品的销售数量。

1. 销售数量的确定。销售数量，是指纳税人生产、委托加工、进口及销售应税消费品的数量，具体为：

（1）销售应税消费品的，为应税消费品的销售数量；

（2）自产自用应税消费品的，为应税消费品的移送使用数量；

（3）委托加工应税消费品的，为纳税人收回的应税消费品数量；

（4）进口应税消费品的，为海关核定的应税消费品进口征税数量。

2. 计量单位的换算标准。消费税规定，黄酒、啤酒以吨为税额单位；汽油、柴油等以升为税额单位。但是，在实际销售过程中，一些纳税人往往将计量单位混用。为了规范不同产品的计量单位，《消费税暂行条例实施细则》规定，实行从量定额计税方法计算应纳税额的应税消费品，计量单位的换算标准如下：

黄酒：1 吨 = 962 升　　　啤酒：1 吨 = 988 升
汽油：1 吨 = 1 388 升　　柴油：1 吨 = 1 176 升
石脑油：1 吨 = 1 385 升　溶剂油：1 吨 = 1 282 升
润滑油：1 吨 = 1 126 升　燃料油：1 吨 = 1 015 升
航空煤油：1 吨 = 1 246 升

（三）从价定率和从量定额复合计税方法的计税依据

在现行消费税的征税范围中，只有卷烟和白酒采用复合计税方法，其计税依据包含销售额和销售数量两个方面，销售额和销售数量的确定方法，与从价定率、从量定额计税方法中销售额和销售数量的确定方法一致。

二、消费税应纳税额的计算

按照现行消费税的基本规定，消费税应纳税额的计算包括从价定率、从量定额和复合计税三种方法。

（一）从价定率计算方法

在从价定率计算方法下，应纳税额的计算取决于应税消费品的销售额和适用税率两个因素。其基本计算公式为：

$$应纳税额 = 应税销售额 \times 比例税率$$

【例 4 - 1】某摩托车厂 2023 年 3 月发生相关经营业务：

（1）向某商场销售某型号摩托车一批，取得不含增值税销售收入 800 000 元；

（2）将生产的某型号摩托车 20 辆，以每辆出厂价 13 000 元（不含增值税）销售给自设非独立核算的门市部，门市部又以每辆 16 950 元（含增值税）销售给消费者；

（3）将一辆新研制的摩托车赠送给摩托车拉力赛某赛车手使用，兼作商品广告。该摩托车因尚处于试产阶段，没有核定价格，生产该摩托车的生产成本为 18 000 元。

假设以上型号摩托车气缸容量均为 300 毫升，要求计算该摩托车厂 3 月份应纳的消费税税额。

解：（1）门市部对外销售摩托车的不含税销售额 = 16 950 ÷ (1 + 13%) × 20 = 300 000（元）

（2）新研制摩托车的组成计税价格 = 18 000 × (1 + 6%) ÷ (1 - 10%) = 21 200（元）

（3）应纳消费税税额 = (800 000 + 300 000 + 21 200) × 10% = 112 120（元）

【例 4 - 2】某化妆品厂为增值税一般纳税人，2023 年 2 月提供库存原材料 300 000 元，委托某日化厂生产 L 型号香水，当月收回并支付加工费及增值税税额，日化厂开具了增值税专用发票，注明加工费为 108 000 元（含代垫辅料价款 5 200 元），增值税税额 14 040 元。化妆品厂没有同类产品销售价格，要求计算日化厂应代收代缴的消费税税额。

解：组成计税价格 = (300 000 + 108 000) ÷ (1 - 15%) = 480 000（元）

日化厂应代收代缴的消费税税额 = 480 000 × 15% = 72 000（元）

【例 4 - 3】某进出口公司（增值税一般纳税人）2023 年 6 月从国外进口一批货物，以境外离岸价格成交，货款折合人民币450万元，假设该货物适用关税税率为20%、消费税税率为10%。计算该公司进口环节应纳的消费税税额。

解：组成计税价格 = 450 × (1 + 20%) ÷ (1 − 10%) = 600（万元）

进口环节应纳消费税税额 = 600 × 10% = 60（万元）

（二）从量定额计算方法

在从量定额计算方法下，应纳税额的计算取决于应税消费品的销售数量和单位税额两个因素。其基本计算公式为：

$$应纳税额 = 应税销售数量 \times 定额税率$$

【例4-4】某酒厂2023年3月销售黄酒450吨，每吨出厂价格为3 600元；将2吨黄酒作为福利发给职工。计算该酒厂当月应纳消费税税额。

解：应纳消费税税额 = (450 + 2) × 240 = 108 480（元）

（三）复合计税方法

现行消费税的征税范围中，只有卷烟、白酒采用复合计算方法。其基本计算公式为：

$$应纳税额 = 应税销售额 \times 比例税率 + 应税销售数量 \times 定额税率$$

【例4-5】某卷烟厂为增值税一般纳税人，主要生产云溪牌卷烟，该品牌卷烟平均不含税售价每标准条55元，8月向某烟酒批发站销售100标准箱（1标准箱=250标准条），取得不含税销售额1 375 000元。计算该卷烟厂当月应纳消费税税额。

解：应纳消费税税额 = 1 375 000 × 36% + 100 × 250 × 200 × 0.003
= 495 000 + 15 000
= 510 000（元）

三、已纳消费税扣除的计算

由于某些应税消费品是用外购或委托加工收回的已缴纳消费税的应税消费品连续生产出来的，为了避免重复征税，税法规定，对外购应税消费品和委托加工收回应税消费品已缴纳的消费税准予按当期生产领用数量计算扣除。

（一）外购或委托加工应税消费品已纳税额的扣除范围

1. 外购或委托加工收回的已税烟丝生产的卷烟。
2. 外购或委托加工收回的已税高档化妆品生产的高档化妆品。
3. 外购或委托加工收回的已税珠宝玉石生产的贵重首饰及珠宝玉石。
4. 外购或委托加工的已税鞭炮、焰火生产的鞭炮、焰火。
5. 外购或委托加工的已税摩托车连续生产的摩托车。
6. 外购或委托加工的已税杆头、杆身和握把为原料生产的高尔夫球杆。
7. 外购或委托加工的已税木制一次性筷子为原料生产的木制一次性筷子。
8. 外购或委托加工的已税实木地板为原料生产的实木地板。
9. 外购或委托加工的汽油、柴油、石脑油、燃料油、润滑油用于连续生产的应税成品油。

10. 外购或委托加工葡萄酒连续生产的应税葡萄酒。

11. 啤酒生产集团内部企业间用啤酒液连续灌装生产的啤酒。

需要说明的是：

（1）用外购或委托加工收回的已缴纳消费税的应税消费品连续生产出来的应税消费品，按当期生产领用数量计算准予扣除的外购或委托加工的应税消费品已纳消费税。

（2）允许扣除已纳税款的应税消费品只限于从工业企业购进的应税消费品和进口环节已缴纳消费税的应税消费品，从境内商业企业购进应税消费品的已纳税款一律不得扣除。

（3）纳税人用外购或委托加工的已税珠宝玉石生产的金银首饰（含镶嵌首饰）改在零售环节征收消费税的，在计税时一律不得扣除外购珠宝玉石的已纳税款。

（4）卷烟消费税在生产和批发两个环节征税后，批发企业在计算纳税时不得扣除已含的生产环节的消费税。

（二）准予扣除的应税消费品已纳税额的计算方法

1. 外购应税消费品已纳税额的扣除计算。当期准予扣除的外购已纳税额，按当期生产领用数量计算扣除。

$$当期准予扣除的外购应税消费品已纳税额 = 当期准予扣除的外购应税消费品买价或数量 \times 外购应税消费品的适用税率或单位税额$$

$$当期准予扣除的外购应税消费品买价 = 期初库存的外购应税消费品的买价 + 当期购进的应税消费品的买价 - 期末库存的外购应税消费品的买价$$

$$当期准予扣除的外购应税消费品数量 = 期初库存的外购应税消费品的数量 + 当期购进的应税消费品的数量 - 期末库存的外购应税消费品的数量$$

外购应税消费品的买价是指购货发票上注明的销售额（不包括增值税税款）。

外购应税消费品数量为规定的发票（含销货清单）注明的应税消费品的销售数量。

2. 委托加工收回的应税消费品已纳税额的扣除计算。

$$当期准予扣除的委托加工应税消费品已纳税额 = 期初库存的委托加工应税消费品已纳税额 + 当期收回的委托加工应税消费品已纳税额 - 期末库存的委托加工应税消费品已纳税额$$

【例4-6】 某卷烟生产企业，9月初库存外购应税烟丝金额30万元，当月又外购应税烟丝金额80万元（不含增值税），月末库存烟丝金额20万元，其余被当月生产卷烟领用。当月准予扣除的外购烟丝已纳的消费税税款是多少？

解：（1）当月准予扣除的外购烟丝买价 = 30 + 80 - 20 = 90（万元）

（2）当月准予扣除的外购烟丝已纳消费税税款 = 90 × 30% = 27（万元）

第五节 出口应税消费品退（免）税

对出口的消费品实行免税政策是国际上通行的做法，为了鼓励出口、扩大对外贸易，我国对出口应税消费品实行出口免税并退税、出口免税但不退税、出口不免税也不退税三个政策。

一、出口免税并退税

（一）适用范围

根据我国现行消费税制度，有出口经营权的外贸企业购进应税消费品直接出口，以及外贸企业受其他外贸企业委托代理出口应税消费品，在出口环节免征消费税，并可退还生产环节的消费税。

需要注意的是，外贸企业只有受其他外贸企业委托，代理出口应税消费品才可办理退税；外贸企业受其他企业（主要是非生产性商贸企业）委托，代理出口应税消费品是不予退（免）税的。

（二）出口应税消费品的退税率

出口应税消费品退税的基本原则是"征多少、退多少"，以及按照规定的退税率计算应退税货物在出口前已缴纳的消费税税款。具体而言，计算出口应税消费品应退消费税的税率或单位税额，就是消费税暂行条例规定的征税率或单位税额。出口企业应将适用不同消费税税率的出口应税消费品分别核算，并分别申报退税。凡划分不清适用税率的，一律从低适用税率计算应退消费税税款。

（三）出口应税消费品退税额的计算

外贸企业从生产企业购进应税消费品并直接出口或受其他外贸企业委托代理出口应税消费品的应退消费税税款，分三种情况计算。

1. 属于从价定率计征消费税的应税消费品，应依照外贸企业从工厂购进货物时征收消费税的价格计算应退消费税税款。相应的计算公式为：

$$应退消费税税款 = 出口货物的工厂销售额 \times 税率$$

公式中的出口货物的工厂销售额不含增值税，对含增值税的价格应换算为不含增值税的销售额。

2. 属于从量定额计征消费税的应税消费品，应依据货物购进或报关出口的数量计算应退消费税税款。相应的计算公式为：

$$应退消费税税款 = 出口数量 \times 单位税额$$

3. 属于从价定率和从量定额复合计征消费税的应税消费品，应依照外贸企业从工厂购进货物时征收消费税的价格及适用比例税率，和货物购进或报关出口数量及适用的单位税额，计算应退消费税税款。相应的计算公式为：

$$应退消费税税款 = 出口货物的工厂销售额 \times 税率 + 出口数量 \times 单位税额$$

二、出口免税但不退税

根据我国现行消费税制度，有出口经营权的生产性企业自营出口或生产企业委托外贸企业代理出口自产的应税消费品，依据其实际出口数量免征消费税，不予办理退还消费税。免征消费税是指对生产企业按其实际出口数量免征生产环节的消费税。不予办理退还消费税，是指因已免征生产环节的消费税，该应税消费品出口时已不含消费税，所以无须再办理退还消费税。

三、出口不免税也不退税

根据我国现行消费税制度，除生产企业、外贸企业以外的其他企业，具体指一般商贸企业委托外贸企业代理出口应税消费品，一律不予退（免）税。

拓展阅读：海南离岛免税店销售离岛免税商品免征消费税

第六节　消费税的征收管理

一、纳税义务发生时间

消费税纳税义务发生时间按不同的销售结算方式分为以下几种情况：

1. 纳税人销售应税消费品，其纳税义务发生时间如下：

（1）纳税人采取赊销和分期收款结算方式的，为书面合同约定的收款日期的当天，书面合同没有约定收款日期或者无书面合同的，为发出应税消费品的当天。

（2）纳税人采取预收货款结算方式的，为发出应税消费品的当天。

（3）纳税人采取托收承付和委托银行收款方式的，为发出应税消费品并办妥托收手续的当天。

（4）纳税人采取其他结算方式的，为收讫销售款或者取得索取销售款凭据的当天。

2. 纳税人自产自用的应税消费品，其纳税义务发生时间为移送使用的当天。

3. 纳税人委托加工的应税消费品，其纳税义务发生时间为纳税人提货的当天。

4. 纳税人进口的应税消费品，其纳税义务发生时间为报关进口的当天。

二、纳税地点

消费税纳税人的纳税地点分为以下几种情况：

1. 纳税人销售的应税消费品以及自产自用的应税消费品，除国务院财政、税务主管部门另有规定外，应当向纳税人机构所在地或者居住地的主管税务机关申报纳税。

纳税人的总机构与分支机构不在同一县（市）的，应当分别向各自机构所在地的主管税务机关申报纳税；经财政部、国家税务总局或者其授权的财政、税务机关批准，可以由总机构汇总后向总机构所在地的主管税务机关申报纳税。

纳税人到外县（市）销售或委托外县（市）代销自产应税消费品的，于应税消费品销售后，向机构所在地或者居住地主管税务机关申报纳税。

2. 委托加工的应税消费品，除受托方为个人外，由受托方向机构所在地或者居住地的主管税务机关解缴消费税税款。委托个人加工的应税消费品,由委托方向其机构所在地或者居住地主管税务机关申报纳税。

3. 进口的应税消费品,应当由进口人或者其代理人向报关地海关申报纳税。

4. 纳税人销售的应税消费品,如因质量等原因由购买者退回时,经机构所在地或者居住地主管税务机关审核批准后,可退还已缴纳的消费税税款,但不能自行直接抵减应纳税额。

三、纳税环节

由于消费税的征收环节具有单一性,所以如何确定其纳税环节就显得十分重要。从有利于税收的征收管理和有效的源泉控制考虑,我国把消费税的纳税环节确定在生产和进口环节。具体包括以下几种情况:

(一)生产环节

纳税人生产的应税消费品在销售时纳税。

对于纳税人自产自用的应税消费品,用于本企业连续生产应税消费品的,不纳税;用于其他方面的,于移送使用时纳税。

(二)委托加工环节

委托加工应税消费品,除受托方为个人外,由受托方在向委托方交货时代收代缴税款。委托加工应税消费品直接出售的(即委托方将收回的应税消费品以不高于受托方的计税价格出售的),不再缴纳消费税;委托加工应税消费品收回后用于连续生产应税消费品的,可以抵扣委托加工应税消费品的已纳税款。

(三)进口环节

进口应税消费品于报关进口时纳税。进口应税消费品的消费税由海关代征。

(四)零售环节

金银首饰和钻石及钻石饰品的消费税在零售环节纳税。

自2016年12月1日起,对超豪华小汽车在生产(进口)环节按现行税率征收消费税基础上,在零售环节加征消费税。

(五)批发环节

自2009年5月1日起,卷烟除在生产环节纳税外,还在批发环节加征一道税率为5%的从价税。从2015年5月10日起,将卷烟批发环节的从价税税率由5%提高至11%,并按0.005元/支加征从量税。

四、纳税期限

消费税的纳税期限分别为1日、3日、5日、10日、15日、1个月或者1个季度。纳税人的具体纳税期限,由主管税务机关根据纳税人应纳税额的大小分别核定;不能按照固定期限纳税的,可以按次纳税。

纳税人以 1 个月或者 1 个季度为 1 个纳税期的,自期满之日起 15 日内申报纳税;以 1 日、3 日、5 日、10 日或者 15 日为 1 个纳税期的,自期满之日起 5 日内预缴税款,于次月 1 日起 15 日内申报纳税并结清上月应纳税款。

纳税人进口应税消费品,应当自海关填发海关进口消费税专用缴款书之日起 15 日内缴纳税款。

本章小结

消费税是货物和劳务税的重要税种,在保障国家财政收入、体现国家产业政策等方面具有十分重要的意义。我国现行消费税属于特种消费税,是对在我国境内从事生产、委托加工和进口应税消费品的单位和个人,就其销售额或销售数量,在特定环节征收的一种税,具有征税项目的选择性、征税环节的单一性、计征方法的灵活性、税率(税额)差异大等特点。随着改革推进,目前批发、零售特定消费品的单位和个人也被纳入了征税范围。

消费税属于中央税,是国家重要的宏观调控政策工具,在配合产业政策与消费政策、促进资源配置、引导生产消费、调节收入分配、筹集财政资金等方面发挥着重要作用。消费税根据不同应税消费品的特性与调控需要,采用比例税率、定额税率和复合税率三种税率形式,对纳税人生产销售、委托加工、进口应税消费品及批发卷烟和电子烟、零售金银首饰、钻石及钻石饰品、铂金首饰、超豪华小汽车等应税消费品征税。消费税计税依据分别为应税消费品的销售额和销售数量两种。自产自用应税消费品用于连续生产应税消费品的,不征税;用于其他方面的,于移送时征税。委托加工应税消费品一般由受托方在委托方收回时代收代缴消费税。

☞【思考题】

1. 消费税有哪些特点?
2. 简述消费税的调节作用。
3. 增值税与消费税的关系是怎样的?具体体现在哪些方面?
4. 试分析说明我国消费税的征纳环节。
5. 消费税的计税依据有几种?具体是如何规定的?

自测习题及参考答案

第五章 关税

【学习目标】

1. 了解关税的基本原理、特点与作用。
2. 掌握关税制度的基本内容。
3. 熟练掌握关税完税价格的确定、关税税款的计算和缴纳。

第一节 关税概述

一、关税的概念

关税是由海关根据国家制定的有关法律,以进出关境的货物和物品为征税对象而征收的一种税收。"关境"又称"海关境域"或"关税领域,"是一个国家的关税法令完全实施的领域。"国境"是指一个主权国家的领土范围。一般情况下,关境与国境是一致的,但两者不完全相同。当一国在境内设立自由港或自由贸易区时,其国境大于关境。进入自由港、自由贸易区的货物免征关税,但该国仍具有对自由港、自由贸易区的管理权,例如我国香港特别行政区、澳门特别行政区依据基本法的规定,保持自由港地位,属单独关境区,是我国主权管辖下的独立关境,因而我国的国境就大于关境。反之,当存在关税同盟时,几个国家组成一个共同的关境,实施统一的关税法令和海关进出口税则,成员国之间的商品和物品进出国境时免征关税,而只对来自及运往非成员国的商品和物品进出同盟国的共同关境时征收关税。这些国家的关境大于国境,例如欧盟。

二、关税的特点

关税作为独特的税种,除了具有一般货物劳务税的特点以外,还有以下特点:

(一) 征收的对象是进出境的货物和物品

关税是对进出境的货物和物品征税,货物和物品只有在进出关境时,才能被征收关税。在境内和境外流通的货物和物品,不进出关境的不征关税。

(二) 关税是单一环节的价外税

关税的完税价格中不包括关税,即在征收关税时,以实际成交价格作为计税依据。

(三) 有较强的涉外性

关税税则的制定、税率的高低,直接影响到国际贸易的开展。随着世界经济一体化的发展,世界各国的经济联系越来越密切,贸易关系不仅反映简单经济关系,而且成为一种政治关系。这样,关税政策、关税措施也往往和经济政策、外交政策紧密相关,具有较强的涉外性。

三、关税的作用

关税是贯彻对外经济贸易政策的重要手段。它在筹集国家财政收入、调节产业结构和进出口贸易、维护国家权益和促进对外贸易发展方面，都具有重要作用。

（一）筹集国家财政收入

从世界大多数国家尤其是发达国家的税制结构来看，关税收入在整个财政收入中的比重不大，并呈下降趋势。但对于一些发展中国家，尤其是对进出口依赖性较强的发展中国家，征收进出口关税仍是其取得财政收入的重要渠道之一。自新中国成立以来，关税收入作为国家财政收入的组成部分，为我国经济建设积累了可观的财政资金。我国在加入 WTO 以后，根据"入世"承诺，开始分阶段削减关税，关税数额占财政收入的比重逐步下降，但随着我国对外贸易的不断扩大，关税在为国家筹集财政资金方面仍发挥重要作用。

（二）调节产业结构和进出口贸易

关税是国家调节产业结构和进出口贸易的重要经济杠杆，国家通过设置高低不同的税率和减免关税，可以影响国内产业结构以及进出口商品的数量和结构。一般对国内生产必需的先进技术和关键设备以及人民生活必需且国内生产供应不足的产品，可免征关税或实行低税率，以鼓励进口；对国内生产过剩的长线产品和奢侈品，则采取高税率，以限制进口。对于出口货物，为增强出口商品在国际市场上的竞争力，一般不征收出口关税，而只对某些特殊出口货物（如本国稀缺资源）征收出口关税。

（三）维护国家权益，促进对外经济技术交往

征税权本身就是一国行政权力的组成部分，对进出口货物征收关税，并不仅仅是与对外贸易相联系的税收问题，一国采取的关税政策直接关系到国与国之间的主权和经济利益。在现代社会里，关税已成为各国政府维护本国政治、经济权益，乃至进行国际经济斗争的重要武器之一。我国根据平等互利和对等原则，遵循世界贸易组织规则，通过关税复式税则的运用等方式，维护国家的经济权益，促进对外经济技术交往，扩大对外经济合作。

【思政小课堂】

党的二十大报告指出，推进高水平对外开放。依托我国超大规模市场优势，以国内大循环吸引全球资源要素，增强国内国际两个市场两种资源联动效应，提升贸易投资合作质量和水平。稳步扩大规则、规制、管理、标准等制度型开放。推动货物贸易优化升级，创新服务贸易发展机制，发展数字贸易，加快建设贸易强国。

四、关税的分类

（一）按货物的流向不同，关税可分为进口关税、出口关税和过境关税

1. 进口关税，是指海关对输入本国的货物或物品征收的关税。世界各国无论是在国境还是关境征收关税，都以进口关税作为关税的主体。人们通常所说的关税一般是指进口关税，在各种国际性贸易条约、协定中所说的关税一般也是指进口关税。进口关税是执行关

政策的主要手段，一国的关税税款主要来源于进口关税。

2. 出口关税，是指海关对输出本国的货物或物品征收的关税。为了降低出口货物的成本，提高本国货物在国际市场上的竞争力，世界各国一般少征或不征出口关税。但为了限制某些产品或自然资源的输出，或为了保护本国生产、本国市场供应和增加财政收入以及某些特定的需要，有些国家也征收出口关税，例如我国对比较稀缺的铅、钨、锑、鳗鱼苗等稀缺资源征收出口关税，以防止这些资源外流。

3. 过境关税，是指对进入本国港口停留并转运他国的货物和物品征收的一种关税。过境关税最早主要是为了增加国家财政收入而征收的，后来随着各国交通事业的发展，竞争激烈，征收过境关税不仅妨碍国际商品流通，而且减少港口、运输、仓储等方面的收入，于是逐步废除过境关税的条款。

（二）按计税标准不同，关税可分为从价关税、从量关税、复合关税、选择关税和滑动关税

1. 从价关税，是指以货物的价格为计税依据，根据一定比例的税率计算征收的关税。我国对进口商品基本上都实行从价关税。

2. 从量关税，是指以货物的重量、长度、容量、面积、数量等计量单位为计税依据，按每一计量单位的关税金额为税率计算征收的关税。

3. 复合关税，是指对一种进口货物同时制定从价、从量两种方式，分别计算税额，以两种税额之和作为该货物的应征税额。

4. 选择性关税，对同一种货物在税则中规定从价、从量两种税率，在征税时选择其中征收税额较多的一种，以免因物价波动影响财政收入；也可以选择税额较少的一种标准计算关税。

5. 滑动关税，又称滑准税，是指对某种货物在税则中预先按该商品的价格规定几档税率，同一种货物当价格高时适用较低税率，价格低时适用较高税率。其目的是使该物品的价格在国内市场上保持相对稳定。

（三）按征收目的不同，关税可分为财政关税和保护关税

1. 财政关税，是指以增加国家财政收入为主要目的而征收的关税。财政关税的税率要适中或较低，否则将阻碍进出口贸易的发展，达不到增加财政收入的目的。随着世界经济的发展和其他税源的增加，关税增加财政收入的功能日益弱化。

2. 保护关税，是指以保护本国经济发展为主要目的而征收的关税。保护关税主要体现在进口关税方面，一般设置较高的税率，且随着产品的加工程度而递增。通过征收高额进口税，使进口商品的税后价格高于国内同类商品价格，从而削弱其在进口国市场的竞争力，甚至阻碍其进口，以达到保护本国经济发展的目的。保护关税是实现一个国家对外贸易政策的重要措施之一。

（四）按关税的政策取向不同，关税可分为歧视关税和优惠关税

按照关税对相关货物或物品的政策取向，可以将关税分为歧视关税和优惠关税。通常说来，这些关税政策多是临时性或阶段性的。

1. 歧视关税，是对同一种进口货物，由于输出国或生产国不同，或者输入情况不同而使用不同税率征收的关税。歧视关税的通常做法是通过提高关税税率，使外国出口商的关税负担加重，这样既可以起到保护本国厂商利益的作用，还能够抵消外国出口商低价倾销货物而给本国市场带来的消极影响。此外，在互利互惠的原则下，它可作为争取本国与外国签订友好贸易协定的一种手段。主要包括反倾销税、反补贴税、报复性关税等。

(1) 反倾销税，是指为了对付和抵制进行倾销的外国货物进口而征收的一种附加关税。倾销是指他国产品以低于本国同类产品正常价格的价格挤进本国市场的竞销行为，且对本国已建立起来的某项工业造成重大威胁，或对本国新建的工业产生严重阻碍。因为倾销行为对本国市场和生产带来伤害，所以进口国可以对倾销商品征收数量不超过这一产品倾销差额的反倾销税。一般来说，实行反倾销税的国家都要制定有关的反倾销法律和法规。可见，反倾销税并不是随便征收的，必须具备一定的前提条件才能征收。也就是说，必须根据进口国有关反倾销法规的规定，经国内外有关部门认定其进口产品确属于倾销行为，并对本国的市场和生产构成危害，才有可能对相关的进口产品征收反倾销税。目前，反倾销税是国际上特别是发达国家通常使用的限制进口的手段。

(2) 反补贴税，是指出口国政府直接或间接给予本国出口产品津贴或补贴，进口国在进口该产品时征收相当于津贴或补贴部分的附加关税，以抵消出口国政府给其出口商的资助。征收反补贴税的目的是抵消该产品所享受的津贴或补贴的好处，增加进口货物的成本，进而削弱进口货物在本国市场的竞争力。同样，反补贴税也不能随意征收。只有经过国内外有关部门认定，接受过补贴的出口商品确实对进口国国内市场和生产造成重大损失或产生重大威胁时，才可以征收反补贴税。对于补贴的认定，在国际贸易中是一个非常复杂的问题，世界贸易组织专门设立有关的机构，负责处理缔约国之间有关补贴与反补贴的争端。

(3) 报复性关税，是指他国对本国货物、船舶或企业实行歧视性税收待遇，本国也对他国的货物、船舶或企业实行歧视性税收待遇予以报复。报复性关税必须以国家经济实力为后盾，经济弱小国家往往屈服于经济强国的压力，难以对强国实施关税报复；而经济实力相当的国家之间的关税报复，会造成两败俱伤。在国际多边贸易体制下，任何一国实施报复性关税，都有可能给整个国际贸易秩序带来混乱。所以，为了保证正常的国际贸易新秩序的建立，一般情况下不轻易采取报复性关税的措施。

2. 优惠关税，是指针对来自某些特定受惠国的货物使用比普通税率低的优惠税率而给予相关国家的优惠待遇。优惠关税一般是互惠的，即协议双方相互给予对方优惠关税待遇；但也有单方面的优惠关税，即给惠国单方面给予受惠国优惠关税。具体说来，优惠关税主要包括互惠关税、特惠关税、普惠关税和最惠国待遇关税。

(1) 互惠关税，是指两国间相互给予对方比其他国家更优惠税率的一种协定关税，其目的在于发展双方之间的贸易关系。

(2) 特惠关税，是指对有特殊关系的国家，单方面或相互间协定采用特低的进口税率，甚至免税的一种关税。其优惠程度高于互惠关税。英国实行这种非互惠的特惠关税，对英联邦国家给予照顾。

(3) 普惠关税，即普遍优惠制关税，是指发达国家单方面给予发展中国家的成品和半成品普遍优惠待遇的关税制度。普惠关税的特点是普遍性、非歧视性和非互惠性。普遍性是指对于包括制成品和半成品在内的源自发展中国家的进口产品实行关税优惠。非歧视性是指给予所有发展中国家或地区同样的优惠待遇，不能有例外。非互惠性指发达国家给予发展中国家的优惠待遇是单方的，无须发展中国家给予发达国家同样的优惠待遇，其他发达国家也不能以最惠国待遇原则要求同样适用优惠关税。

（4）最惠国待遇关税。最惠国待遇是指缔约国一方将现在或将来给予任何第三国的一切优惠、特权或豁免等待遇，无条件给予缔约国对方。最惠国待遇可分为有条件最惠国待遇和无条件最惠国待遇两种情况。有条件最惠国待遇是指，如果缔约国一方给予第三国的优惠待遇是有条件的，那么缔约国另一方必须提供相同的条件，才能享受这些优惠待遇。无条件最惠国待遇是指缔约国一方给予第三国的一切优惠待遇，必须立即无条件地自动地适用于缔约国对方。最惠国待遇提供的关税税率并非最低税率，仅仅体现这种关税优惠是非歧视的。

五、我国的关税政策

关税政策，是国家为了在一定时期根据本国经济和社会发展的要求以及国际贸易状况而运用关税手段达到一定目的所制定的基本方针和行为准则。不同国家在不同时期的关税政策是不一样的，这主要取决于该国的政治、经济以及产业政策等多方面因素。一般而言，关税政策可分为财政关税和保护关税，但两者很难截然分开，因此世界各国的关税政策通常是混合型关税政策，我国也不例外。

国家的关税政策具体体现在各项关税制度上。我国关税制度的两个最基本法规是《进出口关税条例》和《海关进出口税则》。我国关税政策的总体原则是：

（1）对进口国家建设和人民生活必需的，而国内又不能生产或供应不足的动植物良种、肥料、饲料、药剂、精密仪器仪表、关键机器设备和粮食等实行低税率或免税。

（2）对原料、材料的进口税率，一般比半成品或成品低，特别是受自然条件制约，国内生产在短期内不能迅速发展的原料、材料的税率应更低。

（3）对国内不能生产或质量不过关的机械设备和仪器仪表的零件、部件，进口税率应比整机低。

（4）对国内已能生产和非国计民生必需的物品，应制定较高的税率。

（5）对国内需要保护和国内外差价大的产品，应适用更高的税率。

（6）对绝大多数出口货物不征出口税，但对国内外差价大、在国际市场上容量有限而又竞争力强的货物，以及需要限制出口的极少数原料、材料和半成品，必要时可以征收适当的出口税。

第二节 关税的征税对象和纳税义务人

一、关税的征税对象

关税的征税对象是我国准许进出境的货物和物品。货物是指贸易性商品；物品是指入境旅客随身携带的行李物品、个人邮递物品、各种运输工具上的服务人员携带进口的自用品、馈赠物品以及以其他方式进境的个人物品。除国家另有规定的以外，应当由海关按《海关进出口税则》征收进口税或者出口关税。从境外采购进口的原产于中国境内的货物，海关依照《海关进出口税则》征收进口税。进境旅客的行李物品和个人邮递物品的征税办法，由国务院关税税则委员会另行制定。

二、关税的纳税义务人

关税的纳税义务人有两种：

（一）贸易性进出口货物的纳税义务人

贸易性进出口货物的纳税义务人是进出口货物的收货人、发货人。进出口货物的收货人、发货人是依法取得对外贸易经营权，并进口或者出口货物的法人或者其他社会团体。

（二）非贸易性进出口货物的纳税义务人

非贸易性进出口货物的纳税义务人是进出境物品的所有人，包括该物品的所有人和推定为所有人的人。

1. 对于携带进境的物品，推定其携带人为所有人。
2. 对分离运输的行李，推定相应的进出境旅客为所有人。
3. 对以邮递方式进境的物品，推定其收件人为所有人。
4. 对以邮递或其他运输方式出境的物品，推定其寄件人或托运人为所有人。

第三节 进出口税则、税率及运用

一、进出口税则概况

进出口税则是一国政府根据国家关税政策和经济政策，通过一定的立法程序制定并公布实施的进出口货物和物品应适用的关税税率表。进出口税则以税率表为主体，通常还包括实施税则的法令、使用税则的有关说明和附录等。《海关进出口税则》是我国海关据以征收关税的法律依据，也是我国关税政策的具体体现。我国现行税则包括《进出口关税条例》《海关进出口税则》及《进口商品从量税、复合税、滑准税税目税率表》《进口商品关税配额税目税率表》《进口商品税则暂定税率表》《出口商品税则暂定税率表》《非全税目信息技术产品税率表》等附录。

税率表作为税则主体，包括税则商品分类目录和税率栏两大部分。税则商品分类目录是把种类繁多的商品加以综合，按照其不同特点分门别类简化成数量有限的商品类目，分别编号按序排列，称为税则号列，并逐号列出该号中应列入的商品名称。商品分类的原则即归类规则，包括归类总规则和各类、章、目的具体注释。税率栏是按商品分类目录逐项定出的税率栏目。我国现行进口税则为四栏税率，出口税则为一栏税率。

我国是《商品名称及编码协调制度公约》（以下简称《公约》）的缔约国，按《公约》的要求，缔约国的进出口税则均以《公约》所制定的《商品名称及编码协调制度》（以下简称《协调制度》）为基础进行编排和修订。自1992年1月1日起，为适应国内改革开放和对外经济贸易发展的需要，我国海关正式根据《协调制度》目录的分类原则和内容，实施海关进出口税则和统计商品目录。

二、税率及运用

(一) 进口关税税率

在加入世界贸易组织（WTO）之前，我国进口税则设有两栏税率，即普通税率和优惠税率。对原产于与我国未签订关税互惠协议的国家或者地区的进口货物，按照普通税率征税；对原产于与我国签订了关税互惠协议的国家或者地区的进口货物，按照优惠税率征税。在加入WTO后，为了履行我国在加入WTO关税减让谈判中承诺的有关义务，自2004年1月1日起，我国进口税则设有最惠国税率、协定税率、特惠税率、普通税率、关税配额税率等税率，而且对进口货物在一定期限内可以实行暂定税率。

1. 最惠国税率，适用原产于与我国共同适用最惠国待遇条款的WTO成员方或地区的进口货物，或原产于与我国签订有相互给予最惠国待遇条款的双边贸易协定的国家或地区的进口货物，以及原产于我国境内的进口货物。

2. 协定税率，适用原产于与我国签订含有关税优惠条款的区域性贸易协定的国家或者地区的进口货物，对原产于韩国、印度、斯里兰卡和老挝的1 891个税目实施亚太贸易协定税率。

3. 特惠税率，适用原产于与我国签订有特殊优惠关税协定的国家或地区的进口货物，目前对原产于孟加拉国和老挝的部分商品实施亚太贸易协定项下的特惠税率。

4. 普通税率，适用原产于上述国家或地区以外的其他国家或地区的进口货物。按照普通税率征税的进口货物，经国务院关税税则委员会特别批准，可以适用最惠国税率。

5. 关税配额税率，是指对实行关税配额管理的进口货物，关税配额内的，适用关税配额税率；关税配额外的，按不同情况适用最惠国税率、协定税率、特惠税率或普通税率。

6. 暂定税率。根据经济发展需要，国家对部分进口原材料、零部件、农药原药和中间体、乐器及生产设备实行暂定税率。适用最惠国税率的进口货物有暂定税率的，应当适用暂定税率；适用协定税率、特惠税率的进口货物有暂定税率的，应当从低适用税率；适用普通税率的进口货物，不适用暂定税率。

(二) 出口税率

我国的出口税则为一栏税率，即出口税率。一般来说，我国鼓励商品出口，对大多数出口商品实行出口退税，仅对少数资源性产品及易于竞相杀价、需要规范出口秩序的半制成品等征收出口关税。

根据《2018年关税调整方案》，对铬铁等202项出口商品征收出口关税或实行出口暂定税率。适用出口税率的出口货物有暂定税率的，应当适用暂定税率。

此外，任何国家或者地区违反与中华人民共和国签订或者共同参加的贸易协定及相关协定，对中华人民共和国在贸易方面采取禁止、限制、加征关税或者其他影响正常贸易的措施，对原产于该国或者地区的进口货物征收报复性关税，适用报复性关税税率。征收报复性关税的货物、适用国别、税率、期限和征收方法，由国务院关税税则委员会决定并公布。

(三) 税率的运用

我国《进出口关税条例》规定，进出口货物应当依照税则规定的归类原则归入合适的税号，并按照适用的税率征税。其中：

1. 进出口货物,应当按照纳税义务人申报进口或者出口之日实施的税率征税。

2. 进口货物到达前,经海关核准先行申报的,应当按照装载此货物的运输工具申报进境之日实施的税率征税。

3. 进出口货物的补税和退税,适用该进出口货物原申报进口或者出口之日所实施的税率,但下列情况除外:

(1) 按照特定减免税办法批准予以减免税的进口货物,后因情况改变经海关批准转让或出售或移作他用需予补税的,适用海关接受纳税人再次填写报关单申报办理纳税及有关手续之日实施的税率征税。

(2) 加工贸易进口料、件等属于保税性质的进口货物,如经批准转为内销,应按向海关申报转为内销之日实施的税率征税;如未经批准擅自转为内销的,则按海关查获日期所实施的税率征税。

(3) 暂时进口货物转为正式进口需予补税时,应按其申报正式进口之日实施的税率。

(4) 分期支付租金的租赁进口货物,分期付税时,适用海关接受纳税人再次填写报关申报办理纳税及有关手续之日实施的税率征税。

(5) 溢卸、误卸货物事后确定需征税时,应按其原运输工具申报进口日期所实施的税率征税。如原进口日期无法查明的,可按确定补税当天实施的税率征税。

(6) 对由于税则归类的改变、完税价格的审定或其他工作差错而需补税的,应按原征税日期实施的税率征税。

(7) 对经批准缓税进口的货物以后交税时,不论是分期或一次交清税款,都应按货物进口之日实施的税率征税。

(8) 查获的走私进口货物需补税时,应按查获日期实施的税率征税。

第四节 原产地规定

由于对产自不同国家地区的进口货物适用不同的关税税率,因而正确确定进境货物原产国是正确运用进口税则各栏税率、计算关税应纳税额的基础。我国的原产地规定基本上采用了"全部产地生产标准"和"实质性加工标准"两种国际通用的原产地标准。

一、全部产地生产标准

全部产地生产标准是指进口货物"完全在一个国家(地区)内生产或制造",生产或制造国即为该货物的原产国。完全在一个国家(地区)生产或制造的货物包括:

(1) 在该国领土或领海内开采的矿产品。

(2) 在该国领土上收获或采集的植物产品。

(3) 在该国领土上出生或由该国饲养的活动物及从其所得产品。

(4) 在该国领土上狩猎或捕捞所得的产品。

(5) 在该国的船只上卸下的海洋捕捞物,以及由该国船只在海上取得的其他产品。

(6) 在该国加工船上加工上述第(5)项所列物品所得的产品。

(7) 在该国收集的只适于进行再加工制造的废碎料和废旧物品。

(8) 在该国完全使用上述(1)~(7)项所列产品加工成的制成品。

二、实质性加工标准

实质性加工标准是指经过几个国家加工、制造的进口货物，以最后一个对货物进行经济上可以视为实质性加工的国家（地区）作为有关货物的原产国。"实质性加工"是指产品经过加工后，在进出口税则中四位数税号一级的税则归类已有了改变，或者加工增值部分占新产品总值的比例已达到30%及以上的。两个条件中具备一项的，即可视为实质性加工。

三、其他

对机器、仪器、器材或车辆所用零件、部件、配件、备件及工具，如果与主件同时进口且数量合理的，其原产地按主件的原产地确定，分别进口的则按各自的原产地确定。

第五节 关税完税价格和应纳税额的计算

关税完税价格是海关计征关税所依据的价格，即关税的计税依据。关税的应纳税额是关税完税价格乘以关税税率。由此可见，在关税税率确定的前提下，关税完税价格的确定直接决定了一国关税税额的多少和关税作用的发挥。《海关法》规定，进出口货物的完税价格，由海关以该货物的成交价格为基础审查确定。成交价格不能确定时，完税价格由海关依法估定。自加入WTO以后，我国海关已全面实施《世界贸易组织估价协定》，遵循客观、公平、统一的估价原则，并依据《海关审定进出口货物完税价格办法》，审定进出口货物的完税价格。

一、进口货物的完税价格

根据《海关法》的规定，进口货物以海关审定的成交价格为基础确定的到岸价格（cost, insurance and freight, CIF）作为完税价格。到岸价格包括货价以及货物运抵我国关境内输入地点起卸前的包装费、运费、保险费和其他劳务费等在内的交货价格。对未纳入完税价格核算的有关费用或应该扣除的费用，海关要对成交价格进行调整。

（一）货物的成交价格

进口货物的成交价格是指一般贸易项下，卖方向中华人民共和国境内销售该货物时，买方为进口该货物向卖方实付、应付的并按照规定调整后的价款总额，包括直接支付的价款和间接支付的价款。

1. 如果成交价格中未包含下列费用，应一并计入完税价格。

（1）由买方负担的除购货佣金以外的佣金和经纪费。

（2）由买方负担的在审查确定完税价格时与该货物视为一体的容器费用。

（3）由买方负担的包装材料费用和包装劳务费用。

（4）与进口货物的生产和向中华人民共和国境内销售有关的，由买方以免费或者以低于成本的方式提供，并且可以按适当比例分摊的料件、工具、模具、消耗材料及类似货物的价款，以及在境外进行的为生产进口货物所需的工程设计、技术研发、工艺及制图等相关服务的费用。

(5) 作为该货物向我国境内销售的条件，买方必须支付的、与该货物有关的特许权使用费。

(6) 卖方直接或者间接从买方获得的该货物进口后销售、处置或者使用的收益。

2. 进口时在货物的价格中列明的下列税收、费用，不计入该货物的完税价格。

(1) 厂房、机械或者设备等货物进口后发生的建设、安装、装配、维修或者技术援助费用，但保修费用除外。

(2) 进口货物运抵境内输入地点起卸后发生的运输及相关费用、保险费。

(3) 进口关税、进口环节海关代征税及其他国内税。

(4) 为在境内复制进口货物而支付的费用。

(5) 境内外技术培训及境外考察费用。

(6) 同时符合下列条件的利息费用：利息费用是买方为购买进口货物而融资所产生的；有书面的融资协议；利息费用单独列明；纳税义务人可以证明有关利率不高于在融资当时、当地此类交易通常应当具有的利率水平，且没有融资安排的相同或者类似进口货物的价格与进口货物的实付、应付价格非常接近。

(二) 进口货物完税价格确定的其他方法

进口货物的价格不符合成交价格条件或者成交价格不能确定的，海关应当依次以相同货物成交价格方法、类似货物成交价格方法、倒扣价格方法、计算价格方法及其他合理方法确定的价格为基础，估定完税价格。如果进口货物的收货人提出要求，并提供相关资料，经海关同意，可以选择倒扣价格方法和计算价格方法的适用次序。

1. 相同货物成交价格方法，是指海关以与进口货物同时或者大约同时（在海关接受申报进口之日的前后各45天以内）向中华人民共和国境内销售的相同货物的成交价格为基础，审查确定进口货物完税价格。"相同货物"指与进口货物在同一国家或地区生产的，在物理性质、质量和信誉等所有方面都相同的货物，但表面的微小差异允许存在。采用这种比较价格时，相同货物必须已经在被估价货物进口的同时或大约同时向进口国进口，若有多批相同货物完全符合条件，应采用其中最低的价格。另外，相同货物与被估货物在商业水平、数量、运输方式、运输距离等贸易上的差别也要作调整。

2. 类似货物成交价格方法，是指海关以与进口货物同时或者大约同时（在海关接受申报进口之日的前后各45天以内）向中华人民共和国境内销售的类似货物的成交价格为基础，审查确定进口货物完税价格。"类似货物"指与进口货物在同一国家或地区生产的，虽然不是在所有方面都相同，但却具有相似的特征、相似的组成材料、同样的功能，并且在商业中可以互换的货物。选择此类货物时，主要应考虑货物的品质、信誉和现有商标。

3. 倒扣价格方法，是指海关以进口货物、相同或者类似进口货物在境内的销售价格为基础，扣除境内发生的有关费用后，审查确定进口货物完税价格。按该价格销售的货物应当同时符合五个条件，即在被估货物进口的同时或大约同时销售；按照进口时的状态销售；在境内第一环节销售；合计的货物销售总量最大；向境内无特殊关系方的销售。

以该方法估定完税价格时，下列各项应当扣除：

(1) 该货物的同等级或同种类货物，在境内销售时的利润和一般费用及通常支付的佣金。

(2) 货物运抵境内输入地点之后的运费、保险费、装卸费及其他相关费用。

（3）进口关税、进口环节税和其他与进口或销售上述货物有关的国内税。

4. 计算价格方法，是指海关以下列各项的总和为基础，审查确定进口货物完税价格：

（1）生产该货物所使用的料件成本和加工费用。

（2）向境内销售同等级或者同种类货物通常的利润和一般费用（包括直接费用和间接费用）。

（3）该货物运抵境内输入地点起卸前的运输及相关费用、保险费。

5. 其他合理方法，是指当海关不能根据成交价格方法、相同货物成交价格方法、类似货物成交价格方法、倒扣价格方法和计算价格方法确定进口货物完税价格时，海关根据规定的原则，以客观量化的数据资料为基础审查确定进口货物完税价格。

使用合理估价方法，不得使用以下价格：

（1）境内生产的货物在境内的销售价格。

（2）可供选择的价格中较高的价格。

（3）货物在出口地市场的销售价格。

（4）以计算价格方法规定的有关各项之外的价值或费用计算的价格。

（5）出口到第三国或地区的货物的销售价格。

（6）最低限价或武断、虚构的价格。

二、出口货物的完税价格

（一）以成交价格为基础的完税价格

出口货物的完税价格是指由海关以该货物的成交价格为基础审查确定，并应当包括货物运至中国境内输出地点装载前的运输及其相关费用、保险费。出口货物的成交价格是指该货物出口销售到我国境外时卖方为出口该货物应当向买方直接和间接收取的价款总额。出口货物的成交价格中含有支付给境外的佣金的，如果单独列明，应当扣除。下列税收、费用不计入出口货物的完税价格：

1. 出口关税。

2. 在货物价款中单独列明的货物运至中华人民共和国境内输出地点装载后的运输及其相关费用、保险费。

3. 在货物价款中单独列明由卖方承担的佣金。

出口货物的完税价格计算公式为：

$$完税价格 = 离岸价格 \div (1 + 出口税率)$$

公式中的离岸价格是指不含佣金的离岸价格。如果出口货物的成交价格中含有支付给境外的佣金的，则按下列公式进行换算：

$$离岸价格(不含佣金) = 离岸价格(含佣金) \div (1 + 佣金比例)$$

（二）出口货物的海关估价法

出口货物的成交价格不能确定的，由海关依次使用下列方法估定完税价格：

1. 与该货物同时或大约同时向同一国家或地区出口的相同货物的成交价格。

2. 与该货物同时或大约同时向同一国家或地区出口的类似货物的成交价格。

3. 根据境内生产相同或类似货物的成本、利润和一般费用以及境内发生的运输及相关费用、保险费计算的价格。

4. 以合理方法估定的价格。

三、进出口货物完税价格中的运输及相关费用、保险费的计算

（一）以一般陆运、空运、海运方式进口的货物

在进口货物的运输及相关费用、保险费计算中，海运进口货物，计算至该货物运抵境内的卸货口岸；如果该货物的卸货口岸是内河（江）口岸，则应当计算至内河（江）口岸。陆运进口货物，计算至该货物运抵境内的第一口岸；如果运输及其相关费用、保险费支付至目的地口岸，则计算至目的地口岸。空运进口货物，计算至该货物运抵境内的第一口岸；如果该货物的目的地为境内第一口岸外的其他口岸，则计算至目的地口岸。

陆运、空运和海运进口货物的运费和保险费，应当按照实际支付的费用计算。如果进口货物的运费无法确定或未实际发生，海关应当按照该货物进口同期运输行业公布的运费率（额）计算运费；按照"货价加运费"两者总额的3‰计算保险费。

（二）以其他方式进口的货物

邮运的进口货物，应当以邮费作为运输及其相关费用、保险费；以境外边境口岸价格条件成交的铁路或公路运输进口货物，海关应当按照货价的1%计算运输及其相关费用、保险费；作为进口货物的自驾进口的运输工具，海关在审定完税价格时，可以不另行计入运费。

（三）出口货物

出口货物的销售价格如果包括离境口岸至境外口岸之间的运费、保险费的，该运费、保险费应当扣除。

四、关税应纳税额的计算

1. 从价税应纳税额的计算。

$$从价计征的应纳税额 = 关税完税价格 \times 适用税率$$

2. 从量税应纳税额的计算。

$$从量计征的应纳税额 = 应税进出口货物数量 \times 单位税额$$

3. 复合税应纳税额的计算。

$$关税税额 = 应税进出口货物数量 \times 单位税额 + 关税完税价格 \times 适用税率$$

4. 滑准税应纳税额的计算。

$$关税税额 = 关税完税价格 \times 滑准税税率$$

【例5-1】某进出口公司（增值税一般纳税人）从境外进口一批货物，以境外离岸价格成交，货款折合人民币130万元，买方承担包装费35万元，另向中介支付佣金5万元，

向自己的采购代理人支付购货佣金20万元,该批货物运抵中国境内输入地点起卸前的运输费、保险费和其他劳务费用为10万元,进口后另发生运输费和装卸费1万元。假设该货物适用关税税率为25%、增值税税率为13%、消费税税率为10%。分别计算该公司进口环节应纳关税、消费税和增值税。

解:(1)进口货物关税完税价格 = 130 + 35 + 5 + 10
= 180(万元)
应纳进口关税税额 = 180 × 25% = 45(万元)
(2)组成计税价格 = (180 + 45) ÷ (1 - 10%)
= 250(万元)
应纳消费税税额 = 250 × 10% = 25(万元)
应纳增值税税额 = 250 × 13% = 32.5(万元)

【例5-2】某进出口公司出口到日本磷5 000吨,每吨离岸价格为560美元,其中支付给境外佣金为离岸价格的2%,磷的出口关税税率为25%。当日的外汇牌价为1:6.50。计算应纳出口关税税额。

解:(1)不含佣金的FOB价格 = 5 000 × 560 × 6.50 ÷ (1 + 2%)
= 17 843 137.25(元)
(2)完税价格 = FOB价格 ÷ (1 + 出口关税税率)
= 17 843 137.25 ÷ (1 + 25%)
= 14 274 509.80(元)
(3)应纳关税税额 = 14 274 509.80 × 25%
= 3 568 627.45(元)

第六节 关税的减免规定

关税减免是对某些纳税人和征税对象给予鼓励和照顾的一种特殊调节手段。我国的关税减免主要分为法定减免、特定减免和临时减免。根据《海关法》规定,除法定减免税外的其他减免税均由国务院决定。

相关链接:《支持海南自由贸易港建设的税收政策》(视频),https://www.chinatax.gov.cn/chinatax/n810351/n810906/c5153897/content.html。

一、法定减免税

法定减免税是税法中明确列出的减税或免税。符合税法规定可予减免税的进出口货物,纳税义务人无须提出申请,海关可按规定直接予以减免税。海关对法定减免税货物一般不进行后续管理。

《海关法》和《进出口关税条例》明确规定,下列货物、物品予以减免关税:
(1)关税税额在人民币50元以下的一票货物,可免征关税。
(2)无商业价值的广告品和货样,可免征关税。
(3)外国政府、国际组织无偿赠送的物资,可免征关税。

(4) 进出境运输工具装载的途中必需的燃料、物料和饮食用品，可予免税。

(5) 经海关核准暂时进境或者暂时出境，并在6个月内复运出境或者复运进境的货样、展览品、施工机械、工程车辆、工程船舶、供安装设备时使用的仪器和工具、电视或者电影摄制器械、盛装货物的容器以及剧团服装道具，在货物收发货人向海关缴纳相当于税款的保证金或者提供担保后，可予暂时免税。

(6) 为境外厂商加工、装配成品和为制造外销产品而进口的原材料、辅料、零件、部件、配套件和包装物料，海关按照实际加工出口的成品数量免征进口关税；或者对进口料、件先征进口关税，再按照实际加工出口的成品数量予以退税。

(7) 因故退还的中国出口货物，经海关审查属实，可予免征进口关税，但已征收的出口关税不予退还。

(8) 因故退还的境外进口货物，经海关审查属实，可予免征出口关税，但已征收的进口关税不予退还。

(9) 进口货物如有以下情形，经海关查明属实，可酌情减免进口关税：①在境外运输途中或起卸时，遭受损坏或者损失的；②起卸后海关放行前，因不可抗力遭受损坏或者损失的；③海关查验时已经破漏、损坏或者腐烂，经证明不是保管不慎造成的。

(10) 无代价抵偿货物，即进口货物在征税放行后，发现货物残损、短少或品质不良，而由国外承运人、发货人或保险公司免费补偿或更换的同类货物，可以免税。但有残损或质量问题的原进口货物如未退运国外，其进口的无代价抵偿货物应照章征税。

(11) 我国缔结或者参加的国际条约规定减征、免征关税的货物、物品，按照规定予以减免关税。

(12) 法律规定减征、免征的其他货物。

二、特定减免税

特定减免税是指在法定减免税之外，国务院或国务院授权的机关发布法规、规章特别规定的关税减免，又称政策性减免税。特定减免税货物一般有地区、企业和用途的限制，海关需要进行后续管理，也需要进行减免税统计。

（一）科教用品

为促进我国科研、教育事业发展，国家规定，对科学研究机构和学校，不以营利为目的，在合理数量范围内进口国内不能生产的科学研究和教学用品，直接用于科学研究或教学的，免征进口关税和进口环节增值税、消费税。该规定对享受该优惠的科研机构和学校资格、类别以及可以免税的物品都作了明确规定。

（二）残疾人专用品

为支持残疾人的康复工作，国务院制定了《残疾人专用品免征进口税收暂行规定》，对规定的残疾人个人专用品免征进口关税和进口环节增值税、消费税；对康复、福利机构，假肢厂和荣誉军人康复医院进口国内不能生产的该规定明确的残疾人专用品，免征进口关税和进口环节增值税。该规定对可以免税的残疾人专用品种类和品名作了明确规定。

（三）扶贫、慈善性捐赠物资

为促进公益事业的健康发展，经国务院批准，财政部、国家税务总局、海关总署发布了《扶贫、慈善性捐赠物资免征进口税收暂行办法》。对境外自然人、法人或者其他组织等境外捐赠人，无偿向经国务院主管部门依法批准成立的，以人道救助和发展扶贫、慈善事业为宗旨的社会团体以及国务院有关部门和各省、自治区、直辖市人民政府捐赠的，直接用于扶贫、慈善事业的物资，免征进口关税和进口环节增值税。所称扶贫、慈善事业是指非营利的扶贫济困、慈善救助等社会慈善和福利事业。该办法对可以免税的捐赠物资种类和品名作了明确规定。

（四）加工贸易货物

加工贸易是指经营企业进口全部或者部分原辅材料、零部件、元器件、包装物料，经过加工或者装配后，将制成品复出口的经营活动，包括来料加工和进料加工。

加工贸易项下进口料件实行保税监管的，在加工成品出口后，海关根据核定的实际加工复出口的数量予以核销。加工贸易项下进口料件按照规定在进口时先行征收税款的，在加工成品出口后，海关根据核定的实际加工复出口的数量退还已征收的税款。

加工贸易项下的出口产品属于应当征收出口关税的，海关按照有关规定征收出口关税。

（五）出口加工区进出口货物

为了加强与完善加工贸易管理，严格控制加工贸易产品内销，保护国内相关产业，并为出口加工企业提供更宽松的经营环境，带动国产原材料、零配件的出口，国家设立了出口加工区。出口加工区的主要关税优惠政策有：（1）从境外进入区内的生产性基础设施建设项目所需的机器、设备和建设生产厂房、仓储设施所需的基建物资，区内企业生产所需的机器、设备、模具及其维修用零配件，区内企业和行政管理机构自用的合理数量的办公用品，予以免征进口关税和进口环节税；（2）区内企业对加工出口产品所需的原材料、零部件、元器件、包装物料及消耗性材料，予以保税；（3）对加工区运往区外的货物，海关按照对进口货物的有关规定办理报关手续，并按照制成品征税；（4）对于从区外进入加工区的货物视同出口，可按规定办理出口退税。

（六）保税区进出口货物

为了创造完善的投资、运营环境，开展为出口贸易服务的加工整理、包装、运输、仓储、商品展出和转口贸易，国家在境内设立了保税区，即以与外界隔离的全封闭方式，在海关监控管理下进行存放和加工保税货物的特定区域。保税区的主要关税优惠政策有：（1）进口供保税区使用的机器、设备、基建物资、生产用车辆，为加工出口产品进口的原材料、零部件、元器件、包装物料，供储存的转口货物以及在保税区内加工运输出境的产品免征进口关税和进口环节税；（2）保税区内企业进口专为生产加工出口产品所需的原材料、零部件、包装物料以及转口货物，予以保税；（3）从保税区运往境外的货物，一般免征出口关税等。

（七）边境贸易进口物资

为了鼓励我国边境地区积极发展与我国毗邻国家间的边境贸易和经济合作，国家制定了有关扶持、鼓励边境贸易和边境地区发展对外经济合作的政策措施。边境贸易包括边民互市贸易和边境小额贸易两种形式。边民互市贸易是指边境地区边民在边境线 20 公里以内、经政府批准的开放点或指定的集市上进行的商品交换活动。边民通过互市贸易进口的生活用品，每人每日价值在人民币 8 000 元以下的，免征进口关税和进口环节税。边境小额贸易是指沿陆地边境线经国家批准对外开放的边境县（旗）、边境城市辖区内经批准有边境小额贸易经营权的企业，通过国家指定的陆地边境口岸，与毗邻国家边境地区的企业或其他贸易机构之间进行的贸易活动。边境小额贸易企业通过指定边境口岸进口原产于毗邻国家的商品，除烟、酒、化妆品以及国家规定必须照章征税的其他商品外，进口关税和进口环节增值税减半征收。

三、临时减免税

临时减免税是指除法定减免税和特定减免税以外的其他减免税，即由国务院根据《海关法》对某个单位、某类商品、某个项目或某批进出口货物的特殊情况，给予特别照顾，一案一批，专文下达的减免税。一般有单位、品种、期限、金额或数量等限制，不能比照执行。

第七节 关税的征收管理

一、关税的申报与缴纳

进口货物的纳税人应当自运输工具申报进境之日起 14 日内，出口货物的纳税人在货物运抵海关监管区后装货的 24 小时以前，向货物的进出境地海关申报。海关根据归类和完税价格计算应缴纳的关税以及在进口环节代征税款，并填发税款缴款书。纳税人应自海关填发税款缴款书之日起 15 日内，向指定银行缴纳税款。关税纳税人因不可抗力或在国家税收政策调整的情形下不能按期缴纳税款的，经海关总署批准，可以延期缴纳税款，但最长不得超过 6 个月。

二、关税的强制执行

（一）征收关税滞纳金

纳税人应当自海关填发税款缴款书之日起 15 日内向指定银行缴纳税款。逾期缴纳的，由海关自缴款期限届满之日起至缴清税款之日止，按日加收滞纳税款 0.5‰的滞纳金。周末或法定节假日不予扣除。具体计算公式为：

$$关税滞纳金金额 = 滞纳关税税额 \times 滞纳金征收比率 \times 滞纳天数$$

滞纳金的起征点为 50 元。

（二）强制征税

纳税人、担保人超过3个月仍未缴纳关税的，经直属海关关长或者其授权的隶属海关关长批准，海关可以采取下列强制措施：

1. 书面通知其开户银行或者其他金融机构从其存款中扣缴税款。
2. 将应税货物依法变卖，以变卖所得抵缴税款。
3. 扣留并依法变卖其价值相当于应纳税款的货物或者其他财产，以变卖所得抵缴税款。
4. 海关采取强制措施时，对前述所列的纳税人、担保人未缴纳的滞纳金同时强执行。

三、关税的补征、追征和退还

（一）关税的补征和追征

补征和追征是海关在关税纳税义务人按海关核定的税额缴纳关税后，发现实际征收税额少于应当征收的税额（称为短征关税）时，责令纳税义务人补缴所差税款的一种行政行为。《海关法》根据短征关税的原因，将海关征收原短征关税的行为分为补征和追征两种。由于纳税人违反海关规定造成短征关税的，称为追征；非因纳税人违反海关规定造成短征关税的，称为补征。区分关税追征和补征的目的是区别不同情况适用不同的征收时效，超过时效规定的期限，海关就丧失追补关税的权力。根据《海关法》规定，进出境货物和物品放行后，海关发现少征或者漏征税款，应当自缴纳税款或者货物、物品放行之日起1年内，向纳税义务人补征；因纳税义务人违反规定而造成的少征或者漏征的税款，自纳税义务人应缴纳税款之日起3年以内可以追征，并从缴纳税款之日起按日加收少征或者漏征税款0.5‰的滞纳金。

（二）关税的退还

关税退还是指关税纳税义务人按海关核定的税额缴纳关税后，因某种原因的出现，海关将实际征收多于应当征收的税额（称为溢征关税）退还给原纳税义务人的一种行政行为。根据《海关法》规定，海关多征的税款，海关发现后应当立即退还。

按规定，有下列情形之一的，进出口货物的纳税义务人可以自缴纳税款之日起1年内，书面声明理由，连同原纳税收据向海关申请退税并加算银行同期活期存款利息，逾期不予受理：

1. 因海关误征，多纳税款的。
2. 海关核准免验进口的货物，在完税后，发现有短卸情形，经海关审查认可的。
3. 已征出口关税的货物，因故未将其运出口，申报退关，经海关查验属实的。

对已征出口关税的出口货物和已征进口关税的进口货物，因货物品种或规格原因（非其他原因）原状复运进境或出境的，经海关查验属实的，也应退还已征关税。海关应当自受理退税申请之日起30日内，作出书面答复并通知退税申请人。本规定强调的是，"因货物品种或规格原因，原状复运进境或出境的"，如果属于其他原因且不能以原状复运进境或出境，不能退税。

四、关税纳税争议

为保护纳税人合法权益,《海关法》和《进出口关税条例》都规定了纳税义务人对海关确定的进出口货物的征税、减税、补税或退税等有异议时,有提出申诉的权利。在纳税义务人同海关发生纳税争议时,可以向海关申请复议,但同时应当在规定期限内按海关核定的税额缴纳关税,逾期则构成滞纳,海关有权按规定采取强制执行措施。

纳税争议的申诉程序:纳税义务人自海关填发税款缴款书之日起 30 日内,向原征税海关的上一级海关书面申请复议。逾期申请复议的,海关不予受理。海关应当自收到复议申请之日起 60 日内作出复议决定,并以复议决定书的形式正式答复纳税义务人;纳税义务人对海关复议决定仍然不服的,可以自收到复议决定书之日起 15 日内,向人民法院提起诉讼。

本章小结

关税是海关依法对进出境的货物、物品征收的一种税。关税与增值税、消费税的区别在于:增值税和消费税是对国内生产或销售的商品征收,而关税是对进出国境或关境的商品征收,是贯彻国家对外经济贸易政策的重要手段,在调节经济、促进对外改革开放、增加国家财政收入方面都具有重要作用。

依据不同的分类标准和依据,关税可以划分为不同的种类。关税的具体征对象范围由进出口关税税则详细列示。关税的税率可分为进口关税税率和出口关税税率,进口关税税率设有最惠国税率、协定税率、特惠税率、普通税率、关税配额税率等,在一定期限内可以实行暂定税率。完税价格是关税的计税依据,分为进口货物完税价格和出口货物完税价格,有各自的规定和估价方法。我国原产地规定基本上采用了"全部产地生产标准"和"实质性加工标准"两种国际上通用的原产地标准。我国关税减免主要有法定减免税、特定减免税和临时减免税。关税的征收管理与其他国内税不同,不适用于《税收征收管理法》。

☞【思考题】

1. 关税如何进行分类?
2. 简述关税的作用。
3. 关税有哪些减免项目?
4. 我国关税的税率是如何设置和适用的?
5. 如何确定进口货物的完税价格?

自测习题及参考答案

第三篇 所得税

第六章 企业所得税

> 【学习目标】
> 1. 熟悉企业所得税的征税范围、纳税人、税率等税制要素。
> 2. 掌握企业所得税的应纳税额计算。
> 3. 掌握所得税的税收优惠。
> 4. 了解所得税的征收管理规定。

第一节 企业所得税概述

一、企业所得税的概念

企业所得税是对我国境内的企业和其他取得收入的组织的生产、经营所得和其他所得依法征收的一种税,是国家参与企业利润分配的重要手段。2008年以前,中国企业所得税的税率为33%,而目前企业所得税的税率已经下降到25%。中国所得税产生的收入,是中国税收收入的主要来源,是第二大税类。企业所得税采取的是按年计算、分期预缴、年终汇算清缴的征收办法,课税对象是所得额,税源大小受企业经济效益的影响,税制设计上充分体现了量能课税的原则。

在世界税收历史上,所得税相比于其他税种历史是很短暂的,仅有两百多年的历史。所得税最早产生于英国,一开始的所得税是英国为了满足战争时期的开支需要,后来随着战争的时续时停,所得税也时续时停,因此又有"战时税"之称。在近百年才在资本主义各国站稳脚跟——企业所得税在1874年才成为英国税制的一个永久税种。尽管所得税是因为战时所创,但是归根结底是以经济发展水平为基础的。在第一次世界大战之后,所得税为西方国家所广泛接受和运用,各国纷纷相继效仿开征。

我国现行的企业所得税的基本法律规范是第十届全国人大第五次会议于2007年3月16日通过的《企业所得税法》,以及2007年11月28日国务院第197次常务会议通过的《企业所得税实施条例》,两者自2008年1月1日起同时施行。

2017年2月24日,十二届全国人大常委会第二十六次会议对《企业所得税法》进行了第一次修订。2018年12月29日,十三届全国人大常委会第七次会议第二次修改了《企业所得税法》的相关内容。

二、企业所得税的特点

企业所得税是我国的主要税种之一,在我国的现行税制中占有重要地位,有着以下几点特征。

(一) 计税依据是应纳税所得额

企业所得税的计税依据是应纳税所得额。它是由收入总额扣除允许扣除的项目金额后的余额，实际上和企业的本年利润并不是一致的。

（二）应纳税所得额的计算比较复杂

企业所得税以所得为课税对象，税基广泛。作为课税对象的所得，可以是来自家庭、企业、社会团体等各种纳税义务人，在一定时间内可以获得的所有纯收益，能够全面地反映企业的经营成果。但是，税法在规定纳税人收入总额的前提下，对允许和不允许扣除的项目以及允许扣除项目的标准作了详细的规定。这导致应纳税所得额的计算更加复杂。

（三）征税以量能负担为原则

企业所得税按照纳税人的应税所得和不同的税率计税。所得多的，多纳税；所得少的，少纳税；无所得的，不纳税。这种量能负担的特点体现了企业所得税的纵向公平原则。

（四）实行按年计征、分期预缴的征收管理方法

企业的经营业绩通常是通过利润综合反映，并按年度计算、衡量的。所以，企业所得税以全年的应纳税所得额作为计税依据，分月或分季预缴，年终汇算清缴，与会计年度一致，有利于税收的征收管理和会计核算期保持一致。

第二节 企业所得税的纳税义务人和征税对象

一、纳税义务人

企业所得税的纳税义务人是指在中华人民共和国境内的企业和其他取得收入的组织。《企业所得税法》第一条规定，除个人独资企业、合伙企业外，在中华人民共和国境内，企业和其他取得收入的组织为企业所得税的纳税人，依照本法的规定缴纳企业所得税。

企业所得税的纳税义务人分为居民企业和非居民企业，分别承担不同的纳税义务。把企业分为居民企业和非居民企业是为了更好地保障我国税收管辖权的有效行使。税收管辖权是一国政府在征税方面的主权，是国家主权的重要组成部分。根据国际上的通行做法，我国选择了地域管辖权和居民管辖权的双重管辖权标准，最大限度地维护我国的税收利益。

（一）居民企业

居民企业，是指依法在中华人民共和国境内成立，或者依照外国法律成立但实际管理机构在中国境内的企业。

依法在中国境内成立的企业，包括依照中国法律、行政法规在中国境内成立的企业、事业单位、社会团体以及其他取得收入的组织。依照外国（地区）法律成立的企业，包括依照外国（地区）法律成立的组织。

所谓实际管理机构，是指对企业生产经营实施实质性管理和控制的机构。

（二）非居民企业

非居民企业是指依照外国（地区）法律成立且实际管理机构不在中国境内，但在中国境内设立机构、场所的，或者在中国境内未设立机构、场所，但有来源于中国境内所

得的企业。

上述所称"机构、场所",是指在中国境内从事生产经营活动的机构、场所,包括:(1)管理机构、营业机构、办事机构。(2)工厂、农场、开采自然资源的场所。(3)提供劳务的场所。(4)从事建筑、安装、装配、修理、勘探等工程作业的场所。(5)其他从事生产经营活动的机构、场所。

非居民企业委托营业代理人在中国境内从事生产经营活动的,包括委托单位或者个人经常代其签订合同,或者储存、交付货物等,该营业代理人被视为非居民企业在中国境内设立的机构、场所。

二、征税对象

企业所得税的征税对象,从内容上看包括企业取得的生产经营所得、其他所得以及清算所得,从空间范围上看包括了来源于中国境内、境外的所得。

(一)居民企业的征税对象

居民企业应将来源于中国境内、境外所得作为征税对象。所得,包括销售货物所得、提供劳务所得、转让财产所得、股息红利等权益性投资所得、利息所得、租金所得、特许权使用费所得、接受捐赠所得和其他所得。

(二)非居民企业的征税对象

非居民企业在中国境内设立机构、场所的,应就其所设机构、场所取得的来源于中国境内的所得,以及发生在中国境外但与其所设机构、场所有实际联系的所得,缴纳企业所得税。非居民企业在中国境内未设立机构、场所,或者虽然设立机构、场所但取得的所得与其所设机构、场所没有实际联系的,应就其来源于中国境内的所得缴纳企业所得税。

上述所谓实际联系,是指非居民企业在中国境内设立的机构、场所拥有据以取得所得的股权、债权,以及拥有、管理和控制据以取得所得的财产。

(三)所得来源的确定

根据《企业所得税法》及其实施条例的相关规定,对于来源于中国境内、境外的所得,按照以下原则确定:

1. 销售货物所得,按照交易活动发生地确定。
2. 提供劳务所得,按照劳务发生地确定。
3. 转让财产所得。(1)不动产转让所得,按照不动产所在地确定;(2)动产转让所得,按照转让动产的企业或者机构、场所所在地确定;(3)权益性投资资产转让所得,按照被投资企业所在地确定。
4. 股息、红利等权益性投资所得,按照分配所得的企业所在地确定。
5. 利息所得、租金所得、特许权使用费所得,按照负担、支付所得的企业或者机构、场所所在地确定,或者按照负担、支付所得的个人的住所地确定。
6. 其他所得,由国务院财政、税务主管部门确定。

第三节 企业所得税的税率

一、基本税率

根据《企业所得税法》第四条规定，企业所得税的基本税率为25%，适用于居民企业和在中国境内设有机构、场所且所得与机构、场所有实际联系的非居民企业。

二、低税率

在中国境内未设立机构、场所，或者虽然设立了机构、场所但取得所得与其所设机构、场所没有实际联系的非居民企业适用税率20%（实际减按10%的税率征收）。

根据《企业所得税法》第28条规定，符合条件的小型微利企业，减按20%的税率征收企业所得税。对于国家需要重点扶持的高新技术企业，减按15%的税率征收企业所得税。

具体的企业所得税税率如表6-1所示。

表6-1　　　　　　　　　　　　企业所得税税率

纳税人			税收管辖权		税率
居民企业			居民管辖权，就其世界范围的所得征税		基本税率25%
非居民企业	在我国境内设立机构、场所	取得所得与设立的机构、场所有实际联系的	地域管辖权	就其来源于我国境内的所得和发生在中国境外但与其在我国境内所设机构、场所有实际联系的所得征税	
		取得所得与设立的机构、场所没有实际联系的		仅就其来源于我国境内的股息、红利等权益性投资收益和利息、租金、特许权使用费、转让财产所得、其他所得征税（简称预提税）	低税率20%（实际减按10%的税率征收）
	未在我国境内设立机构、场所，却有来源于我国境内的所得				

第四节 企业所得税应纳税所得额的计算

企业所得税的计税依据是应纳所得税额，根据《企业所得税法》第5条规定，企业每一纳税年度的收入总额，减除不征税收入、免税收入、各项扣除以及允许弥补的以前年度亏损后的余额，为应纳税所得额。公式如下：

应纳所得税额 = 收入总额 - 不征税收入 - 免税收入 - 各项扣除 - 允许弥补的以前年度亏损

企业所得税应纳税所得额的计算，通常是以权责发生制为原则，属于当期的收入和费用，不论款项是否收付，均作为当期的收入和费用；不属于当期的收入和费用，即使款项已经在当期收付，均不作为当期的收入和费用。企业所得税法实施条例和国务院财政、税务主管部门另有规定的除外。

一、收入总额

企业的收入总额按照收入形式可以分为货币形式收入和非货币形式收入。

企业取得收入的货币形式，包括现金、存款、应收账款、应收票据、准备持有至到期的债券以及债务的豁免等；企业取得收入的非货币形式，包括固定资产、生物资产、无形资产、股权投资、存货、不准备持有至到期的债券投资、劳务以及权益等。以非货币形式取得的收入，应当按照公允价值确定收入额。公允价值是指按照市场价格确定的价值。

（一）一般收入的确认

企业以货币形式和非货币形式从各种来源取得的收入，为收入总额。具体包括：

1. 销售货物收入，是指企业销售商品、产品、原材料、包装物、低值易耗品以及其他存货取得的收入。

2. 提供劳务收入，是指企业从事建筑安装、修理修配、交通运输、仓储租赁、金融保险、邮电通信、咨询经纪、文化体育、科学研究、技术服务、教育培训、餐饮住宿、中介代理、卫生保健、社区服务、旅游、娱乐、加工以及其他劳务服务活动取得的收入。

3. 转让财产收入，是指企业转让固定资产、生物资产、无形资产、股权、债权等财产取得的收入。

4. 股息、红利等权益性投资收益，是指企业因权益性投资从被投资方取得的收入。企业权益性投资取得股息、红利等收入，应以被投资企业股东会或股东大会作出利润分配或转股决定的日期，确定收入的实现。被投资企业将股权（票）溢价所形成的资本公积转为股本的，不作为投资方企业的股息、红利收入，投资方企业也不得增加该项长期投资的计税基础。

5. 利息收入，是指企业将资金提供他人使用但不构成权益性投资，或者因他人占用本企业资金取得的收入，包括存款利息、贷款利息、债券利息、欠款利息等收入。利息收入，按照合同约定的债务人应付利息的日期确认收入的实现。

6. 租金收入，是指企业提供固定资产、包装物或者其他有形资产的使用权取得的收入。租金收入按照合同约定的承租人应付租金的日期确认收入的实现。

7. 特许权使用费收入，是指企业提供专利权、非专利技术、商标权、著作权以及其他特许权的使用权取得的收入。特许权使用费收入，按照合同约定的特许权使用人应付特许权使用费的日期确认收入的实现。

8. 接受捐赠收入，是指企业接受的来自其他企业、组织或者个人无偿给予的货币性资产、非货币性资产。接受捐赠收入，按照实际收到捐赠资产的日期确认收入的实现。

9. 其他收入，是指企业取得的除以上收入外的其他收入，包括企业资产溢余收入、逾期未退包装物押金收入、确实无法偿付的应付款项、已作坏账损失处理后又收回的应收款项、债务重组收入、补贴收入、违约金收入、汇兑收益等。

(二) 特殊收入的确认

1. 以分期收款方式销售货物的,按照合同约定的收款日期确认收入的实现。
2. 企业受托加工制造大型机械设备、船舶、飞机,以及从事建筑、安装、装配工程业务或者提供其他劳务等,持续时间超过 12 个月的,按照纳税年度内完工进度或者完成的工作量确认收入的实现。
3. 采取产品分成方式取得收入的,按照企业分得产品的日期确认收入的实现,其收入额按照产品的公允价值确定。
4. 企业发生非货币性资产交换,以及将货物、财产、劳务用于捐赠、偿债、赞助、集资、广告、样品、职工福利或者利润分配等用途的,应当视同销售货物、转让财产或者提供劳务,但国务院财政、税务主管部门另有规定的除外。

(三) 处置资产收入的确认

1. 企业发生下列情形的处置资产,除将资产转移至境外以外,由于资产所有权属在形式和实质上均不发生改变,可作为内部处置资产,不视同销售确认收入,相关资产的计税基础延续计算。(1) 将资产用于生产、制造、加工另一产品。(2) 改变资产形状、结构或性能。(3) 改变资产用途(如自建商品房转为自用或经营)。(4) 将资产在总机构及其分支机构之间转移。(5) 上述两种或两种以上情形的混合。(6) 其他不改变资产所有权属的用途。
2. 企业将资产移送他人的下列情形,因资产所有权属已发生改变而不属于内部处置资产,应按规定视同销售确定收入。(1) 用于市场推广或销售。(2) 用于交际应酬。(3) 用于职工奖励或福利。(4) 用于股息分配。(5) 用于对外捐赠。(6) 其他改变资产所有权属的用途。

企业发生上述第 (1)~(6) 项规定情形的,属于企业自制的资产,应按企业同类资产同期对外销售价格确定销售收入;属于外购的资产,可按购入时的价格确定销售收入。

(四) 相关收入实现的确认

1. 销售货物收入的确认。除《企业所得税法》及《企业所得税法实施条例》前述收入的规定外,企业销售收入的确认必须遵循权责发生制原则和实质重于形式原则。企业销售商品同时满足下列四项条件的,应确认收入的实现。(1) 商品销售合同已经签订,企业已将商品所有权相关的主要风险和报酬转移给购货方。(2) 企业对已售出的商品既没有保留通常与所有权相联系的继续管理权,也没有实施有效控制。(3) 收入的金额能够可靠计量。(4) 已发生或将发生的销售方的成本能够可靠地核算。

符合上款收入确认条件,采取下列商品销售方式的,应按以下规定确认收入实现时间:

(1) 销售商品采用托收承付方式的,在办妥托收手续时确认收入。(2) 销售商品采取预收款方式的,在发出商品时确认收入。(3) 销售商品需要安装和检验的,在购买方接受商品以及安装和检验完毕时确认收入,如果安装程序比较简单,可在发出商品时确认收入。(4) 销售商品采用支付手续费方式委托代销的,在收到代销清单时确认收入。

采用售后回购方式销售商品的,销售的商品按售价确认收入,回购的商品作为购进商品处理。有证据表明不符合销售收入确认条件的,如以销售商品方式进行融资,收到的款项应确认为负债,回购价格大于原售价的,差额应在回购期间确认为利息费用。

销售商品以旧换新的，销售商品应当按照销售商品收入确认条件确认收入，回收的商品作为购进商品处理。

企业为促进商品销售而在商品价格上给予的价格扣除属于商业折扣，商品销售涉及商业折扣的，应当按照扣除商业折扣后的金额确定销售商品收入金额。

债权人为鼓励债务人在规定的期限内付款而向债务人提供的债务扣除属于现金折扣，销售商品涉及现金折扣的，应当按扣除现金折扣前的金额确定销售商品收入金额，现金折扣在实际发生时作为财务费用扣除。

企业因售出商品的质量不合格等原因而在售价上给予的减让属于销售折让；企业因售出商品质量、品种不符合要求等原因而发生的退货属于销售退回。企业已经确认销售收入的售出商品发生销售折让和销售退回，应当在发生当期冲减当期销售商品收入。

企业以买一赠一等方式组合销售本企业商品的，不属于捐赠，应将总的销售金额按各项商品公允价值的比例来分摊确认各项销售收入。

2. 提供劳务收入的确认。企业在各个纳税期末，提供劳务交易的结果能够可靠估计的，应采用完工进度（完工百分比）法确认提供劳务收入。提供劳务交易的结果能够可靠估计，是指同时满足下列条件：（1）收入的金额能够可靠地计量；（2）交易的完工进度能够可靠地确定；（3）交易中发生和将发生的成本能够可靠地核算。

下列提供劳务满足以上确认条件的，应按规定确认收入：（1）安装费。应根据安装完工进度确认收入。安装工作是商品销售附带条件的，安装费在确认商品销售实现时确认收入。（2）宣传媒介的收费。应在相关的广告或商业行为出现于公众面前时确认收入。广告的制作费，应根据制作广告的完工进度确认收入。（3）软件费。为特定客户开发软件的收费，应根据开发的完工进度确认收入。（4）服务费。包含在商品售价内可区分的服务费，在提供服务的期间分期确认收入。（5）艺术表演、招待宴会和其他特殊活动的收费。在相关活动发生时确认收入。收费涉及几项活动的，预收的款项应合理分配给每项活动，分别确认收入。（6）会员费。申请入会或加入会员，只允许取得会籍，所有其他服务或商品都要另行收费的，在取得该会员费时确认收入。申请入会或加入会员后，会员在会员期内不再付费就可得到各种服务或商品，或者以低于非会员的价格销售商品或提供服务的，该会员费应在整个受益期内分期确认收入。（7）特许权费。属于提供设备和其他有形资产的特许权费，在交付资产或转移资产所有权时确认收入；属于提供初始及后续服务的特许权费，在提供服务时确认收入。（8）劳务费。长期为客户提供重复劳务收取的劳务费，在相关劳务活动发生时确认收入。

企业取得财产（包括各类资产、股权、债权等）转让收入、债务重组收入、接受捐赠收入、无法偿付的应付款收入等，不论是以货币形式还是非货币形式体现，除另有规定外，均应一次性计入确认收入的年度计算缴纳企业所得税。

二、不征税收入和免税收入

国家为了扶持和鼓励某些特定的项目，对企业取得的某些收入予以不征税或免税的特殊政策，促进经济的协调发展。

（一）不征税收入

1. 财政拨款，是指各级人民政府对纳入预算管理的事业单位、社会团体等组织拨付的财政资金，但国务院和国务院财政、税务主管部门另有规定的除外。

2. 依法收取并纳入财政管理的行政事业性收费、政府性基金。行政事业性收费，是指依照法律、法规等有关规定，按照国务院规定程序批准，在实施社会公共管理，以及在向公民、法人或者其他组织提供特定公共服务过程中，向特定对象收取并纳入财政管理的费用。政府性基金，是指企业依照法律、行政法规等有关规定，代政府收取的具有专项用途的财政资金。

3. 国务院规定的其他不征税收入。国务院规定的其他不征税收入，是指企业取得的，由国务院财政、税务主管部门规定专项用途并经国务院批准的财政性资金。

（二）免税收入①

1. 国债利息收入。为鼓励企业积极购买国债，支援国家建设，税法规定，企业因购买国债所得的利息收入，免征企业所得税。

2. 符合条件的居民、企业之间的股息、红利等权益性投资收益。这是指居民企业直接投资于其他居民企业取得的投资收益，免征企业所得税。

3. 在中国境内设立机构、场所的非居民企业从居民企业取得与该机构、场所有实际联系的股息、红利等权益性投资收益，免征企业所得税。该收益不包括连续持有居民企业公开发行并上市流通的股票不足12个月取得的投资收益。

4. 依法履行非营利组织登记手续，从事公益性或者非营利性活动，取得的收入除用于与该组织有关的、合理的支出外，全部用于登记核定或者章程规定的公益性或者非营利性事业的非营利组织的收入，免征企业所得税。

《企业所得税法》第26条第四项所称符合条件的非营利组织的收入不包括非营利组织从事营利性活动取得的收入，但国务院财政、税务主管部门另有规定的除外。

三、税前扣除

（一）税前扣除项目的原则

企业申报的扣除项目和金额要真实、合法。所谓真实，是指能提供证明有关支出确属已经实际发生。所谓合法，是指符合国家税法的规定，若其他法规规定与税收法规规定不一致，应以税收法规的规定为标准。除税收法规另有规定外，税前扣除一般遵循以下原则：

1. 权责发生制原则，即纳税人费用应在发生的所属期扣除，而不是在实际支付时确认扣除。

2. 配比原则，即纳税人发生的费用应当与收入配比扣除。除特殊规定外，纳税人发生的费用不得提前或滞后申报扣除。

3. 相关性原则，即纳税人可扣除的费用从性质和根源上必须与取得的应税收入直接相关。

4. 确定性原则，即纳税人可扣除的费用不论何时支付，其金额必须是确定的。

5. 合理性原则，即纳税人可扣除费用的计算和分配方法应符合一般的经营常规，应当计入当期损益或者有关资产成本的必要的和正常的支出。

---

① 根据《国家税务总局关于企业国债投资业务企业所得税处理问题的公告》规定，自2011年1月1日起按此规定执行。

(二) 税前扣除项目的范围

《企业所得税法》规定，企业实际发生的与取得收入有关的、合理的支出，包括成本、费用、税金、损失和其他支出，准予在计算应纳所得额时扣除。在实际工作中，计算应纳所得额时还应注意三个方面的内容：一是企业发生的支出应当区分收益性支出和资本性支出。收益性支出在发生当期直接扣除；资本性支出应当分期扣除或者计入有关资产成本，不得在发生当期直接扣除；二是企业的不征税收入用于支出所形成的费用或者财产，不得扣除或者计算对应的折旧、摊销扣除；三是除了《企业所得税法》及《企业所得税法实施条例》另有规定外，企业实际发生的成本、费用、税金、损失和其他支出，不得重复扣除。

1. 成本，是指企业在生产经营活动中发生的销售成本、销货成本、业务支出以及其他耗费，即企业销售商品（产品、材料、下脚料、废料、废旧物资等）、提供劳务、转让固定资产、无形资产（包括技术转让）的成本。

企业必须将经营活动中发生的成本合理划分为直接成本和间接成本。直接成本是指可直接计入有关成本计算对象或劳务的经营成本中的直接材料、直接人工等。间接成本是指多个部门为同一成本对象提供服务的共同成本，或者同一种投入可以制造、提供两种或两种以上的产品或劳务的联合成本。

直接成本可以根据有关会计凭证、记录直接计入有关成本计算对象或劳务的经营成本。间接成本必须根据与成本计算对象之间的因果关系、成本计算对象的产量等，以合理的方法分配计入有关成本计算对象。

2. 费用，是指企业每一个纳税年度为生产、经营商品和提供劳务等所发生的销售（经营）费用、管理费用和财务费用，已经计入成本的有关费用除外。(1) 销售费用，是指应由企业负担的为销售商品而发生的费用，包括广告费、运输费、装卸费、包装费、展览费、保险费、销售佣金（能直接认定的进口佣金调整商品进价成本）、代销手续费、经营性租赁费及销售部门发生的差旅费、工资、福利费等费用。(2) 管理费用，是指企业的行政管理部门为管理组织经营活动提供各项支援性服务而发生的费用。(3) 财务费用，是指企业筹集经营性资金而发生的费用，包括利息净支出、汇兑净损失、金融机构手续费以及其他非资本化支出。

3. 税金，是指企业发生的除企业所得税和允许抵扣的增值税以外的企业缴纳的各项税金及其附加，即企业按规定缴纳的消费税、城市维护建设税、关税、资源税、土地增值税、房产税、车船税、土地使用税、印花税、教育费附加等产品销售税金及附加。这些已纳税金准予税前扣除。准许扣除的税金有两种扣除方式：一是在发生当期扣除；二是在发生当期计入相关资产的成本，在以后各期分摊扣除（见表6-2）。

表6-2　　　　　　　　　　　企业所得税可扣除税金扣除方式

准予扣除税金的方式	可扣除税金举例
在发生当期扣除	消费税、城市维护建设税、出口关税、资源税、土地增值税、房产税、车船税、城镇土地使用税、印花税、环境保护税，教育费附加和地方教育附加（视同税金扣除）
在发生当期计入相关资产的成本，在以后各期分摊扣除	车辆购置税、契税、耕地占用税、进口关税，按规定不得扣除的增值税

4. 损失，是指企业在生产经营活动中发生的固定资产和存货的盘亏、毁损、报废损失，转让财产损失，呆账损失，坏账损失，自然灾害等不可抗力因素造成的损失以及其他损失。企业发生的损失，减除责任人赔偿和保险赔款后的余额，依照国务院财政、税务主管部门的规定扣除。

企业已经作为损失处理的资产，在以后纳税年度又全部收回或者部分收回时，应当计入当期收入。

5. 准予扣除的其他支出，是指除成本、费用、税金、损失外，企业在生产经营活动中发生的与生产经营活动有关的、合理的支出。

（三）扣除项目及标准

1. 工资、薪金支出。企业发生的合理的工资、薪金支出准予据实扣除。工资、薪金支出是企业每一纳税年度支付给本企业任职或与其有雇佣关系的员工的所有现金或非现金形式的劳动报酬，包括基本工资、奖金、津贴、补贴、年终加薪、加班工资，以及与任职或者受雇有关的其他支出。合理的工资、薪金是指企业按照股东大会、董事会、薪酬委员会或相关管理机构制定的工资、薪金制度规定实际发放给员工的工资薪金。

2. 职工福利费、工会经费、职工教育经费。职工福利费、工会经费、职工教育经费按标准扣除，未超过标准的按实际数扣除；超过标准的只能按标准扣除。（1）企业发生的职工福利费支出，不超过工资、薪金总额14%的部分准予扣除。（2）企业拨缴的工会经费，不超过工资、薪金总额2%的部分准予扣除。（3）企业发生的职工教育经费支出，不超过工资、薪金总额8%的部分，准予扣除；超过部分，准予在以后纳税年度结转扣除。

应注意的是：计算上述三项费用的基数"工资、薪金总额"，是指企业按照规定实际发放的工资、薪金总和；可税前扣除的三项费用必须是实际发生的，只计提不使用的不得抵扣。

【例6-1】 某手机生产企业2022年应付职工工资380万元，实际为本企业雇员支付300万元、奖金40万元，假定该企业工资薪金支出符合合理性标准，当年职工福利费、工会经费和职工教育经费可在企业所得税前列支扣除的限额分别是多少？

解：（1）该企业当年可列支的工资、薪金总额 = 300 + 40 = 340（万元）

（2）其当年可在企业所得税列支的职工福利费限额 = 340 × 14% = 47.6（万元）

（3）其当年可在企业所得税前列支的工会经费限额 = 340 × 2% = 6.8（万元）

（4）其当年可在企业所得税前列支的职工教育经费限额 = 340 × 8% = 27.2（万元）

3. 保险费与公积金。

（1）社会保险费用。企业依照国务院有关主管部门或者省级人民政府规定的范围和标准为职工缴纳的基本养老保险费、基本医疗保险费、失业保险费、工伤保险费、生育保险费等基本社会保险费和住房公积金，准予扣除。

（2）补充养老保险费和补充医疗保险费。企业根据国家有关政策规定，为在本企业任职或者受雇的全体员工支付的补充养老保险费、补充医疗保险费，分别在不超过职工工资总额5%标准内的部分，在计算应纳税所得额时准予扣除；超过的部分，不予扣除。

（3）商业保险费。除企业依照国家有关规定为特殊工种职工支付的人身安全保险费和国务院财政、税务主管部门规定可以扣除的其他商业保险费外，企业为投资者或者职工支付的商业保险费，不得扣除。

企业职工因公出差乘坐交通工具发生的人身意外保险费支出，准予扣除。

（4）财产保险费。企业参加财产保险，按照规定缴纳的保险费，准予扣除。

4. 利息费用。企业在生产、经营活动中发生的利息费用，按下列规定扣除：

（1）非金融企业向金融企业借款的利息支出、金融企业的各项存款利息支出和同业拆借利息支出、企业经批准发行债券的利息支出可据实扣除。

（2）非金融企业向非金融企业借款的利息支出，不超过按照金融企业同期同类贷款利率计算的数额部分可据实扣除，超过部分不得扣除。

（3）关联企业利息费用的扣除：

企业从其关联方接受的债权性投资与权益性投资的比例超过规定标准而发生的利息支出，不得在计算应纳税所得额时扣除。

在计算应纳税所得额时，企业实际支付给关联方的利息支出，不超过以下规定比例和《企业所得税法》及其实施条例有关规定计算的部分，准予扣除；超过的部分不得在发生当期和以后年度扣除。

企业实际支付给关联方的利息支出，除符合下面规定外，其接受关联方债权性投资与其权益性投资比例为：金融企业5∶1；其他企业2∶1。

企业如果能够按照税法及其实施条例的有关规定提供相关资料，并证明相关交易活动符合独立交易原则，或者该企业的实际税负不高于境内关联方，其实际支付给境内关联方的利息支出，在计算应纳税所得额时准予扣除。

企业同时从事金融业务和非金融业务，其实际支付给关联方的利息支出，应按照合理方法分开计算；没有按照合理方法分开计算的，一律按前述有关其他企业的比例计算准予税前扣除的利息支出。

企业自关联方取得的不符合规定的利息收入应按照有关规定缴纳企业所得税。

（4）企业向自然人借款的利息支出准予在企业所得税税前扣除。

（5）企业投资者投资未到位而发生的利息支出的扣除问题。凡是企业投资者在规定期限内未缴足其应缴资本额的，该企业对外借款所发生的利息，相当于投资者实缴资本额与在规定期限内应缴资本额的差额应计付的利息，其不属于企业合理的支出，属于企业投资者负担，不得在计算企业应纳所得额时进行扣除。[①]

5. 借款费用。

（1）企业在生产经营活动中发生的合理的不需要资本化的借款费用，准予扣除。

（2）企业为购置、建造固定资产，无形资产和经过12个月以上的建造才能达到预定可销售状态的存货发生借款的，在有关资产购置、建造期间发生的合理的借款费用，应予以资本化，作为资本性支出计入有关资产的成本；有关资产交付使用后发生的借款利息，可在发生当期扣除。

（3）企业通过发行债券、取得贷款、吸收保户储金等方式融资而发生的合理的费用支出，符合资本化条件的，应计入相关资产成本；不符合资本化条件的，应作为财务费用，准

[①]《国家税务局关于企业投资者投资未到位而发生的利息支出企业所得税前扣除问题的批复》（国税函〔2009〕312号）。

予在企业所得税前据实扣除。

（4）企业以本企业为主体联合其他企业、单位、个人合作或合资开发房地产项目，且该项目未成立独立法人公司，凡开发合同或协议中约定分配项目利润的，企业应将该项目形成的营业利润额并入当期应纳税所得额统一申报缴纳企业所得税，不得在税前分配该项目的利润。同时不能因接受投资方投资额而在成本中摊销或在税前扣除利息支出。

6. 汇兑损失。企业在货币交易中，以及纳税年度终了时将人民币以外的货币性资产、负债按照期末即期人民币汇率中间价折算为人民币时产生的汇兑损失，除已经计入有资产成本以及与向所有者进行利润分配相关的部分外，准予扣除。

7. 业务招待费。

（1）企业发生的与生产经营活动有关的业务招待费支出，按照发生额的60%扣除，但最高不得超过当年销售（营业）收入的5‰。

（2）对从事股权投资业务的企业（包括集团公司总部、创业投资企业等），其从被投资企业所分配的股息、红利以及股权转让收入，可以按规定的比例计算业务招待费扣除限额。

（3）企业在筹建期间发生的与筹办活动有关的业务招待费支出，可按实际发生额的60%计入企业筹办费，并按有关规定在税前扣除。

8. 广告费和业务宣传费。企业发生的符合条件的广告费和业务宣传费支出，除国务院财政、税务主管部门另有规定外，不超过当年销售（营业）收入15%的部分，准予扣除；超过部分，准予结转以后纳税年度扣除。

企业在筹建期间发生的广告费和业务宣传费，可按实际发生额计入企业筹办费，按上述规定在税前扣除。

企业申报扣除的广告费支出应与赞助支出严格区分。企业申报扣除的广告费支出必须符合下列条件：广告是通过工商部门批准的专门机构制作的；已实际发生费用，并已取得相应发票；通过一定的媒体传播。

9. 环境保护专项资金。企业依照法律、行政法规有关规定提取的用于环境保护、生态恢复等方面的专项资金，准予扣除。上述专项资金提取后改变用途的，不得扣除。

10. 租赁费。企业根据生产经营活动的需要租入固定资产支付的租赁费，按照以下方法扣除：

（1）以经营租赁方式租入固定资产发生的租赁费支出，按租赁期限均匀扣除。经营租赁是指所有权不转移的租赁。

（2）以融资租赁方式租入固定资产发生的租赁费支出，按照规定构成融资租入固定资产价值的部分应当提取折旧费用，分期扣除。融资租赁是指在实质上转移与一项资产所有权有关的全部风险和报酬的一种租赁。

11. 劳动保护费。企业发生的合理的劳动保护费支出，准予扣除。自2011年7月1日起，根据《企业所得税法实施条例》第27条规定，企业可以按其工作性质和特点，由企业统一制作并要求员工工作时统一着装所发生的工作服饰费用，可以作为企业合理的支出给予税前扣除。

12. 公益性捐赠支出。公益性捐赠是指企业通过公益性社会团体或者县级（含县级）以上人民政府及其部门，用于《公益事业捐赠法》规定的公益事业的捐赠。

企业发生的公益性捐赠支出,不超过年度利润总额12%的部分,准予扣除。超过年度利润总额12%的部分,准予结转以后三年内在计算应纳税所得额时扣除。年度利润总额是指企业依照国家统一会计制度的规定计算的年度会计利润。

用于公益事业的捐赠支出是指向公益事业的捐赠支出,具体范围包括救助灾害、救济贫困、扶助残疾人等困难社会群体和个人的活动;教育、科学、文化、卫生、体育事业;环境保护、社会公共设施建设;促进社会发展和进步的其他社会公共和福利事业。企事业单位、社会团体以及其他组织捐赠住房作为廉租住房的,视同公益性捐赠按上述规定执行[①]。

13. 有关资产的费用。企业转让各类固定资产发生的费用,允许扣除。企业按规定计算的固定资产折旧费、无形资产和递延资产的摊销费,准予扣除。企业在2018年1月1日至2020年12月31日期间新购进除房屋、建筑物以外的设备、器具,单位价值不超过500万元的,允许一次性计入当期成本费用,在计算应纳税所得额时扣除,不再分年度计算折旧;单位价值超过500万元的,仍按《企业所得税法实施条例》《财政部 国家税务总局关于完善固定资产加速折旧企业所得税政策的通知》《财政部 国家税务总局关于进一步完善固定资产加速折旧企业所得税政策的通知》等相关规定执行。

(四) 不得税前扣除的项目

在计算应纳税所得额时,下列项目不得从收入总额中扣除:

1. 向投资者支付的股息、红利等权益性投资收益款项。
2. 企业所得税税款。
3. 税收滞纳金。
4. 罚金、罚款和被没收财物的损失。
5. 公益性捐赠以外的捐赠支出。
6. 赞助支出,是指企业发生的与生产经营活动无关的各种非广告性质支出。
7. 未经核定的准备金支出,是指不符合国务院财政、税务主管部门规定的各项资产减值准备、风险准备等准备金支出。
8. 与取得收入无关的其他支出。
9. 企业之间支付的管理费、企业内营业机构之间支付的租金和特许权使用费,以及非银行企业内营业机构之间支付的利息,不得扣除(见表6-3)。

表6-3　　　　　　　　　　　　企业所得税扣除原则及标准

要点	具体规定
扣除原则(5个)	权责发生制原则、配比原则、相关性原则、确定性原则、合理性原则
基本范围	成本、费用、税金、损失、其他支出

---

① 《中华人民共和国公益事业捐赠法》。

续表

要点		具体规定
具体项目和标准	按照实际发生额扣除（在符合扣除原则的前提下）	工薪（合理和据实）、五险一金、财险、向金融企业借款利息、汇兑损失、劳动保护费、环境保护专项资金（限定用途）
	限定比例扣除（最重要）	补充养老保险、补充医疗保险、职工福利费、职工教育经费、工会经费、业务招待费、公益性捐赠、广告费和业务宣传费、向非金融企业或个人借款的利息手续费及佣金
	限定手续扣除	总机构分摊的费用、资产损失

四、资产的税务处理

资产是由于资本投资而形成的财产，资本性支出及无形资产受让、开办、开发费不允许作为成本、费用从纳税人的收入总额中作一次性扣除，只能采取分次计提折旧或分次摊销的方式予以扣除。即纳税人经营活动中使用的固定资产折旧费用、无形资产和长期待摊费用的摊销费用可以扣除。税法规定，企业的各项资产，包括固定资产、生物资产、无形资产、长期待摊费用、投资资产、存货等，以历史成本为计税基础。历史成本指企业取得该项资产时实际发生的支出。企业持有各项资产期间资产增值或者减值，除国务院财政、税务主管部门规定可以确认损益外，不得调整该资产的计税基础。

（一）固定资产

固定资产是指企业为生产产品、提供劳务、出租或经营管理而持有的、使用时间超过12个月的非货币性长期资产，包括房屋、建筑物、机器、机械、运输工具及其他与生产经营有关的设备、工具等。

1. 固定资产的计税基础。

（1）外购的固定资产，以购买价款和支付的相关税费及直接归属于使该资产达到预定用途发生的其他支出为计税基础。

（2）自行建造的固定资产，以竣工结算前发生的支出为计税基础。

（3）融资租入的固定资产，以租赁合同约定的付款总额和承租人在签订租赁合同过程中发生的相关费用为计税基础。租赁合同未约定付款总额的，以该资产的公允价值和承租人在签订租赁合同过程中发生的相关费用为计税基础。

（4）融资性售后回租业务中，承租人出售资产的行为，不确认为销售收入。对融资性租赁的资产，仍按承租人出售前原账面价值作为计税基础计提折旧。

（5）盘盈的固定资产，以同类固定资产的重置完全价值为计税基础。

（6）通过捐赠、投资、非货币性资产交换、债务重组等方式取得的固定资产，以该资产的公允价值和支付的相关税费为计税基础。

（7）改建的固定资产，除已足额提取折旧的固定资产和租入的固定资产以外的其他固定资产，以改建过程中发生的改建支出增加计税基础。

（8）企业固定资产投入使用后，由于工程款项尚未结清未取得全额发票的，可暂按合同规定的金额计入固定资产计税基础计提折旧，待取得发票后进行调整。但该项调整应在固定资产投入使用后12个月内进行。

（9）全民所有制企业改制为国有独资公司或者国有全资子公司，属于《财政部 国家税务总局关于企业重组业务企业所得税处理若干问题的通知》第4条规定的"企业发生其他法律形式简单改变"的，改制中资产评估增值不计入应纳税所得额；资产的计税基础按其原有计税基础确定，资产增值部分的折旧或者摊销不得在税前扣除。

2. 固定资产折旧的范围。在计算应纳税所得额时，企业按照规定计算的固定资产折旧，准予扣除。下列固定资产不得计算折旧扣除：

（1）房屋、建筑物以外未投入使用的固定资产；（2）以经营租赁方式租入的固定资产；（3）以融资租赁方式租出的固定资产；（4）已足额提取折旧仍继续使用的固定资产；（5）与经营活动无关的固定资产；（6）单独估价作为固定资产入账的土地；（7）其他不得计算折旧扣除的固定资产。

3. 固定资产折旧的计提方法。固定资产按照直线法计算的折旧，准予扣除。企业应当从固定资产使用月份的次月起计算折旧；停止使用的固定资产，应当从停止使用月份的次月起停止计算折旧。

此外，企业还应当根据固定资产的性质和使用情况，合理确定固定资产的预计净残值。固定资产预计净残值一经确定，不得变更。

4. 固定资产折旧的计提年限。除国务院财政、税务主管部门另有规定外，固定资产计算折旧的最低年限如下：

（1）房屋、建筑物，为20年；（2）飞机、火车、轮船、机器、机械和其他生产设备，为10年；（3）与生产经营活动有关的器具、工具、家具等，为5年；（4）飞机、火车、轮船以外的运输工具，为4年；（5）电子设备，为3年。

从事开采石油、天然气等矿产资源的企业，在开始商业性生产前发生的费用和有关固定资产的折耗、折旧方法，由国务院财政、税务主管部门另行规定。

5. 固定资产折旧的企业所得税处理。企业固定资产会计折旧年限如果短于税法规定的最低折旧年限，其按会计折旧年限计提的折旧高于按税法规定的最低折旧年限计提的折旧部分，应调增当期应纳税所得额；企业固定资产会计折旧年限已期满且会计折旧已提足，但税法规定的最低折旧年限尚未到期且税收折旧尚未足额扣除，其未足额扣除的部分准予在剩余的税收折旧年限继续按规定扣除。

企业固定资产会计折旧年限如果长于税法规定的最低折旧年限，其折旧应按会计折旧年限计算扣除，税法另有规定除外。

企业按会计规定提取的固定资产减值准备，不得税前扣除，其折旧仍按税法确定的固定资产计税基础计算扣除。

企业按税法规定实行加速折旧的，其按加速折旧办法计算的折旧额可全额在税前扣除。

石油天然气开采企业在计提油气资产折耗（折旧）时，由于会计与税法规定计算方法不同导致的折耗（折旧）差异，应按税法规定进行纳税调整。

（二）生物资产的税务处理

生物资产是指有生命的动物和植物。生物资产分为消耗性生物资产、生产性生物资产和公益性生物资产。消耗性生物资产是指为出售而持有的或在将来收获为农产品的生物资产，包括生长中的农田作物、蔬菜、用材林以及存栏待售的牲畜等。生产性生物资产是指为产出农产品、提供劳务或出租等目的而持有的生物资产，包括经济林、薪炭林、产畜和役畜等。公益性生物资产是指以防护、环境保护为主要目的的生物资产，包括防风固沙林、水土保持林和水源涵养林等。

1. 生物资产的计税基础。生产性生物资产按照以下方法确定计税基础：

（1）外购的生产性生物资产，以购买价款和支付的相关税费为计税基础；（2）通过捐赠、投资、非货币性资产交换、债务重组等方式取得的生产性生物资产，以该资产的公允价值和支付的相关税费为计税基础。

2. 生物资产的折旧方法和折旧年限。生产性生物资产按照直线法计算的折旧，准予扣除。企业应当自生产性生物资产投入使用月份的次月起计算折旧；停止使用的生产性生物资产，应当自停止使用月份的次月起停止计算折旧。企业应当根据生产性生物资产的性质和使用情况，合理确定生产性生物资产的预计净残值。生产性生物资产的预计净残值一经确定，不得变更。

生产性生物资产计算折旧的最低年限如下：

（1）林木类生产性生物资产，为10年；（2）畜类生产性生物资产，为3年。

（三）无形资产的税务处理

无形资产是指企业长期使用但没有实物形态的资产，包括专利权、商标权、著作权、土地使用权、非专利技术等。

1. 无形资产的计税基础。

（1）外购的无形资产，以购买价款和支付的相关税费以及直接归属于使该资产达到预定用途发生的其他支出为计税基础；（2）自行开发的无形资产，以开发过程中该资产符合资本化条件后至达到预定用途前发生的支出为计税基础；（3）通过捐赠、投资、非货币性资产交换、债务重组等方式取得的无形资产，以该资产的公允价值和支付的相关税费为计税基础。

2. 无形资产摊销的范围。在计算应纳税所得额时，企业按照规定计算的无形资产摊销费用允许扣除。

下列无形资产不得计算摊销费用扣除：

（1）自行开发的支出已在计算应纳税所得额时扣除的无形资产；（2）自创商誉；（3）与经营活动无关的无形资产；（4）其他不得计算摊销费用扣除的无形资产。

3. 无形资产的摊销方法及年限。无形资产的摊销采取直线法计算，其摊销年限不得少于10年。

（1）作为投资或者受让的无形资产，在有关法律或协议、合同中规定使用年限的，可依其规定使用年限分期计算摊销。（2）外购商誉的支出，在企业整体转让或清算时，准予扣除。

（四）长期待摊费用的税务处理

长期待摊费用，是指企业发生的应在一个年度以上或几个年度进行摊销的费用。在计算应纳税所得额时，企业发生的下列支出作为长期待摊费用，按照规定摊销的，准予扣除。

（1）已足额提取折旧的固定资产的改建支出，是指企业改变房屋、建筑物结构，延长使用年限等发生的支出。这项改建支出应当增加该固定资产原值，其中延长固定资产使用年限的，还应当适当延长折旧年限，并相应调整计算折旧。（2）租入固定资产的改建支出。（3）固定资产的大修理支出。（4）其他应该作为长期待摊费用的支出。

固定资产的改建支出是指改变房屋、建筑物结构，延长使用年限等发生的支出。已足额提取折旧的固定资产的改建支出按照固定资产预计尚可使用年限分期摊销；租入固定资产的改建支出，按照合同约定的剩余租赁期限分期摊销。

固定资产的大修理支出，是指符合下列条件的支出：（1）修理支出达到取得固定资产时的计税基础50%以上；（2）修理后固定资产的使用年限延长2年以上。

固定资产的大修理支出，按照固定资产尚可使用年限摊销。

其他应当作为长期待摊的支出，自支出发生月份的次月起分期摊销，摊销年限不得低于3年。

（五）投资资产的税务处理

投资资产，是指企业对外进行权益性投资和债权性投资形成的资产。

1. 投资资产成本的确定。投资资产按照以下方法确定成本：通过支付现金方式取得的投资资产，以购买价款为成本；通过支付现金以外的方式取得的投资资产，以该资产的公允价值和支付的相关税费为成本。

2. 投资资产成本的扣除方法。企业对外投资期间，投资资产的成本在计算应纳税所得额时不得扣除。企业在转让或者处置投资资产时，投资资产的成本准予扣除。

（六）存货的税务处理

存货，是指企业持有以备出售的产品或者商品、处在生产过程中的在产品、在生产或者提供劳务过程中耗用的材料和物料等。

1. 存货的计税基础。存货按照以下方法确定成本：

（1）通过支付现金方式取得的存货，以购买价款和支付的相关税费为成本；（2）通过支付现金以外的方式取得的存货，以该存货的公允价值和支付的相关税费为成本；（3）生产性生物资产收获的农产品，以产出或者采收过程中发生的材料费、人工费和分摊的间接费用等必要支出为成本。

2. 存货的成本计算方法。企业使用或者销售的存货的成本计算方法，可以在先进先出法、加权平均法、个别计价法中选用一种。计价方法一经选用，不得随意变更。

企业使用或者销售存货，按照规定计算的存货成本，准予在计算应纳税所得额时扣除。企业转让资产，该项资产的净值准予在计算应纳税所得额时扣除。资产的净值是指有关资产、财产的计税基础减除已经按照规定扣除的折旧、折耗、摊销、准备金等后的余额。

除国务院财政、税务主管部门另有规定外，企业在重组的过程中，应当要在交易发生时确认有关资产的转让所得或者损失，相关资产应当按照交易价格重新确定计税基础。

（七）税法规定和会计规定的差异及处理

税法规定与会计规定差异的处理是指在计算应纳税所得额时，企业财务、会计处理办法与税收法律、行政法规的规定不一致的，应当依照税收法律、行政法规的规定计算，即企业在平时进行会计核算时，可以按会计制度的有关规定进行账务处理，但在计算应纳税所得额和申报纳税时，对税法规定和会计制度规定有差异的，要按税法规定进行纳税调整。

1. 企业不能提供完整、准确的收入及成本、费用凭证，不能正确计算应纳税所得额的，由税务机关核定其应纳税所得额。

2. 企业应纳税所得额是根据税收法规计算出来的，它在数额上与依据财务会计制度计算的利润总额往往不一致。因此，税法规定，对企业按照有关财务会计规定计算的利润总额，要按照税法的规定进行必要调整后，才能作为应纳税所得额计算缴纳所得税。

五、资产损失税前扣除的所得税处理

（一）资产损失的定义

资产是指企业拥有或者控制的、用于经营管理活动相关的资产，包括现金、银行存款、应收及预付款项（包括应收票据、各类垫款、企业之间往来款项）等货币性资产，存货、固定资产、无形资产、在建工程、生产性生物资产等非货币性资产，以及债权性投资和股权（权益）性投资。

准予在企业所得税税前扣除的资产损失，包括实际资产损失和法定资产损失。实际资产损失是指企业在实际处置、转让上述资产过程中发生的合理损失；法定资产损失是指企业虽未实际处置、转让上述资产，但符合规定条件计算确认的损失。

（二）资产损失的确认

1. 资产损失确认及扣除的基本规定。企业实际资产损失，应当在其实际发生且会计上已作损失处理的年度申报扣除；法定资产损失，应当在企业向主管税务机关提供证据资料证明该项资产已符合法定资产损失确认条件，且会计上已作损失处理的年度申报扣除。

企业以前年度发生的资产损失未能在当年税前扣除的，可以按照规定，向税务机关说明并进行专项申报扣除。其中，属于实际资产损失的，准予追补至该项损失发生年度扣除，其追补确认期限一般不得超过5年，但因计划经济体制转轨过程中遗留的资产损失、企业重组上市过程中因权属不清出现争议而未能及时扣除的资产损失、因承担国家政策性任务而形成的资产损失及政策定性不明确而形成资产损失等特殊原因形成的资产损失，其追补确认期限经国家税务总局批准后可适当延长。属于法定资产损失的，应在申报年度扣除。

企业因以前年度实际资产损失未在税前扣除而多缴的企业所得税税款，可在追补确认年度企业所得税应纳税款中予以抵扣；不足抵扣的，向以后年度递延抵扣。

企业实际资产损失发生年度扣除追补确认的损失后出现亏损的，应先调整资产损失发生年度的亏损额，再按弥补亏损的原则计算以后年度多缴的企业所得税税款，并按上述办法进行税务处理。

2. 可扣除的资产损失的金额确认。

（1）坏账损失。除贷款类债权外的应收、预付账款，减除可收回金额后确认损失。

（2）贷款类债权。按未能收回的贷款损失确认损失。

（3）股权投资损失。投资额减除可收回金额后确认的无法收回的股权投资，可以作为股权投资损失。

(4) 固定资产和存货损失。盘亏的固定资产或存货，按该固定资产的账面净值或存货的成本减除责任人赔偿后的余额确认损失；毁损、报废的固定资产或存货，按该固定资产的账面净值或存货的成本减除残值、保险赔款和责任人赔偿后的余额确认损失；被盗的固定资产或存货，按该固定资产的账面净值或存货的成本减除保险赔款和责任人赔偿后的余额确认损失；对于企业因存货盘亏、毁损、报废、被盗等原因不得从增值税销项税额中抵扣的进项税额，可以与存货损失一起在计算应纳税所得额时扣除。

(5) 现金损失。按现金短缺减除责任人赔偿后的余额扣除。

(6) 存款损失。企业将货币性资金存入法定具有吸收存款职能的机构，因该机构依法破产、清算或政府责令停业、关闭等原因，确实不能收回的部分，作为存款损失在计算应纳税所得额时扣除。

3. 资产损失税前扣除管理。企业发生资产损失，应当按照规定的程序和要求向主管税务机关申报后方能在税前扣除。未经申报的损失，不得在税前进行扣除。企业向税务机关申报扣除资产损失，仅需填报企业所得税年度纳税申报表之《资产损失税前扣除及纳税调整明细表》，不再报送资产损失相关资料，相关资料由企业留存备查。企业应当完整保存资产损失的相关资料，保证资料的真实性和合法性。

关于企业的资产损失申报管理主要分为以下两种申报方式。

(1) 清单申报方式。清单申报方式下，列举的损失一般都是企业正常经营管理活动发生的，损失情况简单并且业务量大。属于清单申报的资产损失，企业可按会计核算科目进行归类、汇总，然后再将汇总清单报送税务机关，有关会计核算资料和纳税资料留存备查。

下列资产损失，应以清单申报的方式向税务机关申报扣除：①企业在正常经营管理活动中，按照公允价格销售、转让、变卖非货币性资产的损失；②企业各项存货发生的正常损耗；③企业固定资产达到或超过使用年限而正常报废清理的损失；④企业生产性生物资产达到或超过使用年限而正常死亡发生的资产损失；⑤企业按照市场公平交易原则，通过各种交易场所、市场等买卖债券、股票、期货、基金及金融衍生产品等发生的损失。

(2) 专项申报方式。清单申报以外的资产损失，应以专项申报的方式向税务机关申报扣除。企业无法准确判别是否属于清单申报扣除的资产损失，可以采取专项申报的形式申报扣除。属于专项申报的资产损失，企业应逐项（或逐笔）报送申请报告，资产损失的会计核算资料及其他相关的纳税资料，由企业留存备查。

(3) 跨地区经营汇总纳税企业资产损失的申报扣除。在中国境内跨地区经营的汇总纳税企业发生的资产损失，应按以下规定申报扣除：

①总机构及其分支机构发生的资产损失，除应按专项申报和清单申报的有关规定，各自向当地主管税务机关申报外，各分支机构同时还应上报总机构。②总机构对各分支机构上报的资产损失，除税务机关另有规定外，应以清单申报的形式向当地主管税务机关进行申报。③总机构将跨地区分支机构所属资产捆绑（打包）转让所发生的资产损失，由总机构向当地主管税务机关进行专项申报。④企业和税务机关应健全资产损失管理制度。企业应当建立健全资产损失内部核销管理制度，及时收集、整理、编制、审核、申报、保存资产损失税前扣除证据材料，方便税务机关检查。

税务机关应按分项建档、分级管理的原则，建立企业资产损失税前扣除管理台账和纳税档案，及时进行评估。对资产损失金额较大或经评估后发现不符合资产损失税前扣除规定或存有疑点、异常情况的资产损失，应及时进行核查。对有证据证明申报扣除的资产损失不真实、不合法的，应依法作出税收处理。

六、企业重组的所得税处理

（一）企业重组的相关概念

企业重组，是指企业在日常经营活动以外发生的法律结构或经济结构重大改变的交易，包括企业法律形式改变、债务重组、股权收购、资产收购、合并、分立等。

1. 企业法律形式改变，是指企业注册名称改变、住所及企业组织形式等的简单改变，但符合规定的其他重组的类型除外。

2. 债务重组，是指债务人发生财务困难的情况下，债权人按照其与债务人达成的书面协议或者法院裁定书，就其债务人的债务做出让步的事项。

3. 股权收购，是指一家企业（以下称为收购企业）购买另一家企业（以下称为被收购企业）的股权，以实现对被收购企业控制的交易。收购企业支付对价的形式包括股权支付、非股权支付或两者的组合。

4. 资产收购，是指一家企业（以下称为受让企业）购买另一家企业（以下称为转让企业）实质经营性资产的交易。受让企业支付对价的形式包括股权支付、非股权支付或两者的组合。

5. 合并，是指一家或多家企业（以下称为被合并企业）将其全部资产和负债转让给另一家现存或新设企业（以下称为合并企业），被合并企业股东换取合并企业的股权或非股权支付，实现两个或两个以上企业的依法合并。

6. 分立，是指一家企业（以下称为被分立企业）将部分或全部资产分离转让给现存或新设的企业（以下称为分立企业），被分立企业股东换取分立企业的股权或非股权支付，实现企业的依法分立。分立可以采取存续分立和新设分立两种形式。

上述股权支付，是指企业重组中购买、换取资产的一方支付的对价中，以本企业或其控股企业的股权、股份作为支付的形式。非股权支付，是指以本企业的现金、银行存款、应收款项、本企业或其控股企业股权和股份以外的有价证券、存货、固定资产、其他资产以及承担债务等作为支付的形式。

（二）一般性税务处理

企业由法人转变为个人独资企业、合伙企业等非法人组织，或将登记注册地转移至中华人民共和国境外（包括港澳台地区），应视同企业进行清算、分配，股东重新投资成立新企业。企业的全部资产以及股东投资的计税基础均应以公允价值为基础确定。

企业发生其他法律形式简单改变的，可直接变更税务登记，除另有规定外，有关企业所得税纳税事项（包括亏损结转、税收优惠等权益和义务）由变更后企业承继，但因住所发生变化而不符合税收优惠条件的除外。

1. 企业债务重组，相关交易应按以下规定处理：

（1）以非货币性资产清偿债务，应当分解为转让相关非货币性资产、按非货币性资产公允价值清偿债务两项业务，确认相关资产的所得或损失。

（2）发生债权转股权的，应当分解为债务清偿和股权投资两项业务，确认有关债务清偿所得或损失。

(3) 债务人应当按照支付的债务清偿额低于债务计税基础的差额，确认债务重组所得；债权人应当按照收到的债务清偿额低于债权计税基础的差额，确认债务重组损失。

(4) 债务人的相关所得税纳税事项原则上保持不变。

2. 企业股权收购、资产收购重组交易，相关交易应按以下规定处理：被收购方应确认股权、资产转让所得或损失。收购方取得股权或资产的计税基础应以公允价值为基础确定。被收购企业的相关所得税事项原则上保持不变。

3. 企业合并，当事各方应按下列规定处理：合并企业应按公允价值确定接受被合并企业各项资产和负债的计税基础；被合并企业及其股东都应按清算进行所得税处理；被合并企业的亏损不得在合并企业结转弥补。

4. 企业分立，当事各方应按下列规定处理：被分立企业对分立出去的资产应按公允价值确认资产转让所得或损失；分立企业应按公允价值确认接受资产的计税基础；被分立企业继续存在时，其股东取得对价应视同被分立企业分配进行处理；被分立企业不再继续存在时，被分立企业及其股东都应按清算进行所得税处理；企业分立相关企业的亏损不得相互结转弥补。

（三）特殊性税务处理

1. 适用于特殊性税务处理的情形：

(1) 具有合理的商业目的，且不以减少、免除或者推迟缴纳税款为主要目的。

(2) 被收购、合并或分立部分的资产或者股权比例符合规定的比例。

(3) 企业重组后的连续 12 个月内不改变重组资产原来的实质性经营活动。

(4) 重组交易对价中涉及股权支付金额符合规定比例。

(5) 企业重组中取得股权支付的原主要股东（指原持有转让企业或被收购企业 20% 以上股权的股东），在重组后连续 12 个月内（自重组日起计算），不得转让所取得的股权。

2. 企业重组符合以上特殊税务处理的情形，交易各方对其交易中的股权支付部分，可按照以下规定进行税务处理：

(1) 企业债务重组确认的应纳所得额占该企业当年应纳所得额 50% 以上，可以在 5 个纳税年度的期间内，均匀计入各年度的应纳所得额。企业发生债权转股权业务，对债务清偿和股权投资两项业务暂不确认有关债务清偿所得或损失，股权投资的计税基础以原债权的计税基础确定。企业的其他相关所得税事项保持不变。

(2) 股权收购、资产收购、企业合并、分立等行为，在符合规定目的和比例的前提下，对股权支付部分不确认所得、保持原计税基础、有条件地免税（实施税收递延）。

第五节 应纳税额的计算

一、居民企业应纳税额的计算

居民企业应纳所得税税额等于应纳税所得额乘以适用税率，基本计算公式为：

$$应纳税额 = 应纳税所得额 \times 适用税率 - 减免税额 - 抵免税额$$

由此可见，应纳税额的多少取决于应纳税所得额、适用税率、减免税额和抵免税额等因素。减免税额和抵免税额是指按照《企业所得税法》和国务院的税收优惠规定减征、免征和抵免的应纳税额。在实际工作中，应纳税所得额的计算一般有两种方法。

（一）直接计算法

在直接计算法下，企业每一个年度的应纳税所得额等于收入总额减除不征税收入、免税收入、各项扣除金额及允许弥补的以前年度亏损后的余额。计算公式为：

$$应纳税所得额 = 收入总额 - 不征税收入 - 免税收入 - 各项扣除金额 - 弥补亏损$$

（二）间接计算法

在间接计算法下，在会计利润总额的基础上加上或减除按照税法规定调整的项目金额后，即为应纳税所得额。现行企业所得税年度纳税申报表采用该方法。计算公式为：

$$应纳税所得额 = 会计利润总额 \pm 纳税调整项目金额$$

纳税调整项目金额包括两个方面的内容：一是企业财务会计制度规定的项目范围与税收法规规定的项目范围不一致应予以调整的金额；二是企业财务会计制度规定的扣除标准与税法规定标准不一致的差异应予以调整的金额。

【例6-2】某企业为居民企业，所得税税率为25%，20×3纳税年度，会计资料反映的业务情况如下：

（1）产品销售收入5 600万元，国债利息收入50万元，产品销售成本3 800万元，产品销售税金160万元；

（2）财务费用220万元；

（3）管理费用520万元，其中业务招待费60万元；

（4）销售费用300万元，其中广告费180万元；

（5）"三新"研发费用120万元；

（6）营业外收入45万元；

（7）营业外支出200万元，包括通过公益性社会组织向农村义务教育捐款80万元。

要求：计算该企业20×3年应纳所得税税额。（注：答案中的金额单位用万元表示）

解：

（1）会计利润总额 = 5 600 + 50 + 45 - 3 800 - 160 - 220 - 520 - 300 - 120 - 200
= 375（万元）。

（2）国债利息收入免税，故应调减所得额50万元。

（3）业务招待费扣除限额 = 5 600 × 5‰ = 28（万元）< 60 × 60% = 36（万元），允许税前扣除额为28万元，因此，业务招待费应调增所得额 = 60 - 28 = 32（万元）。

（4）广告费扣除限额 = 5 600 × 15% = 840（万元）> 实际发生额180万元，故不需调整所得额。

（5）"三新"研发费用在据实扣除的基础上，可加计扣除100%，故应调减所得额120 × 100% = 120（万元）。

（6）公益捐赠扣除限额 = 375 × 12% = 45（万元），小于实际发生额80万元，税前按限额扣除。

故应调增所得额 80 – 45 = 35（万元），超过限额的部分可向以后 3 个纳税年度结转抵扣。

(7) 应纳税所得额 = 375 – 50 + 32 – 120 + 35 = 272（万元）。

(8) 20×3 年应纳企业所得税税额 = 272×25% = 68（万元）。

(三) 居民企业应纳税额的核定征收

1. 核定征收企业所得税的范围。居民企业纳税人具有下列情形之一的，核定征收企业所得税：依照法律、行政法规的规定可以不设置账簿的；依照法律、行政法规的规定应当设置但未设置账簿的；擅自销毁账簿或者拒不提供纳税资料的；虽设置账簿，但账目混乱或者成本资料、收入凭证、费用凭证残缺不全，难以查账的；发生纳税义务，未按照规定的期限办理纳税申报，经税务机关责令限期申报，逾期仍不申报的；申报的计税依据明显偏低，又无正当理由的。

特殊行业、特殊类型的纳税人和一定规模以上的纳税人不适用上述办法。上述特定纳税人由国家税务总局另行明确。

2. 核定征收的办法。税务机关应根据纳税人的具体情况，对核定征收企业所得税的纳税人，核定应税所得率或者核定应纳所得税额。

具有下列情形之一的，核定其应税所得率：能正确核算（查实）收入总额，但不能正确核算（查实）成本费用总额的；能正确核算（查实）成本费用总额，但不能正确核算（查实）收入总额的；通过合理方法，能计算和推定纳税人收入总额或成本费用总额的。

纳税人不属于以上情形的，核定其应纳所得税额。

税务机关采用下列方法核定征收企业所得税：

(1) 参照当地同类行业或者类似行业中经营规模和收入水平相近的纳税人的税负水平核定。

(2) 按照应税收入额或成本费用支出额定率核定。

(3) 按照耗用的原材料、燃料、动力等推算或测算核定。

(4) 按照其他合理方法核定。

采用上述所列一种方法不足以正确核定应纳税所得额或应纳税额的，可以同时采用两种以上的方法核定。采用两种以上方法测算的应纳税额不一致时，可按测算的应纳税额从高核定。

采用应税所得率方式核定征收企业所得税的，应纳所得税额计算公式如下：

应纳所得税额 = 应纳税所得额 × 适用税率

应纳税所得额 = 应税收入额 × 应税所得率

或： = 成本(费用)支出额 ÷ (1 – 应税所得率) × 应税所得率

上述公式中应税收入额等于收入总额减去不征税收入和免税收入后的余额。用公式表示为：

应税收入额 = 收入总额 – 不征税收入 – 免税收入

公式中，收入总额为企业以货币形式和非货币形式从各种来源取得的收入。

实行应税所得率方式核定征收企业所得税的纳税人，经营多业的，无论其经营项目是否单独核算，均由税务机关根据其主营项目确定适用的应税所得率。主营项目应为纳税人所有经营项目中，收入总额或者成本（费用）支出额或者耗用原材料、燃料、动力数量所占比重最大的项目。应税所得率按表6-4规定的幅度标准确定。

表6-4　　　　　　　　　应税所得率的幅度标准

行业	应税所得率（%）
农、林、牧渔业	3~10
制造业	5~15
批发和零售贸易业	4~15
交通运输业	7~15
建筑业	8~20
饮食业	8~25
娱乐业	15~30
其他行业	10~30

纳税人的生产经营范围、主营业务发生重大变化，或者应纳税所得额或应纳税额增减变化达到20%的，应及时向税务机关申报调整已确定的应纳税额或应税所得率。

二、非居民企业应纳税额的计算

（一）非居民企业应纳税额的计算概述

对于在中国境内未设立机构、场所的，或者虽设立机构、场所但取得的所得与其所设机构、场所没有实际联系的非居民企业的所得，按照下列方法计算应纳税所得额：

1. 股息、红利等权益性收益和利息、租金、特许权使用费所得，以收入全额为应纳税所得额。

2. 转让财产所得，以收入全额减除财产净值后的余额为应纳税所得额。

3. 其他所得，参照前两项规定的方法计算应纳税所得额。

财产净值是指财产的计税基础减除已经按照规定扣除折旧、折耗、摊销、准备金等后的余额。

（二）非居民企业所得税核定征收方法

非居民企业因会计账簿不健全，资料残缺难以查账，或者其他原因不能准确计算并据实申报其应纳税所得额的，税务机关有权采取一定方法核定其应纳税所得额。

1. 按收入总额核定应纳税所得额：适用于能够正确核算收入或通过合理方法推定收入总额，但不能正确核算成本费用的非居民企业。计算公式如下：

$$应纳税所得额 = 收入总额 \times 经税务机关核定的利润率$$

2. 按成本费用核定应纳税所得额：适用于能够正确核算成本费用，但不能正确核算收入总额的非居民企业。计算公式如下：

$$应纳税所得额 = 成本费用总额 \div \left(1 - 经税务机关核定的利润率\right) \times 经税务机关核定的利润率$$

3. 按经费支出换算收入核定应纳税所得额：适用于能够正确核算经费支出总额，但不能正确核算收入总额和成本费用的非居民企业。计算公式如下：

$$应纳税所得额 = 经费支出总额 \div \left(1 - 经税务机关核定的利润率\right) \times 经税务机关核定的利润率$$

三、境外所得已纳税额的抵扣

企业取得的下列所得已在境外缴纳的所得税税额，可以从其当期应纳税额中抵免，抵免限额为该项所得依照《企业所得税法》规定计算的应纳税额；超过抵免限额的部分，可以在以后 5 个纳税年度内，用每年度抵免限额抵免当年应抵税额后的余额进行抵补。

1. 居民企业来源于中国境外的应税所得。
2. 非居民企业在中国境内设立机构、场所，取得发生在中国境外但与该机构、场所有实际联系的应税所得。
3. 居民企业从其直接或者间接控制的外国企业分得的来源于中国境外的股息、红利等权益性投资收益，外国企业在境外实际缴纳的所得税税额中属于该项所得负担的部分，可以作为该居民企业的可抵免境外所得税税额，在《企业所得税法》规定的抵免限额内抵免，自 2017 年 1 月 1 日起，实行五级抵免。

上述所称直接控制，是指居民企业直接持有外国企业 20% 以上股份；间接控制，是指居民企业以间接持股方式持有外国企业 20% 以上股份，具体认定办法由国务院财政、税务主管部门另行制定。

已在境外缴纳的所得税税额，是指企业来源于中国境外的所得依照中国境外税收法律以及相关规定应当缴纳并已经实际缴纳的企业所得税性质的税款。企业依照《企业所得税法》的规定抵免企业所得税税额时，应当提供中国境外税务机关出具的税款所属年度的有关纳税凭证。

抵免限额，是指企业来源于中国境外的所得，依照《企业所得税法》及《企业所得税法实施条例》的规定计算的应纳税额。除国务院财政、税务主管部门另有规定外，该抵免限额应当分国（地区）不分项计算。计算公式如下：

$$某国（地区）所得税抵免限额 = 中国境内、境外所得依照《企业所得税法》及其实施条例的规定计算的应纳税总额 \times \frac{来源于某国（地区）的应纳税所得额}{中国境内、境外应纳税所得总额}$$

上述 5 个纳税年度，是指从企业取得的来源于中国境外的所得，已经在中国境外缴纳的企业所得税性质的税额超过抵免限额的当年的次年起连续 5 个纳税年度。

第六节 企业所得税的税收优惠

一、免征与减征优惠

企业的下列所得，可以免征、减征企业所得税（企业如果从事国家限制和禁止发展的项目，不得享受企业所得税优惠）：

（一）从事农、林、牧、渔项目的所得，包括免征和减征两部分

1. 企业从事下列项目的所得，免征企业所得税：蔬菜、谷物、薯类、油料、豆类、棉花、麻类、糖料、水果、坚果的种植；农作物新品种的选育；中药材的种植；林木的培育和种植；牲畜、家禽的饲养；林产品的采集；灌溉、农产品初加工、兽医、农技推广、农机作业和维修等农、林、牧、渔服务业项目；远洋捕捞。

2. 企业从事下列项目的所得，减半征收企业所得税：花卉、茶以及其他饮料作物和香料作物的种植；海水养殖、内陆养殖。

（二）从事国家重点扶持的公共基础设施项目投资经营的所得

1. 企业从事国家重点扶持公共基础设施项目（指港口码头、机场、铁路、公路、电力、水利等项目）的投资经营所得，从项目取得第一笔生产经营收入所属纳税年度起，第1年至第3年免征企业所得税，第4年至第6年减半征收企业所得税。

2. 企业承包经营、承包建设和内部自建自用以上项目，不得享受企业所得税优惠。

（三）从事符合条件的环境保护、节能节水项目的所得

企业从事符合条件的环境保护、节能节水项目（包括公共污水处理、公共垃圾处理、沼气综合开发利用、节能减排技术改造、海水淡化等）的所得，从项目取得第一笔生产经营收入所属纳税年度起，第1年至第3年免征企业所得税，第4年至第6年减半征收企业所得税。

上述两项享受"三免三减半"减免税优惠的项目，在减免税期限内转让的，受让方自受让之日起，可以在剩余期限内享受规定的减免税优惠；减免税期限届满后转让的，受让方不得就该项目重复享受减免税优惠。

（四）符合条件的技术转让所得

符合条件的技术转让所得免征、减征企业所得税，是指在一个纳税年度内，居民企业技术转让所得不超过500万元的部分，免征企业所得税；超过500万元的部分，减半征收企业所得税。

技术转让的范围包括居民企业转让专利技术、计算机软件著作权、集成电路布图设计权、植物新品种、生物医药新品种，以及财政部和国家税务总局确定的其他技术。

符合条件的技术转让所得的计算方法如下：

$$技术转让所得 = 技术转让收入 - 技术转让成本 - 相关税费$$

1. 技术转让收入，是指当事人履行技术转让合同后获得的价款，不包括销售或转让设备、仪器、零部件、原材料等非技术性收入。不属于与技术转让项目密不可分的技术咨询、技术服务、技术培训等收入，不得计入技术转让收入。

可以计入技术转让收入的技术咨询、技术服务、技术培训收入是指转让方为使受让方掌握所转让的技术投入使用、实现产业化而提供的必要的技术咨询、技术服务、技术培训所产生的收入，并应同时符合以下条件：（1）在技术转让合同中约定的与该技术转让相关的技术咨询、技术服务、技术培训；（2）技术咨询、技术服务、技术培训收入与该技术转让项目收入一并收取价款。

2. 技术转让成本，是指转让的无形资产的净值，即该无形资产的计税基础减除在资产使用期间按照规定计算的摊销扣除额后的余额。

3. 相关税费，是指技术转让过程中实际发生的有关税费，包括除企业所得税和允许抵扣的增值税以外的各项税金及其附加、合同签订费用、律师费等相关费用及其他支出。

享受减免企业所得税优惠的技术转让应符合以下条件：

（1）享受优惠的技术转让主体是企业所得税法规定的居民企业；技术转让属于财政部、国家税务总局规定的范围；境内技术转让经省级以上科技部门认定；向境外转让技术经省级以上商务部门认定；国务院税务主管部门规定的其他条件。

（2）技术转让应签订技术转让合同。其中，境内的技术转让须经省级以上（含省级）科技部门认定登记；跨境的技术转让须经省级以上（含省级）商务部门认定登记；涉及财政经费支持的技术转让，需省级以上（含省级）科技部门审批。

（3）居民企业技术出口应由有关部门按照商务部、科技部发布的《中国禁止出口限制出口技术目录》（商务部、科技部令2008年第12号）进行审查。居民企业取得禁止出口和限制出口技术转让所得，不享受技术转让减免企业所得税优惠政策。

居民企业从直接或间接持有股权之和达到100%的关联方取得的技术转让所得，不享受技术转让减免企业所得税优惠政策。享受技术转让所得减免企业所得税优惠的企业，应单独计算技术转让所得，并合理分摊企业的期间费用；没有单独计算的，不得享受技术转让所得企业所得税优惠。

企业发生技术转让，应在纳税年度终了至报送年度纳税申报表以前，向主管税务机关办理减免税备案手续。

二、高新技术企业优惠

（一）国家需要重点扶持的高新技术企业，减按15%的税率征收企业所得税

高新技术企业，是指在《国家重点支持的高新技术领域（2016年修订）》范围内，持续进行研究开发与技术成果转化，形成企业核心自主知识产权，并以此为基础开展经营活动，在中国境内（不包括港澳台地区）注册的居民企业。

科技部、财政部、国家税务总局负责全国高新技术企业认定工作的指导、管理和监督。负责将认定后的高新技术企业按要求报领导小组办公室备案，对通过备案的企业领发高新技术企业证书。通过认定的高新技术企业，其资格自领发证书之日起有效期为3年。企业获得高新技术企业资格后，自高新技术企业证书颁发之日所在年度起享受税收优惠，可依照规定

到主管税务机关办理税收优惠手续①。

拓展阅读：《关于修订印发高新技术企业认定管理办法》的通知

（二）技术先进型服务企业所得税优惠

1. 自 2017 年 1 月 1 日起，对经认定的技术先进型服务企业，减按 15% 的税率征收企业所得税。

2. 自 2018 年 1 月 1 日起，对经认定的技术先进型服务企业（服务贸易类），减按 15% 的税率征收企业所得税。所称技术先进型服务企业（服务贸易类）须符合的条件及认定管理事项，按照上述技术服务型企业的相关规定执行。其中，企业须满足的技术先进型服务业务领域范围按照《关于将服务贸易创新发展试点地区技术先进型服务企业所得税政策推广至全国实施的通知》所附的《技术先进型服务业务领域范围（服务贸易类）》执行。

三、小型微利企业优惠

符合条件的小型微利企业，减按 20% 的税率征收企业所得税在 2022 年 1 月 1 日至 2024 年 12 月 31 日内，对小型微利企业年应纳税所得额不超过 100 万元的部分，减按 25% 计入应纳税所得额，按 20% 的税率缴纳企业所得税；对小型微利企业年应纳税所得额超过 100 万元但不超过 300 万元的部分，减按 25% 计入应纳税所得额，按 20% 的税率缴纳企业所得税②。

拓展阅读：关于落实小型微利企业所得税优惠政策征管问题的公告

所称小型微利企业，是指从事国家非限制和禁止行业，且同时符合年度应纳税所得额不超过 300 万元、从业人数不超过 300 人、资产总额不超过 5 000 万元等三个条件的企业。

从业人数，包括与企业建立劳动关系的职工人数和企业接受的劳务派遣用工人数。所称从业人数和资产总额指标，应按企业全年的季度平均值确定。具体计算公式如下：

$$季度平均值 =（季初值 + 季末值）\div 2$$
$$全年季度平均值 = 全年各季度平均值之和 \div 4$$

年度中间开业或者终止经营活动的，以其实际经营期作为一个纳税年度确定上述相关指标。

---

① 《高新技术企业认定管理办法》（国科发火〔2016〕32 号）第 4 条。
② 《财政部　国家税务总局关于进一步实施小微利企业所得税优惠政策的公告》（财税〔2022〕13 号）第 1 条。

相关链接：《小微企业"六税两费"减免政策解读》（视频），https：//www.chinatax.gov.cn/chinatax/n810351/n810906/c5174055/content.html.

四、加计扣除优惠

相关链接：《落实研发费用加计扣除政策新举措解读》（视频），https：//www.chinatax.gov.cn/chinatax/n810351/n810906/c5169537/content.html.

（一）研究开发费用

研发费用是指企业为研发新技术、新产品、新工艺发生的费用，未形成无形资产计入当期损益的，在按照规定据实扣除的基础上，按研究开发费用的75%加计扣除；形成无形资产的，按无形资产成本的175%进行摊销。

制造业企业开展研发活动中实际发生的研发费用，自2021年1月1日起，再按照实际发生额的100%在税前加计扣除；形成无形资产的，自2021年1月1日起，按照无形资产成本的200%在税前摊销。

（二）企业安置残疾人员所支付的工资

企业安置残疾人员的，按实际支付给残疾职工工资的100%加计扣除。残疾人员是指经认定的视力、听力、言语、肢体、智力和精神残疾人员。

【思政小课堂】

党的二十大报告提出实施就业优先战略。就业是最基本的民生。强化就业优先政策，健全就业促进机制，促进高质量充分就业。健全就业公共服务体系，完善重点群体就业支持体系，加强困难群体就业兜底帮扶。党的二十大报告提出提升科技投入效能，深化财政科技经费分配使用机制改革，激发创新活力。加强企业主导的产学研深度融合，强化目标导向，提高科技成果转化和产业化水平。强化企业科技创新主体地位，发挥科技型骨干企业引领支撑作用，营造有利于科技型中小微企业成长的良好环境，推动创新链产业链资金链人才链深度融合。

五、加速折旧优惠

（一）固定资产加速折旧优惠

企业的固定资产由于技术进步等原因，确需加速折旧的，可以采取缩短折旧年限或者加速折旧的方法。采取缩短折旧年限或者加速折旧方法的固定资产，包括：（1）由于科技进步，产品更新换代较快的固定资产。（2）常年处于强震动、高腐蚀状态的固定资产。（3）国务院、财政、税务主管部门规定的其他固定资产。

采取缩短折旧年限方法的，最低折旧年限不得低于规定折旧年限的60%。最低年限一经确定，一般不得变更。采取加速折旧方法的，可以采取双倍余额递减法或年数总和法。

（二）外购的软件缩短折旧或摊销年限

企业外购的软件，凡符合固定资产或无形资产确认条件的，可以按照固定资产或无形资产进行核算，其折旧或摊销年限可以适当缩短，最短可为2年（含）。

（三）集成电路生产企业的生产设备缩短折旧年限

集成电路生产企业的生产设备，其折旧年限可以适当缩短，最短可为3年（含）。

（四）重要行业新购置固定资产加速折旧

1. 重要行业新购置固定资产加速折旧或一次性扣除。对生物药品制造业，专用设备制造业，铁路、船舶、航空航天和其他运输设备制造业，计算机、通信和其他电子设备制造业，仪器仪表制造业，信息传输、软件和信息技术服务业等6个行业的企业2014年1月1日后新购进的固定资产，可缩短折旧年限或采取加速折旧的方法。对上述6个行业的小型微利企业2014年1月1日后新购进的研发和生产经营共用的仪器、设备，单位价值不超过100万元的，允许一次性计入当期成本费用在计算应纳税所得额时扣除，不再分年度计算折旧；单位价值超过100万元的，可缩短折旧年限或采取加速折旧的方法。对轻工、纺织、机械、汽车四个领域重点行业的企业2015年1月1日后新购进的固定资产，可由企业选择缩短折旧年限或采取加速折旧的方法。对上述行业的小型微利企业2015年1月1日后新购进的研发和生产经营共用的仪器、设备，单位价值不超过100万元的，允许一次性计入当期成本费用在计算应纳税所得额时扣除，不再分年度计算折旧；单位价值超过100万元的，可由企业选择缩短折旧年限或采取加速折旧的方法。

2. 新购进单位价值不超100万元的研发专用仪器、设备一次性扣除。对所有行业企业2014年1月1日后新购进的专门用于研发的仪器、设备，单位价值不超过100万元的，允许一次性计入当期成本费用在计算应纳税所得额时扣除，不再分年度计算折旧；单位价值超过100万元的，可缩短折旧年限或采取加速折旧的方法。

3. 单位价值不超过5 000元的固定资产一次性扣除。对所有行业企业持有的单位价值不超过5 000元的固定资产，允许一次性计入当期成本费用在计算应纳税所得额时扣除，不再分年度计算折旧。

4. 新购进单位价值超过500万元的设备器具一次性扣除。企业在2018年1月1日至2020年12月31日期间新购进的设备、器具，单位价值不超过500万元的，允许一次性计入当期成本费用在计算应纳税所得额时扣除，不再分年度计算折旧。设备、器具，是指除房屋、建筑物以外的固定资产。

六、减计收入优惠

企业综合利用资源，生产符合国家产业政策规定的产品所取得的收入，可以在计算应纳税所得额时减计收入。企业以《资源综合利用企业所得税优惠目录》内的资源作为主要原材料，生产非国家限定并符合国家和行业相关标准的产品所取得的收入，减按90%计入收入总额。

七、税额抵免优惠

（一）专用设备投资抵免所得税额

企业购置用于环境保护、节能节水、安全生产等专用设备的投资额，可以按一定比例实行税额抵免。

税额抵免，是指企业购置并实际使用《安全生产专用设备企业所得税优惠目录》《节能节水专用设备企业所得税优惠目录（2017年版）》和《环境保护专用设备企业所得税优惠目录（2017年版）》规定的环境保护、节能节水、安全生产等专用设备的，该专用设备的投资额的10%可以从企业当年的应纳税额中抵免；当年不足抵免的，可以在以后5个纳税年度结转抵免。享受上述规定的企业所得税优惠的企业，应当实际购置并自身实际投入使用规定的专用设备；企业购置上述专用设备在5年内转让、出租的，应当停止享受企业所得税优惠，并补缴已经抵免的企业所得税税款。转让的受让方可以按照该专用设备投资额的10%抵免当年企业所得税应纳税额；当年应纳税额不足抵免的，可以在以后5个纳税年度结转抵免。

（二）专用设备投资额的确定

纳税人购进并实际使用《安全生产专用设备企业所得税优惠目录》《节能节水专用设备企业所得税优惠目录（2017年版）》和《环境保护专用设备企业所得税优惠目录（2017年版）》范围内的专用设备并取得增值税专用发票的，在按照规定进行税额抵免时，如增值税进项税额允许抵扣，其专用设备投资额不包括增值税进项税额；如增值税进项税额不允许抵扣，其专用设备投资额应为增值税专用发票上注明的价税合计金额。企业购买专用设备取得普通发票的，其专用设备投资额为普通发票上注明的金额。

购置并实际使用的环境保护、节能节水和安全生产专用设备，包括承租方企业以融资租赁方式租入的，并在融资租赁合同中约定租赁期届满时租赁设备所有权转移给承租方企业，且符合规定条件的上述专用设备。凡融资租赁期届满后租赁设备所有权未转移至承租方企业的，承租方企业应停止享受抵免企业所得税优惠，并补缴已经抵免的企业所得税税款。

八、非居民企业优惠

非居民企业减按10%的税率征收企业所得税。这里的非居民企业是指在中国境内未设立机构、场所的，或者虽设立机构、场所但取得的所得与其所设机构、场所没有实际联系的企业。该类非居民企业取得下列所得免征企业所得税。

1. 外国政府向中国政府提供贷款取得的利息所得。
2. 国际金融组织向中国政府和居民企业提供优惠贷款取得的利息所得。
3. 经国务院批准的其他所得。

九、特殊行业优惠

拓展阅读：关于促进集成电路产业和软件产业高质量发展企业所得税政策的公告

（一）关于促进集成电路和软件发展的优惠

根据《国务院关于印发新时期促进集成电路产业和软件产业高质量发展若干政策的通知》有关要求，为促进集成电路产业和软件产业高质量发展，自2020年1月1日起，有关企业所得税政策如下：

1. 国家鼓励的集成电路线宽小于28纳米（含），且经营期在15年以上的集成电路生产企业或项目，第1年至第10年免征企业所得税；国家鼓励的集成电路线宽小于65纳米（含），且经营期在15年以上的集成电路生产企业或项目，第1年至第5年免征企业所得税，第6年至第10年按照25%的法定税率减半征收企业所得税；国家鼓励的集成电路线宽小于130纳米（含），且经营期在10年以上的集成电路生产企业或项目，第1年至第2年免征企业所得税，第3年至第5年按照25%的法定税率减半征收企业所得税。

2. 对于按照集成电路生产企业享受税收优惠政策的，优惠期自获利年度起计算；对于按照集成电路生产项目享受税收优惠政策的，优惠期自项目取得第一笔生产经营收入所属纳税年度起计算，集成电路生产项目需单独进行会计核算、计算所得，并合理分摊期间费用。

3. 国家鼓励的线宽小于130纳米（含）的集成电路生产企业，属于国家鼓励的集成电路生产企业清单年度之前5个纳税年度发生的尚未弥补完的亏损，准予向以后年度结转，总结转年限最长不得超过10年。

4. 国家鼓励的集成电路设计、装备、材料、封装、测试企业和软件企业，自获利年度起，第1年至第2年免征企业所得税；第3年至第5年按照25%的法定税率减半征收企业所得税。

5. 国家鼓励的重点集成电路设计企业和软件企业，自获利年度起，第1年至第5年免征企业所得税，接续年度减按10%的税率征收企业所得税。

（二）关于鼓励证券投资基金发展的优惠政策

1. 对证券投资基金从证券市场中取得的收入，包括买卖股票、债券的差价收入，股权的股息、红利收入，债券的利息收入及其他收入，暂不征收企业所得税。

2. 对投资者从证券投资基金分配中取得的收入，暂不征收企业所得税。

3. 对证券投资基金管理人运用基金买卖股票、债券的差价收入，暂不征收企业所得税。

（三）关于节能服务公司的优惠政策

对符合条件的节能服务公司实施合同能源管理项目，符合《企业所得税法》有关规定的，自项目取得第一笔生产经营收入所属纳税年度起，第1年至第3年免征企业所得税；第4年至第6年按照25%的法定税率减半征收企业所得税。

（四）关于电网企业电网新建项目的优惠政策

根据《企业所得税法》及《企业所得税法实施条例》的有关规定，居民企业从事符合《公共基础设施项目企业所得税优惠目录》规定条件和标准的电网（输变电设施）的新建项目，可依法享受"三免三减半"的企业所得税优惠政策。基于企业电网新建项目的核算特点，暂以资产比例法，即以企业新增输变电固定资产原值占企业总输变电固定资产原值的比例，合理计算电网新建项目的应纳税所得额，并据此享受"三免三减半"的企业所得税优惠政策。

（五）关于中国铁路总公司为发行和偿还主体的债券利息收入的优惠政策

以中国铁路总公司为发行和偿还主体的债券，包括中国铁路建设债券、中期票据、短期融资券等债务融资工具。铁路债券利息收入所得税对企业投资者持有2019～2023年发行的铁路债券取得的利息收入，减半征收企业所得税。

第七节 征收管理

一、扣缴义务人

对非居民企业在中国境内未设立机构、场所的，或者虽设立机构、场所但取得的所得与其所设机构、场所没有实际联系的所得应缴纳的所得税，实行源泉扣缴，以支付人为扣缴义务人。税款由扣缴义务人在每次支付或者到期应支付时，从支付或者到期应支付的款项中扣缴。

上述所称支付人，是指依照有关法律规定或者合同约定对非居民企业直接负有支付相关款项义务的单位或者个人。所称支付包括现金支付、汇投支付、转账支付和权益兑价支付等货币支付和非货币支付。所称到期应支付的款项，是指支付人按照权责发生制原则应当计入相关成本、费用的应付款项。

对非居民企业在中国境内取得工程作业和劳务所得应缴纳的所得税，税务机关可以指定工程价款或者劳务费的支付人为扣缴义务人。

二、扣缴方法

扣缴义务人扣缴税款时，按照非居民企业的计算方法计算税款。

应当扣缴的所得税，扣缴义务人未依法扣缴或者无法履行扣缴义务的，由企业在所得发生地缴纳。纳税人未依法缴纳的，税务机关可以从该企业在中国境内其他收入项目的支付人应付的款项中追缴该纳税人的应纳税款。

所得发生地，是指依照《企业所得税法实施条例》第7条规定的原则确定的所得发生地。在中国境内存在多处所得发生地的，由企业选择其中之一申报缴纳企业所得税。

该纳税人在中国境内其他收入，是指该纳税人在中国境内取得的其他各种来源的收入。

税务机关在追缴该纳税人应纳税款时，应当将追缴理由、追缴数额、缴纳期限和缴纳方式等告知该纳税人。

扣缴义务人每次代扣的税款，应当自代扣之日起7日内缴入国库，并向所在地的税务机关报送扣缴企业所得税报告表。

三、纳税地点

（一）居民企业纳税地点

除税收法律、行政法规另有规定外，居民企业以企业登记注册地为纳税地点；但登记注册地在境外的，以实际管理机构所在地为纳税地点。

企业登记注册地，是指企业依照国家有关规定登记注册的住所地。

（二）非居民企业纳税地点

非居民企业在中国境内设立机构、场所的，应当就其所设机构、场所取得的来源于中国境内的所得，以及发生在中国境外但与其所设机构、场所有实际联系的所得，以机构、场所所在地为纳税地点。非居民企业在中国境内设立两个或者两个以上机构、场所的，可以选择由其主要机构、场所汇总缴纳企业所得税。主要机构、场所，应当同时符合下列条件：

1. 对其他各机构、场所的生产经营活动负有监督管理责任；
2. 设有完整的账簿、凭证，能够准确反映各机构、场所的收入成本、费用和盈亏情况。

非居民企业在中国境内未设立机构、场所，或者虽设立机构、场所但取得的所得与其所设机构、场所没有实际联系的，以扣缴义务人所在地为纳税地点。

四、纳税期限

企业所得税按年计征，分月或者分季预缴，年终汇算汇缴，多退少补。

企业所得税的纳税年度，自公历1月1日起至12月31日止。企业在一个纳税年度中间开业，或者终止经营活动，使该纳税年度的实际经营期不足12个月的，应当以其实际经营期为一个纳税年度。企业依法清算时，应当以清算期间作为一个纳税年度。

五、纳税申报

按月或者按季预缴的，应当自月份或者季度终了之日起15日内，向税务机关报送预缴企业所得税申报表，预缴税款。

企业在报送企业所得税纳税申请表时，应当按照规定附送财务会计报告和其他有关资料。企业应在办理注销登记前，就其清算所得向税务机关申报并依法缴纳企业所得税。

根据《企业所得税法》的规定，缴纳的企业所得税以人民币计算。所得以人民币以外的货币计算的，应当折合成人民币计算并缴纳税款。

根据《企业所得税法》第五十四条规定的期限，企业在纳税年度无论盈利还是亏损，都应当依照规定的期限，向税务机关报送预缴企业所得税纳税申报表、年度企业所得税纳税申报表、财务会计报告和税务机关规定应当报送的其他有关资料。

本章小结

企业所得税是对我国境内的企业和其他取得收入的组织的生产经营所得和其他所得征收的所得税。其中，企业又分为居民企业和非居民企业。企业所得税的征税对象是纳税人取得的生产经营所得和其他所得。企业所得税税率分为法定税率和优惠税率两类。

企业每一纳税年度的收入总额，减除不征税收入、免税收入、税前扣除以及允许弥补的以前年度亏损后的余额，为应纳税所得额。应纳所得税税额，是指企业的应纳税所得额乘以适用税率，减除依照《企业所得税法》关于税收优惠的规定减免和抵免的税额后的余额。企业取得境外所得计税时的抵免分为直接抵免和间接抵免两种。

企业同时从事适用不同企业所得税待遇的项目的，其优惠项目应当单独计算所得，并合理分摊企业的期间费用；没有单独计算的，不得享受企业所得税优惠。在中国境内未设立机构、场所的，或者虽设立机构、场所但取得的所得与其所设机构、场所没有实际联系的非居民企业，就其取得的来源于中国境内的所得应缴纳的所得税，实行源泉扣缴。企业与其关联方之间的业务往来，不符合独立交易原则而减少企业或者其关联方应纳税收入或者所得额的，税务机关有权按照合理方法调整。居民企业以企业登记注册地为纳税地点，但登记注册地在境外的，以实际管理机构所在地为纳税地点。

☞【思考题】

1. 企业所得税的特点是什么？
2. 如何确定企业所得税所得来源地？
3. 企业所得税关于居民企业和非居民企业的界定及其纳税义务有哪些？
4. 企业所得税的征收方式有哪些？
5. 企业所得扣除项目中具体有哪些限额规定？

自测习题及参考答案

第七章 个人所得税

【学习目标】

1. 掌握个人所得税的概念。
2. 理解和掌握个人所得税的分类。
3. 掌握个人所得税的应纳税额计算。
4. 掌握个人所得税的税收优惠。
5. 了解个人所得税的征收管理规定。

第一节 个人所得税概述

个人所得税是以个人（自然人）取得的各项应税所得为征税对象所征收的一种所得税，是政府利用税收对个人收入进行调节的一种手段。

个人所得税自1799年诞生于英国，并于1874年正式被确认为英国的一个固定税种，其开征的主要原因是英法战争的爆发导致英国在军事方面的支出大幅度上涨，国家财政出现入不敷出的状况。美国于1862年开征了个人所得税以筹措南北战争期间的战争费用，至1866年个人所得税已占联邦政府全部财政收入的25%。1913年，美国国会通过了个人所得税法。2000年OECD（经济合作发展组织）的资料显示，发达国家个人所得税占国家税收收入总额的平均比重达到29%，若把社会保险税考虑进来，这个比重则高达51%。

在两个多世纪的历史长河中，个人所得税迅速发展，不仅在地域范围上从欧洲扩大到北美洲、大洋洲、亚洲、南美洲和非洲，成为当前世界各国普遍开征的一个税种，而且随着生产力水平的提高和个人所得税制度的不断完善，个人所得税收入在税收收入中的比重也迅速增加，在许多国家尤其是发达国家已确立了主体税种的地位，成为财政收入的主要来源。在我国，个人所得税制度更是经历了一个从无到有、不断发展的过程。

一、个人所得税的税制模式类型

当前世界各国实行的个人所得税税制模式主要分为三种类型：分类所得税制、综合所得税制和分类综合（混合）所得税制。这三种税制模式各有所长，各国可根据本国具体情况选择、运用①。

（一）分类所得税制

分类所得税制模式是指对纳税人各类不同性质的应税所得适用不同的税率，分别计征应纳税额。例如，以是否为劳动所得作为课税轻重的标准之一，对属于劳动所得部分少征税；

---

① 于海峰，李林木. 中国税制 [M]. 北京：经济科学出版社，2022：6.

对非劳动所得则课以较重的税。分类所得税制的优点主要表现为：一方面是在征管上实行源泉扣缴的方式，课征简便，减少征纳成本；另一方面是区别不同性质的所得以适用差别税率，为特定政策意图的实现提供了支持。但这一税制模式在实行的过程中也暴露了不少问题，首先，在课税中仅仅以纳税人应税所得的收入多少作为标准，违背税收公平原则，没有综合考量纳税人的经济负担，从而会造成综合收入多的群体反而缴纳较少的税，进而加剧贫富差距。此外，分类制实行的差别扣除和差别税率会加大纳税人通过不同类别收入的转移来实现逃避税的可能。这一税制模式主要适用于纳税遵从度不高的国家。因此，分类所得税制模式并不是一种理想的税制模式[1]。

（二）综合所得税制

综合所得税制模式是指将纳税人全年各种不同来源的应税所得综合起来，在作法定宽免和扣除后，适用累进税率计算应纳税额。这一税制模式于19世纪中叶起源于德国，之后逐渐为美国、英国及日本等国家采用。相较于分类所得税制而言，这一税制模式符合税收公平原则，使得纳税人所承担的税收与其纳税能力相适应。综合所得税制的优点主要表现为：其一，应税范围广泛，能有效反映纳税人的实际纳税能力，从而充分发挥个人所得税调节收入分配的职能；其二，实行累进税率能公平税负，发挥个人所得税"自动稳定器"的功能。但是，尽管这一税制很理想，但因其采用自行申报的方式，所以对国家税务机关的征管水平和纳税人的税收遵从度也提出了很高的要求。

（三）分类综合所得制

分类综合所得税制也称混合所得税制，是综合分类所得税制和综合所得税制的优点，实行分类课征和综合课征相结合的税制模式。这一税制模式的优点主要表现为两个方面：一是对部分收入来源采用综合制的课税模式，体现量能负担的原则；二是对特定项目采用分类税制的课税方法，体现税收效率原则。但在兼具分类制和综合制优点的同时，其在计征管理上的缺点也很明显，征管程序较为复杂，加大了税务机关的征管成本。

二、我国个人所得税的发展历程

我国较早涉及个人所得税的法律文件是1909年清政府草拟的《所得税章程》。在新中国成立之后，我国个人所得税也逐渐步入新的发展阶段。

（一）个人所得税的萌芽阶段（1950~1980年）

1950年，政务院发布了新中国税制建设的纲领性文件《全国税政实施要则》，其中涉及对个人所得征税的主要是薪给报酬所得税和存款利息所得税，但由于我国当时的整体生产力和人均国民收入水平较低，尽管设立了税种，但迟迟未开征。

（二）个人所得税的初步建立阶段（1980~1993年）

1978年，我国实行了改革开放政策，税制建设也进入了一个新的发展阶段。随着对外

---

[1] 李雪筠，李金荣. 中国税制[M]. 上海：立信会计出版社，2019：7.

开放格局的不断扩大，我国对外经济贸易及对外技术文化交流的趋势愈发明显，来华工作的外籍人员数量也日益增加，而出于遵循国际惯例和本着维护我国税收权益的原则，制定对个人所得征税的法律和法规是历史发展的必然结果。因此，1980年9月10日第五届全国人大第三次会议通过《个人所得税法》，并同时公布实施。同年12月14日，经国务院批准，财政部公布《个人所得税法实施细则》。自此，我国的个人所得税征收制度开始建立。之后，为了有效调节社会成员收入水平的差距，1986年1月，国务院发布《城乡个体工商业户所得税暂行条例》，同年9月颁布《个人收入调节税暂行条例》。至此，我国个人所得税制度就形成了对外籍个人征收的个人所得税、对国内居民征收的城乡个体工商业户所得税和个人收入调节税并存的格局。

（三）个人所得税的统一和不断完善阶段（1993~2018年）

为了建立适应社会主义市场经济体制需要的税收制度，我国于1994年进行了自新中国成立以来规模最大、范围最广泛和内容最深刻的一次税制改革，使得税制逐渐简化、规范，税负更加公平，并为以后全面深化改革奠定了坚实的基础。在改革中，一项重要的内容就是建立起内外统一的个人所得税制度。1993年10月31日，第八届全国人大常委会公布了修改后的《个人所得税法》，自1994年1月1日起施行。该法改变了我国个人所得课税三足鼎立的局面，对法律、法规进行整合，规定不分内、外，所有中国居民和有来源于中国所得的非居民，均应依法缴纳个人所得税。1994年1月28日，国务院发布《个人所得税法实施条例》。

其后，随着国民经济和社会发展的变化，我国对个人所得税又进行了几次重大调整：

1. 1999年8月30日，全国人大常委会对《个人所得税法》进行了第二次修订，将"储蓄存款利息"免征个人所得税项目删去，开征"个人储蓄存款利息所得税"。

2. 2005年10月27日，全国人大常委会对《个人所得税法》进行了第三次修订，将"工资、薪金所得"每月的费用扣除标准提高至1 600元，并于2006年1月1日起施行。

3. 2007年6月29日，全国人大常委会对《个人所得税法》进行了第四次修订，明确由国务院规定对储蓄存款利息所得开征、减征、停征个人所得税及其具体方法。

4. 2007年12月29日，全国人大常委会对《个人所得税法》进行了第五次修订，再次提高"工资、薪金所得"费用扣除标准，自2008年3月1日起由1 600元提高到2 000元。

5. 2011年6月30日，全国人大常委会对《个人所得税法》进行了第六次修订，"工资、薪金所得"的费用扣除标准从2 000元提高到3 500元。同时对"工资、薪金所得"适用税率进行调整，将第一级税率由5%修改为3%，并将9级超额累进税率修改为7级，取消15%和40%两档税率，扩大3%和10%两个低档税率和45%最高档税率的适用范围等，于2011年9月1日起实施。

（四）成熟个人所得税的实施阶段（2018年至今）

2018年8月31日，十三届全国人大常委会第五次会议表决通过了《关于修改〈中华人民共和国个人所得税法〉的决定》，修订过的《个人所得税法》于2019年1月1日施行。

自此，我国个人所得税制度从分类征收转变为分类与综合相结合的征收方式，增加了"子女教育、继续教育、大病医疗、住房贷款利息或住房租金、赡养老人"的支出作为专项附加扣除项目，并将基本费用扣除标准再次提高至每月5 000元，适度调整了税率和税率级距。

为优化生育政策促进人口长期均衡发展，国务院于 2022 年 3 月 28 日印发《关于设立 3 岁以下婴幼儿照护个人所得税专项附加扣除的通知》，规定有 3 岁以下婴幼儿的纳税人，可以从 2022 年 1 月 1 日起享受新的专项附加扣除，纳税人照护 3 岁以下婴幼儿子女的相关支出，按照每个婴幼儿每月 1 000 元的标准定额扣除。

党的二十大报告指出，完善个人所得税制度，规范收入分配秩序，规范财富积累机制，保护合法收入，调节过高收入，取缔非法收入。引导、支持有意愿有能力的企业、社会组织和个人积极参与公益慈善事业。为此，应基于这一方向，优化个人所得税制。

三、我国个人所得税的特点

（一）实行分类综合所得税制

为适应我国经济的发展趋势，我国现行的个人所得税制采用了分类综合所得税制，即将个人取得的应税所得划分为 9 项，将工资、薪金所得，劳务报酬所得，稿酬所得和特许权使用费所得这四项纳入综合征税的范围；经营所得，利息、股息、红利所得，财产租赁所得，财产转让所得，偶然所得这五项纳入分类征税的范围。综合征税有助于促进横向公平，使相同收入的纳税人缴纳相等数额的税收，分类征税则有助于简化计算，降低税收征管成本。

（二）采用累进税率和比例税率并用的税率形式

累进税率可以对收入分配起到合理的调节作用，符合公平原则，一般适用于综合所得税制；比例税率在税负计算上简便，便于税务机关做好源泉扣缴。我国现行的个人所得税制根据不同应税所得采用不同的税率形式，在综合所得、经营所得的税款征收上实行累进税率，对其他应税所得项目则实行比例税率，从而有利于合理调节个人收入差距。

（三）实行定额和定率并用的费用扣除机制

我国现行的个人所得税根据不同的情况，对不同的应税所得项目分别适用定额扣除和定率扣除两种费用扣除方法。对综合所得，每一纳税年度按 6 万元定额扣除基本费用，专项附加扣除也按相关标准定额扣除。对劳务报酬所得、稿酬所得和特许权使用费所得，在预扣预缴时，采用与财产租赁所得相同的双重扣除标准，即每次收入不超过 4 000 元的，减除费用 800 元；4 000 元以上的，减除 20% 的费用。定额扣除和定率扣除相结合的费用扣除机制，一方面能更好体现量能负担原则；但另一方面也增加了税款计算的复杂程度和税务机关征管难度。

（四）在申报缴纳上实行自行申报和源泉扣缴两种征缴方式

我国现行个人所得税制在征缴方式上，对纳税人的应纳税额分别采取由支付单位源泉扣缴和纳税人自行申报两种方法。对凡是可以在应税所得的支付环节扣缴个人所得税的，均由扣缴义务人履行全员扣缴义务；对于取得综合所得需要办理汇算清缴、取得应税所得没有扣缴义务人、取得境外所得以及非居民个人在中国境内从两处取得工资、薪金所得等情况，由纳税人自行申报纳税。此外，对其他不便于扣缴税款的，亦规定由纳税人自行纳税申报。源泉扣缴与自行纳税申报相结合的方式，既有利于防止个人所得税税款的流失，又便于税收征管。

第二节 个人所得税的纳税义务人和征税范围

一、纳税义务人

个人所得税的纳税义务人包括中国公民、个体工商户、个人独资企业、合伙企业投资者、在中国有所得的外籍人员（包括无国籍人员，下同）和香港、澳门、台湾同胞。

(一) 居民个人和非居民个人的判定

在《个人所得税法》第一条规定中，根据住所和居住时间两个标准将个人所得税的纳税义务人区分为居民个人和非居民个人，具体为：

1. 在中国境内有住所，或者无住所而一个纳税年度内在中国境内居住累计满183天的个人，为居民个人。

上述在中国境内有住所的个人，是指因户籍、家庭、经济利益关系而在中国境内习惯性居住的个人。习惯性居住是判定纳税人是居民个人还是非居民个人的一个重要依据。它是指个人因学习、工作、探亲等原因消除之后，没有理由在其他地方继续居留时，所要回到的地方，而不是指实际居住地或在某一特定时期内的居住地。

所称的一个纳税年度内在中国境内居住累计满183日，是指在一个纳税年度（公历1月1日起至12月31日止，下同）在中国境内居住累计满183日。在计算居住天数时，按其一个纳税年度内在境内的实际居住时间确定，取消了原有的临时离境规定。即境内无住所的某人在一个纳税年度内无论出境多少次，只要在我国境内累计住满183日，就可判定为我国的居民个人。

现行税法中关于"中国境内"的概念，特指除香港澳门和台湾地区之外的中华人民共和国领土。

2. 在中国境内无住所又不居住，或者无住所而一个纳税年度内在中国境内居住累计不满183天的个人，为非居民个人。也就是说，非居民个人是指习惯性居住地不在中国境内，而且不在中国境内居住，或者在一个纳税年度内，在中国境内居住累计不满183天的外籍人员、华侨或香港、澳门和台湾同胞。

自2004年7月1日起，对境内居住的天数和境内实际工作期间按以下规定计算：

(1) 对在中国境内无住所的个人，需要计算确定其在中国境内居住天数，以便依照税法和协定或安排的规定判定其在华负有何种纳税义务时，均应以该个人实际在华逗留天数计算。上述个人入境、离境、往返或多次往返境内外的当日，均按1天计算其在华实际逗留天数。

(2) 对在中国境内、境外机构同时担任职务或仅在境外机构任职的境内无住所个人，在计算其境内工作期间时，对其入境、离境、往返或多次往返境内外的当日，均按半天计算其在华实际工作天数。

(二) 居民个人和非居民个人应履行的纳税义务

居民个人和非居民个人分别承担不同的纳税义务。居民个人负有无限纳税义务，从中国境内和境外取得的所得，均依照个人所得税法规定缴纳个人所得税；非居民个人负有有限纳税义务,仅就其从中国境内取得的所得,依照个人所得税法规定缴纳个人所得税。

(三) 纳税义务人所得来源地的确定

判断所得来源地是确定对该项所得是否应当征收个人所得税的重要依据。根据《个人所得税法实施条例》第3条规定,除国务院财政、税务主管部门另有规定外,下列所得,不论支付地点是否在中国境内,均为来源于中国境内的所得:

1. 因任职、受雇、履约等在中国境内提供劳务取得的所得。
2. 将财产出租给承租人在中国境内使用而取得的所得。
3. 许可各种特许权在中国境内使用而取得的所得。
4. 转让中国境内的不动产等财产或者在中国境内转让其他财产取得的所得。
5. 从中国境内企业、事业单位、其他组织以及居民个人取得的利息、股息、红利所得。

二、征税范围

(一) 工资、薪金所得

工资、薪金所得,是指个人因任职或者受雇取得的工资、薪金、奖金、年终加薪、劳动分红、津贴、补贴以及与任职或者受雇有关的其他所得。

一般来说,工资、薪金所得是属于非独立个人劳务活动,即在机关、团体、学校、部队、企事业单位及其他组织中任职、受雇而得到的报酬。

出租汽车经营单位对出租车驾驶员采取单车承包或承租方式运营,出租车驾驶员从事客货运营取得的收入,按工资、薪金所得项目征税。

但是,不属于工资、薪金性质的补贴、津贴或者不属于纳税人本人工资、薪金所得项目的收入,不征税,具体包括:(1) 独生子女补贴;(2) 执行公务员工资制度未纳入基本工资总额的补贴、津贴差额和家属成员的副食品补贴;(3) 托儿补助费;(4) 差旅费津贴、误餐补助。

(二) 劳务报酬所得

劳务报酬所得,是指个人从事劳务取得的所得,包括从事设计、装潢、安装、制图、化验、测试、医疗、法律、会计、咨询、讲学、翻译、审稿、书画、雕刻、影视、录音、录像、演出、表演、广告、展览、技术服务、介绍服务、经纪服务、代办服务以及其他劳务取得的所得。

劳务报酬所得属于独立个人劳务活动,是个人独立从事各种技艺、提供各项劳务取得的报酬。劳务报酬所得与工资、薪金所得的主要区别在于是否存在雇佣与被雇佣的关系,前者不存在这种关系;后者则存在这种关系。

(三) 稿酬所得

稿酬所得,是指个人因其作品以图书、报刊等形式出版、发表而取得的所得。作品包括文学作品、书画作品、摄影作品以及其他作品。作者去世后,对取得其遗作稿酬的个人,按稿酬所得征收个人所得税。

此外,关于报纸、杂志、出版等单位的职员在本单位的刊物上发表作品、出版图书取得所得征税的问题，《国家税务总局关于个人所得税若干业务问题的批复》规定如下：

1. 任职、受雇于报纸、杂志等单位的记者、编辑等专业人员，因在本单位的报纸、杂志上发表作品取得的所得，属于因任职、受雇而取得的所得，应与其当月工资收入合并，按"工资、薪金所得"项目征收个人所得税。

除上述专业人员以外，其他人员在本单位的报刊、杂志上发表作品取得的所得，应按"稿酬所得"项目征收个人所得税。

2. 出版社的专业作者撰写、编写或翻译的作品，由本社以图书形式出版而取得的稿费收入，应按"稿酬所得"项目计算缴纳个人所得税。

（四）特许权使用费所得

特许权使用费所得，是指个人提供专利权、商标权、著作权、非专利技术以及其他特许权的使用权取得的所得。提供著作权的使用权取得的所得，不包括稿酬所得。

作者将自己的文字作品手稿原件或复印件公开拍卖（竞价）取得的所得，应按特许权使用费所得项目征收个人所得税。

自2002年5月1日起，对于剧本作者从电影、电视剧的制作单位取得的剧本使用费，不再区分剧本的使用方是否为其任职单位，统一按特许权使用费所得项目计征个人所得税。

（五）经营所得

经营所得，是指：

1. 个体工商户从事生产、经营活动取得的所得，个人独资企业投资人、合伙企业的个人合伙人来源于境内注册的个人独资企业、合伙企业生产、经营的所得。
2. 个人依法从事办学、医疗、咨询以及其他有偿服务活动取得的所得。
3. 个人对企业、事业单位承包经营、承租经营以及转包、转租取得的所得。
4. 个人从事其他生产、经营活动取得的所得。

个人独资企业、合伙企业的个人投资者以企业资金为本人、家庭成员及其相关人员支付与企业生产经营无关的消费性支出及购买汽车、住房等财产性支出，视为企业对个人投资者的利润分配，并入投资者个人的生产经营所得，依照"经营所得"项目计征个人所得税。

个人因从事彩票代销业务而取得所得，应按照"生产、经营所得"项目计征个人所得税。

从事个体出租车运营的出租车驾驶员取得的收入，按"经营所得"项目缴纳个人所得税。出租车属个人所有，但挂靠出租汽车经营单位或企事业单位，驾驶员向挂靠单位缴纳管理费的，或出租汽车经营单位将出租车所有权转移给驾驶员的，出租车驾驶员从事客货运营取得的收入，比照"经营所得"项目征税。

（六）利息、股息、红利所得

利息、股息、红利所得，是指个人拥有债权、股权等而取得的利息、股息、红利所得。

除个人独资企业、合伙企业以外的其他企业的个人投资者，以企业资金为本人、家庭成员及其相关人员支付与企业生产经营无关的消费性支出及购买汽车、住房等财产性支出，视为企业对个人投资者的红利分配，依照"利息、股息、红利所得"项目计征个人所得税。

纳税年度内个人投资者从其投资的企业（个人独资企业、合伙企业除外）借款，在该纳税年度终了后既不归还，又未用于企业生产经营的，其未归还的借款可视为企业对个人投资者的红利分配，依照"利息、股息、红利所得"项目计征个人所得税。

（七）财产租赁所得

财产租赁所得，是指个人出租不动产、机器设备、车船以及其他财产取得的所得。

个人取得的财产转租收入，属于"财产租赁所得"的征税范围，由财产转租人缴纳个人所得税。

（八）财产转让所得

财产转让所得，是指个人转让有价证券、股权、合伙企业中的财产份额、不动产、机器设备、车船以及其他财产取得的所得。

（九）偶然所得

偶然所得，是指个人得奖、中奖、中彩以及其他偶然性质的所得。

个人取得的所得，难以界定应纳税所得项目的，由国务院税务主管部门确定。

第三节 税率

一、综合所得适用税率

居民个人取得的综合所得，按纳税年度合并计算个人所得税，适用七级超额累进税率，税率为3%~45%，表7-1中所称全年应纳税所得额是指居民个人取得综合所得以每一纳税年度收入额减除费用60 000元以及专项扣除、专项附加扣除和依法确定的其他扣除后的余额。

表7-1　　　　　　　　　综合所得个人所得税税率

级数	全年应纳税所得额	税率（%）	速算扣除数（元）
1	不超过36 000元	3	0
2	超过36 000元至144 000元的部分	10	2 520
3	超过144 000元至300 000元的部分	20	16 920
4	超过300 000元至420 000元的部分	25	31 920
5	超过420 000元至660 000元的部分	30	52 920
6	超过660 000元至960 000元的部分	35	85 920
7	超过960 000元的部分	45	181 920

税法规定，非居民个人在取得工资、薪金所得，劳务报酬所得，稿酬所得和特许权使用费所得时，由支付上述所得的单位和个人在支付时预先扣除税款，并代为缴纳税款。因此，非居民个人的工资、薪金所得，劳务报酬所得，稿酬所得和特许权使用费所得适用3%~

45%的按月换算后的《综合所得月度税率表》(见表7-2)。

表7-2　　　　　　　　　　综合所得月度税率

级距	全月应纳税所得额	税率（%）	速算扣除数（元）
1	不超过3 000元	3	0
2	超过3 000元至12 000元的部分	10	210
3	超过12 000元至25 000元的部分	20	1 410
4	超过25 000元至35 000元的部分	25	2 660
5	超过35 000元至55 000元的部分	30	4 410
6	超过55 000元至80 000元的部分	35	7 160
7	超过80 000元的部分	45	15 160

表7-2中所称的应纳税所得额，如果是非居民个人的工资、薪金所得，则为每月收入额减除费用5 000元后的余额；如果是非居民个人的劳务报酬所得、稿酬所得和特许权使用费所得，则为每次收入减除20%费用后的余额。

二、经营所得适用税率

纳税人取得经营所得适用的税率是五级超额累进税率，税率为5%~35%，表7-3中所称全年应纳税所得额，是指纳税人以每一纳税年度的收入总额减除成本、费用以及损失后的余额。

表7-3　　　　　　　　　　经营所得个人所得税税率

级距	全年应纳税所得额	税率（%）	速算扣除数（元）
1	不超过30 000元的部分	5	0
2	超过30 000元至90 000元的部分	10	1 500
3	超过90 000元至300 000元的部分	20	10 500
4	超过300 000元至500 000元的部分	30	40 500
5	超过500 000元的部分	35	65 500

三、其他所得适用税率

利息、股息、红利所得，财产租赁所得，财产转让所得和偶然所得，适用比例税率，税率为20%。其中，在财产租赁所得中，对个人出租住房取得的所得减按10%的税率征收个人所得税。

第四节　个人所得税应纳税额的计算

个人所得税的计税依据是纳税人取得的应纳税所得额。应纳税所得额是指纳税人在取得收入总额的基础上扣除税法规定的费用扣除额后的余额,即:应纳税所得额=收入总额-费用扣除额。

一、个人所得税应纳税额的计算的相关规定

(一) 不同个人所得形式应纳税所得额的确定

个人所得的形式,包括现金、实物、有价证券和其他形式的经济利益。

1. 所得为实物的,应当按照取得的凭证上所注明的价格计算应纳税所得额,无凭证的实物或者凭证上所注明的价格明显偏低的,由主管税务机关参照市场价格核定应纳税所得额。

2. 所得为有价证券的,由主管税务机关根据票面价格和市场价格核定应纳税所得额。

3. 所得为其他形式的经济利益的,由主管税务机关参照市场价格核定应纳税所得额。

(二) 每次收入的确定

当前,我国个人所得税法对纳税人的征税方法主要分为三种:

1. 对居民个人取得的综合所得、经营所得采用按年计征的方式。

2. 对非居民个人取得的工资、薪金所得采用按月计征的方式。

3. 对利息、股息、红利所得,财产租赁所得,财产转让所得,偶然所得和非居民个人取得的劳务报酬所得,稿酬所得,特许权使用费所得采用按次计征的方式。

其中,在按次征收的情形中,扣除费用依据每次应纳税所得额的大小分别规定了定额和定率两种扣除标准。为此,《个人所得税法》中对于"次"的确定进行了如下划分:

(1) 劳务报酬所得、稿酬所得、特许权使用费所得,属于一次性收入的,以取得该项收入为一次;属于同一项目连续性收入的,以一个月内取得的收入为一次。

(2) 财产租赁所得,以一个月内取得的收入为一次。

(3) 财产转让所得,以取得该项收入为一次。

(4) 利息、股息、红利所得,以支付利息、股息、红利时取得的收入为一次。

(5) 偶然所得,以每次取得该项收入为一次。

二、综合所得的计征

(一) 综合所得应纳税所得额的确定

居民个人的综合所得,以每一纳税年度的收入额减除费用6万元以及专项扣除、专项附加扣除和依法确定的其他扣除后的余额为应纳税所得额。其中,劳务报酬所得、稿酬所得、特许权使用费所得以收入减除20%的费用后的余额为收入额;稿酬所得的收入额减按70%计算。

专项扣除包括居民个人按照国家规定的范围和标准缴纳的基本养老保险、基本医疗保险、失业保险等社会保险费和住房公积金。

专项附加扣除包括子女教育、继续教育、大病医疗、住房贷款利息或者住房租金、赡养老人、3岁以下婴幼儿照护七项。

1. 子女教育专项附加扣除。纳税人的子女接受全日制学历教育的相关支出,按照每个子女每月1 000元的标准定额扣除。年满3岁至小学入学前处于学前教育阶段的子女,按照

每个子女每月1 000元的标准定额扣除。父母可以选择由其中一方按扣除标准的100%扣除，也可以选择由双方分别按扣除标准的50%扣除，具体扣除方式在一个纳税年度内不能变更。

2. 继续教育专项附加扣除项目。纳税人在中国境内接受学历（学位）继续教育的支出，在学历（学位）教育期间按照每月400元定额扣除。同一学历（学位）继续教育的扣除期限不能超过48个月。纳税人接受技能人员职业资格继续教育、专业技术人员职业资格继续教育的支出，在取得相关证书的当年，按照3 600元定额扣除。个人接受本科及以下学历（学位）继续教育，符合规定扣除条件的，可以选择由其父母扣除，也可以选择由本人扣除。

3. 大病医疗专项附加扣除。在一个纳税年度内，纳税人发生的与基本医保相关的医药费用支出，扣除医保报销后个人负担（指医保目录范围内的自付部分）累计超过15 000元的部分，由纳税人在办理年度汇算清缴时，在80 000元限额内据实扣除。纳税人发生的医药费用支出可以选择由本人或者其配偶扣除；未成年子女发生的医药费用支出可以选择由其父母一方扣除。

4. 住房贷款利息专项附加扣除。纳税人本人或者配偶单独或者共同使用商业银行或者住房公积金个人住房贷款为本人或者其配偶购买中国境内住房，发生的首套住房贷款利息支出，在实际发生贷款利息的年度，按照每月1 000元的标准定额扣除，扣除期限最长不超过240个月。纳税人只能享受一次首套住房贷款的利息扣除。经夫妻双方约定，可以选择由其中一方扣除，具体扣除方式在一个纳税年度内不能变更。夫妻双方婚前分别购买住房发生的首套住房贷款，其贷款利息支出，婚后可以选择其中一套购买的住房，由购买方按扣除标准的100%扣除，也可以由夫妻双方对各自购买的住房分别按扣除标准的50%扣除，具体扣除方式在一个纳税年度内不能变更。

5. 住房租金专项附加扣除。纳税人在主要工作城市没有自有住房而发生的住房租金支出，可以按照以下标准定额扣除：直辖市、省会（首府）城市、计划单列市以及国务院确定的其他城市，扣除标准为每月1 500元；除第一项所列城市以外，市辖区户籍人口超过100万人的城市，扣除标准为每月1 100元；市辖区户籍人口不超过100万人的城市，扣除标准为每月800元。纳税人的配偶在纳税人的主要工作城市有自有住房的，视同纳税人在主要工作城市有自有住房。夫妻双方主要工作城市相同的，只能由一方扣除住房租金支出。住房租金支出由签订租赁住房合同的承租人扣除。

纳税人及其配偶在一个纳税年度内不能同时分别享受住房贷款利息和住房租金专项附加扣除。

6. 赡养老人专项附加扣除。纳税人赡养一位及以上被赡养人的赡养支出，统一按照以下标准定额扣除：纳税人为独生子女的，按照每月2 000元的标准定额扣除；纳税人为非独生子女的，由其与兄弟姐妹分摊每月2 000元的扣除额度，每人分摊的额度不能超过每月1 000元。可以由赡养人均摊或者约定分摊，也可以由被赡养人指定分摊。约定或者指定分摊的须签订书面分摊协议，指定分摊优先于约定分摊。具体分摊方式和额度在一个纳税年度内不能变更。本办法所称被赡养人是指年满60岁的父母，以及子女均已去世的年满60岁的祖父母、外祖父母。

7. 3岁以下婴幼儿照护专项扣除。纳税人照护3岁以下婴幼儿子女的相关支出，按照每个婴幼儿每月1 000元的标准定额扣除。父母可以选择由其中一方按扣除标准的100%扣除，也可以选择由双方分别按扣除标准的 50% 扣除，具体扣除方式在一个纳税年度内不能变更。3 岁以下婴幼儿照护个人所得税专项附加扣除自 2022 年 1 月 1 日起实施。

拓展阅读：关于设立 3 岁以下婴幼儿照护专项附加扣除的通知

个人所得税专项附加扣除应遵循公平合理、利于民生、简便易行的原则。同时，应根据教育、医疗、住房、养老等民生支出变化情况，适时调整专项附加扣除的范围和标准。

自 2023 年 1 月 1 日起，3 岁以下婴幼儿照护、子女教育专项附加扣除，由每个婴幼儿（子女）每月 1 000 元提高到 2 000 元。赡养老人专项附加扣除标准，由每月 2 000 元提高到 3 000 元，其中，独生子女每月扣除 3 000 元；非独生子女与兄弟姐妹分摊每月 3 000 元的扣除额度，每人不超过 1 500 元。①

依法确定的其他扣除包括个人缴付符合国家规定的企业年金、职业年金，个人购买符合国家规定的商业健康保险、税收递延型商业养老保险的支出，以及国务院规定可以扣除的其他项目。项目具体扣除标准如表 7-4 所示。

表 7-4　　　　　　　　　　　其他扣除项目具体规定

其他扣除项目	扣除标准
企业年金、职业年金	个人缴费部分不超过本人缴纳工资计税基数的 4% 标准内的部分，从应纳税所得额中扣除
符合国家规定的商业健康保险①	对个人购买符合规定的商业健康保险产品的支出，允许在当年（月）计算应纳税所得额时予以税前扣除，扣除限额为 2 400 元/年（200 元/月）； 单位统一为员工购买符合规定的商业健康保险产品的支出，应分别计入员工个人工资薪金，视同个人购买，并自购买产品次月起，在不超过 200 元/月的标准内按月扣除
个人养老金②	自 2022 年 1 月 1 日起，对个人养老金实施递延纳税优惠政策。在缴费环节，个人向个人养老金资金账户的缴费，按照 12 000 元/年的限额标准，在综合所得或经营所得中据实扣除

注：①《财政部　税务总局　保监会关于将商业健康保险个人所得税试点政策推广到全国范围实施的通知》。
②《财政部　税务总局关于个人养老金有关个人所得税政策的公告》（财政部　税务总局公告 2022 年第 34 号）。

专项扣除、专项附加扣除和依法确定的其他扣除，以居民个人一个纳税年度的应纳税所得额为限额；一个纳税年度扣除不完的，不结转以后年度扣除。

综上，居民个人取得综合所得，应纳税所得额计算公式为：

---

① 《国家税务总局关于贯彻执行提高个人所得税有关专项附加扣除标准政策的公告》（国家税务总局公告 2023 年第 14 号）。

$$居民个人综合所得应纳税所得额 = 年工资、薪金所得 + (劳务报酬所得 + 特许权使用费所得) \times (1-20\%) + 稿酬所得 \times (1-20\%) \times 70\% - 60\,000 - 专项扣除 - 专项附加扣除 - 依法确定的其他扣除$$

非居民个人的工资、薪金所得,以每月收入额减除费用 5 000 元后的余额为应纳税所得额;劳务报酬所得、稿酬所得、特许权使用费所得,以每次收入额为应纳税所得额。其中,劳务报酬所得、稿酬所得、特许权使用费所得以收入减除 20% 的费用后的余额为收入额。稿酬所得的收入额减按 70% 计算。具体计算如下所示:

1. 工资、薪金所得应纳税所得额 = 每月收入额 - 5 000
2. 劳务报酬所得、特许权使用费所得应纳税所得额 = 每次收入额 × (1 - 20%)
3. 稿酬所得应纳税所得额 = 每次收入额 × (1 - 20%) × 70%

(二) 综合所得应纳税额计算的具体规定

1. 居民个人综合所得采用七级超额累进税率按年计征,具体计算公式为:

$$综合所得应纳税额 = 综合所得应纳税所得额 \times 税率 - 速算扣除数$$

2. 非居民个人工资、薪金所得,劳务报酬所得,稿酬所得,特许权使用费所得分别采用综合所得月度税率按月或按次计征。其中,工资、薪金所得采用按月计征的方式;其余三项采用按次计征的方式,具体公式如下:

$$工资、薪金所得应纳税额 = (每月收入额 - 5\,000) \times 税率 - 速算扣除数$$
$$劳务报酬所得 = 每次收入额 \times (1 - 20\%) \times 税率 - 速算扣除数$$
$$特许权使用费所得应纳税额 = 每次收入额 \times (1 - 20\%) \times 税率 - 速算扣除数$$
$$稿酬所得 = 每次收入额 \times (1 - 20\%) \times 70\% \times 税率 - 速算扣除数$$

【例 7-1】居民个人王某 2023 年共取得税前工资 24 万元,劳务报酬收入 2 万元,稿酬收入 1 万元。王某有一个在上学的小孩且均由其 100% 扣除子女教育专项附加扣除。当年 4 月,王某所在单位统一为员工购买 4 000 元的符合规定的商业健康保险产品。计算王某当年综合所得的收入额和应纳税所得额。

解:(1) 综合所得收入额 = 240 000 + 20 000 × (1 - 20%) + 10 000 × (1 - 20%) × 70%
= 261 600 (元)
(2) 全年符合规定的扣除额 = 60 000 + 2 000 × 12 + 200 × 8 = 85 600 (元)
(3) 王某综合所得应纳税所得额 = 261 600 - 85 600 = 176 000 (元)

(三) 综合所得预扣预缴的具体规定

1. 居民个人工资、薪金所得预扣预缴税额的规定。扣缴义务人向居民个人支付工资、薪金所得时,应当按照累计预扣法计算预扣税款,并按月办理扣缴申报。

累计预扣法,是指扣缴义务人在一个纳税年度内预扣预缴税款时,以纳税人在本单位截至当前月份工资、薪金所得累计收入减除累计免税收入、累计减除费用、累计专项扣除、累计专项附加扣除和累计依法确定的其他扣除后的余额为累计预扣预缴应纳税所得额,适用个人所得税预扣率表一（见表7-5），计算累计应预扣预缴税额，再减除累计减免税额和累计已预扣预缴税额，其余额为本期应预扣预缴税额。余额为负值时，暂不退税。纳税年度终了后余额仍为负值时，由纳税人通过办理综合所得年度汇算清缴，税款多退少补。具体计算公式如下：

$$\text{本期应预扣预缴税额} = \left(\text{累计预扣预缴应纳税所得额} \times \text{预扣率} - \text{速算扣除数}\right) - \text{累计减免税额} - \text{累计已预扣预缴税额}$$

$$\text{累计预扣预缴应纳税所得额} = \text{累计收入} - \text{累计免税收入} - \text{累计减除费用} - \text{累计专项扣除} - \text{累计专项附加扣除} - \text{累计依法确定的其他扣除}$$

其中，累计减除费用，按照5 000元/月乘以纳税人当年截至本月在本单位的任职受雇月份数计算。

表7-5 个人所得税预扣率表一
（居民个人工资、薪金所得预扣预缴适用）

级数	累计预扣预缴应纳税所得额	预扣率（%）	速算扣除数
1	不超过36 000元	3	0
2	超过36 000元至144 000元的部分	10	2 520
3	超过144 000元至300 000元的部分	20	16 920
4	超过300 000元至420 000元的部分	25	31 920
5	超过420 000元至660 000元的部分	30	52 920
6	超过660 000元至960 000元的部分	35	85 920
7	超过960 000元的部分	45	181 920

2. 劳务报酬所得、稿酬所得、特许权使用费所得预扣预缴税额的规定。扣缴义务人向居民个人支付劳务报酬所得、稿酬所得、特许权使用费所得时，应当按照以下方法按次或者按月预扣预缴税款：

劳务报酬所得、稿酬所得、特许权使用费所得以收入减除费用后的余额为收入额。其中，稿酬所得的收入额减按70%计算。

减除费用：预扣预缴税款时，劳务报酬所得、稿酬所得、特许权使用费所得每次收入不超过4 000元的，减除费用按800元计算；每次收入4 000元以上的，减除费用按收入的20%计算。

应纳税所得额：劳务报酬所得、稿酬所得、特许权使用费所得，以每次收入额为预扣预缴应纳税所得额，计算应预扣预缴税额。劳务报酬所得适用个人所得税预扣率表二（见表7-6）；稿酬所得、特许权使用费所得适用20%的比例预扣率。

居民个人办理年度综合所得汇算清缴时，应当依法计算劳务报酬所得、稿酬所得、特许权使用费所得的收入额，并入年度综合所得计算应纳税款，税款多退少补。

表 7-6   个人所得税预扣率表二
（居民个人劳务报酬所得预扣预缴适用）

级数	预扣预缴应纳税所得额	预扣率（%）	速算扣除数
1	不超过 20 000 元	20	0
2	超过 20 000 元至 50 000 元的部分	30	2 000
3	超过 50 000 元的部分	40	7 000

三、经营所得的计征

经营所得以每一纳税年度的收入总额减除成本、费用以及损失后的余额为应纳税所得额。

取得经营所得的个人，没有综合所得的，计算其每一纳税年度的应纳税所得额时，应当减除费用 60 000 元、专项扣除、专项附加扣除以及依法确定的其他扣除。

从事生产、经营活动，未提供完整、准确的纳税资料，不能正确计算应纳税所得额的，由主管税务机关核定应纳税所得额或者应纳税额。

经营所得实行五级超额累进税率计算应纳税额，具体计算公式为：

经营所得应纳税额 = 经营所得应纳税所得额 × 税率 - 速算扣除数

（一）个体工商户经营所得的相关计征规定[①]

个体工商户的生产、经营所得，以每一纳税年度的收入总额，减除成本、费用、税金、损失、其他支出以及允许弥补的以前年度亏损后的余额，为应纳税所得额。在计算时以权责发生制为原则，属于当期的收入和费用，不论款项是否收付，均作为当期的收入和费用；不属于当期的收入和费用，即使款项已经在当期收付，均不作为当期的收入和费用。

1. 收入与费用扣除项目的基本规定。收入总额，是指个体工商户从事生产经营以及与生产经营有关的活动取得的货币形式和非货币形式的各项收入。包括销售货物收入、提供劳务收入、转让财产收入、利息收入、租金收入、接受捐赠收入、其他收入。

费用扣除项目包括成本、费用、税金及损失等。其中：成本指个体工商户在生产经营活动中发生的销售成本、销货成本、业务支出以及其他耗费；费用指个体工商户在生产经营活动中发生的销售费用、管理费用和财务费用，已经计入成本的有关费用除外；税金指个体工商户在生产经营活动中发生的除个人所得税和允许抵扣的增值税以外的各项税金及其附加；损失指个体工商户在生产经营活动中发生的固定资产和存货的盘亏、毁损、报废损失，转让财产损失，坏账损失，自然灾害等不可抗力因素造成的损失以及其他损失。

个体工商户生产经营活动中，应当分别核算生产经营费用和个人、家庭费用。对于生产经营与个人、家庭生活混用难以分清的费用，其 40% 视为与生产经营有关的费用，准予扣除。

个体工商户纳税年度发生的亏损，准予向以后年度结转，用以后年度的生产经营所得弥补，但结转年限最长不得超过 5 年。

---

① 《国家税务总局个体工商户个人所得税计税办法》（国家税务总局令第 35 号）。

2. 个体工商户不得在税前扣除的支出项目：

（1）个人所得税税款；（2）税收滞纳金；（3）罚金、罚款和被没收财物的损失；（4）不符合扣除规定的捐赠支出；（5）赞助支出；（6）用于个人和家庭的支出；（7）与取得生产经营收入无关的其他支出；（8）国家税务总局规定不准扣除的支出。

3. 准予在税前扣除的项目及标准。

（1）工资、薪金支出。个体工商户实际支付给从业人员的、合理的工资薪金支出，准予扣除。个体工商户业主的工资薪金支出不得税前扣除。

（2）保险费支出。个体工商户按照国务院有关主管部门或者省级人民政府规定的范围和标准为其业主和从业人员缴纳的基本养老保险费、基本医疗保险费、失业保险费、生育保险费、工伤保险费和住房公积金，准予扣除。

个体工商户为从业人员缴纳的补充养老保险费、补充医疗保险费，分别在不超过从业人员工资总额5%标准内的部分据实扣除；超过部分，不得扣除。

个体工商户业主本人缴纳的补充养老保险费、补充医疗保险费，以当地（地级市）上年度社会平均工资的3倍为计算基数，分别在不超过该计算基数5%标准内的部分据实扣除；超过部分，不得扣除。

（3）借款利息支出。个体工商户在生产经营活动中发生的下列利息支出，准予扣除：向金融企业借款的利息支出；向非金融企业和个人借款的利息支出，不超过按照金融企业同期同类贷款利率计算的数额的部分。

（4）三项经费。个体工商户向当地工会组织拨缴的工会经费、实际发生的职工福利费支出、职工教育经费支出分别在工资薪金总额的2%、14%、2.5%的标准内据实扣除。

工资薪金总额是指允许在当期税前扣除的工资薪金支出数额。

职工教育经费的实际发生数额超出规定比例当期不能扣除的数额，准予在以后纳税年度结转扣除。

个体工商户业主本人向当地工会组织缴纳的工会经费、实际发生的职工福利费支出、职工教育经费支出，以当地（地级市）上年度社会平均工资的3倍为计算基数，在上述规定比例内据实扣除。

（5）业务招待费。个体工商户发生的与生产经营活动有关的业务招待费，按照实际发生额的60%扣除，但最高不得超过当年销售（营业）收入的5‰。

业主自申请营业执照之日起至开始生产经营之日止所发生的业务招待费，按照实际发生额的60%计入个体工商户的开办费。

（6）广告费与业务宣传费。个体工商户每一纳税年度发生的与其生产经营活动直接相关的广告费和业务宣传费不超过当年销售（营业）收入15%的部分，可以据实扣除；超过部分，准予在以后纳税年度结转扣除。

（7）研发支出。个体工商户研究开发新产品、新技术、新工艺所发生的开发费用，以及研究开发新产品、新技术而购置单台价值在10万元以下的测试仪器和试验性装置的购置费准予直接扣除；单台价值在10万元以上（含10万元）的测试仪器和试验性装置，按固定资产管理，不得在当期直接扣除。

（8）捐赠支出。个体工商户通过公益性社会团体或者县级以上人民政府及其部门，用于《公益事业捐赠法》规定的公益事业的捐赠，捐赠额不超过其应纳税所得额30%的部分可以据实扣除。个体工商户直接对受益人的捐赠不得扣除。

【例7-2】 某小型运输公司系个体工商户，账证健全，2023年12月取得经营收入为360 000元，准许扣除的当月成本、费用（不含业主工资）及相关税金共计290 600元。1～11月累计应纳税所得额88 400元（未扣除业主费用减除标准），1～11月累计已预缴个人所得税14 200元。除经营所得外，业主本人没有其他收入，且2022年全年均享受赡养老人一项专项附加扣除。不考虑专项扣除和符合税收法律、法规和文件规定的其他扣除，请计算该个体工商户2023年度汇算清缴时应申请的个人所得税退税额。

解：全年应纳税所得额 = 360 000 - 290 600 + 88 400 - 60 000 - 3 000 × 12 = 61 800（元）

全年应缴纳个人所得税 =（61 800 × 10% - 1 500）× 50% = 5 880 × 50% = 2 340（元）

该个体工商户2023年度应申请的个人所得税退税额 = 14 200 - 2 340 = 11 860（元）

拓展阅读：关于落实支持个体工商户发展个人所得税优惠政策有关事项的公告

（二）个人独资企业、合伙企业的相关计征规定①

个人独资企业的投资者以全部生产经营所得为应纳税所得额；合伙企业的投资者按照合伙企业的全部生产经营所得和合伙协议约定的分配比例确定应纳税所得额，合伙协议没有约定分配比例的，以全部生产经营所得和合伙人数量平均计算每个投资者的应纳税所得额。

个人独资企业和合伙企业以每一纳税年度的收入总额减除成本、费用以及损失后的余额，作为投资者个人的生产经营所得。收入总额，是指企业从事生产经营以及与生产经营有关的活动所取得的各项收入，包括商品（产品）销售收入、营运收入、劳务服务收入、工程价款收入、财产出租或转让收入、利息收入、其他业务收入和营业外收入。

个人独资企业和合伙企业的生产经营所得，在计算个人所得税应纳税款时的计征方式有以下两种方法：

1. 查账征收。凡实行查账征收办法的，个人独资企业和合伙企业生产经营所得的应纳税所得额的确定比照个体工商户的生产、经营所得应纳税所得额的确定。

投资者兴办两个或两个以上企业的，根据规定准予扣除的个人费用，由投资者选择在其中一个企业的生产经营所得中扣除。

企业的年度亏损，允许用本企业下一年度的生产经营所得弥补；下一年度所得不足弥补的，允许逐年延续弥补，但最长不得超过5年。

投资者兴办两个或两个以上企业的，企业的年度经营亏损不能跨企业弥补。

投资者来源于中国境外的生产经营所得，已在境外缴纳所得税的，可以按照个人所得税法的有关规定计算扣除已在境外缴纳的所得税。

---

① 财政部 国家税务总局关于印发《关于个人独资企业和合伙企业投资者征收个人所得税的规定》的通知（财税〔2000〕91号）。

2. 核定征收。核定征收方式，包括定额征收、核定应税所得率征收以及其他合理的征收方式。有下列情形之一的，主管税务机关应采取核定征收方式征收个人所得税：

（1）企业依照国家有关规定应当设置但未设置账簿的；（2）企业虽设置账簿，但账目混乱或者成本资料、收入凭证、费用凭证残缺不全，难以查账的；（3）纳税人发生纳税义务，未按照规定的期限办理纳税申报，经税务机关责令限期申报，逾期仍不申报的。

四、利息、股息、红利所得的计征

（一）应纳税所得额的计算

利息、股息、红利所得，以每次收入额为应纳税所得额，不得从收入额中扣除任何费用支出。其中，每次收入额是指支付单位或个人每次支付利息、股息、红利时，个人所取得的收入。

（二）应纳税额的计算

利息、股息、红利所得适用20%的比例税率，具体计算公式为：

$$应纳税额 = 应纳税所得额 \times 20\%$$

五、财产租赁所得的计征

（一）应纳税所得额的计算

财产租赁所得一般以个人每次取得的收入，定额或定率减除规定费用后的余额为应纳税所得额。每次收入不超过4 000元，定额减除费用800元；每次收入在4 000元以上，定率减除20%的费用。财产租赁所得，以一个月内取得的收入为一次。

纳税人出租财产取得财产租赁收入，在计算征税时，除可依法减除规定费用和有关税、费外，还准予扣除能够提供有效、准确凭证，证明由纳税义务人负担的该出租财产实际开支的修缮费用。允许扣除的修缮费用，以每次800元为限，一次扣除不完的，准予在下一次继续扣除，直至扣完为止。

个人取得财产租赁所得应在税前依次扣除以下费用：（1）财产租赁过程中缴纳的税费；（2）由纳税人负担的租赁财产实际开支的修缮费用；（3）税法规定的费用扣除标准。

另外，个人将承租房屋转租取得的租金收入，属于个人所得税应税所得，应按"财产租赁所得"项目计算缴纳个人所得税。取得转租收入的个人向房屋出租方支付的租金，凭房屋租赁合同和合法支付凭据允许在计算个人所得税时，从该项转租收入中扣除。

综上，财产租赁所得应纳税所得额的计算公式如下：

1. 每次（月）收入不超过4 000元的：

$$应纳税所得额 = 每次(月)收入额 - 准予扣除项目 - 修缮费用(800元为限) - 800元$$

2. 每次（月）收入超过4 000元的：

$$应纳税所得额 = [每次(月)收入额 - 准予扣除项目 - 修缮费用(800元为限)] \times (1 - 20\%)$$

（二）应纳税额的计算

财产租赁所得适用20%的比例税率，但对于个人按照市场价格出租的居民住房取得的所得，减按10%的税率征收个人所得税。具体计算公式为：

$$财产租赁所得应纳税额 = 应纳税所得额 \times 税率$$

【例7-3】 居民杨某将租入的一幢住房转租，原租入租金每月2 800元（能提供合法支付凭证），转租收取租金每月5 600元（不含增值税），出租住房每月实际缴纳增值税以外的税费90元（有相关凭证），计算其每月应纳个人所得税税额。

解：杨某每月应纳个人所得税税额 =（5 600 - 90 - 2 800 - 800）× 10% = 191（元）

六、财产转让所得的计征

（一）应纳税所得额的计算

财产转让所得，以转让财产的收入额减除财产原值和合理费用后的余额，为应纳税所得额。

$$应纳税所得额 = 转让财产的收入额 - 财产原值 - 合理费用$$

根据个人所得税法规定，财产原值，是指：（1）有价证券，为买入价以及买入时按照规定交纳的有关费用；（2）建筑物，为建造费或者购进价格以及其他有关费用；（3）土地使用权，为取得土地使用权所支付的金额、开发土地的费用以及其他有关费用；（4）机器设备、车船，为购进价格、运输费、安装费以及其他有关费用。

其他财产，参照前款规定的方法确定财产原值。

纳税人未提供完整、准确的财产原值凭证，不能按照规定的方法确定财产原值的，由主管税务机关核定财产原值。合理费用是指卖出财产时按照规定支付的相关税费。

（二）应纳税额的计算

财产转让所得适用20%的比例税率，应纳税额计算公式为：

$$财产转让所得应纳税额 = 应纳税所得额 \times 20\%$$

七、偶然所得的计征

（一）应纳税所得额的计算

偶然所得以每次收入额为应纳税所得额，不扣除任何费用，即：

$$偶然所得应纳税所得额 = 收入额$$

（二）应纳税额的计算

偶然所得适用20%的比例税率，具体计算公式为：

$$偶然所得应纳税额 = 应纳税所得额 \times 20\%$$

八、应纳税额计算的特殊规定

(一) 公益捐赠支出的扣除规定[①]

个人将其所得对教育、扶贫、济困等公益慈善事业进行捐赠，捐赠额未超过纳税人申报的应纳税所得额30%的部分，可以从其应纳税所得额中扣除；国务院规定对公益慈善事业捐赠实行全额税前扣除的，从其规定。

其中，所称个人将其所得对教育、扶贫、济困等公益慈善事业进行捐赠，是指个人将其所得通过中国境内的公益性社会组织、国家机关向教育、扶贫、济困等公益慈善事业的捐赠；所称应纳税所得额，是指计算扣除捐赠额之前的应纳税所得额。

【例7-4】 李四参加某商城有奖销售活动获得奖金6 000元，他当下就决定让该商城以李四的名义通过省政府向境内某水灾地区捐款3 000元，假设李四没有其他所得，计算这笔奖金的应纳税所得额。

解：李四这笔捐赠扣除限额 = 6 000 × 30% = 1 800（元）

李四这笔奖金的应纳所得额 = 6 000 − 1 800 = 4 200（元）

拓展阅读：关于公益慈善事业捐赠个人所得税政策的公告

(二) 全年一次性奖金的计征规定[②][③]

全年一次性奖金是指行政机关、企事业单位等扣缴义务人根据其全年经济效益和对雇员全年工作业绩的综合考核情况，向雇员发放的一次性奖金。同时，也包括年终加薪、实行年薪制和绩效工资办法的单位根据考核情况兑现的年薪和绩效工资。

居民个人取得全年一次性奖金，在2027年12月31日前，可以选择不并入当年综合所得，也可以选择并入当年综合所得。

若选择不并入当年综合所得，以全年一次性奖金收入除以12个月得到的数额，按其商数依照按月换算后的综合所得税率表，确定适用税率和速算扣除数，单独计算纳税。计算公式为：

$$应纳税额 = 全年一次性奖金收入 \times 适用税率 - 速算扣除数$$

在一个纳税年度内，对每一个纳税人，该计税办法只允许采用一次。

【例7-5】 中国公民郑某于2022年12月取得年终奖金35 000元。假设郑某取得全年一次性奖金选择不并入当年综合所得计算纳税，计算郑某全年一次性奖金应缴纳的个人所得税。

解：郑某以全年一次性奖金收入除以12个月得到的数额，按照月度税率表，确定适用税率和速算扣除数，单独计算纳税。

[①] 《财政部 税务总局关于公益慈善事业捐赠个人所得税政策的公告》（财政部 税务总局公告2019年第99号）。
[②] 《财政部 税务总局关于个人所得税法修改后有关优惠政策衔接问题的通知》（财税〔2018〕164号）。
[③] 《财政部 税务总局关于延续实施全年一次性奖金个人所得税政策的公告》（财税〔2023〕30号）。

35 000÷12 = 2 916.67（元），适用税率3%，速算扣除数0。

郑某全年一次性奖学金应纳个人所得税 = 35 000×3% = 1 050（元）

（三）上市公司股息红利差别化个人所得税政策规定①

个人从公开发行和转让市场取得的上市公司股票，持股期限超过1年的，股息红利所得暂免征收个人所得税。

个人从公开发行和转让市场取得的上市公司股票，持股期限在1个月以内（含1个月）的，其股息红利所得全额计入应纳税所得额；持股期限在1个月以上至1年（含1年）的，暂减按50%计入应纳税所得额；上述所得统一适用20%的税率计征个人所得税。

（四）境外所得的税收抵免规定②

为了维护国家权益和避免国家间的重复征税，税法规定，居民个人从中国境外取得的所得，可以从其应纳税额中抵免已在境外缴纳的个人所得税税额，但抵免额不得超过该纳税人境外所得依照我国《个人所得税法》规定计算的应纳税额。居民个人申请抵免已在境外缴纳的个人所得税税额，应当提供境外税务机关出具的税款所属年度的有关纳税凭证。

1. 已在境外缴纳的个人所得税税额。已在境外缴纳的税额是指居民个人来源于中国境外的所得，依照该所得来源国家（地区）的法律应当缴纳并且实际已经缴纳的所得税税额。

2. 抵免限额。根据《个人所得税法》规定，抵免限额是指居民个人抵免已在境外缴纳的综合所得、经营所得以及其他所得的所得税税额的限额。除国务院财政、税务主管部门另有规定外，来源于中国境外一个国家（地区）的综合所得抵免限额、经营所得抵免限额以及其他所得抵免限额之和，为来源于该国家（地区）所得的抵免限额。

3. 应税所得抵免限额的计算规定

居民个人在一个纳税年度内来源于中国境外的所得，依照所得来源国家（地区）税收法律规定在中国境外已缴纳的所得税税额允许在抵免限额内从其该纳税年度应纳税额中抵免。具体计算公式为：

$$\text{来源于一国（地区）所得的抵免限额} = \text{来源于该国（地区）综合所得抵免限额} + \text{来源于该国（地区）经营所得抵免限额} + \text{来源于该国（地区）其他分类所得抵免限额}$$

其中，不同应税项目的计算公式为：

$$\text{来源于一国（地区）综合所得的抵免限额} = \text{中国境内和境外综合所得的应纳税额} \times \text{来源于该国（地区）的综合所得收入额} \div \text{中国境内和境外综合所得收入额合计}$$

$$\text{来源于一国（地区）经营所得的抵免限额} = \text{中国境内和境外经营所得的应纳税额} \times \text{来源于该国（地区）的经营所得应纳税所得额} \div \text{中国境内和境外经营所得应纳税所得额合计}$$

---

① 《财政部 国家税务总局 证监会关于上市公司股息红利差别化个人所得税政策有关问题的通知》（财税〔2015〕101号）。

② 《财政部 税务总局关于境外所得有关个人所得税政策的公告》（财政部 税务总局公告2020年第3号）。

来源于一国（地区）其他分类所得的抵免限额 = 该国（地区）其他分类所得的应纳税额

居民个人在中国境外一个国家（地区）实际已经缴纳的个人所得税税额，低于来源于该国家（地区）所得的抵免限额的，应当在中国缴纳差额部分的税款；超过来源于该国家（地区）所得的抵免限额的，其超过部分不得在本纳税年度的应纳税额中抵免，但是可以在以后纳税年度来源于该国家（地区）所得的抵免限额的余额中补扣。补扣期限最长不得超过5年。

第五节　个人所得税的税收优惠

一、免征个人所得税的优惠

1. 省级人民政府、国务院部委和中国人民解放军以上单位，以及外国组织、国际组织颁发的科学、教育、技术、文化、卫生、体育、环境保护等方面的奖金。

2. 国债和国家发行的金融债券利息。所称国债利息，是指个人持有中华人民共和国财政部发行的债券而取得的利息。所称国家发行的金融债券利息，是指个人持有经国务院批准发行的金融债券而取得的利息。

3. 按照国家统一规定发给的补贴、津贴。所称按照国家统一规定发给的补贴、津贴，是指按照国务院规定发给的政府特殊津贴、院士津贴，以及国务院规定免予缴纳个人所得税的其他补贴、津贴。

4. 福利费、抚恤金、救济金。

5. 保险赔款。

6. 军人的转业费、复员费、退役金。

7. 按照国家统一规定发给干部、职工的安家费、退职费、基本养老金或者退休费、离休费、离休生活补助费。

8. 依照有关法律规定应予免税的各国驻华使馆、领事馆的外交代表、领事官员和其他人员的所得。

9. 中国政府参加的国际公约、签订的协议中规定免税的所得。

10. 对乡、镇（含乡、镇）以上人民政府或经县（含县）以上人民政府主管部门批准成立的有机构、有章程的见义勇为基金会或者类似组织，奖励见义勇为者的奖金或奖品，经主管税务机关核准，免予征收个人所得税[①]。

11. 企业和个人按照国家或地方政府规定的比例提取并向指定金融机构实际缴付的住房公积金、医疗保险金、基本养老保险金，不计入个人当期的工资、薪金收入，免予征收个人所得税。超过国家或地方政府规定的比例缴付的住房公积金、医疗保险金、基本养老保险金，应将其超过部分并入个人当期的工资、薪金收入，计征个人所得税。

个人领取原提存的住房公积金、医疗保险金、基本养老保险金时，免予征收个人所得税。

对按照国家或省级地方政府规定的比例缴付的住房公积金、医疗保险金、基本养老保险

---

① 《财政部　国家税务总局关于发给见义勇为者的奖金免征个人所得税问题的通知》（财税字〔1995〕25号）。

金和失业保险金存入银行个人账户所取得的利息收入免征个人所得税。

拓展阅读：关于个人养老金有关个人所得税政策的公告

12. 对个人购买体育彩票中奖收入的所得税，凡一次中奖收入不超过 1 万元的，暂免征收个人所得税；超过 1 万元的，应按税法规定全额征收个人所得税。

个人取得单张有奖发票奖金所得不超过 800 元（含 800 元）的，暂免征收个人所得税；个人取得单张有奖发票奖金所得超过 800 元，应全额按照个人所得税规定的"偶然所得"项目征收个人所得税。

13. 对特聘教授获得"长江学者成就奖"的奖金，可视为国务院部委颁发的教育方面的奖金，免予征收个人所得税。

14. 对个人取得的教育储蓄存款利息所得以及国务院财政部门确定的其他专项储蓄存款或者储蓄性专项基金存款的利息所得，免征个人所得税。

所称教育储蓄是指个人按照国家有关规定在指定银行开户、存入规定数额资金、用于教育目的的专项储蓄。

15. 储蓄机构内从事代扣代缴工作的办税人员取得的扣缴利息税手续费所得免征个人所得税。

16. 生育妇女按照县级以上人民政府根据国家有关规定制定的生育保险办法，取得的生育津贴、生育医疗费或其他属于生育保险性质的津贴、补贴，免征个人所得税。

17. 以下情形的房屋产权无偿赠与，对当事双方不征收个人所得税：

（1）房屋产权所有人将房屋产权无偿赠与配偶、父母、子女、祖父母、外祖父母、孙子女、外孙子女、兄弟姐妹。

（2）房屋产权所有人将房屋产权无偿赠与对其承担直接抚养或者赡养义务的抚养人或者赡养人。

（3）房屋产权所有人死亡，依法取得房屋产权的法定继承人、遗嘱继承人或者受遗赠人。

18. 对个人独资企业和合伙企业从事种植业、养殖业、饲养业和捕捞业（以下简称"四业"），其投资者取得的"四业"所得暂不征收个人所得税。

19. 个人转让自用达 5 年以上，并且是家庭唯一的生活用房取得的所得。

20. 对工伤职工及其近亲属按照《工伤保险条例》规定取得的工伤保险待遇，免征个人所得税。

21. 对个人取得的 2012 年及以后年度发行的地方政府债券利息收入，免征个人所得税。

22. 凡符合下列条件之一的外籍专家取得的工资、薪金所得可免征个人所得税：

（1）根据世界银行专项贷款协议由世界银行直接派往我国工作的外国专家。

（2）联合国组织直接派往我国工作的专家。

（3）为联合国援助项目来华工作的专家。

（4）援助国派往我国专为该国无偿援助项目工作的专家。

（5）根据两国政府签订文化交流项目来华工作两年以内的文教专家，其工资、薪金所得由该国负担的。

（6）根据我国大专院校国际交流项目来华工作两年以内的文教专家，其工资、薪金所得由该国负担的。

（7）通过民间科研协定来华工作的专家，其工资、薪金所得由该国政府机构负担的。

23. 外籍个人以非现金形式或实报实销形式取得的住房补贴、伙食补贴、搬迁费、洗衣费。

24. 对个人转让上市公司股票取得的所得继续暂免征收个人所得税。

25. 自2020年1月1日起①：

（1）对参加疫情防控工作的医务人员和防疫工作者按照政府规定标准取得的临时性工作补助和奖金，免征个人所得税。政府规定标准包括各级政府规定的补助和奖金标准。

对省级及省级以上人民政府规定的对参与疫情防控人员的临时性工作补助和奖金，比照执行。

（2）单位发给个人用于预防新型冠状病毒感染的肺炎的药品、医疗用品和防护用品等实物（不包括现金），不计入工资、薪金收入，免征个人所得税。

二、减征个人所得税的优惠

1. 有下列情形之一的，可以减征个人所得税，具体幅度和期限，由省、自治区、直辖市人民政府规定，并报同级人大常委会备案：残疾、孤老人员和烈属的所得；因自然灾害遭受重大损失的。国务院可以规定其他减税情形，报全国人大常委会备案。

2. 自2019年1月1日起至2023年12月31日，一个纳税年度内在船航行时间累计满183天的远洋船员，其取得的工资薪金收入减按50%计入应纳税所得额，依法缴纳个人所得税。

3. 对个人投资者持有2019～2023年发行的铁路债券取得的利息收入，减按50%计入应纳税所得额计算征收个人所得税。税款由兑付机构在向个人投资者兑付利息时代扣代缴。

铁路债券是指以中国铁路总公司为发行和偿还主体的债券，包括中国铁路建设债券、中期票据、短期融资券等债务融资工具。

三、换购住房退税政策②

在2022年10月1日至2023年12月31日期间，纳税人出售自有住房并在现住房出售后1年内，在同一城市重新购买住房的，可按规定申请退还其出售现住房已缴纳的个人所得税。

1. 纳税人换购住房个人所得税退税额的计算公式。

---

① 《财政部 税务总局关于支持新型冠状病毒感染的肺炎疫情防控有关个人所得税政策的公告》（财政部 税务总局公告2020年第10号）。

② 参见《财政部 税务总局关于支持居民换购住房有关个人所得税政策的公告》（财政部 税务总局公告2022年第30号）。

（1）新购住房金额大于或等于现住房转让金额的：退税金额＝现住房转让时缴纳的个人所得税。

（2）新购住房金额小于现住房转让金额的：退税金额＝（新购住房金额÷现住房转让金额）×现住房转让时缴纳的个人所得税。

（3）现住房转让金额和新购住房金额与核定计税价格不一致的，以核定计税价格为准。现住房转让金额和新购住房金额均不含增值税。对于出售多人共有住房或新购住房为多人共有的，应按照纳税人所占产权份额确定该纳税人现住房转让金额或新购住房金额。

2. 出售现住房的时间，以纳税人出售住房时个人所得税完税时间为准。新购住房为二手房的，购买住房时间以纳税人购房时契税的完税时间或不动产权证载明的登记时间为准；新购住房为新房的，购买住房时间以在住房城乡建设部门办理房屋交易合同备案的时间为准。

3. 纳税人申请享受居民换购住房个人所得税退税政策的，应当依法缴纳现住房转让时涉及的个人所得税，并完成不动产权属变更登记；新购住房为二手房的，应当依法缴纳契税并完成不动产权属变更登记；新购住房为新房的，应当按照当地住房城乡建设部门要求完成房屋交易合同备案。

4. 纳税人享受居民换购住房个人所得税退税政策的，应当向征收现住房转让所得个人所得税的主管税务机关提出申请，填报《居民换购住房个人所得税退税申请表》，并应提供下列资料：（1）纳税人身份证件；（2）现住房的房屋交易合同；（3）新购住房为二手房的，提供房屋交易合同、不动产权证书及其复印件；（4）新购住房为新房的，提供经住房城乡建设部门备案（网签）的房屋交易合同及其复印件。

税务机关依托纳税人出售现住房和新购住房的完税信息，为纳税人提供申请表项目预填服务，并留存不动产权证书复印件和新购新房的房屋交易合同复印件；纳税人核对确认申请表后提交退税申请。

第六节 个人所得税的征收管理

一、个人所得税的纳税申报

我国现行个人所得税实行的申报方式包括自行申报和全员全额扣缴申报（扣缴义务人申报）两种。个人所得税以所得人为纳税人，以支付所得的单位或者个人为扣缴义务人。纳税人有中国居民身份号码的，以中国居民身份号码为纳税人识别号；纳税人没有中国居民身份号码的，由税务机关赋予其纳税人识别号。扣缴义务人扣缴税款时，纳税人应当向扣缴义务人提供纳税人识别号。

（一）自行申报[①]

自行申报纳税，是指在税法规定的纳税期限内，由纳税人自行向税务机关申报取得的应税所得项目和数额，如实填写个人所得税纳税申报表，并按税法规定计算应纳税额

[①] 《国家税务总局关于个人所得税自行纳税申报有关问题的公告》（国家税务总局公告2018年第62号）。

的一种纳税方法。纳税人可以采用远程办税端、邮寄等方式申报，也可以直接到主管税务机关申报。

1. 应当依法办理纳税申报的情形。根据《个人所得税法》规定，有下列情形之一的，纳税人应当依法办理纳税申报：（1）取得综合所得需要办理汇算清缴；（2）取得应税所得没有扣缴义务人；（3）取得应税所得，扣缴义务人未扣缴税款；（4）取得境外所得；（5）因移居境外注销中国户籍；（6）非居民个人在中国境内从两处以上取得工资、薪金所得；（7）国务院规定的其他情形。

2. 取得综合所得需要办理汇算清缴的纳税申报。根据《个人所得税法》规定，需要办理汇算清缴的情形包括：（1）从两处以上取得综合所得，且综合所得年收入额减除专项扣除的余额超过6万元；（2）取得劳务报酬所得、稿酬所得、特许权使用费所得中一项或者多项所得，且综合所得年收入额减除专项扣除的余额超过6万元；（3）纳税年度内预缴税额低于应纳税额；（4）纳税人申请退税。

需要办理汇算清缴的纳税人，应当在取得所得的次年3月1日至6月30日内，向任职、受雇单位所在地主管税务机关办理纳税申报，并报送《个人所得税年度自行纳税申报表》。纳税人有两处以上任职、受雇单位的，选择向其中一处任职、受雇单位所在地主管税务机关办理纳税申报；纳税人没有任职、受雇单位的，向户籍所在地或经常居住地主管税务机关办理纳税申报。

纳税人办理综合所得汇算清缴，应当准备与收入、专项扣除、专项附加扣除、依法确定的其他扣除、捐赠、享受税收优惠等相关的资料，并按规定留存备查或报送。

3. 取得经营所得的纳税申报。个体工商户业主、个人独资企业投资者、合伙企业个人合伙人、承包承租经营者个人以及其他从事生产、经营活动的个人取得经营所得，按年计算个人所得税，由纳税人在月度或季度终了后15日内，向经营管理所在地主管税务机关办理预缴纳税申报，并报送《个人所得税经营所得纳税申报表（A表）》。在取得所得的次年3月31日前，向经营管理所在地主管税务机关办理汇算清缴，并报送《个人所得税经营所得纳税申报表（B表）》；从两处以上取得经营所得的，选择向其中一处经营管理所在地主管税务机关办理年度汇总申报，并报送《个人所得税经营所得纳税申报表（C表）》。

4. 取得应税所得，扣缴义务人未扣缴税款的纳税申报。纳税人取得应税所得，扣缴义务人未扣缴税款的，应当区别以下情形办理纳税申报：

（1）居民个人取得综合所得的，按照取得综合所得需要办理汇算清缴的纳税申报办理。

（2）非居民个人取得工资、薪金所得，劳务报酬所得，稿酬所得，特许权使用费所得的，应当在取得所得的次年6月30日前，向扣缴义务人所在地主管税务机关办理纳税申报，并报送《个人所得税自行纳税申报表（A表）》。有两个以上扣缴义务人均未扣缴税款的，选择向其中一处扣缴义务人所在地主管税务机关办理纳税申报。

非居民个人在次年6月30日前离境（临时离境除外）的，应当在离境前办理纳税申报。

（3）纳税人取得利息、股息、红利所得，财产租赁所得，财产转让所得和偶然所得的，应当在取得所得的次年6月30日前，按相关规定向主管税务机关办理纳税申报，并报送《个人所得税自行纳税申报表（A表）》。

税务机关通知限期缴纳的，纳税人应当按照期限缴纳税款。

5. 取得境外所得的纳税申报。居民个人从中国境外取得所得的，应当在取得所得的次年3月1日至6月30日内，向中国境内任职、受雇单位所在地主管税务机关办理纳税申报；在中国境内没有任职、受雇单位的，向户籍所在地或中国境内经常居住地主管税务机关办理纳税申报；户籍所在地与中国境内经常居住地不一致的，选择其中一地主管税务机关办理纳税申报；在中国境内没有户籍的，向中国境内经常居住地主管税务机关办理纳税申报。

6. 因移居境外注销中国户籍的纳税申报。纳税人因移居境外注销中国户籍的，应当在申请注销中国户籍前，向户籍所在地主管税务机关办理纳税申报，进行税款清算。

（1）纳税人在注销户籍年度取得综合所得的，应当在注销户籍前，办理当年综合所得的汇算清缴，并报送《个人所得税年度自行纳税申报表》。尚未办理上一年度综合所得汇算清缴的，应当在办理注销户籍纳税申报时一并办理。

（2）纳税人在注销户籍年度取得经营所得的，应当在注销户籍前，办理当年经营所得的汇算清缴，并报送《个人所得税经营所得纳税申报表（B表）》。从两处以上取得经营所得的，还应当一并报送《个人所得税经营所得纳税申报表（C表）》。尚未办理上一年度经营所得汇算清缴的，应当在办理注销户籍纳税申报时一并办理。

（3）纳税人在注销户籍当年取得利息、股息、红利所得，财产租赁所得，财产转让所得和偶然所得的，应当在注销户籍前，申报当年上述所得的完税情况，并报送《个人所得税自行纳税申报表（A表）》。

（4）纳税人有未缴或者少缴税款的，应当在注销户籍前，结清欠缴或未缴的税款。纳税人存在分期缴税且未缴纳完毕的，应当在注销户籍前，结清尚未缴纳的税款。

（5）纳税人办理注销户籍纳税申报时，需要办理专项附加扣除、依法确定的其他扣除的，应当向税务机关报送《个人所得税专项附加扣除信息表》《商业健康保险税前扣除情况明细表》《个人税收递延型商业养老保险税前扣除情况明细表》等。

7. 非居民个人在中国境内从两处以上取得工资、薪金所得的纳税申报。非居民个人在中国境内从两处以上取得工资、薪金所得的，应当在取得所得的次月15日内，向其中一处任职、受雇单位所在地主管税务机关办理纳税申报，并报送《个人所得税自行纳税申报表（A表）》。

（二）全员全额扣缴申报①

全员全额扣缴申报，是指扣缴义务人在代扣税款的次月15日内，向主管税务机关报送其支付所得的所有个人的有关信息、支付所得数额、扣除事项和数额、扣缴税款的具体数额和总额以及其他相关涉税信息资料。

扣缴义务人每月或者每次预扣、代扣的税款，应当在次月15日内缴入国库，并向税务机关报送《个人所得税扣缴申报表》。

---

① 《国家税务总局关于发布个人所得税扣缴申报管理办法（试行）》的公告（国家税务总局公告2018年第61号）。

二、个人所得税的纳税调整

有下列情形之一的,税务机关有权按照合理方法进行纳税调整:

1. 个人与其关联方之间的业务往来不符合独立交易原则而减少本人或者其关联方应纳税额,且无正当理由。

2. 居民个人控制的,或者居民个人和居民企业共同控制的设立在实际税负明显偏低的国家(地区)的企业,无合理经营需要,对应当归属于居民个人的利润不作分配或者减少分配。

3. 个人实施其他不具有合理商业目的的安排而获取不当税收利益。

税务机关依照前款规定作出纳税调整,需要补征税款的,应当补征税款,并依法加收利息。其中,个人所得税法规定的利息,应当按照税款所属纳税申报期最后一日中国人民银行公布的与补税期间同期的人民币贷款基准利率计算,自税款纳税申报期满次日起至补缴税款期限届满之日止按日加收。纳税人在补缴税款期限届满前补缴税款的,利息加收至补缴税款之日。

本章小结

个人所得税是以个人(自然人)取得各项应税所得为对象征收的一种税。个人所得税的征税对象是个人取得的应税所得。个人所得税应税所得分为九项,具体包括工资、薪金所得;劳务报酬所得;稿酬所得;特许使用费所得;经营所得;利息、股息、红利所得;财产租赁所得;财产转让所得;偶然所得。个人所得税的纳税义务人,既包括居民纳税义务人,也包括非居民纳税义务人。居民纳税义务人负有完全纳税的义务,必须就其来源于中国境内、境外的全部所得缴纳个人所得税;而非居民纳税义务人仅就其来源于中国境内的所得,缴纳个人所得税。

个人所得税税率包括超额累进税率和比例税率两种形式。综合所得以及经营所得适用累进税率;其他所得适用比例税率。我国现行个人所得税的费用扣除采用定额扣除和定率扣除相结合的方法,比较简明易行。个人所得税的征收方法采用自行申报纳税和代扣代缴两种形式。

☞【思考题】

1. 个人所得税特点有哪些?
2. 个人所得税的应税项目有哪些?应纳税所得额和应纳税额如何确定?
3. 综合征收和分类征收分别包括哪些征收项目?
4. 个人独资企业和合伙企业是否不需要再缴纳企业所得税?
5. 个人独资企业和合伙企业对外投资分回的股息、红利如何计算个人所得税?

自测习题及参考答案

第八章　土地增值税

> 【学习目标】
> 1. 掌握土地增值税的概念。
> 2. 理解和掌握土地增值税的分类。
> 3. 掌握土地增值税的应纳税额计算。
> 4. 掌握土地增值税的税收优惠。
> 5. 了解土地增值税的征收管理规定。

第一节　土地增值税概述

一、土地增值税的概念

土地增值税是指以纳税人转让国有土地使用权、地上建筑物及其附着物所取得的增值额为征税对象，依照规定税率征收的一种税。

二、土地增值税的建立和发展

改革开放前，我国土地管理制度一直采取行政划拨方式，土地实行无偿无限期使用，但不允许买卖土地。经过长时间实践的证明，这种土地使用管控制度并不利于提高土地资源的使用效益。自 1987 年起，我国对土地使用制度进行改革，实行国有土地使用权的有偿出让和转让，极大地促进了我国房地产业发展和房地产市场的建立，对提高土地使用效益和增加国家财政收入发挥了积极作用。但在 1992~1993 年上半年，由于有关土地管理的各项制度滞后，以及行政管理上的偏差，我国部分地区出现房地产的持续高温，炒买炒卖房的情况严重，使得很多资金流向房地产，土地资源浪费严重，对国民经济的协调健康发展产生严重危害和冲击。

为了扭转这一局面和规范房地产市场的交易秩序，维护国家权益，顺应社会主义市场经济发展的客观需要，国家采取了一系列宏观调控措施，于 1994 年起开征土地增值税。

1993 年 12 月 13 日国务院颁布了《土地增值税暂行条例》，自 1994 年 1 月 1 日起施行。财政部于 1995 年 1 月 27 日颁布了《土地增值税暂行条例实施细则》。为了贯彻落实税收法定原则，提高立法公众参与度，广泛凝聚社会共识，推进科学立法、民主立法、开门立法，财政部、国家税务总局两部门于 2019 年 7 月 16 日颁布了《土地增值税法（征求意见稿）》。

> 【思政小课堂】
> 党的二十大报告从"增进民生福祉，提高人民生活品质"的角度阐述了房地产发展方向，即坚持房子是用来住的、不是用来炒的定位，加快建立多主体供给、多渠道保障、租购并举的住房制度。为此，应基于"房住不炒"这一调控定位来优化土地增值税体系，引导房地产业的发展，助力国民经济的协调健康发展。

三、土地增值税的特点

（一）以转让房地产取得的增值额为征税对象
增值额为纳税人转让房地产的收入减除规定的扣除项目金额后的余额，从而能够合理规范土地增值收益的分配制度。

（二）征税面比较广
凡在我国境内发生转让房地产并取得收入的单位和个人，除税法规定免税外，均应当依据税法的规定缴纳土地增值税。

（三）实行超率累进税率
土地增值税以单位和个人转让房地产的增值率高低为依据，实行四级超率累进税率，分级计征，增值率越高，适用的税率越高；增值率越低，适用的税率越低。

（四）实行按次征收
土地增值税发生在房地产转让环节，采用按次征收的方式，每发生一次转让行为，就需要依照每次取得的增值额征收一次税。

第二节 土地增值税的纳税义务人、征税对象及税率

一、纳税义务人

土地增值税的纳税义务人为转让国有土地使用权、地上的建筑物及其附着物并取得收入的单位和个人。单位包括各类企业、事业单位、国家机关和社会团体及其他组织。个人，包括个体经营者。

由于土地增值税也同样适用于涉外企业、单位和个人。因此，外商投资企业、外国企业、外国驻华机构、外国公民、华侨，以及港澳台同胞等，只要转让房地产并取得收入，就是土地增值税的纳税人。

二、征税对象

（一）基本规定
根据《土地增值税暂行条例》的规定，土地增值税是对在中华人民共和国境内转让国有土地使用权、地上建筑物及其附着物并取得增值收入的单位和个人征收的一种税。国有土地，是指按国家法律规定属于国家所有的土地；地上的建筑物，是指建于土地上的一切建筑物，包括地上地下的各种附属设施；附着物，是指附着于土地上的不能移动，一经移动即遭损坏的物品；收入，包括转让房地产的全部价款及有关的经济收益，即包括货币收入、实物收入和其他收入。

土地增值税仅对转让国有土地使用权的征收，对转让集体土地使用权的不征税。

(二) 特殊规定

1. 房地产交换，是指双方以各自房地产进行交换的行为。由于房地产交换行为的发生使得双方既发生了房产产权、土地使用权的转移，同时也取得了实物形态的收入，按照《土地增值税暂行条例》的规定，属于土地增值税的征收范围。但对个人之间互换自有居住用房地产的，经当地税务机关核实，可以免征土地增值税。

2. 合作建房。对于一方出地，一方出资金，双方合作建房，建成后按比例分房自用的，暂免征收土地增值税；建成后转让的，应征收土地增值税。

3. 房地产抵押，是指房地产产权所有人、依法取得土地使用权的土地使用人作为债务人或第三人向债权人提供不动产作为清偿债务的担保而不转移房地产权属的法律行为。在抵押期间，由于房产的产权、土地使用权并未发生权属转移，故在此期间不征收土地增值税；待抵押期满后，视该房地产是否发生权属转让来确定是否征收土地增值税。但若发生以房地产抵债而产生房地产产权变更，则属于土地增值税的征收范围。

4. 房地产出租，是指房屋的产权所有人、依照法律规定取得土地使用权的土地使用人，将房屋、土地使用权租赁给承租人使用，由承租人向出租人支付租金的行为。在这一行为中，尽管出租人取得了租金收入，但并未发生房地产产权的转让，故不属于土地增值税的征收范围。

5. 房地产评估增值，是指企业在清产核资时对房地产进行重新评估而使得其账面价值升值。但在这一过程中，由于未发生房地产权属转让，故不属于土地增值税的征收范围。

6. 房地产的代建房行为，是指房地产开发公司受客户的委托进行房地产开发，开发结束后向客户收取代建费用的行为。由于对于房地产开发公司而言，这一行为虽然取得了收入，但并未发生房地产权属转移，其收入属于劳务收入性质，故不属于土地增值税的征收范围。

7. 房地产的赠与，是指房产产权所有人、土地使用权所有人将所拥有的房产无偿转给其他单位或个人的行为。这一行为，尽管发生了房产权属变更，但因为是无偿转让，产权所有人并未取得收入，故不属于土地增值税的征收范围。根据《财政部　国家税务总局关于土地增值税一些具体问题规定的通知》规定，不征收土地增值税的房地产赠与行为仅包括以下两种情况：

（1）房产所有人、土地使用权所有人将房屋产权、土地使用权赠与直系亲属或承担直接赡养义务人的行为。

（2）房产所有人、土地使用权所有人通过中国境内非营利的社会团体、国家机关将房屋产权、土地使用权赠与教育、民政和其他社会福利、公益事业的行为。其中，社会团体是指中国青少年发展基金会、希望工程基金会、宋庆龄基金会、减灾委员会、中国红十字会、中国残疾人联合会、全国老年基金会、老区促进会以及经民政部门批准成立的其他非营利的公益性组织。

8. 以房地产进行投资、联营。对于以房地产进行投资或联营的，投资、联营的一方以土地（房地产）作价入股进行投资或作为联营条件，将房地产转让到所投资、联营的企业中时，暂免征收土地增值税。对投资、联营企业将上述房地产再转让的，应征收土地增值税。

此外，对于以土地（房地产）作价入股进行投资或联营的，凡所投资、联营的企业从事房地产开发的，或者房地产开发企业以其建造的商品房进行投资或联营的，也应征收土地增值税。

三、税率

土地增值税实行四级超率累进税率，增值率越高，适用税率越高，其中最低税率为30%；最高税率60%。每级"增值额未超过扣除项目金额"的比例，均包括本比例数（见表8-1）。

表8-1　　　　　　　　　　　　土地增值税税率

级数	级距	税率（%）	速算扣除数（%）
1	增值额未超过扣除项目金额50%的部分	30	0
2	增值额超过扣除项目金额50%，未超过100%的部分	40	5
3	增值额超过扣除项目金额100%，未超过200%的部分	50	15
4	增值额超过扣除项目金额200%的部分	60	35

第三节　土地增值税应纳税额的计算

一、土地增值税的计税依据

土地增值税的计税依据为转让国有土地使用权、地上建筑物及其附着物所取得的增值额。这一增值额是指纳税人转让房地产所取得的收入减去税法规定的扣除项目金额后的余额，即：

$$增值额 = 转让房地产所取得的收入 - 扣除项目金额$$

由此可见，土地增值额的大小取决于转让房地产收入额和扣除项目金额。

（一）应税收入的确定

1. 一般收入的确定。《土地增值税暂行条例》及其实施细则规定，纳税人转让房地产所取得的应税收入是指转让房地产的全部价款及有关的经济收益，包括货币收入、实物收入、其他收入。营改增后，这一应税收入为不含增值税的收入。

所称货币收入，是指纳税人转让房地产取得的现金、银行存款、支票、银行本票、汇票等各种信用票据和国库券、金融债券、企业债券、股票等有价证券。对于取得的收入为外国货币的，依照《土地增值税暂行条例实施细则》规定，以取得收入当天或当月1日国家公布的市场汇价折合人民币；对于以分期收款形式取得的外币收入，也应按实际收款日或收款当月1日国家公布的市场汇价折合人民币。

所称实物收入，是指纳税人转让房地产取得的各种实物形态的收入。这一收入的价值不太容易确定，一般要对这些实物形态的财产进行估价。同时，要按取得时的市场价格折算成货币收入。

所称其他收入，是指纳税人转让房地产取得的无形资产或具有财产价值的权利，例如专利权、商标权、著作权、专有技术转让权、土地使用权、商誉等。这种类型的收入比较少见，其价值需要进行专门评估，在确定其收入后折算成货币收入。

对于县级及县级以上人民政府要求房地产开发企业在售房时代收的各项费用，如果代收费用是计入房价中向购买方一并收取的，可作为转让房地产所取得的收入计税；如果代收费用未计入房价中，而是在房价之外单独收取的，可以不作为转让房地产的收入。

2. 非直接销售和自用房地产的收入确定。

房地产开发企业将开发产品用于职工福利、奖励、对外投资、分配给股东或投资人、抵偿债务、换取其他单位和个人的非货币性资产等，发生所有权转移时应视同销售房地产，其收入按下列方法和顺序确认：（1）按本企业在同一地区、同一年度销售的同类房地产的平均价格确定；（2）由主管税务机关参照当地当年、同类房地产的市场价格或评估价值确定。

房地产开发企业将开发的部分房地产转为企业自用或用于出租等商业用途时，如果产权未发生转移，不征收土地增值税，在税款清算时不列收入，不扣除相应的成本和费用。

3. 按房地产评估价格计征的情形。纳税人有下列情形之一的，按照房地产评估价格计算征收：

（1）隐瞒、虚报房地产成交价格。所称的隐瞒、虚报房地产成交价格，是指纳税人不报或有意低报转让土地使用权、地上建筑物及其附着物价款的行为。出现这一情形，应由评估机构参照同类房地产的市场交易价格进行评估。税务机关根据评估价格确定转让房地产的收入。

（2）提供扣除项目金额不实。所称的提供扣除项目金额不实的，是指纳税人在纳税申报时不据实提供扣除项目金额的行为。出现这一情形，应由评估机构按照房屋重置成本价乘以成新度折扣率计算的房屋成本价和取得土地使用权时的基准地价进行评估。税务机关根据评估价格确定扣除项目金额。

（3）转让房地产的成交价格低于房地产评估价格，又无正当理由。所称的转让房地产的成交价格低于房地产评估价格，又无正当理由，是指纳税人申报的转让房地产的实际成交价低于房地产评估机构评定的交易价，纳税人又不能提供凭据或无正当理由的行为。出现这一情形时，由税务机关参照房地产评估价格确定转让房地产的收入。

（二）扣除项目及其金额确定

1. 取得土地使用权所支付的金额，是指纳税人为取得土地使用权所支付的地价款和按国家统一规定交纳的有关费用。

（1）不同获取方式下土地使用权地价款的确定。以出让方式取得土地使用权的，地价款为纳税人所支付的土地出让金；以行政划拨方式取得土地使用权的，地价款为按照国家有关规定补交的土地出让金；以转让方式取得土地使用权的，地价款为向原土地使用人实际支付的地价款。

（2）按国家统一规定交纳的有关费用，是指纳税人在取得土地使用权过程中为办理有关手续，按国家统一规定交纳的有关登记、过户手续费，包括为取得土地使用权所支付的契税。

2. 房地产开发成本，是指纳税人房地产开发项目实际发生的成本，包括土地征用及拆迁补偿费、前期工程费、建筑安装工程费、基础设施费、公共配套设施费、开发间接费用。这些成本允许按照实际发生额进行扣除。

（1）土地征用及拆迁补偿费，包括土地征用费、耕地占用税、劳动力安置费及有关地上、地下附着物拆迁补偿的净支出、安置动迁用房支出等。

（2）前期工程费，包括规划、设计、项目可行性研究和水文、地质、勘察、测绘、"三通一平"等支出。

（3）建筑安装工程费，是指以出包方式支付给承包单位的建筑安装工程费，以自营方式发生的建筑安装工程费。

（4）基础设施费，包括开发小区内道路、供水、供电、供气、排污、排洪、通信、照明、环卫、绿化等工程发生的支出。

（5）公共配套设施费，包括不能有偿转让的开发小区内公共配套设施发生的支出。

（6）开发间接费用，是指直接组织、管理开发项目发生的费用，包括工资、职工福利费、折旧费、修理费、办公费、水电费、劳动保护费、周转房摊销等。

3. 房地产开发费用，是指与房地产开发项目有关的销售费用、管理费用和财务费用。根据现行财务会计制度的规定，这三项费用作为期间费用，直接计入当期损益，不按成本核算对象进行分摊。故作为土地增值税扣除项目的房地产开发费用，不按纳税人房地产开发项目实际发生的费用进行扣除，而按《土地增值税暂行条例实施细则》的标准进行扣除。

财务费用中的利息支出，凡能够按转让房地产项目计算分摊并提供金融机构证明的，允许据实扣除，但最高不能超过按商业银行同类同期贷款利率计算的金额。其他房地产开发费用，按取得土地使用权所支付的金额和房地产开发成本计算的金额之和的 5% 以内计算扣除。

凡不能按转让房地产项目计算分摊利息支出或不能提供金融机构证明的，房地产开发费用按取得土地使用权所支付的金额和房地产开发成本计算的金额之和的 10% 以内计算扣除。

计算扣除的具体比例，由各省、自治区、直辖市人民政府规定。

上述规定情况具体含义是：

（1）纳税人能够按转让房地产项目计算分摊利息支出并提供金融机构证明的，允许扣除的房地产开发费用为：利息 +（取得土地使用权所支付的金额 + 房地产开发成本）×5% 以内。

注：利息最高不能超过商业银行同类贷款利率计算的金额。

（2）纳税人不能按转让房地产项目计算分摊利息支出或不能提供金融机构证明的（包括全部使用自有资金，没有利息支出的情况），允许扣除的房地产开发费用为：（取得土地使用权所支付的金额 + 房地产开发成本）×10% 以内。

（3）房地产开发企业既向金融机构借款，又有其他借款的，其房地产开发费用计算扣除时不能同时适用上述两种计算办法。

4. 与转让房地产有关的税金，是指在转让房地产时缴纳的城市维护建设税、印花税。因转让房地产缴纳的教育费附加，也可视同税金予以扣除。

这里规定的印花税，是指在转让房地产时缴纳的印花税。房地产开发企业按照《施工、房地产开发企业财务制度》的有关规定，其在转让时缴纳的印花税列入管理费用，故在此不允许扣除。其他纳税义务人缴纳的印花税允许在此扣除。

5. 旧房及建筑物的评估价格及有关规定。旧房是指已使用一定时间或达到一定磨损程度的房产。使用时间和磨损程度标准可由各省、自治区、直辖市财政厅（局）和地方税务局具体规定。

《财政部　国家税务总局关于土地增值税一些具体问题规定的通知》规定，转让旧房的，应按房屋及建筑物的评估价格、取得土地使用权所支付的地价款和按国家统一规定交纳的有关费用以及在转让环节缴纳的税金作为扣除项目金额计征土地增值税。对取得土地使用权时未支付地价款或不能提供已支付的地价款凭据的，不允许扣除取得土地使用权所支付的金额。其中，旧房及建筑物的评估价格，是指在转让已使用的房屋及建筑物时，由政府批准设立的房地产评估机构评定的重置成本价乘以成新度折扣率后的价格，即：旧房及建筑物的评估价格＝重置成本价×成新度折扣率。评估价格须经当地税务机关确认。

所称重置成本价是指对旧房及建筑物，按转让时的建材价格及人工费用计算，建造同样面积、同样层次、同样结构、同样建设标准的新房及建筑物所花费的成本费用；所称成新度折旧率是指按旧房的新旧程度作一定比例的折扣。

纳税人转让旧房及建筑物，凡不能取得评估价格，但能提供购房发票的，经当地税务部门确认，根据《土地增值税暂行条例》第6条第（一）、（三）项规定的扣除项目的金额（即取得土地使用权所支付的金额，新建房及配套设施的成本、费用，或者旧房及建筑物的评估价格），可按发票所载金额并从购买年度起至转让年度止每年加计5%计算。其中，"每年"按购房发票所载日期起至售房发票开具之日起止，每满12个月计1年；超过1年，未满12个月但超过6个月的，可以视同1年。

纳税人转让旧房及建筑物时因计算纳税的需要而对房地产进行评估，其支付的评估费用允许在计算增值额时予以扣除。但对纳税人因隐瞒、虚报房地产成交价格等情形而按房地产评估价格计算征收土地增值税所发生的评估费用，不允许在计算土地增值税时予以扣除。

对纳税人购房时缴纳的契税，凡能提供契税完税凭证的，准予作为"与转让房地产有关的税金"予以扣除，但不作为加计5%的基数。对于个人购入房地产再转让的，其在购入时已缴纳的契税，在旧房及建筑物的评估价中已包括了此项因素，在计征土地增值税时，不另作为"与转让房地产有关的税金"予以扣除。

对于转让旧房及建筑物，既没有评估价格，又不能提供购房发票的，地方税务机关可以根据《税收征收管理法》第35条的规定，实行核定征收。

6. 房地产开发企业加计扣除项目。对从事房地产开发的纳税人，可按取得土地使用权所支付的金额与房地产开发成本之和加计20%的扣除。这一加计扣除项目仅适用于从事房地产开发的纳税人。

这样规定，是鼓励投资者将更多的资金投向房地产开发。同时，这也可以使从事房地产开发的纳税人有一个基本的投资回报，以调动其从事正常房地产开发的积极性。

对于代收费用作为转让收入计税的，在计算扣除项目金额时，可予以扣除，但不允许作为加计20%扣除的基数；对于代收费用未作为转让房地产的收入计税的，在计算增值额时不允许扣除代收费用。

二、土地增值税应纳税额计算

土地增值税以纳税人转让房地产取得的增值额为计税依据,在计算土地增值税应纳税额时,可按增值额乘以适用的税率减去扣除项目金额乘以速算扣除系数的简便方法计算。

(一)土地增值额的计算步骤和公式

1. 不含税收入额的计算。适用增值税一般计税方法的纳税人,其转让房地产的土地增值税应税收入不含增值税销项税额;适用简易计税方法的纳税人,其转让房地产的土地增值税应税收入不含增值税应纳税额。
2. 计算扣除项目金额总额。
3. 确定增值额:

$$增值额 = 转让房地产取得的收入 - 扣除项目金额$$

4. 确定增值率:

$$增值率 = 增值额 \div 扣除项目金额 \times 100\%$$

5. 根据增值率的不同,计算应纳税额:

$$土地增值税税额 = 增值额 \times 适用税率 - 扣除项目金额 \times 速算扣除系数$$

【例8-1】某市房地产开发公司(增值税一般纳税人)于2023年6月将一新建写字楼转让给某单位,取得含税转让收入16 800万元,公司即按税法规定缴纳了有关税金(该公司的写字楼为"营改增"之前开始建造,转让时选择了增值税简易计税方法)。已知该公司为取得土地使用权而支付的地价款和按国家统一规定缴纳的有关费用共3 200万元;投入房地产开发成本为4 000万元;房地产开发费用中的利息支出为1 200万元(不能按转让房地产项目计算分摊利息支出,也不能提供金融机构贷款证明)。另知该公司所在省人民政府规定的房地产开发费用的计算扣除比例为10%,不考虑印花税扣除因素,所在省人民政府允许扣除地方教育附加。计算该公司转让此楼应缴纳的土地增值税税额。

解:(1)确定转让房地产取得的不含税转让收入:增值税简易征收不能扣除支付的地价款,需要按5%征收率换算成不含税收入。

不含税转让收入 = 16 800 ÷ (1 + 5%) = 16 000(万元)

(2)确定转让房地产扣除项目金额:

①取得土地使用权所支付的金额为3 200万元;

②房地产开发成本为4 000万元;

③房地产开发费用:(3 200 + 4 000) × 10% = 720(万元)

④与转让税金有关的税金:城建税及两个附加 = 16 000 × 5% × (7% + 3% + 2%) = 96(万元)

⑤从事房地产开发加计扣除:(3 200 + 4 000) × 20% = 1 440(万元)

⑥转让房地产的扣除项目金额合计:3 200 + 4 000 + 720 + 96 + 1 440 = 9 456(万元)

(3)计算转发房地产的增值额 = 16 000 - 9 456 = 6 544(万元)

(4)计算增值额与扣除项目金额的比率:6 544 ÷ 9 456 × 100% = 69.2%,适用税率为

40%，速算扣除数系数为5%；

（5）计算应纳土地增值税税额：应纳土地增值税＝6 544×40%－9 456×5%＝2 617.6－472.8＝2 144.8（万元）

（二）转让旧房土地增值税额的计算

1. 评估价格的计算：

$$评估价格 = 重置成本价 \times 成新度折旧率$$

2. 计算扣除项目金额总额。

3. 计算增值额：

$$增值额 = 转让房地产取得的收入 - 扣除项目金额$$

4. 计算增值率：

$$增值率 = 增值率 \div 扣除项目金额 \times 100\%$$

5. 依据增值率确定适用税率及速算扣除数计算应纳税额：

$$土地增值税税额 = 增值额 \times 适用税率 - 扣除项目金额 \times 速算扣除系数$$

第四节 土地增值税的税收优惠

一、转让普通标准住宅的税收优惠

纳税人建造普通标准住宅出售，增值额未超过扣除项目金额之和20%的，免征土地增值税。

所称的普通标准住宅，是指按所在地一般民用住宅标准建造的居住用住宅。高级公寓、别墅、度假村等不属于普通标准住宅。普通标准住宅与其他住宅的具体划分界限由各省、自治区、直辖市人民政府规定。

自2005年6月1日起，享受优惠政策的住房原则上应同时满足以下条件：住宅小区建筑容积率在1.0以上、单套建筑面积在120平方米以下、实际成交价格低于同级别土地上住房平均交易价格1.2倍以下。各省、自治区、直辖市要根据实际情况，制定本地区享受优惠政策普通住房的具体标准。允许单套建筑面积和价格标准适当浮动，但向上浮动的比例不得超过上述标准的20%。

二、转让旧房作为公租房的税收优惠[①]

根据《财政部 国家税务总局关于支持公共租赁住房建设和运营有关税收优惠政策的通知》的规定，对企事业单位、社会团体以及其他组织转让旧房作为公租房房源，且增值额未超过扣除项目金额20%的，免征土地增值税。

享受上述税收优惠政策的公租房是指纳入省、自治区、直辖市、计划单列市人民政府及

---

① 《财政部 国家税务总局关于支持公共租赁住房建设和运营有关税收优惠政策的通知》（财税〔2010〕88号）。

新疆生产建设兵团批准的公租房发展规划和年度计划，以及按照《关于加快发展公共租赁住房的指导意见》和市、县人民政府制定的具体管理办法进行管理的公租房。不同时符合上述条件的公租房不得享受上述税收优惠政策。

三、转让旧房作为安置住房的税收优惠[①]

企事业单位、社会团体以及其他组织转让旧房作为改造安置住房房源且增值额未超过扣除项目金额20%的，免征土地增值税。

四、国家依法征用、收回房地产的税收优惠

1. 因国家建设需要依法征用、收回的房地产，免征土地增值税。

所称的因国家建设需要依法征用、收回的房地产，是指因城市实施规划、国家建设的需要而被政府批准征用的房产或收回的土地使用权。

2. 因城市实施规划、国家建设的需要而搬迁，由纳税人自行转让原房地产的，比照本规定免征土地增值税。

因"城市实施规划"而搬迁，是指因旧城改造或因企业污染、扰民（指产生过量废气、废水、废渣和噪声，使城市居民生活受到一定危害），而由政府或政府有关主管部门根据已审批通过的城市规划确定进行搬迁的情况；因"国家建设的需要"而搬迁，是指因实施国务院、省级人民政府、国务院有关部委批准的建设项目而进行搬迁的情况。

符合上述免税规定的单位和个人，须向房地产所在地税务机关提出免税申请，经税务机关审核后，免予征收土地增值税。

五、企业改制重组的税收优惠[②]

为支持企业改制重组，优化市场环境，《财政部 税务总局关于继续实施企业改制重组有关土地增值税政策的公告》规定，自2021年1月1日至2023年12月31日起，实施以下土地增值税优惠政策：

1. 企业按照《公司法》有关规定整体改制，包括非公司制企业改制为有限责任公司或股份有限公司，有限责任公司变更为股份有限公司，股份有限公司变更为有限责任公司，对改制前的企业将国有土地使用权、地上的建筑物及其附着物（以下称房地产）转移、变更到改制后的企业，暂不征收土地增值税。

所称整体改制是指不改变原企业的投资主体，并承继原企业权利、义务的行为。

2. 按照法律规定或者合同约定，两个或两个以上企业合并为一个企业，且原企业投资主体存续的，对原企业将房地产转移、变更到合并后的企业，暂不征收土地增值税。

3. 按照法律规定或者合同约定，企业分设为两个或两个以上与原企业投资主体相同的企业，对原企业将房地产转移、变更到分立后的企业，暂不征收土地增值税。

4. 单位、个人在改制重组时以房地产作价入股进行投资，对其将房地产转移、变更到

[①]《财政部 国家税务总局关于棚户区改造有关税收政策的通知》（财税〔2013〕101号）。
[②]《财政部 税务总局关于继续实施企业改制重组有关土地增值税政策的公告》（财政部 税务总局公告2021年第21号）。

被投资的企业，暂不征收土地增值税。

5. 上述改制重组有关土地增值税政策不适用于房地产转移任意一方为房地产开发企业的情形。

6. 改制重组后再转让房地产并申报缴纳土地增值税时，对"取得土地使用权所支付的金额"，按照改制重组前取得该宗国有土地使用权所支付的地价款和按国家统一规定缴纳的有关费用确定；经批准以国有土地使用权作价出资入股的，为作价入股时县级及以上自然资源部门批准的评估价格。按购房发票确定扣除项目金额的，按照改制重组前购房发票所载金额并从购买年度起至本次转让年度止每年加计5%计算扣除项目金额，购买年度是指购房发票所载日期的当年。

7. 纳税人享受上述税收政策，应按税务机关规定办理。

8. 所称不改变原企业投资主体、投资主体相同，是指企业改制重组前后出资人不发生变动，出资人的出资比例可以发生变动；投资主体存续，是指原企业出资人必须存在于改制重组后的企业，出资人的出资比例可以发生变动。

9. 企业改制重组过程中涉及的土地增值税尚未处理的，按《国家税务总局关于部分税务证明事项实行告知承诺制进一步优化纳税服务的公告》的规定执行。

六、个人因工作调动或改善居住条件而转让原自用住房的税收优惠

个人因工作调动或改善居住条件而转让原自用住房，经向税务机关申报核准，凡居住满5年或5年以上的，免予征收土地增值税；居住满3年未满5年的，减半征收土地增值税。居住未满3年的，按规定计征土地增值税。

七、个人销售住房的税收优惠

《财政部 国家税务总局关于调整房地产交易环节税收政策的通知》规定，自2008年11月1日起，对个人销售住房暂免征收土地增值税。

第五节 土地增值税的征收管理

一、土地增值税的纳税地点

土地增值税的纳税人应向房地产所在地主管税务机关办理纳税申报，并在税务机关核定的期限内缴纳土地增值税。房地产所在地，是指房地产的坐落地。纳税人转让房地产坐落在两个或两个以上地区的，应按房地产所在地分别申报纳税。

二、土地增值税的纳税申报

土地增值税的纳税人在转让房地产合同签订后7日内，到房地产所在地税务机关办理纳税申报，并向税务机关提交房屋及建筑物产权、土地使用权证书、土地使用权转让、房产买卖合同、房地产评估报告及其他与转让房地产有关的资料。

对因经常发生房地产转让而难以在每次转让后申报的纳税人，经税务机关审核同意后，可以定期进行纳税申报，具体期限由税务机关根据情况确定。

本章小结

土地增值税是对转让国有土地使用权、地上建筑物及附着物的单位和个人,就其转让所取得的增值额征收的一种税。土地增值税不仅是国家获取财政收入的重要工具,也是进行宏观调控的重要手段。土地增值税自开征以来,一直是国家进行宏观调控的重要手段。

☞【思考题】

1. 试述土地增值税的特点。
2. 简述土地增值税的征税范围。
3. 试述土地增值税应纳税额的计算步骤。

自测习题及参考答案

第四篇 财产税

第九章 房产税

【学习目标】

1. 了解房产税概念、征税范围和纳税人。
2. 掌握房产税的计税依据和应纳税额的计算。
3. 了解房产税的减免税优惠。

第一节 房产税概述

一、房产税概念

房产税是以房屋为征税对象，按房产的计税价值或者房产租金收入向产权所有人或者经营管理人征收的一种税。

房产税是中外各国政府广为开征的古老的税种。欧洲中世纪时，房产税就成为封建君主敛财的一项重要手段，且名目繁多，例如"窗户税""灶税""烟囱税"等，这类房产税大多以房屋的某种外部标志作为确定负担的标准。对房屋征税，我国自古有之。中国古籍《周礼》上所称"廛布"即为最初的房产税。至唐代的间架税、清代的房捐，均属房产税性质。

二、我国房产税发展历程

新中国成立后，1950年1月政务院公布的《全国税政实施要则》，规定全国统一征收房产税。同年6月，将房产税和地产税合并为房地产税。1951年8月8日，政务院公布《城市房地产税暂行条例》。1973年简化税制，将试行工商税的企业缴纳的城市房地产税并入工商税，只对有房产的个人、外国侨民和房地产管理部门继续征收城市房地产税[①]。

中国改革开放以后的房地产税改革始于20世纪80年代中后期。当时的背景是中国从计划经济转向有计划的商品经济，需要通过包括房地产税的多种税收调节经济和配合财政体制改革。1984年10月，国营企业实行第二步利改税和全面改革工商税制时，确定对企业恢复征收城市房地产税。同时，鉴于中国城市的土地属于国有，使用者没有土地产权的实际情况，将城市房地产税分为房产税和土地使用税。1986年9月15日，国务院发布《房产税暂行条例》，决定从当年10月1日起施行，各省、自治区、直辖市政府根据条例规定，先后制定了实施细则。对在中国有房产的外商投资企业、外国企业和外籍人员依照《城市房地产税暂行条例》仍征收城市房地产税。

2008年12月31日，国务院决定自2009年1月1日起废止《城市房地产税暂行条例》，按照《房产税暂行条例》对外商投资企业、外国企业和外国人征收房产税。取消城市房地

---

① 房产税的改革历程和实践效果（baidu.com）。

产税，有利于深化税制改革，完善社会主义市场经济体制；有利于公平税负，创造和谐的税收环境；有利于税收征管，强化依法治税。

2011年1月8日，《国务院关于废止和修改部分行政法规的决定》修订《房产税暂行条例》。

【思政小课堂】

党的二十大报告提出，分配制度是促进共同富裕的基础性制度。坚持按劳分配为主体、多种分配方式并存，构建初次分配、再分配、第三次分配协调配套的制度体系。加大税收、社会保障、转移支付等的调节力度。我国积极稳妥推进房地产税立法与改革，正是为了引导住房合理消费和土地资源节约集约利用，促进房地产市场平稳健康发展。

第二节 纳税义务人和征税范围

一、纳税义务人

房产税以征税范围内的房屋产权所有人为纳税义务人。产权所有人是指拥有房产的单位和个人，即房产的使用、收益、出卖、赠送等权利归其所有。单位包括国有企业、集体企业、私营企业、股份制企业、外商投资企业、外国企业、事业单位、社会团体、国家机关，以及其他单位；个人包括个体工商户以及其他个人。具体是指：

(1) 产权属于国家所有的，由经营管理单位缴纳。

(2) 产权属于集体和个人所有的，由集体单位和个人缴纳。

(3) 产权出典的，由承典人缴纳。产权出典一般是指产权所有人将房屋等产权，在一定期限内出典给其他人使用，而取得资金的一种融资行为。产权所有人（房主）称为房屋出典人；支付现金或实物取得房屋支配权的人称为房屋承典人。承典人交付一定的典价后，在质典期间内即获得抵押物品的支配权，并可转典。产权的典价一般要低于卖价。出典人在规定期限须归还本金和利息，方可赎回抵押物品产权。由于房屋出典期间，产权所有人已经无权支配房屋，税法规定承典人为纳税人。

(4) 产权所有人、承典人不在房产所在地的，或者产权未确定及租典纠纷未解决的，由房产代管人或者使用人缴纳。房产代管人是指接受产权所有人、承典人的委托，代为管理房产的人。使用人指直接使用房产的人。

二、征税范围

房产税以房产为征税对象，"房产"是以房屋形态表现的财产。房屋是指有屋面和围护结构（有墙或两边有柱），能够遮风避雨，可供人们在其中生产、工作、学习、娱乐、居住或储藏物资的场所。独立于房屋之外的建筑物，如围墙、烟囱、水塔、变电塔、油池油柜、酒窖菜窖、酒精池、糖蜜池、室外游泳池、玻璃暖房、砖瓦石灰窑以及各种油气罐等，不属于房产。

房产税的征税范围为城市、县城、建制镇和工矿区。

(1) 城市是指经国务院批准设立的市。

(2) 县城是指未设立建制镇的县人民政府所在地。

（3）建制镇是指经省、自治区、直辖市人民政府批准设立的建制镇。

（4）工矿区是指工商业比较发达，人口比较集中，符合国务院规定的建制镇标准，但尚未设立建制镇的大中型工矿企业所在地。开征房产税的工矿区须经省、自治区、直辖市人民政府批准。

房产税的征税范围不包括农村，这主要是为了减轻农民的负担，以促进农业发展、繁荣农村经济，维护社会稳定。

由于房地产开发企业开发的商品房在出售前，对房地产开发企业而言是一种产品，因此，对房地产开发企业建造的商品房，在售出前不征收房产税；但对售出前房地产开发企业已使用或出租、出借的商品房应按规定征收房产税。

自2006年1月1日起，凡在房产税征收范围内具备房屋功能的地下建筑，包括与地上房屋相连的地下建筑以及完全建在地面以下的建筑、地下人防设施等，均应当依据有关规定征收房产税。对于与地上房屋相连的地下建筑，如房屋的地下室、地下停车场、商场的地下部分等，应将地下部分与地上房屋视为一个整体，按照地上房屋建筑的有关规定计算征收房产税。

第三节 应纳税额的计算

一、计税依据

房产税的计税依据是房产的计税价值或房产的租金收入。按照房产计税价值计征的，称为从价计征；按照房产租金收入计征的，称为从租计征。

（一）从价计征

《房产税暂行条例》规定，房产税依照房产原值一次减除10%~30%后的余值计算缴纳。具体扣除比例由各省、自治区、直辖市人民政府确定。

1. 房产原值，是指纳税人按照会计制度的规定，在账簿"固定资产"科目中记载的房屋原价。因此，凡按会计制度规定在账簿中记载有房屋原价的，即应以房屋原价按规定减除一定比例后作为房产余值计征房产税；没有记载房屋原价的，按照上述原则，并参照同类房屋，确定房产原值，计征房产税。

房产原值应包括与房屋不可分割的各种附属设备或一般不单独计算价值的配套设施，主要有：暖气、卫生、通风、照明、煤气等设备；各种管线，如蒸汽、压缩空气、石油、给排水等管道及电力、电信、电缆导线；电梯、升降机、过道、晒台等。属于房屋附属设备的水管、下水道、暖气管、煤气管等应从最近的探视井或三通管起，计算原值；电灯网、照明线从进线盒连接管起，计算原值。

纳税人对原有房屋进行改建、扩建的，要相应增加房屋的原值。

2. 投资联营房产的计税规定。对投资联营的房产，在计征房产税时应予以区别对待。对于以房产投资联营，投资者参与投资利润分红、共担风险的，按房产余值作为计税依据计征房产税；对于以房产投资，投资者收取固定收入、不承担联营风险的，实际是以联营名义取得房产租金，应根据《房产税暂行条例》的有关规定，由出租方按租金收入计征房产税。

3. 融资租赁房屋的计税规定。对于融资租赁的房屋，由于租赁费包括购进房屋的价款、手续费、借款利息等,与一般房屋出租的"租金"内涵不同,而且租赁期满后,当承租方偿还最后一笔租赁费时,房屋产权要转移到承租方。这实际上是一种变相的分期付款购买固定资产的形式,所以在计征房产税时应以房产余值计算征收,至于租赁期内房产税的纳税人,由当地税务机关根据实际情况确定。

4. 房屋附属设备和配套设施的计税规定。从2006年1月1日起,房屋附属设备和配套设施计征房产税按以下规定执行:凡以房屋为载体,不可随意移动的附属设备和配套设施,如给排水、采暖、消防、中央空调、电气及智能化楼宇设备等,无论在会计核算中是否单独记账与核算,都应计入房产原值,计征房产税;对于更换房屋附属设备和配套设施的,在将其价值计入房产原值时,可扣减原来相应设备和设施的相应价值;对附属设备设施中易损坏、需要经常更换的零配件,更新后不再计入房产原值。

5. 居民住宅区内业主共有的经营性房产的计税规定。自2007年1月1日起,对居民住宅区内业主共有的经营性房产,由实际经营(包括自营和出租)的代管人或使用人缴纳房产税。其中自营的,依照房产原值减除10%~30%后的余值计征,没有房产原值或者不能将业主共有房产与其他房产的原值准确划分的,由房产所在地税务机关参照同类房产核定房产原值;出租房产的,依照租金收入计征。

(二)从租计征

《房产税暂行条例》规定,房产出租的,以不含增值税的房产租金收入为房产税的计税依据。

房产的租金收入是房屋产权所有人出租房产使用权所得的报酬,包括货币收入和实物收入。以劳务或者其他形式为报酬抵付房租收入的,应根据当地同类房产的租金水平,确定一个标准租金额从租计征。

纳税人对个人出租房屋的租金收入申报不实或申报数与同一地段同类房屋的租金收入相比明显不合理的,税务部门可以按照《税收征收管理法》的有关规定,采取科学合理的方法核定其应纳税额。具体办法由各省、自治区、直辖市地方税务机关结合当地实际情况制定。

二、税率

我国现行房产税税率采用比例税率。由于房产税的计税方法分为从价计征和从租计征两种形式,所以房产税的税率也有两种形式。依照房产余值从价计征的,税率为1.2%;依照房产租金收入从租计征的,税率为12%。

自2008年3月1日起,对个人出租住房,按4%的税率征收房产税;对企事业单位、社会团体以及其他组织按市场价格向个人出租用于居住的住房,减按4%的税率征收房产税。

三、应纳税额的计算

(一)从价计征的计算

从价计征是按房产原值减除一定比例后的余值计征,其计算公式为:

$$应纳税额 = 应税房产原值 \times (1 - 扣除比例) \times 1.2\%$$

【例9-1】某民营企业一栋房产的原值为700万元,当地税务机关核定的扣除比例为30%,该企业年应纳房产税税额是多少?

解:应纳税额 = $700 \times (1 - 30\%) \times 1.2\% = 5.88$ (万元)

(二) 从租计征的计算

从租计征是按房产的租金收入计征,其计算公式为:

$$应纳税额 = 租金收入 \times 12\%$$

【例9-2】某公司出租房屋5间,每月取得租金收入6万元(不含税),计算该企业年应纳房产税税额。

解:应纳税额 = $6 \times 12 \times 12\% = 8.64$ (万元)

第四节 税收优惠

房产税的减免税优惠是根据国家政策需要和纳税人的负担能力制定的。由于房产税属地方税,因此给予地方一定的减免权限,有利于地方因地制宜地处理问题。

一、减免税基本规定

《房产税暂行条例》规定,下列房产免纳房产税:

(一) 国家机关、人民团体、军队自用的房产

上述免税单位的出租房产以及非自身业务使用的生产、营业用房,不属于免税范围。人民团体是指经国务院授权的政府部门批准设立或登记备案并由国家拨付行政事业费的各种社会团体。自用的房产是指这些单位本身的办公用房和公务用房。

(二) 由国家财政部门拨付事业经费单位自用的房产

由国家财政部门拨付事业经费的单位,例如学校、医疗卫生单位、托儿所、幼儿园、敬老院、文化、体育、艺术等实行全额或差额预算管理的事业单位所有的、本身业务范围内使用的房产,免征房产税。上述单位所属的附属工厂、商店、招待所等不属于单位公务、业务的用房,应照章纳税。

(三) 宗教寺庙、公园、名胜古迹自用的房产

宗教寺庙、公园、名胜古迹自用的房产免征房产税。
1. 宗教寺庙自用的房产,是指举行宗教仪式等的房屋和宗教人员使用的生活用房屋。
2. 公园、名胜古迹自用的房产,是指供公共参观游览的房屋及其管理单位的办公用房屋。

宗教寺庙、公园、名胜古迹中附设的营业单位,例如影剧院、饮食部、茶社、照相等所使用的房产及出租的房产,不属于免税范围,应照章纳税。

(四) 个人所有的非营业用房产

个人所有的非营业用房主要是指住房,不分面积大小,一律免征房产税。个人拥有的营业用房或者出租的房产,不属于免税房产,应照章纳税。

二、减免税特殊规定

经财政部和国家税务总局批准,下列房产可免征房产税:

(1) 企业办的各类学校、医院、托儿所、幼儿园自用的房产,免征房产税。

(2) 经有关部门鉴定,对毁损不堪居住的房屋和危险房屋,在停止使用后,可免征产税。

(3) 纳税人因房屋大修导致连续停用半年以上的,在房屋大修期间免征房产税,免征税额由纳税人在申报缴纳房产税时自行计算扣除,并在申报表或备注栏中作相应的说明。

(4) 凡是在基建工地为基建工地服务的各种工棚、材料棚、休息棚和办公室、食堂、茶房、汽车房等临时性房屋,不论是施工企业自行建造还是由基建单位出资建造,交施工企业使用的,在施工期间,一律免征房产税。但是,如果在基建工程结束以后,施工企业将临时性房屋交还或者估价转让给基建单位的,应当从基建单位接收的次月起,照章纳税。

(5) 老年服务机构自用的房产暂免征收房产税。老年服务机构是指专门为老年人提供生活照料、文化、护理、健身等多方面服务的福利性、非营利性的机构,主要包括老年社会福利院、敬老院(养老院)、老年服务中心、老年公寓(含老年护理院、康复中心、托老所)等。

(6) 对为高校学生提供住宿服务,按照国家规定的收费标准收取住宿费的高校学生公寓免征房产税。

(7) 自2001年1月1日起,对按政府规定价格出租的公有住房和廉租住房,包括企业和自收自支事业单位向职工出租的单位自有住房;房管部门向居民出租的公有住房;落实私房政策中带户发还产权并以政府规定租金标准向居民出租的私有住房等,暂免征收房产税。

(8) 铁道部(现为中国铁路总公司)所属铁路运输企业自用的房产,继续免征房产税。

地方铁路运输企业自用的房产,应缴纳的房产税比照铁道部(现为中国铁路总公司)所属铁路运输企业的政策执行。

(9) 自2019年6月1日至2025年12月31日,为社区提供养老、托育、家政等服务的机构自有或其通过承租、无偿使用等方式取得并用于提供社区养老、托育、家政服务的房产,免征房产税。

(10) 自2018年1月1日至2023年12月31日,对纳税人及其全资子公司从事大型民用客机发动机、中大功率民用涡轴涡桨发动机研制项目自用的科研、生产、办公房产,免征房产税。

(11) 自2019年1月1日至2023年12月31日,对纳税人及其全资子公司从事大型客机研制项目自用的科研、生产、办公房产免征房产税。

(12) 为支持农村饮水安全工程(以下称饮水工程)巩固提升,自2019年1月1日至2023年12月31日,对饮水工程运营管理单位自用的生产、办公用房产,免征房产税。

饮水工程,是指为农村居民提供生活用水而建设的供水工程设施。饮水工程运营管理单位,是指负责饮水工程运营管理的自来水公司、供水公司、供水(总)站(厂中心)、村集体、农民用水合作组织等单位。

对于既向城镇居民供水，又向农村居民供水的饮水工程运营管理单位，依据向农村居民供水量占总供水量的比例免征房产税。无法提供具体比例或所提供数据不实的，不得享受优惠政策。

（13）纳税单位与免税单位共同使用的房屋，按各自使用的部分划分，分别征收或免征产税。

除以上规定者外，纳税人纳税确有困难的，可由省、自治区、直辖市人民政府确定，定期减征或者免征房产税。

第五节　征收管理

一、纳税义务发生时间

依据《房产税暂行条例》的规定，房产税纳税义务发生时间如下：

（1）纳税人将原有房产用于生产经营，自生产经营的当月起缴纳房产税。
（2）纳税人自行新建房屋进行生产经营，自建成的次月起缴纳房产税。
（3）纳税人委托施工企业建设的房屋，自办理验收手续的次月起缴纳房产税。
（4）纳税人购置新建商品房，自房屋交付使用的次月起缴纳房产税。
（5）纳税人购置存量房，自办理房屋产权转移、变更登记手续，房地产权属登记机关签发房屋权属证书的次月起缴纳房产税。
（6）纳税人出租、出借房产，自交付出租、出借房产的次月起缴纳房产税。
（7）房地产开发企业自用、出租、出借本企业建造的商品房，自房屋使用或交付的次月起缴纳房产税。

自2009年1月1日起，纳税人因房产的实物或者权利状态发生变化而依法终止房产税纳税义务的，其应纳税额的计算应截至房产的实物或者权利状态发生变化的当月。

二、纳税地点

房产税在房产所在地缴纳。房产不在同一地方的纳税人，应按房产的坐落地点分别向房产所在地的税务机关纳税。

三、纳税期限

房产税实行按年征收、分期缴纳的征收方法。具体纳税期限由省、自治区、直辖市人民政府规定。

相关链接：《财产和行为税合并纳税申报政策和服务措施解读》（视频），https：//www.chinatax.gov.cn/chinatax/n810351/n810906/c5164792/content.html。

本章小结

房产税征税对象是房产，纳税人是产权所有人或者经营管理人，征收范围为城市、县城、建制镇和工矿区的房屋，计税依据是房产的计税价值或房产的租金收入，分别采取从价计征和从租计征两种征税方式，税率分别为 1.2% 和 12%。

☞【思考题】

1. 简述房产税的征税范围。
2. 简述房产税两种计征方式。
3. 房地产税改革的方向是什么？

自测习题及参考答案

第十章　契税

> 【学习目标】
> 1. 了解契税的概念和特点。
> 2. 理解和掌握契税的征收制度。
> 3. 理解和掌握契税应纳税额的计算。
> 4. 了解契税的税收优惠和征收管理。

第一节　契税概述

一、契税的概念

契税是指在中国境内土地、房屋权属转移时，向取得土地使用权、房屋所有权的单位和个人征收的一种税。

新中国成立以后颁布的第一个税收法规就是《契税暂行条例》。1997年7月7日国务院重新颁布《契税暂行条例》，并于1997年10月1日开始施行。同年10月财政部制定《契税暂行条例实施细则》。2019年3月2日，国务院第709号令发布了修订的《契税暂行条例》。现行契税的基本法律依据，是2020年8月11日十三届全国人大常委会第二十一次会议表决通过的《契税法》，于2021年9月1日开始施行。

二、契税的特点

（一）契税属于财产转移税

契税以发生转移的不动产，主要是土地和房屋为征税对象，具有财产转移课税性质。土地、房屋产权未发生转移的，不征收契税。

（二）契税由财产承受人缴纳

一般税种都确定销售者为纳税人，即卖方纳税。契税则属于土地、房屋产权发生交易过程中的财产税，由承受人或买方纳税，即由获得土地、房屋产权的一方纳税。对承受人征税的主要目的，在于承认不动产转移生效。承受人纳税以后，便可拥有转移过来的不动产产权或使用权，法律保护纳税人的合法权益。

第二节　纳税义务人和征税范围

一、纳税义务人

契税的纳税人，是指在中华人民共和国境内转移土地、房屋权属过程中，承受土地使用权或房屋所有权的单位和个人。承受,是指以受让、购买、受赠、交换等方式取得土地、房屋权属的行为。单位,是指企业、事业单位、国家机关、军事单位和社会团体以及其他组织。个人,是指个体经营者及其他个人,包括中国公民和外籍人员。

二、征税范围

契税的征税对象是在中华人民共和国境内发生土地使用权和房屋所有权权属转移的土地和房屋。具体征税范围包括:

(一) 国有土地使用权出让

国有土地使用权出让是指国家以土地所有者的身份将国有土地使用权在一定年限内让与土地使用者,并由土地使用者向国家交付土地使用权出让费用的行为。

国有土地使用权出让的形式有协议出让、招标出让和拍卖三种,不论采用哪种形式,都应由各级土地管理部门代表本级政府与土地使用权受让方签订书面出让合同。

国有土地使用权出让,受让者应向国家缴纳出让金,以出让金为依据计算缴纳契税。不得因减免土地出让金而减免契税。

(二) 土地使用权转让

土地使用权转让是指土地使用者以出售、赠与、交换或者其他形式,将土地使用权转移给其他单位和个人的行为,包括国有土地使用权转让和集体土地使用权转让。

土地使用权出售是指土地使用者以土地使用权作为交易条件,取得货币、实物、无形资产或者其他经济利益的行为;土地使用权赠与是指土地使用者将土地无偿转让给受赠者的行为;土地使用权交换是指土地使用者之间相互交换土地使用权的行为。

土地使用权在规定的使用年限内可以多次转让,但无论转移到哪里,国家与土地使用者的权利和义务仍是土地出让合同规定的权利和义务。在土地使用权转让时,其地上建筑物、附属物的所有权应随之转移,并依照规定办理权属变更登记手续。

土地使用权的转让不包括农村集体土地承包经营权的转移。承包经营是在土地权属未发生转移的情况下,对土地实行经营管理的方式。土地使用权属于一种物权,土地承包经营权属于一种债权,不属于《契税法》规定的土地使用权转让范围。

(三) 房屋买卖

房屋买卖是指房屋所有者将其所有的房屋出售给购买者,由购买者支付一定货币、实物、无形资产或其他经济利益,从而取得房屋所有权的行为。房屋权属发生转移,属于契税征税范围。

(四) 房屋赠与

房屋赠与是指房屋产权所有人将房屋产权无偿转让给其他人所有的行为。其中,将自有房屋赠与他人的叫作房屋赠与人;接受他人房屋的叫作受赠人。房屋赠与的前提必须是产权无纠纷,赠与人和受赠人双方自愿。由于房屋是不动产,价值较大,故法律要求赠与房屋应有书面合同，并到房地产管理机关或农村基层政权机关办理登记过户手续，才能生效。房屋的受赠人要按规定缴纳契税。

（五）房屋交换

房屋交换是指房屋所有者之间互相交换房屋的行为，包括交换房屋使用权和房屋所有权两种形式。对交换房屋所有权的，按房地产管理有关规定，双方需到有关部门办理权属变更登记手续，属于契税征收范围。

（六）其他行为

随着经济形势的发展，有些特殊方式转移土地、房屋权属的，也将视同土地使用权转让、房屋买卖或者房屋赠与。具体包括以下几种：一是以土地、房屋权属作价投资、入股；二是以土地、房屋权属抵债；三是以获奖方式承受土地、房屋权属；四是一方出地、另一方出钱合建住房；五是以预购方式或者预付集资建房款方式承受土地、房屋权属。

1. 以土地、房屋权属作价投资、入股。这种情况是指一方以房地产作价入资以获得相应的股权。例如，甲企业以自有房产投资于乙企业取得相应的股权，其房屋产权变为乙企业所有。或甲企业将自有房产作价，乙企业出资金，双方组成一个新的企业或法人，房产转移到新企业名下。

这种情况视同土地使用权转让、房屋买卖等行为，应根据国家房地产管理的有关规定，办理房屋产权交易和产权变更登记手续，由产权承受方按契税税率计算缴纳契税。

以自有房产作股投入本人独资经营的企业，免纳契税。因为以自有的房地产投入本人独资经营的企业，产权所有人和使用权使用人未发生变化，不需办理房产变更手续，也不必缴纳契税。

2. 以土地、房屋权属抵债。这种情况是指经当地政府和有关部门批准，债务人以自有的房屋所有权、土地使用权向债权人抵偿债务。由于这种情况发生了土地使用权、房屋所有权的转移，视同房屋买卖和土地使用权转让，征收契税。

3. 以获奖方式取得土地使用权、房屋所有权，视同赠与，征收契税。

4. 一方出地、另一方出钱合建住房，房屋建成后，双方按地价和建房资金的比例分配房屋产权，这实质上已构成房屋、土地权属转移，即一方以建房资金购买土地使用权，另一方以土地使用权转让费购买房屋产权。这种产权转移方式属于契税征收范围，双方均应依照有关规定缴纳税款。

5. 以预购方式或者预付集资建房款方式承受土地、房屋权属。城镇居民通过与房屋开发商签订"双包代建"合同，由开发商承办规划许可证、准建证、土地使用证等手续，并由委托方按地价与房价之和向开发商付款的方式取得房屋所有权，实质上是一种以预付款方式购买商品房的行为，应照章征收契税。

第三节　应纳税额的计算

一、计税依据

契税的计税依据为不动产的价格（不包括增值税）。由于土地、房屋权属的转移方式不同，定价方法不同，因而具体计税依据也不同，具体有以下几种情况：

（1）土地使用权出让、出售，房屋买卖，为土地、房屋权属转移合同确定的成交价格，包括应交付的货币以及实物、其他经济利益对应的价款。其中，土地使用权出让的计税依据包括土地出让金、土地补偿费、安置补助费、地上附着物和青苗补偿费、征收补偿费、城市基础设施配套费、实物配建房屋等应交付的货币以及实物、其他经济利益对应的价款。

（2）土地使用权互换、房屋互换，互换价格相等的，互换双方计税依据为零；互换价格不相等的，以其差额为计税依据，由支付差额的一方缴纳契税。

（3）土地使用权赠与、房屋赠与以及其他没有价格的转移土地、房屋权属行为，为税务机关参照土地使用权出售、房屋买卖的市场价格依法核定的价格。

纳税人申报的成交价格、互换价格差额明显偏低且无正当理由的，由税务机关依照《征管法》的规定核定。

（4）以划拨方式取得的土地使用权，经批准改为出让方式重新取得该土地使用权的，计税依据为土地使用权人补缴的土地出让价款。先以划拨方式取得土地使用权，后经批准转让房地产，划拨土地性质改为出让的，计税依据为承受方补缴的土地出让价款和房地产权属转移合同确定的成交价格。先以划拨方式取得土地使用权，后经批准转让房地产，划拨土地性质未发生改变的，计税依据为房地产权属转移合同确定的成交价格。

（5）土地使用权及所附建筑物、构筑物等（包括在建的房屋、其他建筑物、构筑物和其他附着物）转让的，计税依据为承受方应交付的总价款。

（6）房屋附属设施（包括停车位、机动车库、非机动车库、顶层阁楼、储藏室及其他房屋附属设施）与房屋为同一不动产单元的，计税依据为承受方应交付的总价款，并适用与房屋相同的税率；房屋附属设施与房屋为不同不动产单元的，计税依据为转移合同确定的成交价格，并按当地确定的适用税率计税。

（7）承受已装修房屋的，应将包括装修费用在内的费用计入承受方应交付的总价款。

二、税率

契税实行3%～5%的幅度比例税率。由于我国经济发展不平衡，各地经济差别较大，因此，契税的具体适用税率，由省、自治区、直辖市人民政府在规定的税率幅度内提出，报同级人大常委会决定，并报全国人大常委会和国务院备案。省、自治区、直辖市可以依照上述规定的程序对不同主体、不同地区、不同类型的住房的权属转移确定差别税率。

三、应纳税额的计算

契税采用比例税率，计税依据确定以后，应纳税额的计算比较简单，相应的计算公式为：

$$应纳税额 = 计税依据 \times 税率$$

【例10-1】王明拥有两套住房，将一套出售给吴女士，成交价格为500 000元；将另外一套两室住房与张先生的两处一室住房交换，并支付给张先生差价款40 000元。试计算王明、吴女士和张先生相关行为应该缴纳的契税（假定税率为5%）。

解：王明应该缴纳的契税 = 40 000 × 5% = 2 000（元）
吴女士应该缴纳的契税 = 500 000 × 5% = 25 000（元）
张先生不用缴纳契税。

第四节　税收优惠

一、法定减免

有下列情形之一的，免征契税：

1. 国家机关、事业单位、社会团体、军事单位承受土地、房屋权属用于办公、教学、医疗、科研、军事设施。
2. 非营利性的学校、医疗机构、社会福利机构承受土地、房屋权属用于办公、教学、医疗、科研、养老、救助。
3. 承受荒山、荒地、荒滩土地使用权用于农、林、牧、渔业生产。
4. 婚姻关系存续期间夫妻之间变更土地、房屋权属。
5. 法定继承人通过继承承受土地、房屋权属。
6. 依照法律规定应当予以免税的外国驻华使馆、领事馆和国际组织驻华代表机构承受土地、房屋权属。

二、授权国务院减免

根据国民经济和社会发展的需要，国务院对居民住房需求保障、企业改制重组、灾后重建等情形可以规定免征或者减征契税，报全国人大常委会备案。

三、省、自治区、直辖市可以决定对下列情形免征或者减征契税

1. 因土地、房屋被县级以上人民政府征收、征用，重新承受土地、房屋权属；
2. 因不可抗力灭失住房，重新承受住房权属。

四、延续执行的《契税法》实施前制定的税收优惠（调整）

1. 夫妻因离婚分割共同财产发生土地、房屋权属变更的，免征契税。
2. 个人购买家庭唯一住房，面积为 90 平方米以下的，减按 1% 征收契税；面积为 90 平方米以上的，减按 1.5% 征收契税。
3. 外国银行分行按照《外资银行管理条例》等相关规定改制为外商独资银行（或其分行），改制后的外商独资银行（或其分行）承受原外国银行分行的房屋权属的，免征契税。
4. 2021 年 1 月 1 日至 2023 年 12 月 31 日，公租房经营管理单位购买住房作为公租房，免征契税。
5. 2021 年 1 月 1 日至 2023 年 12 月 31 日，饮水工程运营管理单位为建设饮水工程而承受土地使用权，免征契税。
6. 2019 年 6 月 1 日至 2025 年 12 月 31 日，为社区提供养老、托育、家政等服务的机构，承受房屋、土地用于提供社区养老、托育、家政服务，免征契税。

第五节 征收管理

一、纳税义务发生的时间

纳税人在签订土地、房屋权属转移合同的当天，或者取得其他具有土地、房屋权属转移合同性质凭证的当天。

《关于印发〈2023年助力小微经营主体发展"春雨润苗"专项行动方案〉的通知》①规定，关于纳税义务时间的具体情形：

1. 因人民法院、仲裁委员会的生效法律文书或者监察机关出具的监察文书等发生土地、房屋权属转移的，纳税义务发生时间为法律文书等生效当日。

2. 因改变土地、房屋用途等情形应当缴纳已经减征、免征契税的，纳税义务发生时间为改变有关土地、房屋用途等情形的当日。

3. 因改变土地性质、容积率等土地使用条件需补缴土地出让价款，应当缴纳契税的，纳税义务发生时间为改变土地使用条件当日。

发生上述情形，按规定不再需要办理土地、房屋权属登记的，纳税人应自纳税义务发生之日起90日内申报缴纳契税。

二、纳税期限

纳税人应当在依法办理土地、房屋权属登记手续前申报缴纳契税。纳税人办理纳税事宜后，税务机关应当开具契税完税凭证。纳税人办理土地、房屋权属登记，不动产登记机构应当查验契税完税、减免税凭证或者有关信息。未按照规定缴纳契税的，不动产登记机构不予办理土地、房屋权属登记。纳税人应当自纳税义务发生之日起10日内，向土地、房屋所在地的契税征收机关办理纳税申报，并在契税征收机关核定的期限内缴纳税款。

三、纳税地点

契税由土地、房屋所在地的税务机关依照《契税法》和《税收征收管理法》的规定征收管理。

四、特殊退税

在依法办理土地、房屋权属登记前，权属转移合同、权属转移合同性质凭证不生效、无效、被撤销或者被解除的，纳税人可以向税务机关申请退还已缴纳的税款，税务机关应该依法办理。

本章小结

契税是指在中华人民共和国境内土地、房屋权属转移时，向取得土地使用权、房屋所有

---

① 国家税务总局办公厅 中华全国工商业联合会办公厅关于印发《2023年助力小微经营主体发展"春雨润苗"专项行动方案》的通知_ 国务院部门文件_ 中国政府网（www.gov.cn）。

权的单位和个人征收的一种税。契税属于财产转移税。对承受人征税的主要目的,在于承认不动产转移生效。承受人纳税以后,便可拥有转移过来的不动产产权或使用权,法律保护纳税人的合法权益。

☞【思考题】

1. 契税的特点是什么?
2. 契税的纳税义务人是谁?
3. 个人继承或接受遗赠的房屋是否需要缴纳契税?

自测习题及参考答案

第十一章 车船税

【学习目标】

1. 了解车船税概念。
2. 掌握车船税征收制度。

第一节 车船税概述

一、车船税的概念及沿革

车船税是对在中华人民共和国境内的车辆、船舶的所有人或者管理人，按照规定的税目、计税单位和年税额标准计算征收的一种财产税。

我国对车船征税由来已久。1951年，政务院颁布《车船使用牌照税暂行条例》，对拥有并使用车船的单位和个人征收车船使用牌照税；1952年，政务院颁布《海关船舶吨税暂行办法》，对进出我国港口的外籍船舶和外商租用的中国籍船舶，以及中外合营企业使用的中外国籍船舶征收船舶吨税。1973年国家进行工商税制改革时，将对内资企业征收的车船使用牌照税并入了工商税，对个人、外侨以及外资企业、中外合资企业、中外合营企业的车船，则继续征收车船使用牌照税。1986年9月15日，国务院颁布《车船使用税暂行条例》，决定从当年10月1日起施行，该暂行条例适用于在我国境内拥有并且使用车船的单位和个人，但对外商投资企业和外国企业仍依照《车船使用牌照税暂行条例》的规定征收车船使用牌照税。随着社会主义市场经济体制的建立和完善，尤其是我国加入WTO后，两个税收条例在并行实施过程中出现了很多问题：一是内外两个税种并存，不符合税政统一、简化税制的要求；二是这两个税收条例暂行时间过长，未能及时进行修订，税制严重老化，税额标准内外不统一，并且明显偏低；三是税源监控手段落后，不利于加强税收征管。基于此，国务院于2006年12月29日颁布《车船税暂行条例》，自2007年1月1日起施行。该条例对拥有应税车船的内外籍纳税人普遍适用，原《车船使用牌照税暂行条例》和《车船使用税暂行条例》相应废止。

2011年2月25日，十一届全国人大常委会第十九次会议通过了《车船税法》[①]，此次车船税立法的指导思想是为了适应社会经济形势变化的要求，对《车船税暂行条例》进行改革完善并提升其税收法律级次，以引导车辆、船舶的生产和消费，体现国家在促进节能减排、保护环境等方面的政策导向。国务院第182次常务会议于2011年11月23日通过了《车船税法实施条例》，自2012年1月1日起施行。

二、车船税的特点

1. 对车船征收，属于财产税。车船税对纳税人拥有的车辆和船舶征税，这是车船税区

---

① 中华人民共和国车船税法（chinatax.gov.cn）。

别于其他税种的主要特征。车船税是对"保有"环节的车船征税,所以具有明显的财产税特征。

2. 依据不同的车船,实行有差别的定额税率。乘用车依排气量从小到大划分为7档递增税额;客车依核定载客人数划分为2档递增税额;机动船舶依净吨位划分为4档递增税额;游艇依长度划分为4档递增税额。

3. 车船税实行按年申报,分月计算,一次性缴纳的解缴办法。

三、车船税的意义

(一)有利于开辟地方财源,为地方政府筹集财政资金

《车船税法》的立法主旨仍然是发挥税收最基本的职能:组织财政收入,尤其是为地方政府组织财政收入。尽管车船税由于税收收入较少而往往看作是一个财政功能较弱的"小"税种,但是,作为财产税,这一"小"税种在我国近六十年的时间里却为地方组织了固定的财政收入。地方税收体系薄弱导致的地方财力窘迫一直是难以解决的"瓶颈",而车船税的改革则为解决这一"瓶颈"打开了思路,对于地方政府组织财政收入具有重大意义。

(二)有利于调节收入分配,促进社会公平

车船税作为财产税,在一定程度上发挥着调节居民收入分配的作用。在我国,虽然汽车保有量不断上升,但总体来看,仍有不少家庭没有购买小汽车。在这种情况下,通过实行差别税率的车船税,在一定程度上体现政府调节财产收入的意图,有利于促进社会的公平与稳定。

(三)有利于节能减排

党的二十大报告提出,中国式现代化是人与自然和谐共生的现代化。以"排气量"作为乘用车的计税依据,不仅有利于排除车辆使用带来的外部性,还起到促进节能减排的作用,体现了车船税的政策导向。

第二节 纳税义务人和征税范围

一、纳税义务人

车船税的纳税义务人是对车船拥有所有权或虽不拥有所有权但拥有管理使用权的单位和个人。其中,所有人是指在我国境内拥有车船的单位和个人;管理人是指对车船具有管理权或者使用权,不具有所有权的单位。

单位是指行政机关、企业、事业单位、社会团体以及其他组织;个人包括个体工商户以及其他个人。

从事机动车第三者责任强制保险业务的保险机构为机动车车船税的扣缴义务人。扣缴义务人应当在收取保险费时依法代收车船税,并出具代收税款凭证。扣缴义务人在代收车船税

时，应当在机动车交通事故责任强制保险的保险单及保费发票上注明已收税款的信息，作为代收税款凭证。

二、征税范围

车船税的征税范围是指在中华人民共和国境内属于《车船税法》所附《车船税税目税额表》规定的车辆、船舶（以下简称车船）。税法中所称车辆、船舶是指：

1. 依法应当在车船登记管理部门登记的机动车辆和船舶；
2. 依法不需要在车船登记管理部门登记的、在单位内部场所行驶或者作业的机动车辆和船舶。

车辆登记管理部门是指公安、交通运输、农业、渔业、军队、武装警察部队等依法具有车辆登记管理职能的部门。

车辆是指乘用车、商用车（包括客车和货车）、挂车、其他车辆（包括专业作业车和轮式专用机械车）和摩托车。船舶是指机动船舶和游艇。

第三节 应纳税额的计算

一、计税依据

车船税的计税依据，按车船的种类和性能，分别确定为辆、净吨位、整备质量"吨"和艇身长度四种。

（1）乘用车、客车、摩托车，以"辆"为计税依据。

（2）载货汽车、专用作业车、三轮汽车、低速载货汽车按整备质量①"吨"为计税依据。

（3）船舶以净吨位"吨"为计税依据。

（4）游艇以艇身长度"米"为计税依据。

《车船税法》和《车船税实施条例》所涉及的排气量、整备质量、核定载客人数、净吨位、千瓦、艇身长度，以车船登记管理部门核发的车船登记证书或者行驶证所载数据为准。

依法不需要办理登记的车船和依法应当登记而未办理登记或者不能提供车船登记证书、行驶证的车船，以车船出厂合格证明或者进口凭证标注的技术参数、数据为准；不能提供车船出厂合格证明或者进口凭证的，由主管税务机关参照国家相关标准核定，没有国家相关标准的参照同类车船核定。

二、税率

车船税实行定额幅度税率。车船税税目税额如表11-1所示。

---

① 整备质量是指空车的重量+防冻液+油+50公斤的重量。

表 11-1 车船税税目税额

税目		计税单位	年基准税额（元）	备注
乘用车按发动机气缸容量（排气量）分档	1.0 升（含）以下的	每辆	60~360	核定载客人数 9 人（含）以下
	1.0 升以上至 1.6 升（含）		300~540	
	1.6 升以上至 2.0 升（含）		360~660	
	2.0 升以上至 2.5 升（含）		660~1 200	
	2.5 升以上至 3.0 升（含）		1 200~2 400	
	3.0 升以上至 4.0 升（含）		2 400~3 600	
	4.0 升以上的		3 600~5 400	
商用车	客车	每辆	480~1 440	核定载客人数 9 人以上，包括电车
	货车	整备质量每吨	16~120	包括半牵挂引车、三轮汽车和低速载货汽车等
挂车		整备质量每吨	按照货车税额的 50% 计算	
其他车辆	专用作业车	整备质量每吨	16~120	不包括拖拉机
	轮式专用机械车		16~120	
摩托车		每辆	36~180	
船舶	机动船舶	净吨位每吨	3~6	拖船、非机动驳船分别按照机动船舶税额的 50% 计算
	游艇	艇身长度每米	600~2 000	

1. 车辆的具体适用税额由省、自治区、直辖市人民政府依照《车船税法》所附《车船税税目税额表》规定的税额幅度和国务院的规定确定。应当遵循以下原则：

（1）乘用车依排气量从小到大递增税额；（2）客车按照核定载客人数 20 人以下和 20 人（含）以上两档划分，递增税额。

车船税的纳税人按照纳税地点所在的省、自治区、直辖市人民政府确定的具体适用税额缴纳车船税。

2. 船舶的具体适用税额由国务院在《车船税税目税额表》规定的税额幅度内确定。

（1）机动船舶的具体适用税额为：①净吨位不超过 200 吨的，每吨 3 元；②净吨位超过 200 吨但不超过 2 000 吨的，每吨 4 元；③净吨位超过 2 000 吨但不超过 10 000 吨的，每吨 5 元；④净吨位超过 10 000 吨的，每吨 6 元。⑤拖船按照发动机功率每 1 千瓦折合净吨位 0.67 吨计算征收车船税。

（2）游艇具体适用税额为：①艇身长度不超过 10 米的，每米 600 元；②艇身长度超过

10 米但不超过 18 米的，每米 900 元；③艇身长度超过 18 米但不超过 30 米的，每米 1 300 元；④艇身长度超过 30 米的，每米 2 000 元；⑤辅助动力帆艇，每米 600 元。

三、应纳税额的计算

车船税应纳税额的计算公式为：

乘用车、客车、摩托车应纳税额 = 辆数 × 适用单位税额

货车、挂车、其他车辆应纳税额 = 整备质量吨位数 × 适用单位税额

机动船舶应纳税额 = 净吨位数 × 适用单位税额

游艇应纳税额 = 艇身长度米数 × 适用单位税额

第四节　税收优惠

一、法定减免税

《车船税法》规定的法定减免税车船：

（1）捕捞、养殖渔船。

（2）军队、武装警察部队专用的车船。

（3）警用车船。

（4）悬挂应急救援专用号牌的国家综合性消防救援车辆和国家综合性消防救援专用船舶。

（5）依照法律规定应当予以免税的外国驻华使领馆、国际组织驻华代表机构及其有关人员的车船。

二、特定减免税

（1）对节能汽车减半征收车船税，新能源车船免征车船税。

拓展阅读：关于调整享受车船税优惠的节能新能源汽车产品技术要求的公告

（2）对受严重自然灾害影响纳税困难以及有其他特殊原因确需减税、免税的，可以减征或者免征车船税。具体办法由国务院规定，并报全国人大常委会备案。

（3）省、自治区、直辖市人民政府根据当地实际情况，可以对公共交通车船，农村居民拥有并主要在农村地区使用的摩托车、三轮汽车和低速载货汽车定期减征或者免征车船税。

（4）临时入境的外国车船和香港特别行政区、澳门特别行政区、台湾地区的车船，不征收车船税。

（5）按照规定缴纳船舶吨税的机动船舶，自车船税法实施之日起 5 年内免征车船税。

（6）依法不需要在车船登记管理部门登记的机场、港口、铁路站场内部行驶或者作业的车船，自车船税法实施之日起 5 年内免征车船税。

第五节 征收管理

一、纳税地点

车船税的纳税地点为车船的登记地或者车船税扣缴义务人所在地。依法不需要办理登记的车船，车船税的纳税地点为车船的所有人或者管理人所在地。

二、纳税义务发生时间

车船税纳税义务发生时间为取得车船所有权或者管理权的当月，即为购买车船的发票或者其他证明文件所载日期的当月。对于在国内购买的机动车，购买日期以《机动车销售统一发票》所载日期为准；对于进口机动车，购买日期以《海关关税专用缴款书》所载日期为准；对于购买的船舶，以购买船舶的发票或者其他证明文件所载日期的当月为准。

三、纳税期限

车船税按年申报，分月计算，一次性缴纳。具体申报纳税期限由省、自治区、直辖市人民政府规定。

本章小结

车船税征税对象是指在中华人民共和国境内属于《车船税法》所附《车船税税目税额表》规定的车辆、船舶；纳税人是以上所指车辆的所有人或者管理人；车船税实行定额幅度税率。车船税对"保有"环节的车船征税，所以具有明显的财产税特征。

☞【思考题】

1. 简述车船税的特点。
2. 谈谈在节能减碳视角下，对车船税改革的思考。

自测习题及参考答案

第五篇 资源与环境税

第十二章 资源税

【学习目标】

1. 了解资源税的概念、特点和作用。
2. 理解和掌握资源税的征收制度。
3. 掌握资源税应纳税额计算。
4. 了解资源税的相关税收优惠和征收管理规定。

第一节 资源税概述

一、资源税概念

资源税是以各种自然资源为课税对象而征收的一种税。按照其征税目的的不同，可分为一般资源税和级差资源税两类。前者是对开发和利用某种国有资源的单位和个人，为赋予使用权而征收的税，主要体现有偿占用的原则，具有收益税的性质。后者是根据开发和利用的自然资源的丰瘠而取得级差收入的多少征收的税，主要着眼于调节级差收入，具有收益税的性质。我国现行资源税是对在中华人民共和国领域和中华人民共和国管辖的其他海域开发应税资源的单位和个人，就其应税资源销售额或销售数量为计税依据而征收的一种税。从性质上，属于级差资源税。现行资源税的基本规范是2019年8月26日十三届全国人大常委会第十二次会议通过，并于2020年9月1日起实施的《资源税法》。

【思政小课堂】

党的二十大报告提出加快发展方式绿色转型。推动经济社会发展绿色化、低碳化是实现高质量发展的关键环节。加快推动产业结构、能源结构、交通运输结构等调整优化。实施全面节约战略，推进各类资源节约集约利用，加快构建废弃物循环利用体系。完善支持绿色发展的财税、金融、投资、价格政策和标准体系，发展绿色低碳产业，健全资源环境要素市场化配置体系，加快节能降碳先进技术研发和推广应用，倡导绿色消费，推动形成绿色低碳的生产方式和生活方式。

党的二十大报告指出，深入推进环境污染防治。坚持精准治污、科学治污、依法治污，持续深入打好蓝天、碧水、净土保卫战。加强污染物协同控制，基本消除重污染天气。统筹水资源、水环境、水生态治理，推动重要江河湖库生态保护治理，基本消除城市黑臭水体。加强土壤污染源头防控，开展新污染物治理。提升环境基础设施建设水平，推进城乡人居环境整治。全面实行排污许可制，健全现代环境治理体系。严密防控环境风险。深入推进中央生态环境保护督察。

二、资源税在我国的产生与发展

早在春秋时期，我国的"官山海"就以专卖为名，行征税之实，是资源税的萌芽。我国于1984年开始征收资源税，当时资源税的征收范围较窄，征税对象只有石油、煤炭、天然气三种，后面又增加了铁矿石等资源。

1986年10月1日，《矿产资源法》施行。该法第5条进一步明确，国家对矿产资源实行有偿开采。开采矿产资源，必须按照国家有关规定缴纳资源税和资源补偿费。1993年全国财税体制改革，对1984年第一次资源税法律制度作了重大修改，形成了第二代资源税制度。1993年12月国务院发布的《资源税暂行条例》及财政部发布的《资源税暂行条例实施细则》，将盐税并到资源税中，并将资源税征收范围扩大为原油、天然气、煤炭、其他非金属矿原矿、黑色金属矿原矿、有色金属矿原矿和盐7种，于1994年1月1日起不再按超额利润征税，而是按矿产品销售量征税，按照"普遍征收、级差调节"的原则，就资源赋税情况、开采条件、资源等级、地理位置等客观条件的差异规定了幅度税额，为每一个课税矿区规定了适用税率。这一规定考虑了资源条件优劣的差别，对级差收益进行了有效调节。

2010年6月1日，在新疆对原油、天然气进行了资源税从价计征改革试点工作；2011年国务院令第605号对《资源税暂行条例》进行了修改，财政部令第66号对《资源税暂行条例实施细则》进行了修订，并自2011年11月1日起施行。2014年12月又对煤炭的资源税由从量计征改为从价计征，取得一定效果。根据党中央、国务院决策部署，2016年全面推进资源税改革。2016年5月，财政部、国家税务总局公布《关于全面推进资源税改革的通知》《关于资源税改革具体政策问题的通知》等文件，对绝大部分应税产品实行从价计征方式，对经营分散、多为现金交易且难以管控的黏土、砂石，按照便利征管原则，仍实行从量定额计征。2016年7月在河北省开展水资源税试点工作，采取水资源费改税方式，将地表水和地下水纳入征税范围，实行从量定额计征。2017年12月1日起，水资源税改革试点进一步扩大到北京、天津、山西、内蒙古、山东、河南、四川、陕西、宁夏9个省、自治区、直辖市①。

为了贯彻习近平生态文明思想、落实税收法定原则，2019年8月26日十三届全国人大常委会第十二次会议通过了《资源税法》，并自2020年9月1日起施行。为贯彻落实《资源税法》，《财政部 税务总局关于资源税有关问题执行口径的公告》（财政部、税务总局公告2020年第34号）、《国家税务总局关于资源税征收管理若干问题的公告》（国家税务总局公告2020年第14号）、《财政部 税务总局关于继续执行的资源税优惠政策的公告》（财政部、税务总局公告2020年第32号）对有关问题的执行口径和征管具体规定等进行了明确，以规范资源税的征收管理。

拓展阅读：关于实施稀土、钨、钼资源税从价计征改革的通知

---

① 依据《财政部 税务总局 水利部关于印发〈扩大水资源税改革试点实施办法〉的通知》财税〔2017〕80号，为全面贯彻落实党的十九大精神，推进资源全面节约和循环利用，推动形成绿色发展方式和生活方式，按照党中央、国务院决策部署，自2017年12月1日起，在北京、天津、山西、内蒙古、山东、河南、四川、陕西、宁夏9个省（自治区、直辖市）扩大水资源税改革试点。

三、征收资源税的主要作用

资源税是我国现行税制体系中的一个重要税种,对完善我国税制结构,拓宽税收调节领域,全面发挥税收的职能作用具有重要意义。

(一) 促进对自然资源的合理开发利用

通过对开发、利用应税资源的行为课征资源税,体现了国有自然资源有偿占用的原则,从而可以促使纳税人节约、合理地开发和利用自然资源,有利于我国经济可持续发展。

(二) 为国家筹集财政资金

随着其课征范围的逐渐扩展,资源税的收入规模及其在税收收入总额中所占的比重都相应增加,其财政意义也日渐明显,在为国家筹集财政资金方面发挥着不可忽视的作用。

四、资源税的特点

(一) 征收范围较窄

自然资源是生产资料或生活资料的天然来源,它包括的范围很广,例如矿产资源、土地资源、水资源、动植物资源等。世界上一些征收资源税的国家,其征税范围也非常广。而我国现行资源税征税范围较窄,仅选择了部分级差收入差异较大,资源较为普遍,易于征收管理的自然资源作为征税范围,目前随着我国经济的快速发展,对自然资源的合理利用和有效保护将越来越重要,从资源税的改革和政府宏观经济调控的实际需要出发,我国资源税的征税范围应逐步扩大,有计划地将水资源、森林资源、草原资源、土地资源及其他矿产品列入征税范围。

(二) 实行差别征收

征收资源税可以起到多方面的作用,例如筹集财政收入,加强对资源开发的引导和监督,变资源无偿使用为资源有偿使用等。我国现行资源税按照"资源条件好,收入多的多征;资源条件差,收入少的少征"的原则,根据自然资源等级分别确定不同的征收标准,以有效地调节资源级差收入,为资源开采企业之间开展公平竞争的创造条件。

(三) 实行源泉课征

不论采掘或生产单位是否属于独立核算,资源税均规定在采掘或生产地源泉控制征收,这样既照顾了采掘地的利益,又避免了税款的流失,这与其他税种由独立核算的单位统一缴纳不同。

(四) 属于中央和地方共享税种

世界上征收资源税的国家,在资源税的管理权限和收入归属上主要有三种类型,即中央税、共享税和地方税。1994 年以来实行的分税制体制中关于税种和税源划分的有关规定,目前资源税属于中央地方共享税,即海洋石油资源税由国家税务总局直属专门机构负责征管,收入全部划入中央财政;除此之外的矿产资源税(包括盐税)均由各级地方税务局负责征管,收入全部划归地方财政。但是,鉴于海洋石油资源税所占的比重较小,因此现行资源税从某种意义上讲也可视为地方税。

第二节 纳税义务人和征税范围

一、纳税义务人

资源税的纳税义务人,是指在中华人民共和国领域和中华人民共和国管辖的其他海域开发应税资源的单位和个人。单位是指企业、行政单位、事业单位、军事单位、社会团体及其他单位。个人是指个体工商户和其他个人,包括中国公民和在中国境内的外籍人员。

纳税人开采或生产应税产品自用的,应当按照规定缴纳资源税,但自用于连续生产应税产品的,不缴纳资源税。资源的开采地点、开采品目和用途会限制能否成为资源税的纳税人。在中华人民共和国领域和中华人民共和国管辖的其他海域开采资源需要缴纳资源税,对进口的应税资源不征收资源税,对出口的应税资源也不退还已纳的资源税。

国务院根据国民经济和社会发展需要,依照《资源税法》的原则,对取用地表水或者地下水的单位和个人试点征收水资源税,征收水资源税的,停止征收水资源费。目前我国已在河北、北京、天津、山西、内蒙古、河南、山东、四川、宁夏、陕西等10个省(自治区、直辖市)试点,征收水资源税。

中外合作开采陆上、海上石油资源的企业依法缴纳资源税。

2011年11月1日前已依法订立中外合作开采陆上海上石油资源合同的,在该合同有效期内,继续依照国家有关规定缴纳矿区使用费,不缴纳资源税;合同期满后,依法缴纳资源税。

二、征税范围

资源税的征税范围包括矿产资源、盐资源和水资源。《资源税法》采取正列举的方式,共设置5个一级税目,17个二级子税目,具体税目有164个。各税目的征税对象包括原矿或选矿,涵盖了所有已经发现的矿种和盐。同时,对取用地表水或者地下水的单位和个人试点征收水资源税。

1. 能源矿产,包括原油、天然气、页岩气、天然气水合物,煤,煤成(层)气,铀、钍,油页岩、油砂、天然沥青、石煤和地热等7个子税目。
2. 金属矿产,包括黑色金属和有色金属2个子税目。
3. 非金属矿产,包括矿物类、岩石类和宝玉石类3个子税目。
4. 水气矿产,包括二氧化碳气、硫化氢气、氦气、氡气和矿泉水2个子税目。
5. 盐,包括钠盐、钾盐、镁盐、锂盐,天然卤水和海盐3个子税目。

第三节 应纳税额的计算

一、税率

(一)一般情况下资源税税率

一般情况下,资源税采取从价定率或者从量定额的方法计征。因此税率形式有比例税率和定额税率两种。

资源税的税率标准,依照《资源税税目税率表》执行。具体如表12-1所示。

表12-1　　　　　　　　　　　　　资源税税目税率

税目			征税对象	税率
能源矿产	石油		原矿	6%
	天然气、页岩气、天然气水合物		原矿	6%
	煤		原矿或者选矿	2%~10%
	煤成(层)气		原矿	1%~2%
	铀、钍		原矿	4%
	油页岩、油砂、天然沥青、石煤		原矿或者选矿	1%~4%
	地热		原矿	1%~20%或者每立方米1~30元
金属矿产	黑色金属	铁、锰、铬、钒、钛	原矿或者选矿	1%~9%
	有色金属	铜、铅、锌、锡、镍、锑、镁、钴、铋、汞	原矿或者选矿	2%~10%
		铝土矿	原矿或者选矿	2%~9%
		钨	选矿	6.5%
		钼	选矿	8%
		金、银	原矿或者选矿	2%~6%
		铂、钯、钌、锇、铱、铑	原矿或者选矿	5%~10%
		轻稀土	选矿	7%~12%
		中重稀土	选矿	20%
		铍、锂、锆、锶、铷、铯、铌、钽、锗、镓、铟、铊、铪、铼、镉、硒、碲	原矿或者选矿	2%~10%
非金属矿产	矿物类	高岭土	原矿或者选矿	1%~6%
		石灰岩	原矿或者选矿	1%~6%或者每吨(或每立方米)1~10元
		磷	原矿或者选矿	3%~8%
		石墨	原矿或者选矿	3%~12%
		萤石、硫铁矿、自然硫	原矿或者选矿	1%~8%

续表

	税目		征税对象	税率
非金属矿产	矿物类	天然石英砂、脉石英、粉石英、水晶、工业用金刚石、冰洲石、蓝晶石、硅线石(矽线石)、长石、滑石、刚玉菱镁矿、颜料矿物、天然碱、芒硝、钠硝石、明矾石、砷、硼、碘、溴、膨润土、硅藻土、陶瓷土、耐火黏土、铁矾土、凹凸棒石黏土、海泡石黏土、伊利石黏土、累托石黏土	原矿或者选矿	1%～12%
		叶蜡石、硅灰石、透辉石、珍珠岩、云母、沸石、重晶石、毒重石、方解石、蛭石、透闪石、工业用电气石、白垩、石棉、蓝石棉、红柱石、石榴子石、石膏	原矿或者选矿	2%～12%
		其他黏土(铸型用黏土、砖瓦用黏土、陶粒用黏土、水泥配料用黏土、水泥配料用红土、水泥配料用黄土、水泥配料用泥岩、保温材料用黏土)	原矿或者选矿	1%～5%或每吨(或者每立方米)0.1～5元
	岩石类	大理岩、花岗岩、白云岩、石英岩、砂岩、辉绿岩、安山岩、闪长岩、板岩、玄武岩、片麻岩、角闪岩、页岩、浮石、凝灰岩、黑曜岩、霞石正长岩、蛇纹岩、麦饭石、泥灰岩、含钾岩石、含钾砂页岩、天然油石、橄榄岩、松脂岩、粗面岩、辉长岩、辉石岩、正长岩、火山灰、火山渣、泥炭	原矿或者选矿	1%～10%
		砂石	原矿或者选矿	1%～5%或者每吨(或者每立方米)0.1～5元
	宝玉石类	宝石、玉石、宝石级金刚石、玛瑙、黄玉、碧玺	原矿或选矿	4%～20%
水气矿产	二氧化碳气、硫化氢气、氦气、氡气		原矿	2%～5%
	矿泉水		原矿	1%～20%或者每立方米1～30元

续表

税目		征税对象	税率
盐	钠盐、钾盐、镁盐、锂盐	选矿	3%~15%
	天然卤水	原矿	3%~15%或者每吨（或者每立方米）1~10元
	海盐	—	2%~5%

（二）水资源税税率

根据当地水资源状况、取用水类型和经济发展等情况实行差别税率。水资源税试点实施办法由国务院规定，报全国人大常委会备案。国务院自《资源税法》施行之日起五年内，就征收水资源税试点情况向全国人大常委会报告，并及时提出修改法律的建议。

（三）适用不同税率的特殊情况

1. 《资源税税目税率表》中规定实行幅度税率的，其具体适用税率由省、自治区、直辖市人民政府统筹考虑该应税资源的品位、开采条件以及对生态环境的影响等情况，在《税目税率表》规定的税率幅度内提出，报同级人大常委会决定，并报全国人大常委会和国务院备案。《税目税率表》中规定征税对象为原矿或者选矿的，应当分别确定具体适用税率。

2. 纳税人以自采原矿（经过采矿过程采出后未进行选矿或者加工的矿石）直接销售，或者自用于应当缴纳资源税情形的，按照原矿计征资源税。

纳税人以自采原矿洗选加工为选矿产品（通过破碎、切割、洗选、筛分、磨矿、分级、提纯、脱水、干燥等过程形成的产品，包括富集的精矿和研磨成粉、粒级成型、切割成型的原矿加工品）销售，或者将选矿产品自用于应当缴纳资源税情形的，按照选矿产品计征资源税，在原矿移送环节不缴纳资源税。对于无法区分原生岩石矿种的粒级成型砂石颗粒，按照砂石税目征收资源税。

3. 开采或者生产不同税目应税产品，应当分别核算不同税目应税产品的销售额或者销售数量，未分别核算或者不能准确提供不同税目应税产品的销售额或者销售数量的，从高适用税率①。开采或者生产同一税目下适用不同税率应税产品的，应当分别核算不同税目应税产品的销售额或者销售数量，未分别核算或者不能准确提供不同税目应税产品的销售额或者销售数量的，从高适用税率。

二、计税依据

由于资源税采用从价定率和从量定额相结合的征收方法，因而资源税的计税依据分别为应税产品的销售额或销售量，即实行从价定率征收方法的计税依据为销售额，实行从量定额

---

① 依据国务院令第605号，国务院决定对《中华人民共和国资源税暂行条例》作如下修改：第4条作为第5条，修改为："纳税人开采或者生产不同税目应税产品的，应当分别核算不同税目应税产品的销售额或者销售数量；未分别核算或者不能准确提供不同税目应税产品的销售额或者销售数量的，从高适用税率。"

征收方法的计税依据为销售量。

纳税人开采或生产应税产品自用的,应该根据规定缴纳资源税(自用于连续生产应税产品的除外),自用的应税产品包括纳税人以应税产品用于非货币性资产交换、捐赠、偿债、赞助、集资、投资、广告、样品、职工福利、利润分配或者连续生产非应税产品等。

(一) 从价定率征收的计税依据

1. 从价定率的计税依据是销售额。销售额指的是纳税人销售应税资源产品向购买方收取的不含增值税销项税额的全部价款。

2. 运杂费扣减。计入销售额中的相关运杂费用,凡取得增值税发票或者其他合法有效凭据的,准予从销售额中扣除。相关运杂费指的是应税产品从坑口或者洗选(加工)地到车站、码头,或者购买方指定地点的运输费用、建设基金以及伴随产生的装卸、港杂费用、仓储费用。

3. 特殊情况下销售额的确定。纳税人申报的应税产品销售额明显偏低且无正当理由,或有自用应税产品行为无销售额的,主管税务机关可按以下顺序和方法确定其应税产品销售额:

(1) 按纳税人最近时期同类产品的平均销售价格确定。

(2) 按其他纳税人最近时期同类产品的平均销售价格确定。

(3) 按后续加工非应税产品销售价格,减去后续加工环节的成本利润后确定。

(4) 按应税产品组成计税价格确定:

$$组成计税价格 = 成本 \times (1 + 成本利润率) \div (1 - 资源税税率)$$

公式中,成本是指应税产品的实际生产成本;成本利润率是由省、自治区、直辖市税务机关确定。

(5) 按其他合理办法确定。

(二) 从量定额征收的计税依据

从量定额的计税依据是应税资源产品的销售量,包括纳税人开采或者生产应税产品的实际销售量和自用于应当缴纳资源税情形的应税产品数量。

纳税人不能准确提供应税产品销售数量的,以应税产品的产量或者主管税务机关确定的折算比换算成的数量为计征资源税的销售数量。

(三) 准予扣减外购应税产品的购进金额或购进数量的规定

纳税人外购应税产品与自采应税产品混合销售或者混合加工为应税产品销售的,在计算应税产品销售额或者销售数量时,准予扣减外购应税产品的购进金额或者购进数量;当期不足扣减的,可结转下期扣减。纳税人应当准确核算外购应税产品的购进金额或者购进数量,未准确核算的,一并计算缴纳资源税。

由于资源税应税产品包括原矿和选矿,在计算确定扣减外购应税产品购进金额或购进数量时,按照《国家税务总局关于资源税征收管理若干问题的公告》(国家税务总局公告2020年第14号)规定执行,具体规定如下:

1. 纳税人以外购原矿与自采原矿混合为原矿销售,或者以外购选矿产品与自产选矿产品混合为选矿产品销售的，在计算应税产品销售额或者销售数量时，直接扣减外购原矿或者外购选矿产品的购进金额或者购进数量。

2. 纳税人以外购原矿与自采原矿混合洗选加工为选矿产品销售的，在计算应税产品销售额或者销售数量时，按照下列方法进行扣减：

$$\begin{matrix}\text{准予扣减的外购应税产品} \\ \text{购进金额(数量)}\end{matrix} = \begin{matrix}\text{外购原矿购进} \\ \text{金额(数量)}\end{matrix} \times \left(\frac{\text{本地区原矿适用税率}}{\text{本地区选矿产品适用税率}}\right)$$

不能按照上述方法计算扣减的，按照主管税务机关确定的其他合理方法进行扣减。

纳税人核算并扣减当期外购应税产品购进金额、购进数量，应当依据外购应税产品的增值税发票、海关进口增值税专用缴款书或者其他合法有效凭据。

三、应纳税额的计算

（一）从价定率征收

按销售额乘以具体适用税率计算。应纳税额的计算公式为：

$$\text{应纳税额} = \text{计税销售额} \times \text{适用税率}$$

【例12-1】2023年7月，某铁矿企业销售自采铁矿原矿，取得不含税销售额200万元，当地铁矿资源税税率为6%。请计算该铁矿企业7月应缴纳的资源税。

解：应纳税额 = 200 × 6% = 12（万元）

（二）从量定额征收

按销售数量乘以具体适用税率计算。计算公式为：

$$\text{应纳税额} = \text{课税数量} \times \text{适用的定额税率}$$

【例12-2】2023年10月，某砂石厂开采砂石5 000立方米，对外销售3 000立方米，当地砂石资源税税率为3元/立方米。请计算该厂10月应缴纳的资源税。

解：应纳税额 = 3 000 × 3 = 9 000（元）

（三）水资源税的计算

水资源税实行从量计征。应纳税额的计算公式为：

$$\text{应纳税额} = \text{取水口所在地税额标准} \times \text{实际取用水量}$$

水力发电和火力发电贯流式（不含循环式）冷却取用水应纳税额的计算公式为：

$$\text{应纳税额} = \text{实际发电量} \times \text{适用税额}$$

第四节　税收优惠

一、减免税规定

（一）有下列情形之一的，减征资源税

1. 从低丰度油气田开采的原油、天然气，减征20%资源税。

2. 高含硫天然气、三次采油和从深水油气田开采的原油、天然气，减征30%资源税。

3. 稠油、高凝油减征40%资源税。

4. 从衰竭期矿山开采的矿产品，减征30%资源税。

（二）有下列情形之一的，免征资源税

1. 开采原油以及在油田范围内运输原油过程中用于加热的原油、天然气。

2. 煤炭开采企业因安全生产需要抽采的煤成（层）气。

根据国民经济和社会发展需要，国务院对有利于促进资源节约集约利用、保护环境等情形可以规定免征或者减征资源税，报全国人大常委会备案。

（三）有下列情形之一的，省、自治区、直辖市可以决定免征或者减征资源税

1. 纳税人开采或者生产应税产品过程中，因意外事故或者自然灾害等原因遭受重大损失。

2. 纳税人开采共伴生矿①、低品位矿、尾矿。

上述规定的免征或者减征资源税的具体办法，由省、自治区、直辖市人民政府提出，报同级人大常委会决定，并报全国人大常委会和国务院备案。

（四）试点省区市水资源税的减免

河北、北京、天津、山西、内蒙古、山东、河南、四川、陕西、宁夏10个省（自治区、直辖市）内，下列情形，予以免征或者减征水资源税。

1. 规定限额内的农业生产取用水，免征水资源税。

2. 取用污水处理再生水，免征水资源税。

3. 除接入城镇公共供水管网以外，军队、武警部队通过其他方式取用水的，免征水资源税。

4. 抽水蓄能发电取用水，免征水资源税。

5. 采油排水经分离净化后在封闭管道回注的，免征水资源税。

6. 财政部、税务总局规定的其他免征或者减征水资源税情形。

（五）其他减免税规定

1. 自2014年12月1日至2023年8月31日，对充填开采置换出来的煤炭，资源税减征50%。

2. 纳税人开采或者生产同一应税产品，其中既有享受减免税政策的，又有不享受减免税政策的，按照免税、减税项目的产量占比等方法分别核算确定免税、减税项目的销售额或者销售数量。

纳税人开采或者生产同一应税产品，同时符合两项或者两项以上减征资源税优惠政策

---

① 依据《财政部　国家税务总局关于资源税改革具体政策问题的通知》，为促进共伴生矿的综合利用，纳税人开采销售共伴生矿，共伴生矿与主矿产品销售额分开核算的，对共伴生矿暂不计征资源税；没有分开核算的，共伴生矿按主矿产品的税目和适用税率计征资源税。财政部、国家税务总局另有规定的，从其规定。

的，除另有规定外，只能选择其中一项执行。

3. 纳税人的免税、减税项目，应当单独核算销售额或者销售数量；未单独核算或者不能准确提供销售额或者销售数量的，不予免税或者减税。

4. 纳税人享受资源税优惠政策，实行"自行判别、申报享受、有关资料留存备查"的办理方式，另有规定的除外。纳税人对资源税优惠事项留存材料的真实性和合法性承担法律责任。

二、出口应税产品不退（免）资源税的规定

资源税规定仅对在中国境内开采或生产应税资源产品的单位和个人征收，进口的矿产品不征收资源税。由于对进口应税资源产品不征收资源税，相应的，对出口应税产品也不免征或退还已纳资源税。

第五节 征收管理

一、纳税义务发生时间

纳税人销售应税资源产品，纳税义务发生时间为收讫销售款或者取得索取销售款凭据的当日；自用应税产品的，纳税义务发生时间为移送应税产品的当日，具体为如下规定。

（1）纳税人采取分期收款结算方式的，其纳税义务发生时间为销售合同规定的收款日期的当天。

（2）纳税人采取预收货款结算方式的，其纳税义务发生时间为发出应税资源产品的当天。

（3）纳税人采取其他结算方式的，其纳税义务发生时间为收讫销售款或者取得索取销售款凭据的当天。

（4）纳税人自产自用应税资源产品的，其纳税义务发生时间为移送使用应税资源产品的当天。

（5）扣缴义务人代扣代缴税款的，其纳税义务发生时间为支付首笔货款或首次开具支付货款凭据的当天。

另外，水资源税的纳税义务发生时间为纳税人取用水资源的当日。

二、纳税期限

资源税按月或者按季申报缴纳；不能按固定期限计算缴纳的，可以按次申报缴纳。纳税人按月或者按季申报缴纳的，应当自月度或者季度终了之日起15日内，向税务机关办理纳税申报并缴纳税款；按次申报缴纳的，应当自纳税义务发生之日起15日内，向税务机关办理纳税申报并缴纳税款。

三、纳税环节

（1）资源税在应税产品的销售或自用环节计算缴纳。以自采原矿加工精矿产品的，在原矿移送使用时不缴纳资源税，在精矿销售或自用时缴纳资源税。

（2）纳税人以自采原矿加工金锭的，在金锭销售或自用时缴纳资源税。纳税人销售自

采原矿或者自采原矿加工的金精矿、粗金，在原矿或者金精矿、租金销售时缴纳资源税，在移送使用时不缴纳资源税。

（3）以应税资源产品投资、分配、抵债、赠予、以物易物等，视同销售，依照有关规定计算缴纳资源税。

四、纳税地点

纳税人应当在应税矿产品的开采地或者海盐的生产地缴纳资源税。海上开采的原油和天然气资源税由海洋石油税务管理机构征收管理。

具体规定如下。

（1）纳税人应当向应税矿产品的开采地或盐的生产地缴纳资源税。纳税人在本省、自治区、直辖市范围开采或者生产应税产品，其纳税地点需要调整的，由省级地方税务机关决定。

（2）如果纳税人应纳的资源税属于跨省开采，其下属生产单位与核算单位不在同省、自治区、直辖市的，对其开采的应税矿产品一律在开采地纳税。

（3）扣缴义务人代扣代缴的资源税，也应当向收购地主管税务机关缴纳。

另外，纳税人应当向生产经营所在地的税务机关申报缴纳水资源税。在试点省份内取用水，其纳税地点需要调整的，由省级财政、税务部门决定。跨省（区、市）调度的水源，由调入区域所在地的税务机关征收水资源税。

本章小结

资源税是对在中华人民共和国境内和管辖的其他海域开发应税产品的单位和个人征收的一种税，以各种应税自然资源为课税对象、为了调节资源级差收入并体现国有资源有偿使用而征收的。在中华人民共和国领域及管辖海域从事应税矿产品开采和生产盐的单位和个人是资源税的纳税义务人。一般情况下，资源税采取从价定率或者从量定额的方法计征。

☞【思考题】

1. 资源税的征税范围和计税依据是什么？
2. 简述我国现行资源税的特点及改革方向。

自测习题及参考答案

第十三章 环境保护税

【学习目标】

1. 了解环境保护税的概念、特点和作用。
2. 理解和掌握环境保护税的征收制度。
3. 掌握环境保护税应纳税额计算。
4. 了解环境保护税征收管理规定。

第一节 环境保护税概述

一、环境保护税概念

环境保护税有广义和狭义之分。广义的环境保护税即绿色税收或生态税,是指为保护环境而征收的特定税,以及为保护环境而采取的各种税收措施。广义的环境保护税不仅包括自然资源税、污染排放税,还包括为实现特定的环境目的而筹集资金的税收,以及政府影响某些与环境相关的经济活动性质和规模的税收。狭义的环境保护税仅指污染税,指政府专门针对排放特定污染行为课征的行为税,目的是减少环境污染。它一般包括大气污染税、水污染税、固体废弃物税、噪声污染税等。根据我国《环境保护税法》的规定,环境保护税是对直接向环境排放应税污染物的企事业单位和其他生产经营者征收的一种绿色环保税。

环境保护税是对在我国领域以及管辖的其他海域①直接向环境排放应税污染物的企事业单位和其他生产经营者征收的一种税。应税污染物指的是《环境保护税法》规定的大气污染物、水污染物、固体废物和噪声。制定环境保护税法的根本目的是保护和改善环境,减少污染物的排放,推进生态文明建设。为了调动地方政府的积极性,环境保护税法开征后的全部收入作为地方税收入,纳入一般公共预算支出。

二、环境保护税的产生与在我国的发展

环境保护税是由英国经济学家庇古最先提出的,他的观点已被西方发达国家普遍接受。荷兰是征收环境保护税比较早的国家,为环境保护设计的税收主要包括燃料税、噪声税、水污染税等,其税收政策已为不少发达国家研究和借鉴。其他国家将税收用于环境保护的有:法国开征的森林砍伐税;德国的矿物油税和汽车税;奥地利的标油消费税;经济合作与发展组织部分成员课征的二氧化碳税和噪声税;美国对化学品、油耗大的汽车征收的消费税以及

---

① 依据《海洋工程环境保护税申报征收办法》(国家税务总局公告2017年第50号),本办法适用于在中华人民共和国内水、领海、毗连区、专属经济区、大陆架以及中华人民共和国管辖的其他海域内从事海洋石油、天然气勘探开发生产等作业活动,并向海洋环境排放应税污染物的企业事业单位和其他生产经营者。

对经营所得附征的环保税。发达国家用环境保护税加强了环保工作的力度，取得了显著的社会效益。

与发达国家相比，中国在环境保护方面的措施主要是排污费的征收。我国从1979年就确立了排污费制度。通过收费这一经济手段促使企业加强环境治理、减少污染物排放、补充环境治理经费，对防治污染、保护环境起到了重要作用。但是排污费制度存在法律层级比较低、执法刚性不足、行政干预较多、强制性和规范性较为缺乏等问题。雾霾治理的紧迫、水污染防治的难题等种种环境保护问题加剧，都倒逼环境保护税开征步伐加快。

2014年11月3日，财政部会同环境保护部、国家税务总局积极推进环境保护税立法工作，形成《环境保护税法（草案稿）》并报送国务院。2015年6月10日，国务院法制办公室下发了《关于〈中华人民共和国环境保护税法（征求意见稿）〉公开征求意见的通知》，将财政部、国家税务总局、环境保护部起草的《环境保护税法（征求意见稿）》及说明全文公布，征求社会各界意见。2015年8月5日，环境保护税法被补充进十二届全国人大常委会立法规划。2016年8月29日至9月3日，十二届全国人大常委会第二十二次会议对《环境保护税法（草案）》进行了初次审议。2016年12月25日，走过6年立法之路、历经两次审议，《环境保护税法》在十二届全国人大常委会第二十五次会议上获表决通过，并于2018年1月1日起施行，标志着中国有了首个以环境保护为目标的税种。2018年10月26日，十三届全国人大常委会第六次会议审议通过《环境保护税法》修订草案。

相关链接：《环境保护税政策解读》（视频），https://www.chinatax.gov.cn/chinatax/n810351/n810906/c5157152/content.html。

三、环境保护税特点

（一）在我国领域和管辖的其他海域的行为征税，属于特定行为税

在环境保护方面，税收作为政府筹集财政资金工具和对社会经济生活进行宏观调控的经济杠杆，是大有可为的。《环境保护税法》第1条规定，环境保护税的立法目的是保护和改善环境，减少污染物排放，推进生态文明建设。环境保护税的首要功能是减少污染排放，而非增加财政收入。针对污染和破坏环境行为征收环境保护税，会加重一些破坏环境、污染环境的产品和企业的税收负担，通过税收来调节矫正纳税人的行为，促使这些企业减轻或者停止对环境的污染和破坏。

（二）属于地方性税种，实行税务与环保配合的征管模式

环境保护税的税收收入纳入一般预算收入，全部划归地方。环境保护税的渊源是排污收费制度，排污收费收入归属于地方，开征环境保护税，并没有改变税收收入的归属，税收收入全部归地方，用于地方治理环境污染。

因环境保护税的特殊性质，在确定纳税人排污量上的技术性要求较高，为了有效保障环境保护税的征收管理，《环境保护税法》明确实行"企业申报、税务征收、环保协同、信息共享"的征管模式，即税务部门与环保部门协调配合，充分发挥各自优势。

（三）纳税不能免除污染环境应承担的责任

《环境保护税法》规定，直接向环境排放应税污染物的企业、事业单位和其他生产经营者，除依照《环境保护税法》规定缴纳环境保护税外，应当对所造成的损害依法承担责任，即纳税不能免除污染责任。

四、环境保护税的意义

（一）有利于解决排污收费制度存在的执法刚性不足等问题

我国之前实施的排污收费制度对排污费征收的具体操作规程、财产保全、强制执行等均缺乏明确规定，导致征收程序不规范，权威性差，执法刚性不足。

（二）有利于提高纳税人环保意识和遵从度，强化企业治污减排的责任

环境保护税在强化企业治污减排责任的同时，增加了对主动采取措施降低污染物排放浓度的企业给予税收减免优惠的政策，进一步强化税收在生态环境方面的调控作用，形成有效约束和激励机制，促进落实排污者责任。同时环境保护税按日计罚的出台，解决了环境违法成本低的问题。

（三）有利于推动经济结构调整和发展方式转变

开征环境保护税有利于构建绿色税制体系，促使环境外部成本内生化，倒逼高污染、高耗能产业转型升级，推动经济结构调整和发展方式转变。应税大气污染物和水污染物的税额标准按照《环境保护税法》规定的最低下限执行，既体现了"税负平移"的立法原则，也有利于经济由高速增长转向高质量发展。

（四）有利于规范政府分配秩序，优化财政收入结构，强化预算约束

原来的排污费收入是实行中央与地方按1∶9分成；实施环境保护费改税后，环境保护税作为地方税种，收入全部归地方政府，收入将更具稳定性，进一步规范了政府分配秩序，优化了地方财政收入结构。

【思政小课堂】

党的二十大报告提出，要积极稳妥推进碳达峰碳中和。深入推进能源革命，加强煤炭清洁高效利用，加大油气资源勘探开发和增储上产力度，加快规划建设新型能源体系，统筹水电开发和生态保护，积极安全有序发展核电，加强能源产供储销体系建设，确保能源安全。完善碳排放统计核算制度，健全碳排放权市场交易制度。提升生态系统碳汇能力。积极参与应对气候变化全球治理。

第二节 纳税义务人和征税对象

一、纳税义务人

在中华人民共和国领域和中华人民共和国管辖的其他海域，直接向环境排放应税污染物

的企业事业单位和其他生产经营者为环境保护税的纳税人，应当依照环境保护税法规定缴纳环境保护税。其他生产经营者是指个体工商户和其他组织。

根据环境保护税法，达到省级人民政府确定的规模标准并且有污染物排放口的畜禽养殖场属于环境保护税的纳税义务人。

二、征税对象

环境保护税的征税对象为企事业单位和其他生产经营者直接向环境排放的应税污染物。应税污染物，是指环境保护税法所附《环境保护税税目税额表》《应税污染物和当量值表》规定的大气污染物、水污染物、固体废物和噪声（噪声仅指工业噪声）。

有下列情形之一的，不属于直接向环境排放污染物，不缴纳相应污染物的环境保护税：

（1）企业事业单位和其他生产经营者向依法设立的污水集中处理、生活垃圾集中处理场所排放应税污染物的。

（2）企业事业单位和其他生产经营者在符合国家和地方环境保护标准的设施、场所贮存或者处置固体废物的。

（3）达到省级人民政府确定的规模标准并且依法对畜禽养殖废弃物进行综合利用和无害化处理的。

但是：

（1）依法设立的污水集中处理、生活垃圾集中处理场所超过国家和地方规定的排放标准向环境排放应税污染物的，应当缴纳环境保护税。

（2）企业事业单位和其他生产经营者贮存或者处置固体废物不符合国家和地方环境保护标准的，应当缴纳环境保护税。

第三节　应纳税额的计算

一、税目和税率

环境保护税税目是根据原排污收费项目设置的，包括大气污染物、水污染物、固体废物、噪声四类。具体来说，不是对这四类中所有的污染物都征税，而只是对《环境保护税税目税额表》（见表13-1）及应税污染物和当量值表中规定的污染物征税。

表 13-1　　　　　　　　　　环境保护税税目税额

税目		计税单位	税额	备注
大气污染物		每污染当量	1.2～12元	
水污染物		每污染当量	1.4～14元	
固体废物	煤矸石	每吨	5元	
	尾矿	每吨	15元	
	危险废物	每吨	1 000元	
	冶炼渣、粉煤灰、炉渣、其他固体废物（含半固态、液态废物）	每吨	25元	

续表

税目		计税单位	税额	备注
噪声	工业噪声	超标 1~3 分贝	每月 350 元	(1) 一个单位边界上有多处噪声超标时，根据最高一处超标声级计算应纳税额；当沿边界长度超过 100 米有两处以上噪声超标，按照两个单位计算纳税额； (2) 一个单位有不同地点作业场所的，应当分别计算应纳税额，合并计征； (3) 昼、夜均超标的环境噪声，昼夜应分别计算应纳税额，累计计征； (4) 声源一个月内超标不足 15 天的，减半计算应纳税额； (5) 夜间频繁突发和夜间偶然突发厂界超标噪声，按等效声级和峰值噪声两种指标中超标分贝值较高的一项计算应纳税额
		超标 4~6 分贝	每月 700 元	
		超标 7~9 分贝	每月 1 400 元	
		超标 10~12 分贝	每月 2 800 元	
		超标 13~15 分贝	每月 5 600 元	
		超标 16 分贝以上	每月 11 200 元	

环境保护税的税率实行定额税率和幅度定额税率。其中，应税固体废物和噪声实行定额税率，应税大气污染物、水污染物实行幅度定额税率（见表 13-1）。应税大气污染物和水污染物的具体适用税额的确定及调整，由省、自治区、直辖市人民政府统筹考虑本地区环境承载能力、污染物排放现状和经济社会生态发展目标要求，在《环境保护税税目税额表》规定的税额幅度内提出，报同级人大常委会决定，并报全国人大常委会和国务院备案。

二、计税依据

环境保护税主要按照污染物排放量计征，但污染物排放量的计量较为复杂，大气、水、固体废物、噪声等计量标准不尽相同。

应税污染物的计税依据根据污染物的种类来确定，应税大气污染物和应税水污染物的计税依据为污染物排放量折合的污染当量数，应税固体废物的计税依据为固体废物的排放量，应税噪声计税依据为超过国家规定标准的分贝数。其中，污染当量是指根据各种污染物或者污染排放活动对环境的有害程度、对生物体的毒性以及处理的技术经济性，衡量不同污染物对环境污染的综合性指标或者计量单位。污染当量是为确定的污染物特征值，同一介质相同污染当量的不同污染物，其污染程度基本相当。

（一）应税大气污染物、水污染物按照污染物排放量折合的污染当量数确定

应税大气污染物、水污染物的污染当量数，以该污染物的排放量除以该污染物的污染当量值计算。每种应税大气污染物、水污染物的具体污染当量值，依照《应税污染物和当量

值表》执行。

每一排放口或者没有排放口的应税大气污染物，按照污染当量数从大到小排序，对前三项污染物征收环境保护税。

每一排放口的应税水污染物，按照《应税污染物和当量值表》区分第一类水污染物和其他类水污染物，按照污染当量数从大到小排序，对第一类水污染物按照前五项征收环境保护税；对其他类水污染物按照前三项征收环境保护税。

省、自治区、直辖市人民政府根据本地区污染物减排的特殊需要，可以增加同一排放口征收环境保护税的应税污染物项目数，报同级人大常委会决定，并报全国人大常委会和国务院备案。

纳税人有下列情形之一的，以其当期应税大气污染物、水污染物的产生量作为污染物的排放量：

1. 未依法安装使用污染物自动监测设备或者未将污染物自动监测设备与生态环境主管部门的监控设备联网。
2. 损毁或者擅自移动、改变污染物自动监测设备。
3. 篡改、伪造污染物监测数据。
4. 通过暗管、渗井、渗坑、灌注或者稀释排放以及不正常运行防治污染设施等方式违法排放应税污染物。
5. 进行虚假纳税申报。

（二）应税固体废物按照固体废物的排放量确定

应税固体废物的排放量为当期应税固体废物的产生量减去当期应税固体废物贮存量、处置量、综合利用量的余额。固体废物的贮存量、处置量，是指在符合国家和地方环境保护标准的设施、场所贮存或者处置的固体废物数量；固体废物的综合利用量，是指按照国务院发展改革委、工业和信息化主管部门关于资源综合利用要求以及国家和地方环境保护标准进行综合利用的固体废物数量。纳税人应当准确计量应税固体废物的贮存量、处置量和综合利用量，未准确计量的，不得从其应税固体废物的产生量中减去。

纳税人有下列情形之一的，以其当期应税固体废物的产生量作为固体废物的排放量：

1. 非法倾倒应税固体废物。
2. 进行虚假纳税申报。

（三）应税噪声按照超过国家规定标准的分贝数确定

按照超过国家规定标准的分贝数确定噪声是否需要缴税，噪声达标不缴税；超标需要缴纳环境保护税。

（四）应税大气污染物、水污染物、固体废物的排放量和噪声分贝量确定方法

应税大气污染物、水污染物、固体废物的排放量和噪声的分贝数，按照下列方法和顺序计算：

1. 纳税人安装使用符合国家规定和监测规范的污染物自动监测设备的，按照污染物自动监测数据计算。

2. 纳税人未安装使用污染物自动监测设备的,按照监测机构出具的符合国家有关规定和监测规范的监测数据计算。

3. 因排放污染物种类多等原因不具备监测条件的,按照国务院生态环境主管部门规定的排污系数、物料衡算方法计算。

4. 不能按照上述1~3项规定的方法计算的,按照省、自治区、直辖市人民政府生态环境主管部门规定的抽样测算的方法核定计算。

三、应纳税额的计算

环境保护税应纳税额按照以下方法计算:
(1) 应税大气污染物的应纳税额为污染当量数乘以具体适用税额,具体计算步骤如下:
第一步:计算污染物的污染当量数。

$$污染当量数 = 排放量 \div 污染当量值$$

第二步:计算污染当量总数。

$$污染当量总数 = 前三项污染因子当量数之和$$

第三步:计算污染物应纳税额。

$$应纳税额 = 污染当量总数 \times 单位税额$$

第四步:判断是否减免。

【例13-1】某企业2023年3月向大气直接排放二氧化硫、氟化物各100千克,一氧化碳150千克,氯化氢120千克,假设当地大气污染物每污染当量税额1.2元,二氧化硫、氟化物、一氧化碳、氯化氢的污染当量值分别为0.95千克、0.87千克、16.7千克、10.75千克,该企业只有一个排放口。计算该企业当月应纳税额。

解:第一步:计算各污染物的污染当量数。

$$污染当量数 = 该污染物的排放量 \div 该污染物的污染当量值$$

据此计算出题干中4项污染物中每项的污染当量数。
二氧化硫污染当量数:$100 \div 0.95 = 105.26$
氟化物污染当量数:$100 \div 0.87 = 114.94$
一氧化碳污染当量数:$150 \div 16.7 = 8.98$
氯化氢污染当量数:$120 \div 10.75 = 11.16$
按污染当量数给4项污染物排序,对大气污染物确定排序前三项的污染物。
氟化物污染当量数(114.94)>二氧化硫污染当量数(105.26)>氯化氢污染当量数(11.16)>一氧化碳污染当量数(8.98)
该企业只有一个排放口,排序选取计税前三项污染物为:氧化物、二氧化硫、氯化氢。
第二步:计算污染当量总数。

$$污染当量总数 = 前三项污染因子当量数之和$$

前三项污染物的污染当量数之和:氟化物污染当量数(114.94)+二氧化硫污染当量数(105.26)+氯化氢污染当量数(11.16)=231.36

第三步：计算污染物应纳税额。

应税大气污染物的应纳税额 = 污染当量总数 × 单位税额
$$= 231.36 \times 1.2 = 277.63（元）$$

第四步：此题中未提及减免，因此不考虑减免。

（2）应税水污染物的应纳税额为污染当量数乘以具体适用税额，具体计算步骤如下：

第一步：计算污染物的污染当量数。

$$污染当量数 = 排放量 \div 污染当量值$$

第二步：计算第一类水污染物应纳税额。

$$应纳税额（前五项）= 污染当量数 \times 单位税额（前五项加总）$$

第三步：计算其他类水污染物的污染当量数并排序（选择前三项）。

$$污染当量数 = 排放量 \div 污染当量值$$

第四步：计算其他类水污染物应纳税额。

$$应纳税额（前三项）= 污染当量数 \times 单位税额（前三项加总）$$

第五步：计算应纳税额。

$$应纳税额 = 第一类水污染物应纳税额 + 其他类水污染物应纳税额$$

【例13-2】上海市B企业2018年1月向水体直接排放第一类水污染物总汞、总镉、总铬、六价铬、总铅、总铍各1千克。排放其他类水污染物悬浮物（SS）、化学需氧量（CODCr）、氨氮各20千克，pH值检测出是6、污水排放量400吨。上海市水污染物适用税额标准为化学需氧量5元/污染当量、氨氮4.8元/污染当量、第一类水污染物1.4元/污染当量、其他类水污染物1.4元/污染当量。第一类水污染物的污染当量值分别为：0.0005千克、0.005千克、0.04千克、0.02千克、0.02千克、0.025千克；第二类水污染物的污染当量值分别为4千克、1千克、0.8千克；pH值5~6的污染当量值为5吨污水。

解：第一步：计算污染物的污染当量数。

总汞：$1 \div 0.0005 = 2\,000$

总镉：$1 \div 0.005 = 200$

总铬：$1 \div 0.04 = 25$

六价铬：$1 \div 0.02 = 50$

总铅：$1 \div 0.025 = 40$

总铍：$1 \div 0.01 = 100$

总汞（2 000）> 总镉（200）> 总铍（100）> 六价铬（50）> 总铅（40）> 总铬（25）

第二步：计算第一类水污染物应纳税额。

总汞：$2\,000 \times 1.4 = 2\,800$（元）

总镉：$200 \times 1.4 = 280$（元）

总铍：$100 \times 1.4 = 140$（元）

六价铬：$50 \times 1.4 = 70$（元）

总铅：$40 \times 1.4 = 56$（元）

第一类水污染物应纳税额：2 800 + 280 + 140 + 70 + 56 = 3 346（元）
第三步：计算其他类水污染物的污染当量数并排序。
悬浮物（SS）：20 ÷ 4 = 5
化学需氧量（CODCr）：20 ÷ 1 = 20
氨氮：20 ÷ 0.8 = 25
pH 值：400 ÷ 5 = 80
pH 值（80）> 氨氮（25）> 化学需氧量（CODCr）（20）> 悬浮物（SS）（5）
第四步：计算其他类水污染物应纳税额。
pH 值：80 × 1.4 = 112（元）
氨氮：25 × 4.8 = 120（元）
化学需氧量（CODCr）：20 × 5 = 100（元）
其他类水污染物应纳税额：112 + 120 + 100 = 332（元）
第五步：计算应纳税额。
水污染物应纳税额：3 346 + 332 = 3 678（元）

（3）应税固体废物的应纳税额为固体废物排放量乘以具体适用税额，即：

$$固体废物的应纳税额 = 固体废物排放量 \times 单位税额$$

$$固体废物排放量 = 当期应税固体废物的产生量 - 当期应税固体废物的贮存量、处置量、综合利用量$$

【例13-3】甲企业2023年3月在生产过程中产生固体废物600吨，其中按照国家和地方环境保护标准综合利用200吨。已知该固体废物单位税额为每吨5元。该企业排放固体废物应缴纳环境保护税。

解：该企业排放固体废物应缴纳环境保护税 =（600 - 200）× 5 = 2 000（元）

（4）应税噪声的应纳税额为超过国家规定标准的分贝数对应的具体适用税额。

$$应税噪声的应纳税额 = 超过国家规定标准的分贝数 \times 单位税额$$

【例13-4】某工业企业厂界长度超过100米，有两处以上噪声源，昼间噪声标准限值为65分贝，夜间噪声标准限值为55分贝。经监测，其4月份噪声超标天数为10天，昼间最高为74.6分贝，夜间最高为60分贝。该企业4月份噪声污染应缴纳多少环境保护税？（超标4~6分贝，税额每月700元；超标7~9分贝，税额每月1 400元；超标10~12分贝，税额每月2 800元）

解：应税噪声的应纳税额为超过国家规定标准的分贝数对应的具体适用税额。应税噪声超标的分贝数不是整数的，按四舍五入取整。

（1）当沿边界长度超过100米有两处以上噪声超标，按照2个单位计算应纳税额。

（2）声源一个月内超标不足15天的减半计算应纳税额。该企业4月噪声超标仅10天，不足15天的，应减半计算应纳税额昼间超标值：74.6 - 65 = 9.6（分贝），取10分贝；夜间超标值：60 - 55 = 5（分贝）。

该企业4月应缴环保税 =（2 800 + 700）× 50% × 2 = 3 500（元）。

第四节 税收优惠

一、免税优惠

下列情形,暂予免征环境保护税:
(1) 农业生产(不包括规模化养殖)排放应税污染物的。
(2) 机动车、铁路机车、非道路移动机械、船舶和航空器等流动污染源排放应税污染物的。
(3) 依法设立的城乡污水集中处理、生活垃圾集中处理场所排放相应应税污染物,不超过国家和地方规定的排放标准的。
(4) 纳税人综合利用的固体废物,符合国家和地方环境保护标准的。
(5) 国务院批准免税的其他情形。
第五项免税规定,由国务院报全国人大常委会备案。

二、减征优惠

纳税人排放应税大气污染物或者水污染物的浓度值低于国家和地方规定的污染物排放标准30%的,减按15%征收环境保护税。

纳税人排放应税大气污染物或者水污染物的浓度值低于国家和地方规定的污染物排放标准50%的,减按50%征收环境保护税。

依照《环境保护税法》减征环境保护税的,应当对每一排放口排放的不同应税污染物分别计算。同时,应税大气污染物浓度值的小时平均值或者应税水污染物浓度值的日平均值,以及监测机构当月每次监测的应税大气污染物、水污染物的浓度值,均不得超过国家和地方规定的污染物排放标准。

纳税人任何一个排放口排放应税大气污染物、水污染物的浓度值,以及没有排放口排放应税大气污染物的浓度值,超过国家和地方规定的污染物排放标准的,依法不予减征环境保护税。

纳税人噪声声源一个月内累计昼间超标不足15昼或者累计夜间超标不足15夜的,分别减半计算应纳税额。

第五节 征收管理

一、纳税义务发生时间

环境保护税的纳税义务发生时间为纳税人排放应税污染物的当日。

二、纳税期限

环境保护税按月计算,按季申报缴纳。不能按固定期限计算缴纳的,可以按次申报缴纳。

纳税人按季申报缴纳的,应当自季度终了之日起15日内,向税务机关办理纳税申报并缴纳税款。纳税人按次申报缴纳的，应当自纳税义务发生之日起15日内，向税务机关办理纳税申报并缴纳税款。

纳税人申报缴纳时，应当向税务机关报送所排放应税污染物的种类、数量、大气污染物、水污染物的浓度值，以及税务机关根据实际需要要求纳税人报送的其他纳税资料。

纳税人应当依法如实办理纳税申报，对申报的真实性和完整性承担责任。

三、纳税地点

纳税人应当向应税污染物排放地的税务机关申报缴纳环境保护税。应税污染物排放地是指：（1）应税大气污染物、水污染物排放口所在地；（2）应税固体废物产生地；（3）应税噪声产生地。

纳税人跨区域排放应税污染物，税务机关对税收征收管辖有争议的，由争议各方按照有利于征收管理的原则协商解决；不能协商一致的，报请共同的上级税务机关决定。

纳税人从事海洋工程向中华人民共和国管辖海域排放应税大气污染物、水污染物或者固体废物，申报缴纳环境保护税的具体办法，由国务院税务主管部门会同国务院海洋主管部门规定。

四、税务机关与环境保护主管部门职责分工

环境保护税由税务机关依照《税收征收管理法》和《环境保护税法》的有关规定履行环境保护税纳税申报受理、涉税信息比对、组织税款入库等职责。

环境保护主管部门依照《环境保护税法》和有关环境保护法律法规的规定负责对污染物的监测管理，制定和完善污染物监测规范。

县级以上地方人民政府应当建立税务机关、环境保护主管部门和其他相关单位分工协作工作机制，加强环境保护税征收管理，保障税款及时足额入库。

环境保护主管部门和税务机关应当建立涉税信息共享平台和工作配合机制。环境保护主管部门应当进行污染物排放信息纠正，并将排污单位的排污许可、污染物排放数据、环境违法和受行政处罚情况等环境保护相关信息以及涉税信息，定期交送税务机关。税务机关应当进行纳税人识别、信息比对及涉税信息提交，并将纳税人的纳税申报、税款入库、减免税额、欠缴税款以及风险疑点等环境保护税涉税信息，定期交送环境保护主管部门。

税务机关应当将纳税人的纳税申报数据资料与环境保护主管部门交送的相关数据资料进行比对。

税务机关发现纳税人的纳税申报数据资料异常或者纳税人未按照规定期限办理纳税申报的，可以提请环境保护主管部门进行复核，环境保护主管部门应当自收到税务机关的数据资料之日起15日内向税务机关出具复核意见。税务机关应当按照环境保护主管部门复核的数据资料调整纳税人的应纳税额。

本章小结

环境保护税于2018年正式开征，环境保护税是对在我国领域以及管辖的其他海域直接

向环境排放应税污染物的企事业单位和其他生产经营者征收的一种税。在中华人民共和国领域和中华人民共和国管辖的其他海域,直接向环境排放应税污染物的企业事业单位和其他生产经营者为环境保护税的纳税人,环境保护税根据不同应税污染物的种类确定计税依据,采用从量计征的方法计算应纳税额。

☞【思考题】

1. 环境保护税的纳税义务人有哪些?
2. 环境保护税中应税大气污染物、水污染物、固体废物的排放量和噪声的分贝数的确定方法有哪些?
3. 环境保护税的暂予免征情形有哪些?

自测习题及参考答案

第十四章　城镇土地使用税

【学习目标】

1. 了解城镇土地使用税的征税范围、纳税人和税率。
2. 理解和掌握城镇土地使用税的计税依据和应纳税额的计算。
3. 了解城镇土地使用税的相关税收优惠和征收管理规定。

第一节　城镇土地使用税概述

一、城镇土地使用税概念

城镇土地使用税是指国家在城市、县城、建制镇、工矿区范围内，对拥有土地使用权的单位和个人，以其实际占用的土地面积为计税依据，按照规定税额计算征收的一种税。是我国土地税体系中的重要税种。

对土地课税，在我国起源较早，课征较普遍。我国对农村土地的课税，一般称为田税或农业税；对城市土地的课税，一般称为地产税或土地使用税。新中国成立后，政务院在1950年颁布的《全国税政实施要则》中规定征收地产税。1951年8月，政务院颁布《城市房地产税暂行条例》，将房产税和地产税合并为城市房地产税。1973年我国改革工商税制时，将对企业征收的城市房地产税并入工商税。1984年第二步"利改税"时，国务院决定恢复土地使用税，但由于开征条件不成熟，决定保留税种，暂不征收。1988年9月27日，国务院颁布了《城镇土地使用税暂行条例》，决定于当年11月1日起施行，对节约用地和调节土地级差收入起到一定的作用。

为了进一步合理利用城镇土地，调节土地的级差收入，提高土地使用效率，加强城镇土地管理，2006年12月31日，国务院颁布第483号令，修订了《城镇土地使用税暂行条例》，自2007年1月1日起施行。此后，2011年、2013年、2019年又先后对《城镇土地使用税暂行条例》进行了三次修订。

二、城镇土地使用税的特点

与其他税种相比，城镇土地使用税具有以下特点：
（1）对使用城镇土地的行为征税，兼有财产税、资源税和行为税三重属性。
（2）以实际使用的土地面积为税基，设计地区差别幅度定额税率，实行从量定额征收。
（3）税款连年缴纳，实行多次课征制。
（4）由地方税务机关负责征收，全部收入归地方政府。

三、城镇土地使用税的意义

（一）有利于规范国家与土地使用者之间的利益分配关系，促进土地资源的合理配置和节约使用

按照《宪法》规定，城镇土地的所有权属于国家，单位和个人在取得城镇土地使用权的

同时，要向政府缴纳一定的税费作为补偿。开征城镇土地使用税体现了国家运用规范、统一、普遍、公平、透明的税收手段处理与土地使用者之间的利益分配关系，促使土地使用者节约使用土地，提高土地利用效率，促进土地流转市场形成和城乡建设布局合理化的政策意图。

（二）有利于调节土地级差收益，促进公平竞争

土地是一种宝贵又稀缺的自然资源，由于城镇不同区域土地的使用环境不同，因而其潜在经济价值也明显不同。城镇土地使用税根据全国各地城镇土地的稀缺程度和使用频率设计地区差别幅度税额，有利于调节因土地资源好坏形成的级差收益，促进城镇土地使用者之间的公平竞争。

（三）有利于完善地方税体系，增加地方财政收入

虽然我国城镇土地属于国家所有，但又按照地域管辖权原则实行分级管理。城镇土地使用税属于地方税，由各级地方税务机关负责征收，收入归属各级地方政府，因此加强城镇土地使用税的征收管理，不仅有利于增加地方财政收入、完善地方税体系，还有利于促进地方政府重视所属土地的规划管理和开发利用，不断提升城镇化水平，促进当地经济社会全面进步。

第二节　纳税义务人和征税对象

一、纳税义务人

城镇土地使用税的纳税义务人是在城市、县城、建制镇、工矿区范围内使用土地的单位和个人。

单位，包括国有企业、集体企业、私营企业、股份制企业、外商投资企业、外国企业以及其他企业和事业单位、社会团体、国家机关、军队以及其他单位。

个人，包括个体工商户以及其他个人。

城镇土地使用税的纳税人具体包括：（1）拥有土地使用权的单位或个人；（2）拥有土地使用权的纳税人不在土地所在地的，其土地的实际使用人或代管人为纳税人；（3）土地使用权未确定或权属纠纷未解决的，其实际使用人为纳税人；（4）土地使用权共有的，共有各方都是纳税人，由共有各方分别纳税。

二、征税对象

城镇土地使用税的征税对象是在城市、县城、建制镇、工矿区范围内土地，包括国家所有的土地和集体所有的土地。征税范围是城市、县城、建制镇、工矿区。

城市是指经国务院批准设立的市，城市的征税范围是市区和郊区。

县城是指县人民政府所在地，县城的征税范围是县人民政府所在的城镇。

建制镇是指经省、自治区、直辖市人民政府批准设立的建制镇，建制镇的征税范围是镇人民政府所在地。

工矿区是指工商业比较发达，人口比较集中，符合国务院规定的建制镇标准，但尚未设立建制镇的大中型工矿企业所在地。工矿区须经省、自治区、直辖市人民政府批准。

城市、县城、建制镇、工矿区的具体征税范围，由各省、自治区、直辖市人民政府划定。

第三节 应纳税额的计算

一、税率

城镇土地使用税采用地区差别幅度定额税率,按大、中、小城市和县城、建制镇、工矿区分别规定每平方米土地使用税年应纳税额,具体标准如下:(1)大城市 1.5~30 元;(2)中等城市 1.2~24 元;(3)小城市 0.9~18 元;(4)县城、建制镇、工矿区 0.6~12 元。

大、中、小城市以公安部门登记在册的非农业正式户口人数为依据,按照国务院颁布的《城市规划条例》中规定的标准划分。现行的划分标准是:市区及郊区非农业人口总计在 50 万人以上的,为大城市;市区及郊区非农业人口总计在 20 万~50 万人的,为中等城市;市区及郊区非农业人口总计在 20 万人以下的,为小城市。

二、计税依据

城镇土地使用税的计税依据是纳税人实际占有的土地面积。

纳税人实际占用的土地面积的确定按如下规定执行:

(1)由省、自治区、直辖市人民政府确定的单位组织测定土地面积,以测定的土地面积为准。

(2)尚未组织测量,但纳税人持有政府部门核发的土地使用证书的,以证书确认的土地面积为准。

(3)尚未核发土地使用证书的,应由纳税人据实申报土地面积,据此纳税,待核发土地使用证书后再做调整。

(4)对在城镇土地使用税征税范围内单独建造的地下建筑用地,按规定征收城镇土地使用税。其中,已取得地下土地使用权证的,按土地使用权证确认的土地面积计算应征税款;未取得地下土地使用权证或地下土地使用权证上未标明土地面积的,按地下建筑垂直投影面积计算应征税款。对上述地下建筑用地暂按应纳税额的 50% 征收城镇土地使用税。

三、应纳税额的计算

城镇土地使用税的应纳税额是纳税人实际占用的土地面积与该土地所在地段适用税额的乘积。计算公式如下:

全年应纳税额 = 实际占用应税土地面积(平方米) × 适用税额

第四节 税收优惠

一、法定免税项目

1. 国家机关、人民团体、军队自用的土地。这部分土地是指这些单位本身的办公用地和公务用地。

2. 由国家财政部门拨付事业经费的单位自用的土地。这部分土地是指这些单位本身的业务用地。由国家财政部门拨付事业经费的单位，是指由国家财政部门拨付经费、实行全额预算管理或差额预算管理的事业单位。不包括实行自收自支、自负盈亏的事业单位。

3. 宗教寺庙、公园、名胜古迹自用的土地。

宗教寺庙自用的土地，是指举行宗教仪式等的用地和寺庙内的宗教人员生活用地。

公园、名胜古迹自用的土地，是指供公共参观游览的用地及其管理单位的办公用地。

以上单位的生产经营用地和其他用地，不属于免税范围，应按规定缴纳城镇土地使用税，如公园、名胜古迹中附设的营业单位，如影院、饮食部、茶社、照相馆等使用的土地，应征收城镇土地使用税。

4. 市政街道、广场、绿化地带等公共用地。

5. 直接用于农、林、牧、渔业的生产用地。这部分土地是指直接从事于种植、养殖、饲养的专业用地，不包括农副产品加工场地和生活、办公用地。

6. 经批准开山填海整治的土地和改造的废弃土地，从使用的月份起免缴城镇土地使用税5~10年。开山填海整治的土地和改造的废弃土地，以土地管理机关出具的证明文件为依据确定；具体免税期限由各省、自治区、直辖市税务局在《城镇土地使用税暂行条例》规定的期限内自行确定。

7. 对非营利性医疗机构、疾病控制机构和妇幼保健机构等卫生机构自用的土地，免征城镇土地使用税。

8. 企业办的学校、医院、托儿所、幼儿园，其用地能与企业其他用地明确区分的，免征城镇土地使用税。

9. 免税单位无偿使用纳税单位的土地（如公安、海关等单位使用铁路、民航等单位的土地），免征城镇土地使用税。纳税单位无偿使用免税单位的土地，纳税单位应照章纳税。

10. 由财政部另行规定免税的能源、交通、水利设施用地和其他用地。

二、省、自治区、直辖市税务局确定的减免税项目

1. 个人所有的居住房屋及院落用地。
2. 房产管理部门在房租调整改革前经租的居民住房用地①。
3. 免税单位职工家属的宿舍用地。
4. 民政部门举办的安置残疾人占一定比例的福利工厂用地。
5. 集体和个人办的各类学校、医院、托儿所、幼儿园用地。

第五节 征收管理

一、纳税义务发生时间

1. 纳税人购置新建商品房，自房屋交付使用之次月起，缴纳城镇土地使用税。
2. 纳税人购置存量房，自办理房屋权属转移、变更登记手续以及房地产权属登记机关签发房屋权属证书之次月起，缴纳城镇土地使用税。

---

① 依据《关于印发〈关于土地使用税若干具体问题的解释和暂行规定〉的通知》（国税地字〔1988〕15号），房管部门经租的公房用地，凡土地使用权属于房管部门的，由房管部门缴纳土地使用税。

3. 纳税人出租、出借房产，自交付出租、出借房产之次月起，缴纳城镇土地使用税。

4. 以出让或者转让方式有偿取得土地使用权的，应由受让方从合同约定交付土地时间之次月起缴纳城镇土地使用税；合同未约定交付土地时间的，由受让方从合同签订之次月起缴纳城镇土地使用税。

5. 纳税人新征用的耕地，自批准征用之日起满一年时开始缴纳城镇土地使用税。

6. 纳税人新征用的非耕地，自批准征用之次月起缴纳城镇土地使用税。

二、纳税地点

城镇土地使用税由土地所在地的税务机关征收。土地管理机关应当向土地所在地的税务机关提供土地使用权属资料。纳税人使用的土地不属于同一省（自治区、直辖市）管辖范围的，应由纳税人分别向土地所在地的税务机关缴纳城镇土地使用税。在同一省（自治区、直辖市）管辖范围内，纳税人跨地区使用的土地，如何确定纳税地点，由各省、自治区、直辖市税务局确定。

三、纳税期限

城镇土地使用税按年计算、分期缴纳。具体纳税期限由省、自治区、直辖市人民政府确定。

本章小结

城镇土地使用税的征税对象是在城市、县城、建制镇、工矿区范围内土地，包括国家所有的土地和集体所有的土地；征税范围是城市、县城、建制镇、工矿区；纳税人是征税范围内使用土地的单位和个人；计税依据是纳税人实际占有的土地面积；采用地区差别幅度定额税率，按大、中、小城市和县城、建制镇、工矿区分别规定每平方米土地使用税年应纳税额。

☞【思考题】

1. 简述城镇土地使用税的征税范围、征税方式。
2. 简述城镇土地使用税的特点。
3. 城镇土地使用税的计税依据是什么？如何确定？

自测习题及参考答案

第六篇 其他税种

第十五章 印花税

> 【学习目标】
> 1. 了解印花税的基本概念和特点。
> 2. 理解和掌握印花税的征收制度。
> 3. 理解和掌握印花税的应纳税额的计算。
> 4. 了解印花税的相关税收优惠和征收管理。

第一节 印花税概述

一、印花税的概念

印花税是对在中华人民共和国境内书立应税凭证、进行证券交易的行为征收的一种税。印花税是一种行为税,凡发生有关行为,都必须按照印花税法的规定履行纳税义务。

印花税是一种古老的税种,最早始于荷兰。1624年,由荷兰政府在广泛征询民意后,实施的一种以产权凭证为征税对象的税种,因其采用在应税凭证上粘贴印花税票的办法征税而得名。后为许多国家所采用,现已有90多个国家和地区开征此税。我国的印花税始于北洋政府,北洋政府曾颁布过印花税法,并于1913年首次开征印花税,作为重要的敛财之举。新中国成立后,政务院于1950年1月发布《全国税政实施要则》,规定印花税为全国统一开征的14个税种之一。1958年简化税制时,将印花税并入工商统一税,很长一段时间未单独征收。国务院于1988年8月发布《印花税暂行条例》,同年10月1日起恢复征收印花税。2021年6月10日十三届全国人大常委会第二十九次会议通过了《印花税法》,于2022年7月1日起正式实施。

二、印花税的特点

印花税与其他税种相比,具有以下四个特点。

(一)征税范围广泛

印花税的征税对象为在我国境内书立应税凭证和进行证券交易的行为,凡书立应税凭证的单位和个人都要缴纳印花税。同时,应税凭证涉及的范围也很广,各类经济合同、产权转移书据和营业账簿等,随着经济和法治的发展与完善,印花税的征税范围将会更加广泛。

(二)税率低、税负轻

印花税税负较轻,最高的税率为1‰,而最低的税率为0.05‰,与其他的税种相比,印花税的税率要低得多,税负也更轻。

(三) 自行贴花纳税

纳税人通过自行计算、购买并粘贴印花税票的方法完成纳税义务，并在印花税票和凭证的骑缝处自行盖戳注销或画销。这有助于提高纳税人自行纳税的意识。这种缴纳方法与其他税种存在较大区别。

(四) 兼有凭证税和行为税性质

一方面，印花税是对单位和个人书立应税凭证征收的一种税，具有凭证税性质；另一方面，任何一种应税经济凭证反映的都是某种特定的经济行为，因此，对凭证征税实质上是对经济行为课税。

第二节 纳税义务人和征税范围

一、纳税义务人、扣缴义务人

(一) 纳税义务人

印花税的纳税人包括在中华人民共和国境内书立应税凭证、进行证券交易的单位和个人，以及在中华人民共和国境外书立在境内使用的应税凭证的单位和个人。

所称单位和个人，是指国内各类企业、事业、机关、团体、部队以及中外合资企业、合作企业、外资企业、外国公司和其他经济组织及其在华机构等单位和个人。

按照书立、使用应税凭证的不同，可以分别确定为立合同人、立据人、立账簿人、使用人和各类电子应税凭证的签订人等五种。

1. 立合同人，指合同的当事人。所谓当事人，是指对凭证有直接权利义务关系的单位和个人，但不包括合同的担保人、证人、鉴定人。各类合同的纳税人是立合同人。

当事人的代理人有代理纳税的义务，与纳税人负有同等的税收法律义务和责任。

2. 立据人，产权转移书据的纳税人是立据人，即土地、房屋权属转移过程中买卖双方的当事人。

3. 立账簿人，营业账簿的纳税人是立账簿人。所谓立账簿人，是指设立并使用营业账簿的单位和个人。

4. 使用人，在国外书立、领受，但在国内使用的应税凭证，其纳税人是使用人。

5. 各类电子应税凭证的签订人，即以电子形式签订各类应税凭证的当事人。

对应税凭证，凡由两方或两方以上当事人共同书立的，其当事人各方都是印花税的纳税人。

(二) 扣缴义务人

1. 纳税人为境外单位或者个人，在境内有代理人的，以其境内代理人为扣缴义务人；在境内没有代理人的，由纳税人自行申报缴纳印花税，具体办法由国务院税务主管部门规定。

2. 证券登记结算机构为证券交易印花税的扣缴义务人。

二、征税范围

我国经济活动中发生的经济凭证种类繁多,数量巨大,现行印花税只对《印花税法》中列举的凭证和证券交易行为征税,没有列举的不征税。

(一) 书面合同

1. 借款合同。是指银行业金融机构、经国务院银行业监督管理机构批准设立的其他金融机构与借款人。
2. 融资租赁合同。是指出租人根据承租人对出卖人、租赁物的选择,向出卖人购买租赁物,提供给承租人使用,承租人支付租金的合同。
3. 建设工程合同。是指承包人进行工程建设,发包人支付价款的合同。通常包括勘察、设计、施工合同。
4. 买卖合同。是指动产买卖合同(不包括个人书立的动产买卖合同)。
5. 租赁合同。包括租赁房屋、船舶、飞机、机动车辆、机械、器具、设备等合同,还包括企业、个人出租门店、柜台等签订的合同。
6. 运输合同。包括货运合同和多式联运合同,不包括管道运输合同。
7. 仓储保管合同。包括仓储、保管合同,以及作为合同使用的仓单、栈单等。
8. 承揽合同。是指承揽人按照定作人的要求完成工作,交付工作成果,定作人给付报酬的合同。包括加工、定做、修缮、修理、印刷、广告、测绘、测试等合同。
9. 财产保险合同①。包括财产、责任、保证、信用等保险合同,以及作为合同使用的单据。
10. 技术合同。包括技术开发、转让、咨询、服务等合同,以及作为合同使用的单据。

(二) 产权转移书据

产权转移,即财产权利关系的变更行为,表现为产权主体发生变更。产权转移书据是在产权的买卖、交换、继承、赠与、分割等产权主体变更过程中,产权出让人与受让人之间订立的民事法律文书。

我国印花税税目中的产权转移书据包括财产所有权、版权、商标专用权、专利权、专有技术使用权共5项产权的转移书据。其中,财产所有权转移书据,是指经政府管理机关登记注册的不动产、动产所有权转移所书立的书据,包括股份制企业向社会公开发行的股票,因购买、继承、赠与所书立的产权转移书据。其他4项则属于无形资产的产权转移书据。另外,土地使用权出让合同、土地使用权转让合同、商品房销售合同按照产权转移书据征收印花税。

(三) 营业账簿

营业账簿,是指单位和个人记载生产经营活动的财务会计核算账簿,营业账簿按其反映的内容不同,分为记载资金的账簿(简称资金账簿)和其他营业账簿两类,印花税法规定

---

① 财产保险合同不包括再保险合同。

仅对记载资金的账簿征收印花税。

（四）证券交易

证券交易，是指转让在依法设立的证券交易所、国务院批准的其他全国性证券交易场所交易的股票和以股票为基础的存托凭证。

第三节 应纳税额的计算

一、税率

印花税的税率设计遵循税负从轻、共同负担的原则，所以税率比较低。凭证的当事人，即对凭证有直接权利与义务关系的单位和个人，均应就其所持凭证依法纳税。具体如下：

印花税的比例税率共有5个档次，即0.05‰、0.25‰、0.3‰、0.5‰、1‰。

（1）适用0.05‰税率的为借款合同、融资租赁合同。

（2）适用0.25‰税率的为营业账簿。

（3）适用0.3‰税率的为买卖合同、承揽合同、建设工程合同、运输合同、技术合同、商标专用权、著作权、专利权、专有技术使用权转让书据。

（4）适用0.5‰税率的为土地使用权出让书据，土地使用权、房屋等建筑物和构筑物所有权转让书据（不包括土地承包经营权和土地经营权转移），股权转让书据（不包括应缴纳证券交易印花税）。

（5）适用1‰税率的为租赁合同、仓储保管合同、财产保险合同以及证券交易。

印花税税目和税率如表15-1所示。

表15-1　　　　　　　印花税税目和税率

	税目	税率	备注
合同（指书面合同）	借款合同	借款金额的0.05‰	指银行业金融机构、经国务院银行业监督管理机构批准设立的其他金融机构与借款人（不包括同业拆借）的借款合同
	融资租赁合同	租金的0.05‰	
	买卖合同	价款的0.3‰	指动产买卖合同（不包括个人书立的动产买卖合同）
	承揽合同	报酬的0.3‰	
	建设工程合同	价款的0.3‰	
	运输合同	运输费用的0.3‰	指货运合同和多式联运合同（不包括管道运输合同）
	技术合同	价款、报酬或者使用费的0.3‰	不包括专利权、专有技术使用权转让书据

续表

税目		税率	备注
合同（指书面合同）	租赁合同	租金的 1‰	
	保管合同	保管费的 1‰	
	仓储合同	仓储费的 1‰	
	财产保险合同	保险费的 1‰	不包括再保险合同
产权转移书据	土地使用权出让书据	价款的 0.5‰	转让包括买卖（出售）、继承、赠与、互换、分割
	土地使用权、房屋等建筑物和构筑物所有权转让书据（不包括土地承包经营权和土地经营权转移）	价款的 0.5‰	
	股权转让书据（不包括应缴纳证券交易印花税的）	价款的 0.5‰	
	商标专用权、著作权、专利权、专有技术使用权转让书据	价款的 0.3‰	
营业账簿		实收资本（股本）、资本公积合计金额的 0.25‰	
证券交易		成交金额的 1‰	

资料来源：《中华人民共和国印花税法》。

二、计税依据

（一）一般规定

1. 应税合同的计税依据，为合同所列的金额，不包括列明的增值税税款。
2. 应税产权转移书据的计税依据，为产权转移书据所列的金额，不包括列明的增值税税款。
3. 应税营业账簿的计税依据，为账簿记载的实收资本（股本）、资本公积合计金额。
4. 证券交易的计税依据，为成交金额。

（二）特殊规定

1. 应税合同、产权转移书据未列明金额的，印花税的计税依据按照实际结算的金额确定。计税依据按照上述规定仍不能确定的，按照书立合同、产权转移书据时的市场价格确定；依法应当执行政府定价或者政府指导价的，按照国家有关规定确定。
2. 证券交易无转让价格的，按照办理过户登记手续时该证券前一个交易日收盘价计算确定计税依据；无收盘价的，按照证券面值计算确定计税依据。

3. 同一应税凭证载有两个以上税目事项并分别列明金额的,按照各自适用的税目税率分别计算应纳税额;未分别列明金额的,从高适用税率。

4. 应税合同、应税产权转移书据所列的金额与实际结算金额不一致,不变更应税凭证所列金额的,以所列金额为计税依据;变更应税凭证所列金额的,以变更后的所列金额为计税依据。已缴纳印花税的应税凭证,变更后所列金额增加的,纳税人应当就增加部分的金额补缴印花税;变更后所列金额减少的,纳税人可以就减少部分的金额向税务机关申请退还或者抵缴印花税。

5. 已缴纳印花税的营业账簿,以后年度记载的实收资本(股本)、资本公积合计金额比已缴纳印花税的实收资本(股本)、资本公积合计金额增加的,按照增加部分计算应纳税额。

6. 纳税人因应税凭证列明的增值税税款计算错误导致应税凭证的计税依据减少或者增加的,纳税人应当按规定调整应税凭证列明增值税税款,重新确定应税凭证计税依据。已缴纳印花税的应税凭证,调整后计税依据增加的,纳税人应当就增加部分的金额补缴印花税;调整后计税依据减少的,纳税人可以就减少部分的金额向税务机关申请退还或者抵缴印花税。

7. 纳税人转让股权印花税计税依据按照产权转移书据所列的金额(不包括列明的认缴后尚未实际出资部分)确定。

8. 应税凭证金额为人民币以外的货币的,应当按照凭证书立当日的人民币汇率中间价折合人民币确定计税依据。

9. 境内物多式联运,采用在起运地统一结算全程运费的,以全程运费作为运输合同的计税依据,由起运地运费结算方缴纳印花税;采用分程结算运费的,以分程的运费作为计税依据,分别由办理运费结算各方缴纳印花税。

三、应纳税额的计算

印花税的应纳税额按照计税依据乘以适用税率计算。计算公式为:

$$应纳税额 = 计税金额 \times 比例税率$$

【例15-1】某企业注册资金1 000万元,2023年4~6月发生业务事项如下:
(1) 实收资本比上一年增加500万元,其他营业账簿20本;
(2) 与银行订立一年期借款合同一份,所载金额为300万元;
(3) 签订购销合同5份,共记载金额200万元;
(4) 与运输公司签订货物运输合同一份,所载金额为12万元(其中:装卸费0.6万元,保险费0.4万元);
(5) 签订技术服务合同一份,所载金额80万元;
(6) 签订商标专用权转让合同一份,所载金额60万元。
要求:根据上述资料,计算该企业20×3年第二季度应缴纳的印花税税额。
解:(1) 记载资金营业账簿应纳印花税 = 5 000 000 × 0.25‰ = 1 250(元)
其他营业账簿无须缴纳印花税。
(2) 借款合同应纳印花税 = 3 000 000 × 0.05‰ = 150(元)

(3) 购销合同应纳印花税 = 2 000 000 × 0.3‰ = 600（元）
(4) 货物运输合同应纳印花税 = (120 000 − 6 000 − 4 000) × 0.3‰ = 33（元）
(5) 技术合同应纳印花税 = 800 000 × 0.3‰ = 240（元）
(6) 商标专用权转让合同应纳印花税 = 600 000 × 0.3‰ = 180（元）

该企业 20×3 年第二季度应缴纳的印花税共计：
1 250 + 150 + 600 + 33 + 240 + 180 = 2 453（元）

第四节　税收优惠

一、印花税法规定的免征印花税的凭证

1. 应税凭证的副本或者抄本。
2. 依照法律规定应当予以免税的外国驻华使馆、领事馆和国际组织驻华代表机构为获得馆舍书立的应税凭证。
3. 中国人民解放军、中国人民武装警察部队书立的应税凭证。
4. 农民、家庭农场、农民专业合作社、农村集体经济组织、村民委员会购买农业生产资料或者销售农产品书立的买卖合同和农业保险合同。
5. 无息或者贴息借款合同、国际金融组织向中国提供优惠贷款书立的借款合同。
6. 财产所有权人将财产赠与政府、学校、社会福利机构、慈善组织书立的产权转移书据。
7. 非营利性医疗卫生机构采购药品或者卫生材料书立的买卖合同。
8. 个人与电子商务经营者订立的电子订单。

二、国务院可规定的减免

根据国民经济和社会发展的需要，国务院对居民住房需求保障、企业改制重组、破产、支持小型微型企业发展等情形可以规定减征或者免征印花税，报全国人大常委会备案。

三、延续执行的税收优惠政策

1. 对公租房经营管理单位建设、管理公租房涉及的印花税予以免征。对公租房经营管理单位购买住房作为公租房，免征印花税；对公租房租赁双方免征签订租赁协议涉及的印花税。

在其他住房项目中配套建设公租房，可以按照公租房建筑面积占总建筑面积的比例免征建设、管理公租房涉及的印花税。

2. 对改造安置住房经营管理单位、开发商与改造安置住房相关的印花税及购买安置住房的个人涉及的印花税予以免征。

在商品住房等开发项目中配套建造安置住房的，依据政府部门出具的相关材料、房屋征收（拆迁）补偿协议或棚户区改造合同（协议），按改造安置住房建筑面积占总建筑面积的比例免征印花税。

3. 对个人出租、承租住房签订的租赁合同，免征印花税。对个人销售或购买住房暂免征收印花税。

4. 对与高校学生签订的高校学生公寓租赁合同,免征印花税。

5. 股权分置改革过程中因非流通股股东向流通股股东支付对价而发生的股权转让,暂免征收印花税。

6. 在融资性售后回租业务中,对承租人、出租人因出售租赁资产及购回租赁资产所签订的合同,不征收印花税。

7. 对铁路、公路、航运、水路承运快件行李、包裹开具的托运单据,暂免贴印花。

8. 各类发行单位之间,以及发行单位与订阅单位或个人之间书立的征订凭证,暂免征收印花税。

9. 2022年1月1日至2024年12月31日,由省、自治区、直辖市人民政府根据本地区实际情况,以及宏观调控需要确定,对增值税小规模纳税人、小型微利企业和个体工商户可以在50%的税额幅度内减征印花税(不含证券交易印花税)。

10. 为活跃资本市场、提振投资者信心,自2023年8月28日起,证券交易印花税实施减半征收[①]。

第五节 征收管理

一、纳税方法

印花税可以采用粘贴印花税票或者由税务机关依法开具其他完税凭证的方式缴纳。

印花税票粘贴在应税凭证上的,由纳税人在每枚税票的骑缝处盖戳注销或者画销。

未履行的应税合同、产权转移书据,已缴纳的印花税不予退还及抵缴税款。

纳税人多贴的印花税票,不予退税及抵缴税款。

印花税票由国务院税务主管部门监制。

二、纳税义务发生时间

印花税的纳税义务发生时间为纳税人书立应税凭证或者完成证券交易的当日。

证券交易印花税扣缴义务发生时间为证券交易完成的当日。

三、纳税地点

(一)基本规定

纳税人为单位的,应当向其机构所在地的主管税务机关申报缴纳印花税;纳税人为个人的,应当向应税凭证书立地或者纳税人居住地的主管税务机关申报缴纳印花税。不动产产权发生转移的,纳税人应当向不动产所在地的主管税务机关申报缴纳印花税。

(二)特殊规定[②]

纳税人为境外单位或者个人,在境内有代理人的,以其境内代理人为扣缴义务人。境外

---

① 《财政部 税务总局关于减半征收证券交易印花税的公告》(财政部 税务总局公告2023年第39号)。
② 《国家税务总局关于实施〈中华人民共和国印花税法〉等有关事项的公告》(国家税务总局公告2022年第14号)。

单位或者个人的境内代理人应当按规定扣缴印花税,向境内代理人机构所在地(居住地)主管税务机关申报解缴税款。

纳税人为境外单位或者个人,在境内没有代理人的,纳税人应当自行申报缴纳印花税,可以向资产交付地、境内服务提供方或者接受方所在地(居住地)、书立应税凭证境内书立人所在地(居住地)主管税务机关申报缴纳,涉及不动产产权转移的,应当向不动产所在地主管税务机关申报缴纳。

四、纳税申报

印花税按季、按年或者按次计征。实行按季、按年计征的,纳税人应当自季度、年度终了之日起15日内申报缴纳税款;实行按次计征的,纳税人应当自纳税义务发生之日起15日内申报缴纳税款。

证券交易印花税按周解缴。证券交易印花税扣缴义务人应当自每周终了之日起5日内申报解缴税款及银行结算的利息。

五、违章处罚

印花税纳税人有下列行为之一的,由税务机关根据情节轻重予以处罚:

1. 在应纳税凭证上未贴或者少贴印花税票的或者已粘贴在应税凭证上的印花税票未注销或者未划销的,由税务机关追缴其不缴或者少缴的税款、滞纳金,并处不缴或者少缴的税款50%以上5倍以下的罚款。

2. 已贴用的印花税票揭下重用造成未缴或少缴印花税的,由税务机关追缴其不缴或者少缴的税款、滞纳金,并处不缴或者少缴的税款50%以上5倍以下的罚款;构成犯罪的,依法追究刑事责任。

3. 伪造印花税票的,由税务机关责令改正,处以2 000元以上10 000元以下的罚款;情节严重的,处以10 000元以上50 000元以下的罚款;构成犯罪的,依法追究刑事责任。

4. 按期汇总缴纳印花税的纳税人,超过税务机关核定的纳税期限,未缴或少缴印花税款的,由税务机关追缴其不缴或者少缴的税款、滞纳金,并处不缴或者少缴的税款50%以上5倍以下的罚款;情节严重的,同时撤销其汇缴许可证;构成犯罪的,依法追究刑事责任。

5. 纳税人违反以下规定的,由税务机关责令限期改正,可处以2 000元以下的罚款;情节严重的,处以2 000元以上10 000元以下的罚款。

(1) 凡汇总缴纳印花税的凭证,应加注税务机关指定的汇缴戳记、编号并装订成册后,将已贴印花或者缴款书的一联粘贴附册后,盖章注销,保存备查。

(2) 纳税人对纳税凭证应妥善保存。凭证的保存期限,凡国家已有明确规定的,按规定办理;没有明确规定的其余凭证均应在履行完毕后保存1年。

6. 代售户对取得的税款逾期不缴或者挪作他用,或者违反合同将所领印花税票转托他人代售或者转至其他地区销售,或者未按规定详细提供领、售印花税票情况的,税务机关可视其情节轻重,给予警告或者取消其待售的资格。

拓展阅读：关于实施《中华人民共和国印花税法》等有关事项的公告

本章小结

印花税是对经济活动和经济交往中书立应税凭证、进行证券交易的行为为课税对象课征的一种税。同时，应税凭证涉及的范围也很广，各类经济合同、营业账簿、权利许可证照等，随着经济和法治的发展会更加完善。

☞【思考题】

1. 印花税的特点有哪些？
2. 未履行的应税合同能否退印花税？
3. 简述印花税的征税范围。
4. 印花税的缴纳方法有哪些？

自测习题及参考答案

第十六章 耕地占用税

> 【学习目标】
> 1. 了解耕地占用税的基本概念和特点。
> 2. 理解和掌握耕地占用税的征收制度。
> 3. 理解和掌握耕地占用税的应纳税额的计算。
> 4. 了解耕地占用税的相关税收优惠和征收管理。

第一节 耕地占用税概述

一、耕地占用税概念

耕地占用税是对在中华人民共和国境内占用耕地建设建筑物、构筑物或者从事非农业建设的单位和个人按照其占用耕地面积一次性定额征收的一种税,是我国土地税体系中第一个重要税种。

我国是一个人多地少,耕地资源严重不足的国家,改革开放以来随着城市化进程的不断加快,农用耕地向城镇土地转化的速度明显加快,乱占滥用耕地、占而不用、多占少用的问题十分突出,而对耕地的管理改良却严重滞后。为了合理利用土地资源、加强土地管理、保护耕地,国务院于1987年4月1日颁布《耕地占用税暂行条例》,开征耕地占用税。2007年12月1日国务院发布新修订的《耕地占用税暂行条例》,对耕地占用税的纳税人、税额标准、减免税等内容作了较大幅度的调整,于2008年1月1日起施行。2018年12月29日,十三届全国人大常委会第七次会议通过《耕地占用税法》,自2019年9月1日起实施,《耕地占用税暂行条例》同时废止。财政部、税务总局、自然资源部、农业农村部、生态环境部联合发布《耕地占用税法实施办法》。国家税务总局还发布了关于耕地占用税征收管理有关事项的公告。上述实施办法和公告也自2019年9月1日起实施,自此形成我国耕地占用税的现行税法体系。

二、耕地占用税的特点

耕地占用税作为一个出于特定目的、对特定的土地资源课征的税种,与其他税种相比,具有比较鲜明的特点,主要表现为以下四点。

(一) 兼具资源税与行为税的性质

耕地占用税以占用农用耕地建房或从事其他非农业建设的行为为征税对象,以约束纳税人占用耕地的行为、促进土地资源的合理运用为课征目的,除具有资源占用税的属性外,还具有明显的行为税的特点。

(二) 采用地区差别幅度定额税率

耕地占用税采用地区差别幅度定额税率,根据不同地区的具体情况,分别制定差别税额，以适应中国地域辽阔、各地区之间耕地质量差别较大、人均占有耕地面积相差悬殊的具体情况，具有因地制宜的特点。

（三）在占用耕地环节一次性征收

耕地占用税在纳税人获准占用耕地的环节征收，除对获准占用耕地后超过两年未使用者须加征耕地占用税外，此后不再征收耕地占用税。因而，耕地占用税具有一次性征收的特点。

（四）税收收入专用于耕地开发与改良

耕地占用税收入按规定应用于建立发展农业专项基金，主要用于开展宜耕土地开发和改良现有耕地之用，因此，具有"取之于地、用之于地"的补偿性特点。

三、耕地占用税的意义

开征耕地占用税是为了合理利用土地资源，加强土地管理，保护农用耕地。其作用主要表现在，利用经济手段限制乱占滥用耕地，促进农业生产的稳定发展；补偿占用耕地所造成的农业生产力的损失；为大规模的农业综合开发提供必要的资金来源。

【思政小课堂】

党的二十大报告提出，全方位夯实粮食安全根基，牢牢守住18亿亩耕地红线，确保中国人的饭碗牢牢端在自己手中。坚持山水林田湖草沙一体化保护和系统治理、推进生态优先、节约集约、绿色低碳发展。

第二节 纳税义务人和征税范围

一、纳税义务人

耕地占用税的纳税义务人是在中华人民共和国境内占用耕地建设建筑物、构筑物或者从事非农业建设的单位和个人。

经批准占用耕地的，纳税人为农用地转用审批文件中标明的建设用地人；农用地转用审批文件中未标明建设用地人的，纳税人为用地申请人。其中，用地申请人为各级人民政府的，由同级土地储备中心、自然资源主管部门或政府委托的其他部门、单位履行耕地占用税申报纳税义务。

未经批准占用耕地的，纳税义务人为实际用地人。

二、征税范围

耕地占用税的征税范围包括纳税人为建房或者从事非农业建设而占用的国家所有和集体所有的耕地。

所称"耕地"是指用于种植农作物的土地，包括菜地、园地。其中园地包括果园、茶园、橡胶园、其他园地。

占有鱼塘以及其他农用地建设建筑物、构筑物或从事非农业建设，也视同占用耕地，必须依法征收耕地占用税。占用耕地建设农田水利设施的，不缴纳耕地占用税。占用农用地建设直接为农业生产服务的生产设施的，不缴纳耕地占用税。

第三节　应纳税额的计算

一、税率

耕地占用税采用地区差别幅度定额税率，按照人均耕地面积的多少将税额划分为四档，具体税额如下：

1. 人均耕地不超过 1 亩的地区（以县、自治县、不设区的市、市辖区为单位，下同），每平方米为 10～50 元；
2. 人均耕地超过 1 亩但不超过 2 亩的地区，每平方米为 8～40 元；
3. 人均耕地超过 2 亩但不超过 3 亩的地区，每平方米为 6～30 元；
4. 人均耕地超过 3 亩的地区，每平方米为 5～25 元。

各地区耕地占用税的适用税额，由省、自治区、直辖市人民政府根据人均耕地面积和经济发展等情况，在上述规定的税额幅度内提出，报同级人大常委会决定，并报全国人大常委会和国务院备案。各省、自治区、直辖市耕地占用税适用税额的平均水平，不得低于《各省、自治区、直辖市耕地占用税平均税额表》（见表 16－1）规定的平均税额。

表 16－1　　　　各省、自治区、直辖市耕地占用税平均税额

省、自治区、直辖市	平均税额（元/平方米）
上海	45
北京	40
天津	35
江苏、浙江、福建、广东	30
辽宁、湖北、湖南	25
河北、江西、安徽、山东、河南、重庆、四川	22.5
广西、海南、贵州、云南、陕西	20
山西、吉林、黑龙江	17.5
内蒙古、西藏、甘肃、青海、宁夏、新疆	12.5

在人均耕地低于 0.5 亩的地区，省、自治区、直辖市可以根据当地经济发展情况，适当提高耕地占用税的适用税额，但提高的部分不得超过适用税额的 50%。

占用基本农田的，应当按照当地适用税额，加按 150% 征收。基本农田，是指依据《基本农田保护条例》划定的基本农田保护区范围内的耕地。

占用园地、林地、草地、农田水利用地、养殖水面、渔业水域滩涂以及其他农用地建设建筑物、构筑物或者从事非农业建设的，适用税额可以适当低于本地区适用税额，但降低的部分不得超过 50%。具体适用税额由省、自治区、直辖市人民政府提出，报同级人大常委会决定，并报全国人大常委会和国务院备案。

二、计税依据

耕地占用税以纳税人实际占用的耕地面积为计税依据,以每平方米为计量单位。实际占用的耕地面积,包括经批准占用的耕地面积和未经批准占用的耕地面积。

三、应纳税额的计算

耕地占用税的应纳税额为纳税人实际占用的耕地面积(平方米)乘以适用税额。具体计算公式如下:

$$应纳税额 = 实际占用的耕地面积(平方米) \times 适用税额$$

【例16-1】农民小李在2023年初经批准搬迁,原宅基地恢复耕种。拆除的原房屋宅基地面积为200平方米,新房实际占用耕地总面积450平方米。另外,小李还获批一块面积为500平方米的农田用于建面粉厂。当地规定的耕地占用税税额为25元/平方米。计算小李应缴纳的耕地占用税。

解:应纳税额 = $(450-200) \times 25 \times 50\% + 500 \times 25 = 15\,625$(元)

第四节 税收优惠

对我国而言,保护耕地意义重大,征收耕地占用税有助于保护耕地,因此耕地占用税规定了较少的减免税优惠。

一、免征耕地占用税

军事设施、学校、幼儿园、社会福利机构、医疗机构占用耕地,免征耕地占用税。农村烈士遗属、因公牺牲军人遗属、残疾军人以及符合农村最低生活保障条件的农村居民,在规定用地标准以内新建自用住宅,免征耕地占用税。

二、减征耕地占用税

铁路线路、公路线路、飞机场跑道、停机坪、港口、航道、水利工程占用耕地,减按每平方米2元的税额征收耕地占用税。农村居民在规定用地标准以内占用耕地新建自用住宅,按照当地适用税额减半征收耕地占用税(其中农村居民经批准搬迁,新建自用住宅占用耕地不超过原宅基地面积的部分,免征耕地占用税)。

根据国民经济和社会发展的需要,国务院可以规定免征或者减征耕地占用税的其他情形,报全国人大常委会备案。纳税人免征或者减征耕地占用税后,改变原占地用途,不再属于免征或者减征耕地占用税情形的,应当按照当地适用税额补缴耕地占用税。

第五节 征收管理

一、纳税义务发生时间

耕地占用税的纳税义务发生时间为纳税人收到自然资源主管部门办理占用耕地手续的书

面通知的当日。

未经批准占用耕地的，耕地占用税纳税义务发生时间为纳税人实际占用耕地的当日。

因挖掘、采矿塌陷、压占、污染等损毁、占用耕地的纳税义务发生时间为自然资源、生态环境等相关部门认定损毁、占用耕地的当日。

二、纳税地点

纳税人占用耕地，应当在耕地所在地申报纳税。

三、纳税期限

纳税人应当自纳税义务发生之日起30日内申报缴纳耕地占用税。耕地占用税在实际占用耕地环节由税务机关一次性征收。

四、部门协税义务

各省、自治区、直辖市人民政府应当建立健全本地区跨部门耕地占用税部门协作和信息交换工作机制。

由相关部门向税务机关提供的农用地转用、临时占地等信息，包括自然资源、农业农村、水利、生态环境等相关部门应当提供的农用地转用信息、城市和村庄集镇按批次建设用地转而未供信息、经批准临时占地信息、改变原占地用途信息、未批先占农用地查处信息、土地损毁信息、土壤污染信息、土地复垦信息、草场使用和渔业养殖权证发放信息等。

纳税人占地类型和面积以自然资源等相关部门提供的相关材料为准；未提供相关材料或者材料信息不完整的，经主管税务机关提请，由自然资源等相关部门出具认定意见。

本章小结

耕地占用税是对占用耕地和其他农用地建设建筑物、构筑物或者从事非农业建设的单位和个人，按照规定税额一次性征收的一种税。根据税收属性分类，耕地占用税属于行为税，也就是针对单位和个人建房或者从事非农业建设占用耕地和其他农用地的行为征收的。

☞【思考题】

1. 耕地占用税的特点有哪些？
2. 耕地占用税的纳税人如何确定？
3. 试述耕地占用税的计税依据和税率。

自测习题及参考答案

第十七章　城市维护建设税

> 【学习目标】
>
> 1. 了解城市维护建设税的基本概念和特点。
> 2. 理解和掌握城市维护建设税的征收制度。
> 3. 理解和掌握城市维护建设税应纳税额的计算。
> 4. 了解城市维护建设税的相关税收优惠和征收管理。

第一节　城市维护建设税概述

一、城市维护建设税的概念

城市维护建设税是对缴纳增值税、消费税的单位和个人，按照实际缴纳的增值税和消费税税额的一定比例征收的，专门用于城市维护建设的一种附加税。

新中国成立以来，我国在城市建设和维护方面取得了一定成效，但是仍存在城市建设资金不足的问题。1978年以前，我国城市维护建设的资金来源于当时的工商税附加、城市公用事业附加和国家下拨城市维护费。1979年国家开始在部分大中城市试行从工商利润中提取5%用于城市维护和建设，但是未能从根本上解决问题。1981年国务院根据现状提出，根据城市建设的需要，开征城市维护建设税，作为县以上城市和工矿区市政建设的专项资金。1985年2月8日，国务院颁布了《城市维护建设税暂行条例》，并于1985年1月1日起实施。2020年8月11日十三届全国人大常委会第二十一次会议表决通过的《城市维护建设税法》，自2021年9月1日起施行。

> 【思政小课堂】
>
> 党的二十大报告指出，促进区域协调发展。深入实施区域协调发展战略、区域重大战略、主体功能区战略、新型城镇化战略，优化重大生产力布局，构建优势互补、高质量发展的区域经济布局和国土空间体系。以城市群、都市圈为依托构建大中小城市协调发展格局，推进以县城为重要载体的城镇化建设。坚持人民城市人民建、人民城市为人民，提高城市规划、建设、治理水平，加快转变超大特大城市发展方式，实施城市更新行动，加强城市基础设施建设，打造宜居、韧性、智慧城市。

二、城市维护建设税的特点

（一）征税范围广泛

城市维护建设税是以纳税人实际缴纳的增值税、消费税的税额为计税依据而征收的一种税，由于增值税、消费税两税的征税范围广泛，因此城市维护建设税的征税范围也相应广泛。

(二) 具有附加税性质

城市维护建设税以纳税人实际缴纳的增值税、消费税税额为计税依据,随"两税"同时征收。税法规定对纳税人减免"两税"时,相应也减免了城市维护建设税,其本身并没有特定的课税对象,其征管方法也基本比照"两税"的有关规定办理。

(三) 根据城镇规模设计不同的比例税率

城市维护建设税的税率不是依据纳税人的获利水平或经营特点,而是根据纳税人所在城镇的规模及其资金需要设计的。一般而言,城镇规模越大,所需要的建设与维护资金越多,与此相适应,城市维护建设税的税率越高,反之越低。

(四) 税款专款专用

城市维护建设税的征收具有特定的目的,要求保证用于城市公用事业和公共设施的维护和建设。

第二节 纳税义务人和征税范围

一、纳税义务人

城市维护建设税的纳税义务人是指缴纳增值税、消费税的单位和个人,包括国有企业、集体企业、私营企业、股份制企业、其他企业和行政单位、事业单位、军事单位、社会团体、其他单位以及个体工商户及其他个人。

城市维护建设税的扣缴义务人为负有增值税、消费税扣缴义务的单位和个人,在扣缴增值税、消费税的同时扣缴城市维护建设税。采用委托代征、代扣代缴、代收代缴、预缴、补缴等方式缴纳两税的,应当同时扣缴城市维护建设税。

二、征税范围

城市维护建设税在全国范围征收,包括城市、县城、建制镇以及农村。只要缴纳了增值税和消费税,除税法另有规定外,就属于城市维护建设税的征税范围。

对进口货物或者境外单位和个人向境内销售劳务、服务、无形资产缴纳的增值税、消费税税额,不征收城市维护建设税。

第三节 应纳税额的计算

一、税率

城市维护建设税实行地区差别比例税率,根据不同城市对于城市维护资金需求的不同,按照纳税人所在地的不同,设置了三档税率:7%、5%和1%。

1. 纳税人所在地为市区的,税率为7%。
2. 纳税人所在地为县城、建制镇的,税率为5%。

3. 纳税人所在地不在市区、县城或者建制镇的，税率为1%。

《国家税务总局关于撤县建市城市维护建设税适用税率问题的批复》（税总函〔2015〕511号）规定，撤县建市后，纳税人所在地在市区的，城市维护建设税适用税率为7%；纳税人所在地在市区以外其他镇的，城市维护建设税适用税率仍为5%。

开采海洋石油资源的中外合作油（气）田所在地在海上，其城市维护建设税适用1%的税率。中国海洋石油总公司海上自营油（气）田，其城市维护建设税适用1%的税率。

城市维护建设税的适用税率，一般规定按纳税人所在地的适用税率执行。但下列两种情况，可按缴纳增值税和消费税所在地的规定税率就地缴纳城市维护建设税：

（1）由受托方代收代扣增值税、消费税的单位和个人，其代收代扣的城市维护建设税按受托方所在地适用税率计算。

（2）流动经营等无固定纳税地点的单位和个人，在经营地缴纳增值税、消费税的，城市维护建设税按经营地适用税率计算。

二、计税依据

城市维护建设税以纳税人依法实际缴纳的增值税、消费税税额为计税依据。依法实际缴纳的"两税"税额，是指纳税人依照增值税、消费税相关法律法规和税收政策规定计算的应当缴纳的"两税"税额，不包括加收的滞纳金和罚款。

城市维护建设税的计税依据应按照规定扣除期末留抵退税退还的增值税税额（见表17-1）。

表17-1　　　　　城市维护建设税计税依据的包含因素和不包含因素

城市维护建设税计税依据的包含因素	城市维护建设税计税依据的不包含因素
（1）纳税人向税务机关依法实际缴纳的"两税"税额（注意除外情形）； （2）纳税人被税务机关查补的"两税"税额（注意除外情形）； （3）增值税免抵税额	（1）纳税人进口环节被海关代征的"两税"税额； （2）境外单位和个人向境内销售劳务、服务、无形资产向税务机关缴纳的增值税税额； （3）直接减免的"两税"税额； （4）期末留抵退税退还的增值税； （5）除"两税"以外的其他税； （6）非税款项（纳税人违反"两税"有关规定而被加收的滞纳金和罚款等）

三、应纳税额的计算

城市维护建设税纳税人的应纳税额大小由纳税人实际缴纳的增值税、消费税的税额决定，其计算公式为：

应纳税额 =（实际缴纳的增值税税额 + 实际缴纳的消费税税额）× 适用税率

【例17-1】位于市区的某内资生产企业为增值税一般纳税人。2022年4月该企业实际缴纳增值税40万元，消费税5万元，计算该企业4月应缴纳的城市维护建设税。

解：应纳城市维护建设税税额 =（400 000 + 50 000）× 7% = 31 500（元）

第四节 税收优惠

城市维护建设税原则上不单独减免,随主税的减免而减免,城市维护建设税的税收减免有以下几种情况:

1. 对因减免增值税、消费税而发生的退税的,同时退还已缴纳的城市维护建设税。但对出口产品退还增值税、消费税的,不退还已缴纳的城市维护建设税。
2. 为支持国家重大水利工程建设,对国家重大水利工程建设基金免征城市维护建设税。
3. 海关对进口产品代征的增值税、消费税,不征城市维护建设税。
4. 对增值税、消费税"两税"实行先征后返、先征后退、即征即退办法的,除另有规定外,对随"两税"附征的城市维护建设税,一律不予退(返)还。

第五节 征收管理

一、纳税环节

城市维护建设税的纳税环节就是纳税人缴纳增值税和消费税的环节。纳税人只要发生增值税和消费税的纳税义务,就应在同样的环节缴纳城市维护建设税。

二、纳税期限

由于城市维护建设税是由纳税人在缴纳增值税和消费税的同时缴纳的,所以城建税的纳税期限分别与增值税和消费税的纳税期限一致。根据增值税法和消费税法规定,增值税和消费税的纳税期限分别为1日、3日、5日、10日、15日或者1个月。增值税、消费税的具体纳税期限,由主管税务机关根据纳税人应纳税额大小分别核定;不能按照固定期限缴纳的,可以按次纳税。

三、纳税地点

城市维护建设税的纳税地点就是纳税人缴纳增值税和消费税的地点。但是,属于下列情形下,纳税地点的规定如下:

1. 代扣代缴、代收代缴增值税和消费税的单位和个人,同时也是城市维护建设税的代扣代缴、代收代缴义务人,其城市维护建设税的纳税地点在代扣代收地。
2. 跨省开采的油田,下属生产单位与核算单位不在一个省内的,其生产的原油,在油井所在地缴纳增值税,其应纳税款由核算单位按照各油井的产量和规定税率计算,汇拨各油井缴纳。所以,各油井应纳的城市维护建设税应由核算单位计算,随同增值税一并汇拨油井所在地,由油井在缴纳增值税的同时,一并缴纳城市维护建设税。
3. 对流动经营等无固定纳税地点的单位和个人,城市维护建设税应随同增值税和消费税在经营地按适用税率缴纳。

本章小结

城市维护建设税是国家对从事工商业生产和经营活动且缴纳增值税、消费税的单位和个人就其实际缴纳的增值税、消费税税额征收的一种附加税,具有征税范围广、实行地区差别比例税率、税款专款专用等特点。城市维护建设税与增值税、消费税同时缴纳,其征收管理方法比照增值税、消费税的相关规定。

☞【思考题】

1. 简述城市维护建设税的概念和特点。
2. 简述城市维护建设税的计税依据。

自测习题及参考答案

第十八章　车辆购置税

> 【学习目标】
> 1. 了解车辆购置税的基本概念和特点。
> 2. 理解和掌握车辆购置税的征收制度。
> 3. 理解和掌握车辆购置税应纳税额的计算。
> 4. 了解车辆购置税的相关税收优惠和征收管理。

第一节　车辆购置税概述

一、车辆购置税的概念

车辆购置税是对在我国境内购置应税车辆的单位和个人征收的一种税。其前身是车辆购置附加费,2000年10月22日,国务院颁布了《车辆购置税暂行条例》,由原来收取的车辆购置附加费改为征收车辆购置税,并从2001年1月1日起在全国施行。2018年12月29日十三届全国人大常委会第七次会议通过了《车辆购置税法》,自2019年7月1日起施行。

二、车辆购置税的特点

车辆购置税对应税车辆征收,征税范围比较广泛;以车辆购置价为税基,实行单一比例税率,计税简便,税负透明度高;性质上看属于直接税,且具有财产税及行为税特征;在车辆购置环节征收,实行一次课征;属于中央税,由税务机关负责征收管理。

三、车辆购置税的意义

(一) 开征车辆购置税是税费改革的重要举措

我国自20世纪90年代启动清费立税改革,陆续将一些预算收费纳入预算管理,清理取消了一些加重老百姓负担、实际意义不大的收费,将一些确有必要保留的收费通过"费改税"纳入依法征税的规范化轨道,实行"收支两条线"管理。将车辆购置费改为车辆购置税,并进行立法是税费改革的重要举措。

(二) 有利于节能减排,引导汽车消费健康发展

随着经济发展和居民生活水平不断提高,汽车已经从奢侈品变成了生活品,汽车保有量持续高速攀升,由此带来的交通拥堵、环境污染、能源消耗等问题也日趋严重。开征车辆购置税,提高了汽车购买成本,有利于遏制汽车购买欲的过分膨胀。同时对不同性质和类型的车辆实行区别对待的税收政策也有利于优化汽车消费结构,从而起到节能减排、保护环境、改善交通、倡导健康消费理念、促进经济社会可持续发展的作用。

第二节　车辆购置税的征收制度

一、征税对象

车辆购置税的征税对象是《车辆购置税法》中列举的各种应税车辆的购置行为。所称购置行为，是指以购买、进口、自产、受赠、获奖或者其他方式取得并自用应税车辆的行为。应税车辆包括汽车、有轨电车、汽车挂车、排气量超过150毫升的摩托车。

二、纳税义务人

车辆购置税的纳税义务人是在中华人民共和国境内购置应税车辆的单位和个人。

单位包括国有企业、集体企业、私营企业、股份制企业、外商投资企业、外国企业以及其他企业和事业单位、社会团体、国家机关、部队及其他单位。

个人包括个体工商户以及其他个人。

三、税率

车辆购置税的税率为10%。

四、计税依据

车辆购置税的计税依据，根据不同情况，按照下列规定确定：

1. 纳税人购买自用应税车辆的计税价格，为纳税人实际支付给销售者的全部价款，但不包括增值税税款。
2. 纳税人进口自用应税车辆的计税价格，为进口应税车辆的关税完税价格、关税和消费税之和。
3. 纳税人自产自用应税车辆的计税价格，按照纳税人生产的同类应税车辆的销售价格确定，不包括增值税税款。
4. 纳税人以受赠、获奖或者其他方式取得自用应税车辆的计税价格，按照购置应税车辆时相关凭证载明的价格确定，不包括增值税税款。

纳税人申报的应税车辆计税价格明显偏低，又无正当理由的，由税务机关依照《税收征收管理法》的规定核定其应纳税额。

纳税人以外汇结算应税车辆价款的，按照申报纳税之日的人民币汇率中间价折合成人民币计算缴纳税款。

五、应纳税额的计算

车辆购置税实行从价定率办法计算应纳税额。应纳税额的计算公式为：

$$应纳税额 = 计税依据 \times 税率$$

六、税收优惠

下列车辆免征车辆购置税：

1. 外国驻华使馆、领事馆和国际组织驻华机构及其有关人员自用的车辆。
2. 中国人民解放军和中国人民武装警察部队列入装备订货计划的车辆。
3. 悬挂应急救援专用号牌的国家综合性消防救援车辆。
4. 设有固定装置的非运输专用作业车辆。
5. 城市公交企业购置的公共汽电车辆。

根据国民经济和社会发展的需要，国务院可以规定减征或者其他免征车辆购置税的情形，报全国人大常委会备案。

七、征收管理

（一）纳税义务发生时间

车辆购置税的纳税义务发生时间为纳税人购置应税车辆的当日。纳税人应当自纳税义务发生之日起六十日内申报缴纳车辆购置税。

（二）纳税地点

纳税人购置应税车辆，应当向车辆登记地的主管税务机关申报缴纳车辆购置税；购置不需要办理车辆登记的应税车辆的，应当向纳税人所在地的主管税务机关申报缴纳车辆购置税。

（三）纳税申报

车辆购置税实行一次课征制。对购置已征车辆购置税的车辆，不可再重复征收车辆购置税。

（四）其他规定

1. 纳税人应当在向公安机关交通管理部门办理车辆注册登记前，缴纳车辆购置税。公安机关交通管理部门办理车辆注册登记，应当根据税务机关提供的应税车辆完税或者免税电子信息对纳税人申请登记的车辆信息进行核对，核对无误后依法办理车辆注册登记。
2. 免税、减税车辆因转让、改变用途等原因不再属于免税、减税范围的，纳税人应当在办理车辆转移登记或者变更登记前缴纳车辆购置税。计税价格以免税、减税车辆初次办理纳税申报时确定的计税价格为基准，每满一年扣减10%。
3. 纳税人将已征车辆购置税的车辆退回车辆生产企业或者销售企业的，可以向主管税务机关申请退还车辆购置税。退税额以已缴税款为基准，自缴纳税款之日至申请退税之日，每满一年扣减10%。
4. 税务机关和公安、商务、海关、工业和信息化等部门应当建立应税车辆信息共享和工作配合机制，及时交换应税车辆和纳税信息资料。

本章小结

车辆购置税是以在中华人民共和国境内购置规定车辆为课税对象、在特定的环节向车辆购置者征收的一种税。车辆购置税实行从价定率、价外征收的方法计算应纳税额,实行一次课征制。

☞【思考题】

1. 车辆购置税的征税对象有哪些?
2. 新能源汽车的车辆购置税如何计算?

自测习题及参考答案

第十九章　烟叶税

> 【学习目标】
> 1. 了解烟叶税的基本概念和特点。
> 2. 理解和掌握烟叶税的征收制度。
> 3. 理解和掌握烟叶税应纳税额的计算。
> 4. 了解烟叶税的相关税收优惠和征收管理。

第一节　烟叶税概述

一、烟叶税的概念

烟叶税是对在中华人民共和国境内收购烟叶的单位按照其收购烟叶的收购金额征收的一种税。

1958年我国颁布实施《农业税条例》。1983年，国务院以《农业税条例》为依据，选择特定农业产品来征收农林特产农业税。当时农林特产农业税征收范围不包括烟叶，对烟叶另外征收产品税和工商统一税。1994年，我国进行了财税体制改革，国务院决定取消原产品税和工商统一税，将原农林特产农业税与原产品税和工商统一税中的农林牧水产品税目合并，改为统一征收农业特产农业税，并于同年1月30日发布《国务院关于对农业特产收入征收农业税的规定》，其中规定对烟叶在收购环节征收，税率为31%。1999年，将烟叶特产农业税的税率下调为20%。2004年6月，根据《中共中央　国务院关于促进农民增加收入若干政策的意见》，财政部、国家税务总局下发《关于取消除烟叶外的农业特产农业税有关问题的通知》，规定从2004年起，除对烟叶暂保留征收农业特产农业税外，取消对其他农业特产品征收的农业特产农业税。2005年12月29日，十届全国人大常委会第十九次会议决定，《农业税条例》自2006年1月1日起废止。至此，对烟叶征收农业特产农业税失去了法律依据。2006年4月28日，国务院公布了《烟叶税暂行条例》，并自公布之日起施行。2017年12月27日十二届全国人大常委会第三十一次会议通过《烟叶税法》，并于2018年7月1日正式施行。

> 【思政小课堂】
> 党的二十大报告指出，坚持农业农村优先发展，坚持城乡融合发展，畅通城乡要素流动。加快建设农业强国，扎实推动乡村产业、人才、文化、生态、组织振兴。深入实施种业振兴行动，强化农业科技和装备支撑，健全种粮农民收益保障机制和主产区利益补偿机制，确保中国人的饭碗牢牢端在自己手中。树立大食物观，发展设施农业，构建多元化食物供给体系。发展乡村特色产业，拓宽农民增收致富渠道。巩固拓展脱贫攻坚成果，增强脱贫地区和脱贫群众内生发展动力。

二、烟叶税的特点

（一）纳税人单一

烟叶税的纳税人仅限于依照《专卖法》规定的有权收购烟叶的烟草公司或者受其委托收购烟叶的单位。

（二）纳税环节单一

烟叶税的纳税人仅在收购环节中缴纳烟叶税，在其他环节不征收烟叶税。

第二节 烟叶税征收制度

一、纳税义务人

烟叶税的纳税义务人是指在中华人民共和国境内收购烟叶的单位。收购烟叶的单位是指依照《烟草专卖法》的规定有权收购烟叶的烟草公司或者受其委托收购烟叶的单位。依照《烟草专卖法》查处没收的违法收购的烟叶，由收购罚没烟叶的单位按照购买金额计算缴纳烟叶税。

二、征税范围

烟叶税的纳税范围包括晾晒烟叶和烤烟叶。其中，晾晒烟叶包括列入《名晾晒烟名录》的晾晒烟叶和其他未列入《名晾晒烟名录》的其他晾晒烟叶。

三、税率

烟叶税实行比例税率，税率为20%。烟叶税税率的相关调整，由国务院决定。

四、应纳税额的计算

（一）计税依据

烟叶税以纳税人收购烟叶的收购金额为计税依据。收购金额包括纳税人支付给烟叶销售者的烟叶收购价款和价外补贴。按照简化手续、方便征收的原则，对价外补贴统一暂按烟叶收购价款的10%计入收购金额计税。收购金额的计算公式如下：

$$收购金额 = 收购价款 \times (1 + 10\%)$$

（二）应纳税额的计算

烟叶税的应纳税额按照纳税人收购烟叶实际支付的价款总额和规定的税率计算。计算公式如下：

$$应纳税额 = 烟叶收购金额 \times 税率$$

【例19-1】某烟草公司系增值税一般纳税人，8月收购烟叶100 000千克，烟叶收购价10元/千克，总计1 000 000元，货款已全部支付。请计算该烟草公司8月收购烟叶应缴纳的烟叶税。

解：应缴纳的烟叶税 = 1 000 000 × (1 + 10%) × 20% = 220 000（元）

五、征收管理

（一）纳税义务发生时间

烟叶税的纳税义务发生时间为纳税人收购烟叶的当天。收购烟叶的当天是指纳税人向烟叶销售者付讫收购烟叶款项或者开具收购烟叶凭据的当天。

（二）申报缴纳①

烟叶税按月计征，纳税人应当于纳税义务发生月终了之日起15日内申报并缴纳税款。

（三）纳税地点

纳税人收购烟叶，应当向烟叶收购地的主管税务机关申报纳税。

本章小结

烟叶税是对在中华人民共和国境内收购烟叶的单位按照其收购烟叶的收购金额征收的一种税，烟叶税纳税人单一，纳税人仅限于依照《专卖法》的规定的有权收购烟叶的烟草公司或者受其委托收购烟叶的单位。

☞【思考题】

1. 烟叶税的征税范围是什么？
2. 开征烟叶税会增加农民负担吗？

自测习题及参考答案

---

① 《国家税务总局关于简并税费申报有关事项的公告》（国家税务总局公告2021年第9号）的内容。

第二十章 船舶吨税

【学习目标】

1. 了解船舶吨税的基本概念和特点。
2. 理解和掌握船舶吨税应纳税额的计算。
3. 了解船舶吨税的相关税收优惠和征收管理。

第一节 船舶吨税概述

一、船舶吨税的概念

船舶吨税是海关对自境外港口进入境内港口的船舶征收的一种税。

船舶吨税简称吨税,在国外往往被俗称为"灯塔税",是进入本国领域的外籍船舶,因享受了本国的航道和导航设施而付出的代价。船舶吨税带有明显的使用费性质,也颇具收益税特点。船舶吨税是根据船舶运载量课征的一个税种,源于明朝以后税关的"船料"。中英鸦片战争后,海关对出入中国口岸的商船按船舶吨位计征税款,故称船舶吨税。除海关外,内地常关也对过往船只征船料,直到1931年常关撤销时,船料废止。

【思政小课堂】

党的二十大报告指出,推进高水平对外开放。依托我国超大规模市场优势,以国内大循环吸引全球资源要素,增强国内国际两个市场两种资源联动效应,提升贸易投资合作质量和水平。稳步扩大规则、规制、管理、标准等制度型开放。推动货物贸易优化升级,创新服务贸易发展机制,发展数字贸易,加快建设贸易强国。合理缩减外资准入负面清单,依法保护外商投资权益,营造市场化、法治化、国际化一流营商环境。推动共建"一带一路"高质量发展。优化区域开放布局,巩固东部沿海地区开放先导地位,提高中西部和东北地区开放水平。加快建设西部陆海新通道。加快建设海南自由贸易港,实施自由贸易试验区提升战略,扩大面向全球的高标准自由贸易区网络。有序推进人民币国际化。深度参与全球产业分工和合作,维护多元稳定的国际经济格局和经贸关系。

现行船舶吨税的基本规范是2017年12月27日十二届全国人大常委会第三十一次会议通过的《船舶吨税法》,于2018年7月1日起施行,经2018年10月26日十三届全国人大常委会第六次会议修改,于同日以中华人民共和国主席令第十六号公布。

二、船舶吨税的特点

(一)具有收益税的性质

一国船舶使用了另一国的航道和助航设施,理应向该国缴纳一定的税费。船舶吨税就是进入我国领域的外籍船舶,因享受了我国的航道和导航设施而支付的费用。因此,船舶吨税具有收益税的性质。

(二) 从量定额征收

船舶一般按净吨位计算大小,因而船舶吨税按出入国境船舶的净吨位作为计税单位,确定单位税额,实行从量定额征收。应税船舶进出港均须按规定缴纳船舶吨税。

(三) 税款专款专用

我国的船舶吨税由海关代交通管理部门征收,所征税款直接用于海上干线公用航标的维护和建设,专款专用。

第二节 船舶吨税征收制度

一、征税对象和纳税义务人

船舶吨税的征税对象是所有自中华人民共和国境外港口进入境内港口的船舶(以下称应税船舶)。船舶吨税的纳税义务人是应税船舶负责人(单位),具体包括在中国境内港口行驶的由境外进入的外国籍船舶和外商租用的中国籍船舶的各类企业、单位和个人。

二、税率

船舶吨税设置优惠税率和普通税率。中华人民共和国国籍的应税船舶,船籍国(地区)与中华人民共和国签订含有相互给予船舶税费最惠国待遇条款或者协定的应税船舶,适用优惠税率;其他应税船舶,适用普通税率。《船舶吨税税目税率表》见表20–1。

表 20–1　　　　　　　　　　船舶吨税税目税率

税目 (按船舶净吨位划分)	税率(元/净吨)						备注
	普通税率 (按执照期限划分)			优惠税率 (按执照期限划分)			
	1年	90日	30日	1年	90日	30日	
不超过2 000净吨	12.6	4.2	2.1	9.0	3.0	1.5	(1) 拖船①按照发动机功率每千瓦折合净吨位0.67吨; (2) 无法提供证明文件的游艇,按照发动机功率每千瓦折合净吨位0.05吨;(3) 拖船和非机动驳船分别按相同船舶税率的50%计征税款
超过2 000净吨,但不超过10 000净吨	24.0	8.0	4.0	17.4	5.8	2.9	
超过10 000净吨,但不超过50 000净吨	27.6	9.2	4.6	19.8	6.6	3.3	
超过50 000净吨	31.8	10.6	5.3	22.8	7.6	3.8	

资料来源:国家税务总局。

---

① 拖船是指专门用于拖(推)运输船舶的专业作业船舶。

三、应纳税额的计算

船舶吨税按照船舶净吨位和吨税执照期限征收。应纳税额按照船舶净吨位乘以适用税率计算。净吨位，是指由船籍国（地区）政府授权签发的船舶吨位证明书上标明的净吨位。计算公式为：

$$应纳税额 = 应税船舶净吨位 \times 定额税率$$

【例20-1】2023年2月，B国某公司一艘货轮驶入我国某港口，该货轮净吨位为6 000吨，货轮负责人已向我国相关海关领取了《吨税执照》，在港口停留期限为90日，该国已与我国签订有相互给予船舶税费最惠国待遇条款的协定。则该货轮负责人应向我国海关缴纳船舶吨税多少？

解：应缴纳船舶吨税 = 6 000 × 5.8 = 34 800（元）

四、税收优惠

下列船舶免征吨税：

1. 应纳税额在人民币50元以下的船舶。
2. 自境外以购买、受赠、继承等方式取得船舶所有权的初次进口到港的空载船舶。
3. 吨税执照期满后24小时内不上下客货的船舶。
4. 非机动船舶（不包括非机动驳船）。非机动船舶，是指自身没有动力装置，依靠外力驱动的船舶。非机动驳船，是指在船舶登记机关登记为驳船的非机动驳船。
5. 捕捞、养殖渔船，是指在中华人民共和国渔业船舶管理部门登记为捕捞船舶或者养殖的船舶。
6. 避难、防疫隔离、修理、改造、终止运营或者拆解，并不上下客货的船舶。
7. 军队、武装警察部队专用或者征用的船舶。
8. 警用船舶。
9. 依照法律规定应当予以免税的外国驻华使领馆、国际组织驻华代表机构及其有关人员的船舶。
10. 国务院规定的其他船舶（由国务院报全国人大常委会备案）。

五、征收管理

（一）纳税义务发生时间

船舶吨税纳税义务发生时间为应税船舶进入港口的当日。应税船舶在船舶吨税执照期满后尚未离开港口的，应当申领新的吨税执照，自上一次执照期满的次日起续缴船舶吨税。

（二）申报缴纳

应税船舶在进入港口办理入境手续时，应当向海关申报纳税领取船舶吨税执照，或者交验船舶吨税执照。应税船舶在离开港口办理出境手续时，应当交验船舶吨税执照。

应税船舶负责人申领吨税执照时，应当向海关提供下列文件：

1. 船舶国籍证书或者海事部门签发的船舶国籍证书收存证明。

2. 船舶吨位证明。

船舶吨税由海关负责征收。海关征收船舶吨税应当填发船舶吨税缴款凭证。应税船舶负责人缴纳船舶吨税或者提供担保后，海关按照其申领的执照期限填发船舶吨税执照。应税船舶负责人应当自海关填发船舶吨税缴款凭证之日起15日内向指定银行缴清税款；未按期缴清税款的，自滞纳税款之日起至缴清税款之日止，按日加收滞纳税款0.5‰的滞纳金。

（三）纳税担保

应税船舶到达港口前，经海关核准先行申报并办结出入境手续的，应税船舶负责人应当向海关提供与其依法履行船舶吨税缴纳义务相适应的担保；应税船舶到达港口后，依照有关规定向海关申报纳税。下列财产、权利可以用于担保：

1. 人民币、可自由兑换货币。
2. 汇票、本票、支票、债券、存单。
3. 银行、非银行金融机构的保函。
4. 海关依法认可的其他财产、权利。

（四）船舶吨税执照的延期和效力

1. 在吨税执照期限内，应税船舶发生下列情形之一的，海关按照实际发生的天数批准延长船舶吨税执照期限：（1）避难、防疫隔离、修理、改造，并不上下客货；（2）军队、武装警察部队征用。

2. 应税船舶因不可抗力在未设立海关地点停泊的，船舶负责人应当立即向附近海关报告，并在不可抗力原因消除后，依照法律规定向海关申报纳税。

3. 应税船舶在吨税执照期限内，因修理、改造导致净吨位变化的，吨税执照继续有效。应税船舶办理出入境手续时，应当提供船舶经过修理、改造的证明文件。

4. 应税船舶在船舶吨税执照期限内，因税目税率调整或者船籍改变而导致适用税率变化的，船舶吨税执照继续有效。因船籍改变而导致适用税率变化的，应税船舶在办理出入境手续时，应当提供船籍改变的证明文件；船舶吨税执照在期满前毁损或者遗失的，应当向原发照海关书面申请核发吨税执照副本，不再补税。

（五）船舶吨税的退补

海关发现少征或者漏征税款的，自应税船舶应当缴纳税款之日起1年内，补征税款。但因应税船舶违反规定造成少征或者漏征税款的，海关可以自应当缴纳税款之日起3年内追征税款，并自应当缴纳税款之日起按日加征少征或者漏征税款0.5‰的滞纳金。

海关发现多征税款的，应当立即通知应税船舶办理退还手续，并加算银行同期活期存款利息。应税船舶发现多缴税款的，可以自缴纳税款之日起1年内以书面形式要求海关退还多缴的税款，并加算银行同期活期存款利息；海关应当自受理退税申请之日起30日内查实，并通知应税船舶办理退还手续。应税船舶应当自收到有关通知之日起3个月内，办理有关退还手续。

（六）违法责任

应税船舶有下列行为之一的，由海关责令限期改正，并处 2 000 元以上 30 000 元以下罚款；不缴或者少缴应纳税款的，处不缴或者少缴税款 50% 以上 5 倍以下的罚款，但罚款不得低于 2 000 元：

1. 未按照规定申报纳税、领取吨税执照的。
2. 未按照规定交验吨税执照及其他证明文件的。

船舶吨税税款、滞纳金、罚款以人民币计算。

本章小结

船舶吨税是对自境外港口进入境内港口的船舶征收的一种税。一国船舶使用了另一国家的航道和助航设施，理应向该国缴纳一定的税费。船舶吨税就是进入我国领域的外籍船舶，因享受了我国的航道和导航设施而支付的费用。因此，船舶吨税具有收益税的性质。船舶吨税从量定额征收，船舶一般按吨位计算大小，因而船舶吨税按出入国境船舶的吨位作为计税单位，确定单位税额，实行从量定额征收。应税船舶进出港均需按规定缴纳船舶吨税。我国的船舶吨税由海关代交通管理部门征收，所征税款直接用于海上干线公用航标的维护和建设，专款专用。

☞【思考题】

1. 船舶吨税的特点有哪些？
2. 船舶吨税执照可以延期吗？
3. 简述船舶吨税的退还、补征和追征。

自测习题及参考答案

第七篇 税收管理

第二十一章 税收征收管理

> 【学习目标】
> 1. 了解《税收征收管理法》的立法目的和适用范围。
> 2. 熟悉《税收征收管理法》的遵守主体。
> 3. 了解税务登记管理、账簿、凭证管理。
> 4. 熟悉纳税申报管理和税款征收的原则、方式、制度。
> 5. 熟悉税务检查的形式、方法，纳税信用信息采集的实施主体和范围。

第一节 税收征收管理概述

税收征收是税务机关依照税收法律、行政法规的规定，将纳税义务人依法应缴纳的各种税收组织征收入库的一系列活动的总称。税款征收是税务机关依法征税和纳税人依法纳税过程的统一。

一、税收征管的法律依据

我国税收征收管理的法律依据为《税收征收管理法》。《税收征收管理法》第 2 条规定，凡依法由税务机关征收的各种税收的征收管理，均适用本法。我国税收的征收机关有税务、海关、财政等部门，税务机关征收各种税收；海关征收关税并代征部分税收。

耕地占用税、契税的征收管理，由国务院另行规定；海关征收的关税及代征的增值税、消费税，适用其他法律法规的规定。

目前，还有一部分规费（如教育费附加等）由税务机关征收，这些规费不适用《税收征收管理法》，不能采取《税收征收管理法》规定的措施，具体管理办法由相关的条例和规章决定。

> 【思政小课堂】
> 党的二十大报告指出，全面依法治国是国家治理的一场深刻革命，关系党执政兴国，关系人民幸福安康，关系党和国家长治久安。必须更好发挥法治固根本、稳预期、利长远的保障作用，在法治轨道上全面建设社会主义现代化国家。

二、《税收征收管理法》的遵守主体和权利义务的设定

1. 税务机关和税务人员的权利和义务。

（1）税务机关和税务人员的权利。①负责税收征收管理工作；②依法执行职务，任何单位和个人不得阻挠。

（2）税务机关和税务人员的义务。①广泛宣传税法，无偿提供咨询；②加强队伍建设，

提高政治业务素质；③秉公执法，忠于职守，清正廉洁，尊重和保护相对人的权利；④不得索贿受贿、徇私舞弊、玩忽职守，不得不征或者少征应征税款；不得滥用职权多征或者故意刁难纳税人和扣缴义务人；⑤应当建立、健全内部制约和监督管理制度；⑥上级应当对下级的执法活动依法进行监督；⑦应当对其工作人员执行法律、行政法规和廉洁自律准则的情况进行监督检查；⑧负责征收、管理、稽查、行政复议的人员的职责应当明确，并相互分离，相互制约；⑨为检举人保密，并按照规定给予奖励；⑩税务人员在核定应纳税额、调整税收定额、进行税务检查、实施税务行政处罚、办理税务行政复议时，与纳税人、扣缴义务人或者其法定代表人、直接责任人有关系的，应当回避。

2. 纳税人、扣缴义务人的权利和义务。

（1）纳税人、扣缴义务人的权利。①有权向税务机关了解国家税收法律、行政法规的规定以及与纳税程序有关的情况；②有权要求税务机关为其保密；③依法享有申请减税、免税、退税的权利；④享有陈述权、申辩权，依法享有申请行政复议、提起行政诉讼、请求国家赔偿等权利；⑤有权控告和检举税务机关（人员）的违法违纪行为。

（2）纳税人、扣缴义务人的义务。①必须依照法律、法规的规定缴纳（扣缴）税款；②应当如实向税务机关提供与纳税、代扣代缴、代收代缴税款有关的信息；③接受税务机关依法进行的税务检查。

3. 地方各级人民政府、有关部门和单位的权利与义务。

（1）地方各级人民政府应当依法加强对本行政区域内税收征收管理工作的领导或者协调，支持税务机关依法执行职务，依照法定税率计算税额，依法征收税款。

（2）各有关部门和单位应当支持、协助税务机关依法执行职务。

（3）任何单位和个人都有权检举违反税收法律、行政法规的行为。

（4）不得违反法律、法规的规定，擅自作出税收开征、停征以及减税、免税、退税、补税和其他与税收法律、法规相抵触的决定。

（5）收到违反税收法律、法规行为检举的机关和负责查处的机关应当为检举人保密。

4. 主要征管事项的批准层次。国务院税务主管部门主管全国税收征收管理工作；各级税务机关应当按照国务院规定的税收征收管理范围分别进行征收管理。税收的开征、停征以及减税、免税、退税、补税，依照法律的规定执行；任何机关、单位和个人不得违反法律、行政法规的规定，擅自作出税收开征、停征以及减税、免税、退税、补税和其他同税收法律、行政法规相抵触的决定。税务机关依法执行职务，任何单位和个人不得阻挠。税务机关是指各级税务局、税务分局、税务所和按照国务院规定设立的并向社会公告的税务机构（见表21-1）。

表21-1　　　　　　　　　　各级税务机关具体征管事项

批准层次	具体征管事项
县以上税务机关	延期申报
省、自治区、直辖市税务局	延期缴纳税款
县以上税务局（分局）局长	（1）税收保全措施；（2）税收强制执行措施；（3）以前年度账簿等资料调回检查；（4）查询生产经营纳税人和扣缴义务人存款账户

续表

批准层次	具体征管事项
设区的市、自治州以上税务局局长	（1）当年账簿等资料调回检查；（2）查询案件涉嫌人员的储蓄存款
国家税务总局	重大案件延长税收保全措施的期限

第二节 税务登记管理

一、税务登记管理

税务登记是税收征收管理的首要环节和基础工作，是税务机关对纳税人的基本情况及生产经营项目进行登记管理的一项基本制度，也是纳税人开始纳入税务机关监督管理的一项证明。根据法律、法规的规定具有应税收入、应税财产或应税行为的各类纳税人，都应依照有关规定办理税务登记。它的意义在于：有利于税务机关了解纳税人的基本情况，掌握税源，加强征收与管理，防止漏管漏征，建立税务机关与纳税人之间正常的工作联系，强化税收政策和法规的宣传，增强纳税意识等。

我国的税务登记制度主要包括设立登记、变更登记、注销登记以及停（复）业登记、报验管理、非正常户处理等内容。目前，我国全面推行"多证合一、一照一码"的登记模式。

二、账簿、凭证及发票管理

账簿、凭证是记录和反映纳税人经营活动的基本材料之一，也是税务机关对纳税人、扣缴义务人计征税款以及确认其是否正确履行纳税义务的重要依据。

(一) 账簿、凭证管理

1. 设置账簿的范围。从事生产、经营的纳税人应当自领取营业执照或者发生纳税义务之日起15日内，按照国家有关规定设置账簿。

扣缴义务人应当自税收法律、行政法规规定的扣缴义务发生之日起10日内，按照所代扣、代收的税种，分别设置代扣代缴、代收代缴税款账簿。

生产、经营规模小又确无建账能力的纳税人，可以聘请注册会计师或者经税务机关认可的财务人员代为建账和办理账务；聘请注册会计师或者经税务机关认可的财务人员有实际困难的，报经县以上税务机关批准，可以按照税务机关的规定，建立收支凭证粘贴簿、进货销货登记簿等账簿。

2. 对纳税人的财务会计制度及财务会计处理办法的管理。从事生产、经营的纳税人应当自领取税务登记证之日起15日内，将其财务会计制度或者财务会计处理办法报送主管税务机关备案。

从事生产、经营的纳税人财会制度、处理办法与税法规定相抵触的，应按税法规定计缴税款。

3. 账簿、凭证的保存和管理。从事生产、经营的纳税人必须按照国务院财政、税务主管部门规定的保管期限保管账簿、记账凭证、完税凭证及其他有关资料。除法律、行政法规另有规定外，账簿、记账凭证、报表、完税凭证、发票、出口凭证以及其他有关涉税资料应当保存10年。纳税人不得伪造、变造或擅自销毁账簿、记账凭证、完税凭证及其他有关资料。

（二）发票管理

1. 发票的开具。

（1）销售商品、提供服务以及从事其他经营活动的单位和个人，对外发生经营业务收取款项的，收款方应向付款方开具发票；收购单位和扣缴义务人支付个人款项时，由付款方向收款方开具发票。填开发票的单位和个人必须在发生经营业务确认营业收入时开具发票，未发生经营业务一律不准开具发票。

（2）单位和个人在开具发票时，必须做到按号码顺序填开，填写项目齐全，内容真实，字迹清楚，全部联次一次打印，内容完全一致，并在发票联和抵扣联加盖发票专用章。

（3）开具发票后，如发生销货退回需开红字发票的，必须收回原发票并注明"作废"字样或取得对方有效证明；开具发票后，如发生销售折让的，必须在收回原发票并注明"作废"字样后重新开具销售发票或取得对方有效证明后开具红字发票。

（4）除国务院税务主管部门规定的特殊情形外，发票限于领购单位和个人在本省、自治区、直辖市内开具，但省、自治区、直辖市税务机关可以规定跨市、县开具发票的办法。

2. 发票保管管理。开具发票的单位和个人应当建立发票登记制度，设置发票登记簿，定期向税务机关报告发票使用情况；应当按规定存放和保管发票，不得擅自毁损。已开具的发票存根联和发票登记簿，保管期为5年；保管期满，报税务机关查验后才可销毁。若丢失发票，则应当于发票丢失当日书面报告主管税务机关，并在报刊及其他媒体上公开宣布作废。

税务机关应当建立起严格的发票验收制度，设立专用发票库存登记簿，定期对专用发票验收、入库、出库、发放情况进行检查。要设立专门的仓库存放专用发票，仓库管理实行专人专责制度，实行全天候的管理模式。

三、纳税申报管理

纳税申报是纳税人按照税法规定的期限和内容，向税务机关提交有关纳税事项书面报告的法律行为，是纳税人履行纳税义务、界定纳税人法律责任的主要依据，是税务机关税收管理信息的主要来源和税务管理的重要制度。

（一）纳税申报的对象

纳税申报的对象为纳税人和扣缴义务人。纳税人在纳税期内没有应纳税款的，也应当按照规定办理纳税申报。纳税人享受减税、免税待遇的，在减税、免税期间应当按照规定办理纳税申报。

（二）纳税申报的方式

纳税人、扣缴义务人可以直接到税务机关办理纳税申报，或者报送代扣代缴、代收代缴

税款报告表,也可以按照规定采取邮寄、数据电文或者其他方式办理上述申报、报送事项。目前,纳税申报的形式主要有以下三种:

1. 直接申报,是指纳税人和扣缴义务人在法定申报期内,自行到税务机关办理纳税申报,这是一种传统申报方式,也是我国普遍采取的纳税申报方式。

2. 邮寄申报,是指经税务机关批准的纳税人,使用统一规定的纳税申报特快专递专用信封,通过邮政部门办理交寄手续,并向邮政部门索取收据作为申报凭据的方式。纳税人采取邮寄方式办理纳税申报的,应当使用统一的纳税申报专用信封,并以邮政部门收据作为申报凭据。邮寄申报以寄出的邮戳日期为实际申报日期。

3. 数据电文申报,又称为电子申报,是指经税务机关确定的电话语音、电子数据交换和网络传输等电子方式办理纳税申报。纳税人采取数据电文方式办理纳税申报的,应当按照税务机关规定的期限和要求保存有关资料,并定期书面报送主管税务机关。纳税人、扣缴义务人采取数据电文方式办理纳税申报的,其申报日期以税务机关计算机网络系统收到该数据电文的时间为准。

(三) 纳税申报的内容

纳税申报的内容主要在各税种的纳税申报表和代扣代缴、代收代缴税款报告表中体现,还可以在随纳税申报表附报的财务报表和有关纳税资料中体现。纳税人和扣缴义务人的纳税申报和代扣代缴、代收代缴税款报告的主要内容包括:税种、税目;应纳税项目或者应代扣代缴、代收代缴税款项目;计税依据;扣除项目及标准;适用税率或者单位税额;应退税项目及税额;应减免税项目及税额;应纳税额或者应代扣代缴、代收代缴税额;税款所属期限、延期缴纳税款、欠税、滞纳金等。

(四) 纳税申报的期限

纳税人和扣缴义务人都必须按照法定的期限办理纳税申报。纳税人、扣缴义务人基于法定原因(如不可抗力和财务处理的特殊原因),不能在法律、行政法规或者税务机关依照法律、行政法规的规定确定的申报期内办理纳税申报或者向税务机关报送代扣代缴、代收代缴报告的,经县以上税务机关核准,可以延期办理。但应当在规定的期限内向税务机关提出书面延期申请,经税务机关核准,在核准的期限内办理,在不可抗力情形消除后立即向税务机关报告。经核准延期办理纳税申报的,应当在纳税期内按照上期实际缴纳的税额或者税务机关核定的税额预缴税款,并在核准的延期内办理纳税结算。延期纳税申报既保证了国家税法的严肃性,同时也考虑到了纳税人的具体情况。

(五) 延期纳税申报

延期申报是指纳税人、扣缴义务人不能按照税法规定的期限办理纳税申报或报送扣缴税款报告表。纳税人因有特殊情况,不能按期进行纳税申报的,经县以上税务机关核准,可以延期申报,但应当在规定的期限内向税务机关提出书面延期申请,经税务机关核准,在核准的期限内办理。纳税人、扣缴义务人因不可抗力不能按期办理纳税申报或者报送代扣代缴、代收代缴税款报告表的,可以延期办理,但应当在不可抗力情形消除后立即向税务机关报告。

第三节 税款征收管理

一、税款征收的概念

税款征收是指税务机关依据法律、行政法规的规定，将纳税人依法应纳的各项税款组织征收入库的活动的总称。税务机关税款征收的过程同时也是纳税人缴纳税款的过程，税款征收是税收征管工作的核心环节，其内涵主要包括以下两个方面。

1. 税务机关作为征税主体，必须依法行使税收行政执法权并承担相应的义务。《税收征收管理法》赋予税务机关依法计征权、税款核定权、税收检查权、税收保全和强制执行权、税款补征及追征权、减免退税及延期纳税审批权等。同时，也规定了税务机关行使法定权力时，必须严格遵守法定程序。若因执法不当而给纳税人、扣缴义务人的合法权益造成损害的，税务机关应承担相应的法律责任。《税收征收管理法》第28条规定，税务机关依照法律、行政法规的规定征收税款，不得违反法律、行政法规的规定开征、停征、多征、少征、提前征收、延缓征收或者摊派税款。《税收征收管理法》第29条规定，除税务机关、税务人员以及经税务机关依照法律、行政法规委托的单位和人员外，任何单位和个人不得进行税款征收活动。

2. 纳税人或扣缴义务人作为纳税主体或税款扣缴主体，必须根据国家有关法律及行政法规的规定，正确核算税款及代扣代缴税款，并按照税法的规定及税务机关的要求办理纳税申报；同时，必须按照税法规定的期限缴纳和扣缴税款，依照规定程序申请延期纳税、减免税，并接受税务机关的依法审查。此外，纳税人有义务检举揭发其他纳税人偷、骗税行为，同时也有监督税务机关及其工作人员依法执法的责任。

二、税款征收原则

（一）唯一征收主体原则

根据《税收征收管理法》的规定，除税务机关、税务人员以及经税务机关依照法律、行政法规委托的单位或个人外，任何单位和个人不得进行税款征收活动。代表国家行使征税权力的主体是税务机关。

（二）征收法定原则

这是税务机关在税款征收过程中必须遵循的一个基本原则，即税务机关的一切税款征收及有关活动都必须由法律明确规定；没有法律明确规定的，人们不负有纳税义务，任何单位和个人都无权向人们收税。这一原则要求税务机关只能依照法律、行政法规的规定征收税款，不得任意开征、停征、多征、少征、提前征收或者延缓征收税款或者摊派税款。这一原则包含以下内容：

1. 税权法定，是指税收的立法权和执法权都是法定的，税务机关不得自行处分税权。

2. 税种法定，是指经法律设定或法律授权行政法规设定并开征的税种，税务机关不得擅自增减改变税目，不得调高或降低税率，未经法定批准程序不得加征、减征或免税，不得由此而多征、少征、提前征收或者延缓征收税款或者摊派税款；否则，除撤销其擅自作出的决定外，还应补征应征未征的税款，退还不应征而征收的税款，并由上级税务机关追究直接责任人员的行政责任。

3. 征税法定，主要有三层含义：一是税收的征收程序必须由法律明确规定，征纳双方必须遵照执行，具体表现在：采取税收保全措施或强制执行措施时；办理减、免、退税时；核定应纳税额时；进行纳税调整时；针对纳税人的欠税，进行清理，采取各种措施时；税务机关都必须按照法律、行政法规规定的审批权限和程序操作，否则就是违法行为。二是税务机关征收税款或扣押、查封商品、货物或其他财产时，必须向纳税人开具完税凭证或开付扣押、查封的收据或清单。三是税款、滞纳金、罚款统一由税务机关上缴国库，具体是指：税务机关征收的税款、滞纳金、罚款必须按规定的税收征管范围和规定的预算级次入库；有关执行部门在查处有关案件时，涉及税款的，应当将税款、滞纳金交由税务机关按规定的预算级次入库。

4. 禁止对税法作扩大解释。除立法解释外，不能作扩大或类推解释。

（三）税款优先原则

这是指根据税法的规定，在纳税人支付各种款项和偿还债务时税款处于优先地位。税款优先原则体现了国家政治权力优先于一部分经济权力，在一定程度上也体现了税收的强制性，增强了税法在执行中的可操作性，为保证国家税款的安全和完整提供了法律保障。税款优先原则包含三层含义：

1. 税款优先于无担保债权。税款优先于无担保债权是有条件的，也就是说，税款并不是优先于所有无担保债权，对于法律上另有规定的无担保债权，不能行使税款优先权。如对于破产企业来说，法律规定破产企业优先支付职工工资、生活保障费等。在这里，职工对于企业来说是债权人，职工工资、生活保障费等债权优先于税款。类似情况还有商业银行法规定的个人储蓄本金优先，保险法规定的保险金优先，海商法规定的工资、社会保险费用以及在船舶营运中发生的人员死亡的赔偿请求等海事请求优先。

2. 纳税人发生欠税在前的，税款优先于抵押权、质权或被留置权。纳税人的欠税发生在以其财产设置抵押、质押或被留置之前，纳税人应当向抵押权人、质权人说明其欠税情况。抵押权人、质权人可以请求税务机关提供有关的欠税情况。纳税人以其财产设定抵押、质押或被留置的，并不是纳税人财产所有权的转移，但当抵押权、质权、留置权被执行时，就可能发生财产所有权的转移，为保障税款的安全，纳税人发生欠税在前的，税款优先于抵押权、质权、留置权的执行。在这里，税款执行权的额度以纳税人欠税和滞纳金价值为标准。

欠税的法律构成要件为：纳税人的纳税行为已经发生，纳税义务已经超过纳税期限，纳税人未缴纳或者未全部缴纳应纳税款。这里的"欠税"未将纳税人的主观意图纳入界定的概念中，即无论其是否故意、有无过失等，只要未按规定期限缴纳税款即为欠税。偷逃的税款包含在欠税中。

3. 税款优先于罚款、没收非法所得。纳税人欠缴税款，同时又被税务机关处以罚款、没收非法所得的，税款优先于罚款、没收非法所得。也就是说，当税收权力与行政权力在债权发生冲突时，即当纳税人的财产不足以满足两种权力要求时，税收权力优先于其他行政权力。因为罚没所得具有制裁当事人的性质，不以财政收入、公共利益为目的，与税收的性质有所区别，所以罚没所得应当滞后于税款受偿。

三、税款征收方式

税款征收方式是指税务机关依照税法规定和纳税人生产经营、财务管理情况以及便于征收和保证国家税款及时足额入库的原则而采取的具体组织税款入库的方法。

（一）查账征收

查账征收是由纳税人依据账簿记载，先自行计算缴纳，事后经税务机关查账核定，如有不符合税法规定的，可以多退少补。这种税款征收方式主要适用于已建立会计账册、会计记录完整的单位。

（二）查定征收

查定征收是由税务机关根据纳税人的生产设备及在正常条件下的生产、销售等情况，对其生产的应税产品查定产量和销售额，然后依税法规定的税率征收税款的一种方式。这种税款征收方式主要适用于生产不固定、账册不健全的单位。

（三）查验征收

查验征收是由税务机关对纳税人的应税产品进行查验，贴上完税证、查验证，盖查验戳，并据以征税的一种征收方式。这种税款征收方式主要适用于零星、分散的高税率产品。

（四）定期定额征收

定期定额征收是指税务机关依照有关法律、法规的规定，按照一定的程序，核定纳税人在一定经营时期内的应纳税经营额及收益额，并以此为计税依据，确定其应纳税额（包括增值税税额、消费税税额、企业所得税税额等）的一种税款征收方式。税务机关核定定额应依照以下程序：纳税人自报，典型调查，定额核定，下达定额。这种税款征收方式适用于生产经营规模小又确无建账能力，经主管税务机关审核批准，可以不设置账簿或暂缓建账的小型纳税人。

（五）代扣代缴

代扣代缴是指按照税法的规定，负有扣缴税款义务的法定义务人，负责对纳税人应纳税款进行代扣代缴的方式，即由支付人在向纳税人支付款项时，从所支付的款项中依照税法的规定直接扣收税款。其目的是对零星分散、不易控制的税源实行源泉控管。

（六）代收代缴

代收代缴是指按照税法的规定，负有收缴税款义务的法定义务人，负责对纳税人应纳的税款进行代收代缴的方式，即由与纳税人有经济业务往来的单位和个人在向纳税人收取款项时依照税法的规定收取税款。这种方式一般适用于税收网络覆盖不到或很难控制的领域，如受托加工应征消费税的消费品，由受托方代收代缴消费税。

(七) 委托代征

委托代征是指受托的有关单位按照税务机关核发的代征证书的要求，以税务机关的名义向纳税人征收零散税款的税款征收方式。

(八) 邮寄纳税

这种税款征收方式主要适用于那些有能力按期纳税，但采用其他方式纳税又不方便的纳税人。

(九) 其他方式

如利用网络申报、用 IC 卡纳税等。

四、税款征收制度

(一) 延期缴纳税款制度

纳税人因特殊困难不能按期缴纳税款的，经省、自治区、直辖市税务局批准，可延期缴纳税款，但最长不得超过 3 个月。同一笔税款不得滚动审批。

(二) 税收滞纳金征收制度

纳税人未按规定期限缴纳税款的，扣缴义务人未按照规定期限解缴税款的，税务机关除责令限期缴纳外，从滞纳税款之日起，按日加收滞纳税款 0.5‰的滞纳金。

对纳税人、扣缴义务人、纳税担保人应缴纳的欠税及滞纳金不再要求同时缴纳，可以先行缴纳欠税，再依法缴纳滞纳金。

滞纳金的计算是从缴款期限届满次日起至实际缴纳或解缴税款之日止，按日加收滞纳税款 0.5‰的滞纳金。其滞纳天数应包含实际缴纳或解缴税款之日。

(三) 减免税收制度

1. 纳税人应依照法律、行政法规的规定办理减税、免税。
2. 地方各级人民政府、各级人民政府主管部门、单位和个人违反法律、行政法规规定，擅自作出的减税、免税决定无效，税务机关不得执行，并向上级税务机关报告。
3. 享受减税、免税优惠的纳税人，减税、免税期满，应当自期满次日起恢复纳税；减税、免税条件发生变化的，应当在纳税申报时向税务机关报告；不再符合减税、免税条件的，应当依法履行纳税义务；未依法纳税的，税务机关应当予以追缴。

(四) 税收保全措施和税收强制执行措施

税收保全措施是指税务机关对可能由于纳税人的行为或者某种客观原因，致使以后税款的征收不能保证或难以保证的案件，采取限制纳税人处理和转移商品、货物或其他财产的措施。

税收强制执行措施是指当事人不履行法律、行政法规规定的义务，有关国家机关采用法定的强制手段，强迫当事人履行义务的行为。

(五) 税款的退还和追征制度

纳税人超过应纳税额缴纳的税款，税务机关发现后应当立即退还；纳税人自结算缴纳税款之日起 3 年内发现的，可以向税务机关要求退还多缴的税款并加算银行同期存款利息。

因税务机关责任，致使纳税人、扣缴义务人未缴或者少缴税款的，税务机关在 3 年内可要求纳税人、扣缴义务人补缴税款，但不得加收滞纳金。因纳税人、扣缴义务人计算等失误，未缴或者少缴税款的，税务机关在 3 年内可以追征税款、滞纳金；有特殊情况的追征期可延长至 5 年。对偷税（逃避缴纳税款）、抗税、骗税的，税务机关追征其未缴或少缴的税款、滞纳金或者所骗取的税款，不受上述期限限制。

第四节 税务检查管理

一、税务检查

税务检查是税务机关对内和对外检查监督的统称。对内检查是指各级税务机关根据国家的税收政策法规、税收管理体制和税务人员管理制度，对下级税务机关及税务人员贯彻执行税收政策、法规、体制情况进行检查监督的一种方式。其中各级税务机关对税务人员的检查，通常称为"税务监察"。对外检查是指税务机关根据国家税收政策、法规及财务会计制度，对纳税人履行纳税义务情况进行检查监督的一种方式，一般称"纳税检查"或"税收检查"。税务机关对内检查和对外检查各有不同的目的、任务和作用。

税务检查是税收征收管理的一个重要环节。它是指税务机关依法对纳税人履行缴纳税款义务和扣缴义务人履行代扣、代收税款义务的状况所进行的监督检查。纳税人、扣缴义务人必须接受税务机关依法进行的税务检查，如实反映情况，提供有关资料，不得拒绝、隐瞒。税务机关依法进行税务检查时，有关部门和单位应当支持、协助。

通过税务检查，既有利于全面贯彻国家的税收政策，严肃税收法纪，加强纳税监督，查处偷税、漏税和逃骗税等违法行为，确保税收收入足额入库，也有利于帮助纳税人端正经营方向，促使其加强经济核算，提高经济效益。

二、纳税检查的基本内容

（一）纳税检查的一般内容

纳税检查是依法对纳税人、扣缴义务人履行纳税义务、扣缴义务的情况所进行的检查。其检查范围比较广，只要与纳税人的纳税义务、扣缴义务人的扣缴义务相关的信息资料，都属于纳税检查的范围。当然，纳税检查必须遵循一定的程序，在税法规定的权限范围内进行检查，不可使用非法程序或超越权限进行检查。

（二）纳税检查的具体内容

1. 对企业报表、账册、凭证进行检查。
2. 对企业生产经营场所进行检查。

对企业章程、合同、协议、股东大会决议、企业会计制度等书面资料进行检查。对企业的财产实物进行检查，包括存货、固定资产、银行存款、现金等。到车站、码头、机场、邮政企业及其分支机构检查纳税人托运、邮寄应纳税商品。

3. 货物或者其他财产的有关单据、凭证和有关资料。检查纳税人、扣缴义务人的发票使用、保管情况。

4. 检查纳税人应纳税款是否及时足额入库，有无错缴、未缴、少缴、欠缴、偷税等问题。

5. 检查扣缴义务人代扣代缴、代收代缴的税款是否正确，报缴税款是否及时、足额，有无少扣、不扣或挪用税款的问题。

6. 检查纳税人是否按规定办理税务登记、纳税申报等事项。

三、税务检查的形式与方法

（一）税务检查的形式

1. 重点检查，指对公民举报、上级机关交办或有关部门转来的有偷税行为或偷税嫌疑的，纳税申报与实际生产经营情况有明显不符的纳税人及有普遍逃税行为的行业的检查。

2. 分类计划检查，指根据纳税人历来纳税情况、纳税人的纳税规模及税务检查间隔时间的长短等综合因素，按事先确定的纳税人分类、计划检查时间及检查频率而进行的检查。

3. 集中性检查，指税务机关在一定时间、一定范围内，统一安排、统一组织的税务检查，这种检查一般规模比较大，以前年度的全国范围内的税收、财务大检查就属于这类检查。

4. 临时性检查，指各级税务机关根据不同的经济形势、偷逃税趋势、税收任务完成情况等综合因素，在正常的检查计划之外安排的检查，如行业性解剖、典型调查性的检查等。

5. 专项检查，指税务机关根据税收工作实际，对某一税种或税收征收管理某一环节进行的检查，如增值税一般纳税专项检查、漏征漏管户专项检查等。

（二）税务检查的方法

1. 全查法，指对被查纳税人一定时期内所有会计凭证、账簿、报表及各种存货进行全面、系统的检查。

2. 抽查法，指对被查纳税人一定时期内的会计凭证、账簿、报表及各种存货，抽取一部分进行检查。

3. 顺查法，与逆查法对称，是指对被查纳税人按照其会计核算的顺序，依次检查会计凭证、账簿、报表，并将其相互核对。

4. 逆查法，与顺查法对称，是指逆会计核算的顺序，依次检查会计报表、账簿及凭证，并将其相互核对。

5. 现场检查法，与调账检查法对称，是指税务机关派人员到被查纳税人的机构办公地点对其账务资料进行检查。

6. 调账检查法，与现场检查法对称，是指将被查纳税人的账务资料调到税务机关进行检查。

7. 比较分析法，是对被查纳税人检查期有关财务指标的实际完成数进行纵向或横向比较，分析其异常变化情况，从中发现纳税问题的线索。

8. 控制计算法，也称逻辑推算法，是根据被查纳税人财务数据的相互关系，用可靠的或科学测定的数据，验证其检查期账面记录或申报的资料是否正确。

9. 审阅法，指通过直观地审查阅览被查纳税人的会计账簿、凭证等账务资料，发现其在纳税方面存在的问题。

10. 核对法，指通过对被查纳税人的各种相关联的会计凭证、账簿、报表及实物进行相互核对，验证其在纳税方面存在的问题。

11. 观察法，指在被查纳税人的生产经营场所、仓库、工地等现场实地察看其生产经营及存货等情况，以发现纳税问题或验证账中可疑问题。

12. 外调法，指对被查纳税人有怀疑或已掌握一定线索的经济事项，通过向与其有经济联系的单位或个人进行调查，予以查证核实。

13. 盘存法，指通过对被查纳税人的货币资金、存货及固定资产等实物进行盘点清查，核实其账实是否相符，进而发现纳税问题。

14. 交叉稽核法，指国家为加强增值税专用发票的管理，应用计算机将开出的增值税专用发票抵扣联与存根联进行交叉稽核，以查出虚开发票行为，避免国家税款流失。目前这种方法通过"金税工程"体现，对利用增值税专用发票偷逃税款行为起到了极大的遏制作用。

第五节 税收法律责任

一、法律责任

法律责任是违法主体因其违法行为所应承担的法律后果。在税收法律关系中，违法主体所需承担的责任主要是行政责任和刑事责任。行政责任是由税务机关对违反税法行为所追究的法律责任；刑事责任是由国家司法机关对触犯刑律的违反税法行为所追究的法律责任。按照主体的不同，法律责任可分为纳税主体的法律责任和征税主体的法律责任。

（一）一般税收法律责任

1. 纳税人违反税收管理行为的法律责任。

（1）纳税人不办理税务登记的，税务机关应当自发现之日起 3 日内责令其限期改正；逾期不改正的，依照《税收征收管理法》第六十条的规定处罚。

纳税人通过提供虚假的证明资料等手段，骗取税务登记证件的，处 2 000 元以下的罚款；情节严重的，处 2 000 元以上 1 万元以下的罚款。纳税人涉嫌其他违法行为的，按有关法律、行政法规的规定处理。

纳税人、扣缴义务人违反《税务登记管理办法》的规定，拒不接受税务机关处理的，税务机关可以收缴其发票或者停止向其发售发票。

（2）纳税人有下列行为之一的，由税务机关责令限期改正，可以处 2 000 元以下的罚款；情节严重的，处 2 000 元以上 1 万元以下的罚款：①未按照规定的期限申报办理税务变更或者注销登记的；②未按照规定设置、保管账簿或者保管记账凭证和有关资料的；③未按照规定将财务会计制度或者财务会计处理办法和会计核算软件送交税务机关备查的；④未按照规定将其全部银行账号向税务机关报告的；⑤未按照规定安装、使用税控装置，或者损毁或者擅自改动税控装置的。

（3）纳税人不办理税务登记的，由税务机关责令限期改正；逾期不改正的，经税务机关提请，由工商行政管理机关吊销其营业执照。纳税人未按照规定使用税务登记证件，或者转借、涂改、损毁、买卖、伪造税务登记证件的，处 2 000 元以上 1 万元以下的罚款；情节严重的，处 1 万元以上 5 万元以下的罚款。

（4）扣缴义务人未按照规定办理扣缴税款登记的，税务机关应当自发现之日起 3 日内责令其限期改正，并可以处 1 000 元以下的罚款。

对于税务人员徇私舞弊或者玩忽职守，违反规定为纳税人办理税务登记相关手续，或者滥用职权，故意刁难纳税人、扣缴义务人的，调离税收工作岗位，并依法给予行政处分。

2. 纳税人违反纳税申报规定行为的法律责任。纳税人未按照规定的期限办理纳税申报和报送纳税资料的，或者扣缴义务人未按照规定的期限向税务机关报送代扣代缴、代收代缴税款报告表和有关资料的，由税务机关责令限期改正，可以处 2 000 元以下的罚款；情节严重的，可以处 2 000 元以上 1 万元以下的罚款。

扣缴义务人应扣未扣、应收而不收税款的，由税务机关向纳税人追缴税款，对扣缴义务人处应扣未扣、应收未收税款 50% 以上 3 倍以下的罚款。

3. 纳税人偷税的法律责任。纳税人伪造、变造、隐匿、擅自销毁账簿、记账凭证，或者在账簿上多列支出或者不列、少列收入，或者经税务机关通知申报而拒不申报或者进行虚假纳税申报，不缴或者少缴应纳税款的，是偷税。纳税人偷税的，由税务机关追缴其不缴或者少缴的税款、滞纳金，并处不缴或者少缴的税款 50% 以上 5 倍以下的罚款；构成犯罪的，依法追究刑事责任。

扣缴义务人采取以上所列手段，不缴或者少缴已扣、已收税款，由税务机关追缴其不缴或者少缴的税款、滞纳金，并处不缴或者少缴的税款 50% 以上 5 倍以下的罚款；构成犯罪的，依法追究刑事责任。

纳税人、扣缴义务人编造虚假计税依据的，由税务机关责令限期改正，并处 5 万元以下的罚款。

纳税人不进行纳税申报，不缴或者少缴应纳税款的，由税务机关追缴其不缴或者少缴的税款、滞纳金，并处不缴或者少缴的税款 50% 以上 5 倍以下的罚款。

4. 纳税人逃避税务机关追缴欠税行为的法律责任。纳税人欠缴应纳税款，采取转移或者隐匿财产等手段，妨碍税务机关追缴欠缴的税款的，由税务机关追缴欠缴的税款、滞纳金，并处欠缴税款 50% 以上 5 倍以下的罚款；构成犯罪的，依法追究刑事责任。

5. 纳税人骗取出口退税行为的法律责任。以假报出口或者其他欺骗手段，骗取国家出口退税款的，由税务机关追缴其骗取的退税款，并处骗取税款 1 倍以上 5 倍以下的罚款；构成犯罪的，依法追究刑事责任。对骗取国家出口退税款的，税务机关可以在规定期间内停止为其办理出口退税。

6. 纳税人抗税行为的法律责任。以暴力、威胁方法拒不缴纳税款的，是抗税，除由税务机关追缴其拒缴的税款、滞纳金外，依法追究刑事责任。情节轻微，未构成犯罪的，由税务机关追缴其拒缴的税款、滞纳金，并处拒缴税款 1 倍以上 5 倍以下的罚款。

纳税人、扣缴义务人在规定期限内不缴或者少缴应纳或者应解缴的税款，经税务机关责令限期缴纳，逾期仍未缴纳的，税务机关除采取强制执行措施追缴其不缴或者少缴的税款外，可以处不缴或者少缴的税款 50% 以上 5 倍以下的罚款。

纳税人、扣缴义务人逃避、拒绝或者以其他方式阻挠税务机关检查的，由税务机关责令改正，可以处 1 万元以下的罚款；情节严重的，处 1 万元以上 5 万元以下的罚款。

（二）税务代理人违反税法行为的法律责任

税务代理人超越代理权限，违反税收法律、行政法规，造成纳税人未缴或者少缴税款的，除由纳税人缴纳或者补缴应纳税款、滞纳金外，对税务代理人处以 2 000 元以下的罚款。

二、违反税法的刑事责任

（一）逃避缴纳税款罪

2009 年 2 月 28 日，十一届全国人大常委会第七次会议通过了《刑法修正案（七）》，逃避缴纳税款罪取代了原来的偷税罪，"偷税"不再作为一个刑法概念存在。

1. 逃税罪的构成要件。

（1）本罪的主体是纳税人和扣缴义务人。

（2）本罪在主观方面是故意，即明知自己实施的是违法的逃避缴纳税款的行为，仍故意实施。可见，行为人主观上是出于不缴或者少缴应纳税款或者已扣、已收税款的目的。行为人因过失行为导致不缴或少缴税款的行为，则不构成本罪。

（3）本罪在客观方面表现为违反税收法律、法规，以欺骗、隐瞒手段进行虚假纳税申报或者不申报，逃避缴纳税款义务，情节严重的行为。情节严重主要是指纳税人、扣缴义务人采取欺骗、隐瞒手段进行虚假纳税申报或者不申报，逃避缴纳税款数额较大并且占应纳税额 10% 以上的；及多次实施逃避缴纳税款行为，未经处理的，按照累计数额计算达到数额较大的情况。

（4）本罪侵犯的客体是国家税收管理制度。

2. 逃避缴纳税款罪的处罚。

《刑法》第 201 条规定，纳税人采取欺骗、隐瞒手段进行虚假纳税申报或者不申报，逃避缴纳税款数额较大并且占应纳税额 10% 以上的，处 3 年以下有期徒刑或者拘役，并处罚金；数额巨大并且占应纳税额 30% 以上的，处 3 年以上 7 年以下有期徒刑，并处罚金。扣缴义务人采取前款所列手段，不缴或者少缴已扣、已收税款，数额较大的，依照前款的规定处罚。对多次实施前两款行为，未经处理的，按照累计数额计算。

（二）抗税罪

抗税罪是指纳税义务人、扣缴义务人以暴力、威胁手段拒不缴纳税款的行为。抗税罪犯罪客体是复杂客体，既侵犯了国家税收管理法律制度，又侵犯了他人的人身权利。对抗税罪处 3 年以下有期徒刑或者拘役，并处拒缴税款 1 倍以上 5 倍以下罚金；情节严重的，处 3 年以上 7 年以下有期徒刑，并处拒缴税款 1 倍以上 5 倍以下罚金。

以暴力方法抗税，致人重伤或者死亡，构成伤害罪或杀人罪的，依法律规定，应择一重罪处罚。

（三）逃避追缴欠税款罪

逃避追缴欠税款罪是指纳税人采取转移或者隐匿财产等手段，使税务机关无法追缴纳税人所欠缴的税款，数额在 1 万元以上的行为。

逃避追缴欠税款使税务机关无法追缴欠缴的税款数额在 1 万元以上不满 10 万元的，处 3 年以下有期徒刑或者拘役，并处或单处欠缴税款 1 倍以上 5 倍以下罚金；数额在 10 万元以上的，处 3 年以上 7 年以下有期徒刑，并处欠缴税款 1 倍以上 5 倍以下罚金。

（四）骗取出口退税罪

骗取出口退税罪是指以假报出口或者其他欺骗手段骗取国家出口退税款，数额较大的行为。以假报出口或者其他欺骗手段，骗取国家出口退税款，数额较大的，处 5 年以下有期徒刑或者拘役，并处骗取税款 1 倍以上 5 倍以下罚金；数额巨大或者有其他严重情节的，处 5 年以上 10 年以下有期徒刑，并处骗取税款 1 倍以上 5 倍以下罚金；数额特别巨大或者有其他特别严重情节的，处 10 年以上有期徒刑或者无期徒刑，并处骗取税款 1 倍以上 5 倍以下罚金或者没收财产。

（五）虚开增值税专用发票、用于骗取出口退税、抵扣税款发票罪

虚开增值税专用发票、用于骗取出口退税、抵扣税款发票罪是指虚开增值税专用发票或者虚开用于骗取出口退税、抵扣税款的其他发票的行为。有为他人虚开、为自己虚开、让他人为自己虚开、介绍他人虚开上述专用发票行为之一的，即构成虚开增值税专用发票、用于骗取出口退税、抵扣税款发票罪。

虚开增值税专用发票或者虚开用于骗取出口退税、抵扣税款的其他发票的，处 3 年以下有期徒刑或者拘役，并处 2 万元以上 20 万元以下罚金；虚开的税款数额较大或者有其他严重情节的，处 3 年以上 10 年以下有期徒刑，并处 5 万元以上 50 万元以下罚金；虚开的税款数额巨大或者有其他特别严重情节的，处 10 年以上有期徒刑或者无期徒刑，并处 5 万元以上 50 万元以下罚金或者没收财产。有上述行为骗取国家税款，数额特别巨大，情节特别严重，给国家利益造成特别重大损失的，处无期徒刑或者死刑，并处没收财产。

第六节　纳税担保与纳税信用管理

一、纳税担保管理

（一）纳税担保与纳税保证

1. 纳税担保与纳税担保人。纳税担保是指经税务机关同意或确认，纳税人或其他自然人、法人、经济组织以保证、抵押、质押的方式，为纳税人应当缴纳的税款及滞纳金提供担保的行为。纳税担保人包括以保证方式为纳税人提供纳税担保的纳税保证人和其他以未设置或者未全部设置担保物权的财产为纳税人提供纳税担保的第三人。法律、行政法规规定的没有担保资格的单位和个人，不得作为纳税担保人。

2. 纳税保证与纳税保证人。纳税保证是指纳税保证人向税务机关保证，当纳税人未按照税收法律、行政法规规定或者税务机关确定的期限缴清税款、滞纳金时，由纳税保证人按照约定履行缴纳税款及滞纳金的行为。税务机关认可的，保证成立；税务机关不认可的，保证不成立。纳税保证为连带责任保证，纳税人和纳税保证人对所担保的税款及滞纳金承担连带责任。

（二）纳税担保的范围和保证责任

1. 纳税担保范围。纳税担保的范围包括税款、滞纳金和实现税款、滞纳金的费用。费用包括抵押、质押登记费用，质押保管费用，以及保管、拍卖、变卖担保财产等相关费用支出。

2. 用于纳税担保的财产、权利的价值。用于纳税担保的财产、权利的价值不得低于应当缴纳的税款、滞纳金，并考虑相关的费用。纳税担保的财产价值不足以抵缴税款、滞纳金的，税务机关应当向提供担保的纳税人或纳税担保人继续追缴。

3. 同意纳税担保的财产、权利的价格估算。用于纳税担保的财产、权利的价格估算，除法律、行政法规另有规定外，由税务机关参照同类商品的市场价、出厂价或者评估价估算。

4. 适用纳税担保的情形。

（1）税务机关有根据认为从事生产、经营的纳税人有逃避纳税义务行为，在规定的纳税期之前经责令其限期缴纳应纳税款，在限期内发现纳税人有明显的转移、隐匿其应纳税的商品、货物以及其他财产或者应纳税收入的迹象，责成纳税人提供纳税担保。

（2）欠缴税款、滞纳金的纳税人或者其法定代表人需要出境的。

（3）纳税人同税务机关在纳税上发生争议而未缴清税款，需要申请行政复议的。

（4）税收法律、行政法规规定可以提供纳税担保的其他情形。

5. 纳税担保责任。纳税人和纳税保证人对所担保的税款及滞纳金承担连带责任。当纳税人在税收法律、行政法规或税务机关确定的期限届满未缴清税款及滞纳金的，税务机关即可要求纳税保证人在其担保范围内承担保证责任，缴纳担保的税款及滞纳金。

6. 纳税保证时限。纳税担保从税务机关在纳税担保书签字盖章之日起生效。保证期间为纳税人应缴纳税款期限届满之日起60日，即税务机关自纳税人应缴纳税款的期限届满之日起60日内有权要求纳税保证人承担保证责任，缴纳税款、滞纳金。

履行保证责任的期限为15日，即纳税保证人应当自收到税务机关的纳税通知书之日起15日内履行保证责任，缴纳税款及滞纳金纳税保证期间内税务机关未通知纳税保证人缴纳税款及滞纳金以承担担保责任的，纳税保证人免除担保责任。

7. 纳税保证人的违规处理。纳税人在规定的期限届满未缴清税款及滞纳金，税务机关在保证期限内书面通知纳税保证人的，纳税保证人应按照纳税担保书及约定的范围，自收到纳税通知书之日起15日内缴纳税款及滞纳金，纳税保证人未按照规定的履行保证责任的期限缴纳税款及滞纳金的，由税务机关发出责令限期缴纳通知书，责令纳税保证人在限期15日内缴纳，逾期仍未缴纳的，经县以上税务局（分局）局长批准，对纳税保证人采取强制执行措施。

（三）纳税抵押与纳税质押

1. 纳税抵押，是指纳税人或纳税担保人不转移对《纳税担保试行办法》第15条所列财产的占有，将该财产作为税款及滞纳金的担保。纳税人逾期未缴清税款及滞纳金的，税务机关有权依法处置该财产以抵缴税款及滞纳金。

2. 纳税质押，是指经税务机关同意，纳税人或纳税担保人将其动产或权利凭证移交税务机关占有，将该动产或权利凭证作为税款及滞纳金的担保。纳税人逾期未缴清税款及滞纳金的，税务机关有权依法处置该动产或权利凭证以抵缴税款及滞纳金。

3. 纳税抵押财产的范围。

（1）可抵押的财产：①抵押人所有的房屋和其他地上定着物；②抵押人所有的机器、交通运输工具和其他财产；③抵押人依法有权处分的国有的房屋和其他地上定着物；④抵押人依法有权处分的国有的机器、交通运输工具和其他财产；⑤经设区的市、自治州以上税务机关确认的其他可以抵押的合法财产。

（2）不得抵押的财产：①土地所有权；②土地使用权，抵押房屋和其他地上定着物占用范围内的除外；③学校、幼儿园、医院等以公益为目的的事业单位、社会团体、民办非企业单位的教育设施、医疗卫生设施和其他社会公益设施。学校、幼儿园、医院等以公益为目的的事业单位、社会团体，可以其教育设施、医疗卫生设施和其他社会公益设施以外的财产为其应缴纳的税款及滞纳金提供抵押；④所有权、使用权不明或者有争议的财产；⑤依法被查封、扣押、监管的财产；⑥依法定程序确认为违法、违章的建筑物；⑦法律、行政法规规定禁止流通的财产或者不可转让的财产；⑧经设区的市、自治州以上税务机关确认的其他不予抵押的财产。

二、纳税信用管理

纳税信用管理，指税务机关对纳税人的纳税信用信息开展的采集、评估、确定、发布和应用等活动。

（一）《纳税信用管理试行办法》的适用范围

已办理税务登记，从事生产、经营并适用查账征收的企业纳税人，以及以下企业纳税人：

1. 从首次在税务机关办理涉税事宜之日起时间不满一个评价年度的企业（以下简称新设立企业）。评价年度是指公历年度，即1月1日至12月31日。

2. 评价年度内无生产经营业务收入的企业。

3. 适用企业所得税核定征收办法的企业。

4. 非独立核算分支机构可自愿参与纳税信用评价。

（二）纳税信用信息采集工作组织实施单位

由国家税务总局和省税务机关组织实施，按月采集。

(三) 纳税信用评估方法

采取年度评价指标得分和直接判级两种方式：

1. 近三个评价年度内存在非经常性指标信息的，从 100 分起评；近三个评价年度内没有非经常性指标信息的，从 90 分起评。
2. 直接判级适用于有严重失信行为的纳税人。

(四) 纳税信用评价周期

纳税信用评价周期为一个纳税年度，有下列情形之一的纳税人，不参加本期的评价：

1. 纳入纳税信用管理时间不满一个评价年度的。
2. 因涉嫌税收违法被立案查处尚未结案的。
3. 被审计、财政部门依法查出税收违法行为，税务机关正在依法处理，尚未办结的。
4. 已申请税务行政复议、提起行政诉讼尚未结案的。
5. 其他不应参加本期评价的情形。

三、纳税信用修复

主管税务机关自受理纳税信用修复申请之日起 15 个工作日内完成审核，并向纳税人反馈信用修复结果。纳税信用修复完成后，纳税人按照修复后的纳税信用级别适用相应的税收政策和管理服务措施，之前已适用的税收政策和管理服务措施不作追溯调整。

四、重大税收违法失信主体信息公布管理

税务机关应依照规定，确定重大税收违法失信主体，向社会公布失信信息，并将信息通报相关部门实施监管和联合惩戒。重大税收违法失信主体信息公布管理应当遵循依法行政、公平公正、统一规范、审慎适当的原则。各级税务机关应当依法保护税务行政相对人合法权益，对重大税收违法失信主体信息公布管理工作中知悉的国家秘密、商业秘密或者个人隐私、个人信息，应当依法予以保密。

拓展阅读：重大税收违法失信主体信息公布管理办法

本章小结

税务登记是税务机关对纳税人的基本情况及生产经营项目进行登记管理的一项基本制度，也是纳税人开始纳入税务机关监督管理的一项证明。税务管理从狭义上讲是税务机关依据国家税收政策法规所进行的税款征收活动，从广义角度来说是国家及其税务机关，依据客观经济规律和税收分配特点，对税收分配的全过程进行决策、计划、组织、监督和协调，以

保证税收职能得以实现的一种管理活动。我国的《税收征收管理法》既规定了纳税申报、税款征收、税务检查的程序；同时又规定了征纳双方主体的权利义务，还规定了征纳机关和纳税人的法律责任。

☞【思考题】

1. 税务登记制度由哪些内容组成？具体规定是什么？
2. 对于重大失信群体的处理是否需要进一步改革？如何改革？
3. 税务管理需要重点注意哪些地方？

自测习题及参考答案

第二十二章 税收行政处罚与税务行政赔偿

> 【学习目标】
> 1. 了解税务行政处罚的原则、设定和种类。
> 2. 了解税务行政处罚的主体与管辖、简易程序和一般程序。
> 3. 掌握税务行政复议范围、管辖、申请与受理。
> 4. 熟悉税务行政诉讼的概念和原则。
> 5. 熟悉税务行政诉讼的管辖、受案范围、起诉和受理。

第一节 税收行政处罚

一、税务行政处罚定义

税务行政处罚是指依法享有税务行政处罚权的税务机关,对违反税收法律规范但尚未构成犯罪的税务行政管理相对人(纳税人、扣缴义务人和其他当事人)给予行政制裁的具体行政行为。

税务行政处罚的基本法律依据为:《行政处罚法》《税收征收管理法》《税收征收管理法实施细则》《税务行政处罚听证程序实施办法(试行)》《税务案件调查取证与处罚决定分开制度实施办法(试行)》等法律法规。

二、税务行政处罚的实施主体与管辖

(一)税务行政处罚的实施主体

《行政处罚法》第 20 条规定,行政处罚由违法行为发生地的县级以上地方人民政府具有行政处罚权的行政机关管辖。法律、行政法规另有规定的除外。

税务行政处罚的实施主体主要是县级以上的税务机关。税务机关是指各级税务局、税务分局、税务所和省以下税务局的稽查局。这些税务机关都具有税务行政处罚的主体资格。各级税务机关的内设机构、派出机构不具有税务行政处罚的主体资格,但《税收征收管理法》第 74 条规定,罚款额在 2 000 元以下的,可以由税务所决定。

(二)税务行政处罚的管辖

除税收法律、行政法规、规章另有规定外,税务行政处罚实行地域管辖,即税务行政处罚实行行为发生地管辖原则。只有当事人违法行为发生地的税务机关才有权对当事人实施处罚,其他地方的税务机关则无权实施。

从税务行政处罚的级别管辖来看,必须是县(市、旗)以上的税务机关。法律特别授权的税务所除外。

三、税务行政处罚的简易程序和一般程序

(一) 税务行政处罚的简易程序

税务行政处罚的简易程序是指税务机关及其执法人员对于公民、法人或者其他组织违反税收征收管理秩序的行为,当场作出税务行政处罚决定的行政处罚程序。

简易程序的适用条件:一是案情简单、事实清楚、违法后果比较轻微且有法定依据应当给予处罚的违法行为。二是给予的处罚较轻,适用于对公民处以 200 元以下和对法人或者其他组织处以 3 000 元以下罚款或者警告的违法案件。

简易处罚程序的特点是当场作出处罚决定,但不一定当场交罚款。自 2017 年 11 月 1 日起,税务机关依法对公民、法人或者其他组织当场作出行政处罚决定的,使用修订后的《税务行政处罚决定书(简易)》,不再另行填写《陈述申辩笔录》和《税务文书送达回证》。进一步简化了简易处罚流程。

(二) 税务行政处罚的一般程序

税务行政处罚的一般程序包括立案、调查取证(有的案件要举行听证)、审查、决定、执行程序。

听证是指税务机关在对当事人某些违法行为作出处罚决定之前,按照听证环节所定形式听取调查人员和当事人意见的程序。

税务机关对公民作出 2 000 元以上罚款或者对法人或者其他组织作出 10 000 元以上罚款的行政处罚决定之前,应当告知当事人有要求举行听证的权利;当事人要求听证的,税务机关应当组织听证。

(三) 税务行政处罚的执行

审查机构作出审查意见并报送税务机关负责人审批后,应当根据审批结果制作终结性文书,并送达给案件当事人或相关机关。有应受到行政处罚的违法行为的,制作《税务行政处罚决定书》;决定不予以处罚的,制作《不予税务行政处罚决定书》。对于需要补缴税款、加收滞纳金的,应同时制作《税务处理决定书》;违法行为已构成犯罪的,制作《涉嫌犯罪案件移送书》,报经审批后将违法案件移送公安机关。

(四) 税务行政处罚裁量权行使规则

税务行政处罚裁量权,是指税务机关根据法律、法规和规章的规定,综合考虑税收违法行为的事实、性质、情节及社会危害程度,选择处罚种类和幅度并作出处罚决定的权力。

1. 行使税务行政处罚裁量权应当遵循的原则。(1) 合法原则;(2) 合理原则;(3) 公平公正原则;(4) 公开原则;(5) 程序正当原则;(6) 信赖保护原则;(7) 处罚与教育相结合原则。

2. 制定税务行政处罚裁量基准,参照下列程序进行:(1) 确认行政处罚裁量依据;(2) 整理、分析行政处罚典型案例,为细化量化税务行政处罚裁量权提供参考;(3) 细化量化税务行政处罚裁量权,拟定税务行政处罚裁量基准。

税务行政处罚裁量基准应当以规范性文件形式发布,并结合税收行政执法实际及时修订。

3. 行政处罚裁量规则适用。

（1）法律、法规、规章规定可以给予行政处罚，当事人首次违反且情节轻微，并在税务机关发现前主动改正的或者在税务机关责令限期改正的期限内改正的，不予行政处罚。

（2）税务机关应当责令当事人改正或者限期改正违法行为的，除法律、法规、规章另有规定外，责令限期改正的期限一般不超过30日。

（3）对当事人的同一个税收违法行为不得给予两次以上罚款的行政处罚。当事人同一个税收违法行为违反不同行政处罚规定且均应处以罚款的，应当选择适用处罚较重的条款。

（4）当事人有下列情形之一的，不予行政处罚：①违法行为轻微并及时纠正，没有造成危害后果的；②不满十四周岁的人有违法行为的；③精神病人在不能辨认或者不能控制自己行为时有违法行为的；④其他法律规定不予行政处罚的。

（5）当事人有下列情形之一的，应当依法从轻或者减轻行政处罚：①主动消除或者减轻违法行为危害后果的；②受他人胁迫有违法行为的；③配合税务机关查处违法行为有立功表现的；④其他依法应当从轻或者减轻行政处罚的。

（6）违反税收法律、行政法规应当给予行政处罚的行为在五年内未被发现的，不再给予行政处罚。

（7）行使税务行政处罚裁量权应当依法履行告知义务。在作出行政处罚决定前，应当告知当事人作出行政处罚决定的事实、理由、依据及拟处理结果，并告知当事人依法享有的权利。

第二节　税务行政复议

一、税务行政复议

行政复议，是指行政相对人认为行政主体的具体行政行为侵犯其合法权益，依法向行政复议机关提出复查该具体行政行为的申请，行政复议机关依照法定程序对被申请的具体行政行为进行合法、适当性审查，并作出行政复议决定的一种法律制度。税务行政复议是指纳税人、扣缴义务人、纳税担保人等税务当事人或其他行政相对人认为税务机关及其工作人员作出的税务具体行政行为侵犯其合法权益，依法向税务行政复议机关提出复查该具体行政行为的申请，由税务行政复议机关对该具体行政行为的合法性和适当性进行审查并作出裁决的制度和活动。税务行政复议机关是指依法受理行政复议申请、对具体行政行为进行审查并作出行政复议决定的税务机关。

【思政小课堂】

党的二十大报告指出，要扎实推进依法行政。法治政府建设是全面依法治国的重点任务和主体工程。转变政府职能，优化政府职责体系和组织结构，推进机构、职能、权限、程序、责任法定化，提高行政效率和公信力。深化事业单位改革。深化行政执法体制改革，全面推进严格规范公正文明执法，加大关系群众切身利益的重点领域执法力度，完善行政执法程序，健全行政裁量基准。强化行政执法监督机制和能力建设，严格落实行政执法责任制和责任追究制度。完善基层综合执法体制机制。

二、税务行政复议特点、机构和人员

(一) 税务行政复议的特点

税务行政复议是一种行政法律制度，具有纠错的作用，其特征如下：

1. 税务行政复议是由行政机关主持的裁决活动。首先，税务行政复议是国家行政机关主持的活动，而不是由司法机关主持的诉讼活动或由权力机关等主体实施的监督活动。其次，税务行政复议是由有复议权的行政机关主持的活动。复议权是法律授予对引起争议的具体行政行为进行审查并作出裁决的权力，它既不是税务机关的专有权力，也不是任何行政机关都可行使的权力。按照《行政复议法》的规定，能够行使税务行政复议的机关主要是上一级税务机关和本级人民政府。

2. 税务行政复议申请人以不服税务机关及其工作人员作出的税务具体行政行为为前提，即税务行政复议以税务具体行政行为为审查对象。税务具体行政行为是指税务机关及其工作人员针对特定的人、特定的具体事项，作出的有关纳税人等税务当事人或其他行政相对人权利义务的单方行为，可直接作为行政相对人履行义务或行政主体强制执行的依据。对与税务具体行政行为相对应的抽象行政行为，如果属于行政法规、规章等行政立法行为，行政相对人不能申请行政复议，也不能提出审查申请；如果行政相对人认为规章以下的一般抽象行政行为违法，可以在对相应具体行政行为申请复议时，一并提出对该抽象行政行为进行审查的申请。

3. 税务行政复议因不服具体行政行为的利害关系人的申请而发生。当事人提出申请是引起税务行政复议的前提条件。"不告不理"的原则也同样适用于税务行政复议，没有申请人的申请，就启动不了税务行政复议程序，也就无所谓税务行政复议活动。

4. 税务行政复议不仅审查具体行政行为的合法性，而且还审查具体行政行为的适当性。这一特征使行政复议与以审查具体行政行为合法性为原则的行政诉讼区别开来。

5. 税务行政复议与税务行政诉讼衔接方面的特点——复议前置。对于多数行政争议来讲，行政相对人既可以向复议机关申请行政复议，也可以直接向人民法院提起行政诉讼，通过哪种方式，由相对人自由选择。税务行政复议则不同，按照《税收征收管理法》和《行政复议法》的规定，对于因征税及滞纳金问题引起的争议，税务行政复议是税务行政诉讼的必经程序，未经复议，行政相对人不能向法院起诉。除此之外的税务争议，如因处罚、保全措施及强制执行等引起的争议，行政相对人则可以选择适用复议或诉讼程序。

(二) 税务行政复议的机构和人员

各级行政复议机关负责法制工作的机构（简称行政复议机构）依法办理行政复议事项。

各级行政复议机关可以成立行政复议委员会，研究重大、疑难案件，提出处理建议。

行政复议委员会可以邀请本机关以外的具有相关专业知识的人员参加。

行政复议工作人员应当具备与履行行政复议职责相适应的品行、专业知识和业务能力，并取得《行政复议法实施条例》规定的资格。税务机关中初次从事行政复议的人员，应当通过国家统一法律职业资格考试取得法律职业资格。

三、税务行政复议的受案范围

（一）征税行为

1. 确认纳税主体、征税对象、征税范围、减税、免税、退税、抵扣税款、适用税率、计税依据、纳税环节、纳税期限、纳税地点和税款征收方式等具体行政行为。
2. 征收税款、加收滞纳金。
3. 扣缴义务人、受税务机关委托的单位和个人作出的代扣代缴、代收代缴、代征行为等。

（二）税收保全措施、强制执行措施

1. 税收保全措施。（1）书面通知开户银行或者其他金融机构冻结纳税人的金额相当于应纳税款的存款；（2）扣押、查封价值相当于应纳税款的商品、货物或者其他财产。
2. 税收强制执行措施。（1）书面通知开户银行或者其他金融机构从当事人存款中扣缴税款；（2）依法拍卖或变卖所扣押、查封价值相当于应纳税款的商品、货物或者其他财产以抵缴税款。

（三）行政处罚行为

1. 罚款。
2. 没收财物和违法所得。
3. 停止出口退税权。

（四）不依法履行职责的行为

1. 颁发税务登记。
2. 开具、出具完税凭证、外出经营活动税收管理证明。
3. 行政赔偿。
4. 行政奖励。
5. 其他不依法履行职责的行为。

（五）其他具体行政行为

资格认定行为；不依法确认纳税担保行为；政府信息公开工作中的具体行政行为；纳税信用等级评定行为；通知出入境管理机关阻止出境行为；其他具体行政行为；行政许可、行政审批行为；发票管理行为。包括发售、收缴、代开发票等。

四、税务行政复议管辖

我国税务行政复议原则上实行由上一级税务机关管辖的一级复议制度，具体来说：

1. 对各级税务局的具体行政行为不服的，向其上一级税务局申请行政复议，也可以选择向该税务局的本级人民政府申请行政复议。省、自治区、直辖市人大及其常委会、人民政府对税务局的行政复议管辖另有规定的，从其规定。
2. 对国家税务总局的具体行政行为不服的，向国家税务总局申请行政复议。对行政复议决定不服的，申请人可以向人民法院提起行政诉讼，也可以向国务院申请裁决。国务院的

裁决为最终裁决。

3. 对下列税务机关的具体行政行为不服的，按照下列规定申请行政复议：

（1）对计划单列市税务局的具体行政行为不服的，向国家税务总局申请行政复议，也可以选择向本级人民政府申请行政复议。

（2）对税务所（分局）、各级税务局的稽查局的具体行政行为不服的，向其所属税务局申请复议。

（3）对两个以上税务机关共同作出的具体行政行为不服的，向共同上一级税务机关申请行政复议；对税务机关与其他行政机关共同作出的具体行政行为不服的，向其共同上一级行政机关申请行政复议。

（4）对被撤销的税务机关在撤销以前所作出的具体行政行为不服的，向继续行使其职权的税务机关的上一级税务机关申请行政复议。

（5）对税务机关作出逾期不缴纳罚款加处罚款的决定不服的，向作出行政处罚决定的税务机关申请行政复议。但是对已处罚款和加处罚款都不服的，一并向作出行政处罚决定的税务机关的上一级税务机关申请行政复议。

五、税务行政复议的参加人

税务行政复议的参加人，是指依法参加税务行政复议活动、保护自己合法权益或者维护法定职权的申请人、被申请人、第三人等。

（一）申请人

1. 申请人及其法律特征。

（1）税务行政复议申请人是指对税务机关作出的税务具体行政行为不服，依据法律、法规的规定，以自己的名义向行政复议机关提起复议申请的纳税人、扣缴义务人、纳税担保人等税务当事人及其他行政相对人。

（2）复议申请人具有如下法律特征。一是申请人必须是行政相对人，即处于被管理地位的公民、法人或其他组织。在税务行政复议中，申请人主要是指纳税人、扣缴义务人、纳税担保人等税务当事人，也包括其他行政相对人。二是申请人是认为合法权益受到具体行政行为侵害的人。

2. 特殊情况下的复议申请人。

（1）合伙企业申请行政复议的，应当以核准登记的企业为申请人，由执行合伙事务的合伙人代表该企业参加行政复议。

（2）不具备法人资格的其他组织（合伙企业除外）申请行政复议的，由该组织的主要负责人代表该组织参加行政复议。

（3）股份制企业的股东大会、股东代表大会、董事会认为行政机关作出的具体行政行为侵犯企业合法权益的，可以以企业的名义申请行政复议。

（4）有权申请行政复议的公民死亡的，其近亲属可以申请行政复议；有权申请行政复议的公民为无行为能力人或者限制行为能力人，其法定代理人可以代理申请行政复议。

（5）行政复议期间，行政复议机关认为申请人以外的公民、法人或者其他组织与被审查的具体行政行为有利害关系的，可以通知其作为第三人参加行政复议。

（6）同一行政复议案件申请人超过5人的，推选1~5名代表参加行政复议。

3. 申请人的权利和义务。申请人在行政复议中享有充分的程序性权利，并通过行使程序性权利维护自己的合法权益。申请人在行政复议中的权利包括以下几个方面：（1）申请复议权；（2）委托代理权；（3）申请行政赔偿权；（4）撤回复议申请权；（5）对已经发生法律效力的决定申请执行权；（6）查阅被申请人提交给复议机关的书面答复、作出具体行政行为的证据和依据及其他有关材料（国家机密、商业秘密、个人隐私除外）；（7）对复议裁决不服，提出行政诉讼或申请国务院裁决权。

在享有权利的同时，申请人也必须履行其应尽的义务。申请人在行政复议中应履行下列义务：（1）向复议机关提供有关材料的义务；（2）按复议机关的要求参加复议的义务；（3）履行已发生法律效力的复议决定的义务。

《税务行政复议规则》第31条规定，申请人、第三人可以委托1~2名代理人参加行政复议。申请人、第三人委托代理人的，应当向行政复议机构提交授权委托书。授权委托书应当载明委托事项、权限和期限。公民在特殊情况下无法书面委托的，可以口头委托。口头委托的，行政复议机构应当核实并记录在卷。申请人、第三人解除或者变更委托的，应当书面告知行政复议机构。

（二）被申请人

1. 被申请人。

被申请人是指其具体行政行为被税务行政复议申请人指控违法，侵犯其合法权益，并被税务行政复议机关通知参加复议的行政主体。被申请人的具体规定如下。

（1）申请人对具体行政行为不服申请行政复议的，作出该具体行政行为的税务机关为被申请人。

（2）申请人对扣缴义务人的扣缴税款行为不服的，主管该扣缴义务人的税务机关为被申请人；对税务机关委托的单位和个人的代征行为不服的，委托税务机关为被申请人。

（3）税务机关与法律、法规授权的组织以共同的名义作出具体行政行为的，税务机关和法律、法规授权的组织为共同被申请人。税务机关与其他组织以共同名义作出具体行政行为的，税务机关为被申请人。

（4）税务机关依照法律、法规和规章规定，经上级税务机关批准作出具体行政行为的，批准机关为被申请人。申请人对经重大税务案件审理程序作出的决定不服的，审理委员会所在税务机关为被申请人。

（5）税务机关设立的派出机构、内设机构或者其他组织，未经法律、法规授权，以自己名义对外作出具体行政行为的，税务机关为被申请人。

2. 被申请人的权利和义务。被申请人在行政复议中的权利和义务包括以下几个方面。

（1）复议期间不停止具体行政行为执行的权利。

（2）进行答辩的义务。

（3）接受审查的义务。

（4）向复议机关提供作出具体行政行为的证据、依据和其他有关材料的义务。

（5）履行发生法律效力决定的义务。

（6）被申请人不得委托本机关以外人员参加行政复议。

(三) 税务行政复议第三人

税务行政复议中的第三人,是指因与被申请复议的具体行政行为有利害关系而参加到税务行政复议中去的行政相对人。在税务行政复议中,第三人具有独立的法律地位,不依附于申请人或被申请人,享有与申请人基本相同的申请复议权利。

1. 税务行政复议期间,行政复议机构认为申请人以外的公民、法人或者其他组织与被审查的具体行政行为有利害关系的,可以通知其作为第三人参加行政复议。

2. 税务行政复议期间,申请人以外的公民、法人或者其他组织与被审查的具体行政行为有利害关系的,可以向行政复议机关申请作为第三人参加行政复议。

3. 第三人不参加税务行政复议,不影响行政复议案件的审理。

六、税务行政复议的申请

(一) 申请复议的时限

税务行政复议的期限为60日。根据《行政复议法》规定,行政复议申请人可以在知道行政机关作出具体行政行为之日起60日内提出行政复议申请。但是法律规定的申请期限超过60日的除外。因不可抗力或者其他正当理由耽误法定申请期限的,申请期限自障碍消除之日起继续计算①。

(二) 复议与诉讼的次序问题

1. 对征税行为的争议——复议是诉讼的必经前置程序。
2. 对其他行为的争议——复议不是诉讼的必经前置程序。

(三) 行政复议申请方式

税务行政复议的申请方式,可以书面申请,也可以口头申请。

申请人书面申请行政复议的,可以采取当面递交、邮寄或者传真等方式提出行政复议申请。有条件的行政复议机关可以接受以电子邮件形式提出的行政复议申请。申请人口头申请行政复议的,行政复议机构应当依照规定当场制作行政复议申请笔录,交申请人核对或者向申请人宣读,并由申请人确认。

(四) 行政复议和行政诉讼不能同时进行

申请人向行政复议机关申请行政复议,行政复议机关已经受理的,在法定行政复议期限内申请人不得向人民法院提起行政诉讼;申请人向人民法院提起行政诉讼,人民法院已经依法受理的,不得申请行政复议。

七、税务行政复议受理

(一) 行政复议申请符合下列规定的,行政复议机关应当受理

1. 属于《税务行政复议规则》规定的行政复议范围。

---

① 《税务行政复议规则》(chinatax. gov. cn)。

2. 在法定申请期限内提出。
3. 有明确的申请人和符合规定的被申请人。
4. 申请人与具体行政行为有利害关系。
5. 有具体的行政复议请求和理由。
6. 符合税务行政复议申请中规定的条件。
7. 属于收到行政复议申请的行政复议机关的职责范围。
8. 其他行政复议机关尚未受理同一行政复议申请，人民法院尚未受理同一主体就同一事实提起的行政诉讼。

（二）行政复议期间具体行政行为不停止执行，但是有下列情形之一的，可以停止执行
1. 被申请人认为需要停止执行的。
2. 行政复议机关认为需要停止执行的。
3. 申请人申请停止执行，行政复议机关认为其要求合理，决定停止执行的。
4. 法律规定停止执行的。

八、税务行政复议和解与调解

对下列行政复议事项，按照自愿、合法的原则，申请人和被申请人在行政复议机关作出行政复议决定以前可以达成和解，行政复议机关也可以调解：
1. 行使自由裁量权作出的具体行政行为，如行政处罚、核定税额、确定应税所得率等。
2. 行政赔偿。
3. 行政奖励。
4. 存在其他合理性问题的具体行政行为。

申请人和被申请人达成和解的，应当向行政复议机构提交书面和解协议。和解内容不损害社会公共利益和他人合法权益的，行政复议机构应当准许。

经行政复议机构准许和解终止行政复议的，申请人不得以同一事实和理由再次申请行政复议。

第三节 税务行政诉讼

一、税务行政诉讼的定义与特点

（一）税务行政诉讼的定义

税务行政诉讼，是指公民、法人或者其他组织认为税务机关的具体行政行为侵犯其合法权益时，依法向人民法院提起诉讼，由人民法院进行审理并作出裁判的活动。税务行政诉讼的被告必须是税务机关或经法律、法规授权的行使税务行政管理权的组织，而不是其他行政机关或组织。税务行政诉讼解决的争议发生在税务行政管理过程中。因税款征纳发生的争议，行政复议是行政诉讼的必经前置程序。

按照新修订的《行政诉讼法》，被诉行政机关负责人应当出庭应诉。不能出庭的，应当委托行政机关相应的工作人员出庭。

人民法院审理行政案件，对行政行为是否合法进行审查。当事人在行政诉讼中的法律地

位平等。各民族公民都有用本民族语言、文字进行行政诉讼的权利。人民检察院有权对行政诉讼实行法律监督。

(二) 税务行政诉讼的特点

1. 税务行政诉讼以审理税务行政案件、解决税务行政争议为内容。这是税务行政诉讼区别于其他行政诉讼的根本标志。

2. 税务行政诉讼的当事人具有恒定性。税务行政诉讼的原告必须是认为自己的合法权益受到侵害的公民、法人或其他组织。税务行政诉讼的被告必须是税务机关或经法律、法规授权的行使国家税务行政管理权的机关、组织或是改变原具体税务行政行为的复议机关。因此，海关、财政等部门也可能成为税务行政诉讼的被告。

3. 税务行政诉讼所要解决的争议，必须是由税务机关在行使税务行政管理职能中引起的税务纠纷，而不是其他争议，即税务行政诉讼的标的只能是税务行政行为。《行政诉讼法》第 53 条规定，公民、法人或者其他组织认为行政行为所依据的国务院部门和地方人民政府及其部门制定的规范性文件不合法，在对行政行为提起诉讼时，可以一并提请对该规范性文件进行审查。

二、税务行政诉讼的管辖

税务行政诉讼的管辖，是指上下级人民法院之间和同级人民法院之间受理第一审税务行政案件的分工和权限。管辖分为级别管辖、地域管辖和裁定管辖。

管辖与受案范围不同。受案范围解决的是人民法院与其他行政机关之间处理行政案件的分工和权限，而管辖解决的是法院系统内部上下级法院或同级法院之间处理第一审税务行政案件的分工和权限。对当事人而言，受案范围确定了当事人对税务机关的哪些税务行为不服可以向人民法院提起诉讼，管辖则明确了当事人在与税务机关发生税务行政争议时应向哪一地的哪一级法院起诉的问题。

(一) 级别管辖

级别管辖，是指在法院组织系统内，划分上下级法院之间受理第一审税务行政案件的分工和权限。级别管辖是从纵向上解决哪些第一审税务行政案件应由哪一级人民法院受理和审理的问题。根据《行政诉讼法》的规定，最高人民法院管辖全国范围内重大、复杂的第一审税务行政案件；中、高级人民法院管辖本辖区内重大、复杂的第一审税务行政案件；基层人民法院管辖除上级法院管辖的第一审税务行政案件以外的所有的第一审税务行政案件，即一般的税务行政案件均由基层法院管辖（见表 22 - 1）。

表 22 - 1　　　　　　　　　各级人民法院管辖案件

级别管辖	案件
基层人民法院	一般的税务行政诉讼案件
中级人民法院	(1) 对国务院部门或者县级以上地方人民政府所作的行政行为提起诉讼的案件；(2) 海关处理的案件；(3) 本辖区内重大、复杂的案件；(4) 其他法律规定由中级人民法院管辖的案件

续表

级别管辖	案件
高级人民法院	本辖区内重大、复杂的第一审税务行政诉讼案件
最高人民法院	全国范围内重大、复杂的第一审税务行政诉讼案件

资料来源：《中华人民共和国民事诉讼法》第二章第一节。

（二）地域管辖

地域管辖又称区域管辖，是指同级人民法院之间受理第一审税务行政案件的分工和权限。它是根据法院的辖区与当事人所在地或者与行政诉讼标的所在地的关系确定的第一审税务行政案件的管辖。地域管辖分为一般地域管辖和特殊地域管辖。

1. 一般地域管辖，是指按照最初作出具体行政行为的行政机关所在地确定的管辖。根据《行政诉讼法》的规定，凡未经复议而直接向法院起诉的，或者经过复议，复议机关维持原决定，当事人不服向人民法院起诉的，均由最初作出具体行政行为的行政机关所在地法院管辖。

2. 特殊地域管辖，是指根据行政行为的特殊性或者标的物所在地来确定管辖的法院。行政诉讼法规定了三种特殊地域管辖：第一种是经过复议，复议机关改变原行政行为的；第二种是对限制人身自由强制措施提起的诉讼；第三种是对不动产提起的诉讼。税务行政诉讼中涉及的特殊地域管辖主要是第一种情况，即复议机关改变了原行政行为的案件。案件经过复议，而复议机关改变原行政行为，当事人可以选择复议机关所在地人民法院管辖，也可以选择由最初作出行政行为的税务机关所在地人民法院管辖。当事人可以向任何一个有管辖权的法院起诉，由最先收到起诉书的人民法院为第一审法院。

3. 裁定管辖，是指人民法院在某些特殊情况下，以裁定方式确定税务行政案件的管辖。裁定管辖有移送管辖、指定管辖和管辖权的转移三种。

（1）移送管辖，是指某一法院受理税务行政案件后，发现自己对该案件没有管辖权，而将案件移送给有管辖权的法院的一种管辖方式。移送管辖必须具备三个条件：一是移送法院已经受理了该案件；二是移送法院对该案件没有管辖权；三是接受移送的法院必须对该案件有管辖权。一般情况下，接受移送的法院不得再自行移送，但如果认为移送的案件确实也不属于自己管辖的，应当报请上级法院指定管辖，不得再自行移送。

（2）指定管辖，是指上级法院以裁定的方式指定下级法院管辖某一税务行政案件。指定管辖有以下两种情况：一是由于特殊原因，有管辖权的法院不能行使管辖权。所谓特殊原因，是指导致有管辖权的人民法院不能公正、及时审理案件的情况。这包括事实原因，如自然灾害、战争、意外事故等不可抗力事实，还包括法律原因，如法院与该案有利害关系等。二是法院之间对管辖权发生争议，协商不成的，应报请共同的上一级法院决定管辖。

（3）管辖权的转移，是指由上级法院决定或者同意，上级法院审理下级法院管辖的第一审税务行政诉讼。《行政诉讼法》第24条规定，上级人民法院有权审理下级人民法院管辖的第一审行政案件。下级人民法院对其管辖的第一审行政案件，认为需要由上级人民法院审理或者指定管辖的，可以报请上级人民法院决定（见表22-2）。

表 22-2　　　　　　　　　　　　　不同地域管辖

地域管辖	情形	管辖
一般地域管辖	未经复议直接向人民法院提起诉讼的或者经复议后，复议裁决维持，不服提起行政诉讼的	由最初作出行政行为的税务机关所在地人民法院管辖
特殊地域管辖	经过复议的案件，复议机关改变原具体行政行为的	由原告选择最初作出具体行政行为的税务机关所在地人民法院，或者复议机关所在地人民法院管辖
特殊地域管辖	因不动产提起的行政诉讼	由不动产所在地人民法院管辖

资料来源：《中华人民共和国民事诉讼法》第二章第二节。

三、税务行政诉讼的受案范围

根据《行政诉讼法》关于受案范围的规定，结合税务行政行为的实际情况，税务行政诉讼受案范围主要有以下几种[①]。

1. 税务机关作出的征税行为（复议前置）。这类行为包括征收税款的行为、加收滞纳金行为、税务机关委托征收的单位作出的代扣代缴和代收代缴的行为。根据《税收征收管理法》第88条的规定：纳税人、扣缴义务人、纳税担保人同税务机关在纳税上发生争议时，必须先依照税务机关的纳税决定缴纳或者解缴税款及滞纳金或者提供相应的担保，然后可以依法申请行政复议；对复议决定不服的，可以依法向人民法院起诉。即这类行为必须复议前置，未经行政复议，不得向人民法院起诉。纳税争议是指纳税人、扣缴义务人、纳税担保人对税务机关确定的纳税主体、征税对象、征税范围、减税、免税及退税、适用税率、计税依据、纳税环节、纳税期限、纳税地点以及税款征收方式等具体税务行政行为有异议。

2. 税务机关作出的责令纳税人提供纳税担保的行为。

3. 税务机关作出的税收保全措施。

4. 税务机关作出的税收强制执行措施。

5. 税务机关未及时解除税收保全措施，使纳税人的合法权益遭受损失的行为。

6. 税务机关作出的行政处罚行为。这包括罚款，没收违法所得及非法财物，停止出口退税权，停止发售发票、收缴发票，法律、行政法规规定的其他税务行政处罚等。

7. 税务机关不予依法办理或答复的行为。这包括不予审批减免税或出口退税，不予抵扣税款，不予退还税款，不予颁发税务登记证、发售发票，不予开具完税凭证和出具票据，不予认定为增值税一般纳税人，不予核准延期申报、批准延期缴纳税款等。

8. 税务机关作出的取消增值税一般纳税人资格的行为。

9. 税务机关作出的通知出境管理机关阻止出境的行为。

10. 税务机关作出的其他行政行为。

---

① 《中华人民共和国行政诉讼法》第二章。

四、税务行政诉讼的起诉和受理

有复议前置程序的,起诉期限是当事人接到复议决定书之日起 15 日内;不需要复议前置程序的,起诉期限是当事人接到通知或者知道之日起 15 日内。

税务机关作出具体行政行为时,未告知公民、法人或者其他组织起诉期限的,起诉期限从公民、法人或者其他组织知道或者应该知道起诉期限之日起计算,但从知道或者应当知道行政行为内容之日起最长不得超过 1 年。

五、审理和判决

人民法院审理行政案件实行合议、回避、公开审判和两审终审的审判制度。

重大税务案件的范围:重大税务行政处罚案件,根据《重大税收违法案件督办管理暂行办法》督办的案件,应司法、监察机关要求出具认定意见的案件,拟移送公安机关处理的案件,审理委员会成员单位认为案情重大、复杂、需要审理的案件,其他需要审理委员会审理的案件。

人民法院对受理的税务行政案件,经过调查、收集证据、开庭审理之后,分别作出如下判决:(1)维持判决;(2)撤销判决;(3)履行判决;(4)变更判决。

行政行为有下列情形之一的,人民法院判决撤销或者部分撤销,并可以判决被告重新作出行政行为:(1)主要证据不足的;(2)适用法律、法规错误的;(3)违反法定程序的;(4)超越职权的;(5)滥用职权的;(6)明显不当的。

拓展阅读:重大税务案件审理办法

第四节 税务行政赔偿

一、税务行政赔偿概述

(一)税务行政赔偿的概念

税务行政赔偿,是指税务机关及其工作人员违法行使职权,侵犯公民、法人或其他组织的合法权益并造成损害的,由税务机关代表国家承担赔偿责任的制度。

(二)税务行政赔偿与其他行政赔偿的区别

税务行政赔偿区别于其他行政赔偿的显著特征就在于,构成税务行政赔偿责任的侵权主体是行使国家税收征管职权的税务机关和税务机关的工作人员。赔偿义务机关是行使税收征管职权的税务机关或行使税收征管职权的税务人员所在的税务机关。税务机关违反国家税法规定作出征税行为损害纳税人合法财产权等 7 种侵害纳税人合法权益的行为应当承担赔偿责任。

二、税务行政赔偿的范围、方式与标准

(一) 税务行政赔偿的范围

《中华人民共和国国家赔偿法》(以下简称《国家赔偿法》)将损害赔偿的范围仅限于对财产权和人身权中的生命健康权、人身自由权的损害,未将精神损害等列入赔偿范围。税务机关不承担赔偿责任的情形有[①]:

1. 行政机关工作人员行使与其职权无关的行为。税务机关工作人员非职务行为对他人造成的损害,责任由其个人承担。区分职务行为与个人行为的标准是看行为人是否在行使职权,而不论其主观意图如何。

2. 因纳税人和其他税务当事人自己的行为致使损害发生的。但如果出现混合过错,即损害的发生,受害人自己存在过错,税务机关及其工作人员也存在过错,应根据双方过错的大小各自承担责任,此时,税务机关应承担部分赔偿责任。

(二) 税务行政赔偿程序、方式与标准

赔偿程序主要有:一是税务行政赔偿诉讼程序;二是非诉讼程序,即税务机关的内部程序。

税务行政赔偿以支付赔偿金为主要方式,还有返还财产和恢复原状等方式。

赔偿标准为每日赔偿金按照国家上年度职工日平均工资 5~20 倍计算。

赔偿义务机关、复议机关、人民法院不得向该赔偿请求人收取任何费用;对赔偿请求人取得的赔偿金不予征税。

三、税务行政赔偿诉讼程序

税务行政赔偿诉讼程序,是指把税务行政赔偿争议交由法院审理,由法院作出裁决的活动。这是保护因税务机关及其工作人员的违法行为受到损害的公民、法人或其他组织的合法权的又一项重要措施。税务行政赔偿诉讼与一般的税务行政诉讼不同,两者在起诉和审理时存在一定的差别。

(一) 税务行政赔偿诉讼的起诉条件

根据《中华人民共和国行政诉讼法》第 49 条以及《中华人民共和国国家赔偿法》第 9 条、第 13 条的规定,税务行政赔偿诉讼请求提起应当具备如下条件:

(1) 原告是税务行政侵权行为的受害人。

(2) 有明确的被告。

(3) 有具体的诉讼请求和相应的事实根据。

(4) 属于人民法院受案范围及受诉人民法院管辖。

(5) 原告单独提出赔偿请求的,必须经过赔偿义务机关先行处理,这是提起税务行政赔偿诉讼的前提条件;凡未经税务机关先行处理的行政赔偿请求,不得直接向人民法院请求

---

① 《中华人民共和国国家赔偿法》第二章第一节第 5 条。

诉讼裁决。

（6）在法律规定的时效内起诉。国家赔偿法规定，当事人提出赔偿请求的时效为 2 年，从侵害行为被确认违法之日起计算；对赔偿义务机关逾期不予赔偿或对赔偿数额有异议的，应当在赔偿义务机关处理期限届满后的 3 个月内向人民法院提起诉讼；一并请求赔偿的时效按照行政诉讼的规定进行。

（二）税务行政赔偿诉讼的审判

在行政赔偿诉讼中，原告应当对被诉具体行政行为造成损害的事实提供证据。被告有权提供不予赔偿或减少赔偿额方面的证据。

（三）税务行政赔偿诉讼的审理方式

根据《中华人民共和国行政诉讼法》第 67 条第 3 款的规定，赔偿诉讼可以采用调解的方式。受害人和赔偿义务机关达成协议，应当制作行政赔偿调解书，写明赔偿请求、案件事实和调解结果，应由审判人员、书记员署名，加盖法院印章，送达双方当事人，调解书在双方当事人签收后，即具有法律效力。

本章小结

税务行政法制是规范税务执法机关和工作人员执法行为的基本规范，是保护纳税人合法权益的司法保障。税务行政处罚是税务机关依照税收法律、法规有关规定，依法对纳税人、扣缴义务人、纳税担保人以及其他与税务行政处罚有直接利害关系的当事人违反税收法律、法规、规章的规定进行处罚的具体行政行为。包括各类罚款以及税收法律、法规、规章规定的其他行政处罚，都属于税务行政处罚的范围。税务行政复议和税务行政诉讼作为两种不同的权利救济制度，是解决税务行政争议、规范税务行政行为、维护和监督税务机关依法行使行政执法权的重要途径。

☞【思考题】

1. 税收行政赔偿与税收行政诉讼的关系是什么？
2. 简述税务行政赔偿的构成要件。
3. 简述税收行政赔偿的程序。

自测习题及参考答案

参考文献

[1] [英] 安东尼·B. 阿特金森，[美] 约瑟夫·E. 斯蒂格里茨. 公共经济学 [M]. 蔡江南，许斌，邹华明译. 上海：上海三联书店，上海人民出版社，1992.

[2] 白彦锋，姜哲等. 美国税制改革及对全球税收秩序的影响 [M]. 北京：中国税务出版社，2018.

[3] 伯纳德·萨拉尼. 税收经济学 [M]. 陈新平等译. 北京：中国人民大学出版社，2005.

[4] 常友玲. 国家税收 [M]. 北京：中国人民大学出版社，2019.

[5] 陈共. 财政学 [M]. 北京：中国人民大学出版社，2015.

[6] [英] 大卫·特洛，马克·阿特金森. 国际转移定价 [M]. 北京：电子工业出版社，2000.

[7] 董汉彬，齐代民. 中国税制 [M]. 北京：中国铁道出版社，2012.

[8] 盖地，刘秀丽，刘荣. 中国税制 [M]. 北京：中国人民大学出版社，2022.

[9] 高培勇. 公共经济学 [M]. 北京：中国人民大学出版社，2012.

[10] 高培勇. 走向国家治理现代化——中共十八届三中全会决定研究 [M]. 北京：中国社会科学出版社，2018.

[11] 郭庆旺，吕冰洋，岳希明. 税收对国民收入分配调控作用研究 [M]. 北京：经济科学出版社，2014.

[12] 国家税务总局国际税务司. 国际税收政策及解读汇编（2019年版）[M]. 北京：中国税务出版社，2019.

[13] 国家税务总局税收科学研究所. 税收行为的经济心理学 [M]. 北京：中国财政经济出版社，2012.

[14] 国家税务总局所得税司. 个人所得税法规汇编 [M]. 北京：中国税务出版社，2016.

[15] 国家税务总局所得税司. 企业所得税法规汇编 [M]. 北京：中国税务出版社，2010.

[16] 哈维·罗森，泰德·盖尔. 财政学：Public Financee [M]. 北京：清华大学出版社，2015.

[17] 胡怡建. 税收经济学 [M]. 北京：经济科学出版社，2009.

[18] 胡怡建. 税收学 [M]. 上海：上海财经大学出版社，2018.

[19] 黄桦. 中国税收学 [M]. 北京：中国人民大学出版社，2014.

[20] 吉恩·希瑞克斯，加雷思·D. 迈尔. 中级公共经济学 [M]. 上海：格致出版社，2011.

[21] 拉本德拉·贾. 现代公共经济学（第2版）[M]. 北京：清华大学出版

社，2017.

[22] 拉本德拉·贾. 现代公共经济学 [M]. 北京：清华大学出版社，2016.

[23] 李雪筠，李金荣. 中国税制 [M]. 上海：立信会计出版社，2019.

[24] 李宇飞. 当代西方财政学 [M]. 北京：北京大学出版社，2003.

[25] 李忠华. 中国税制 [M]. 北京：清华大学出版社，2018.

[26] [美] 理查德·A. 波斯纳. 法律的经济分析 [M]. 蒋兆康，林毅夫译. 北京：中国大百科全书出版社，1997.

[27] 理查·M. 伯德. 税收改革与经济发展 [M]. 北京：中国财政经济出版社，1996.

[28] 理查德·M. 伯德，米尔卡·卡萨内格拉·德·韩舍尔. 改进发展中国家的税收管理 [M]. 朱忠等译. 北京：中国金融出版社，1994.

[29] 梁文涛. 中国税制 [M]. 北京：清华大学出版社，2011.

[30] 廖体忠，李俊生. 税基侵蚀与利润转移：解析与应对 [M]. 北京：中国税务出版社，2015.

[31] 林颖华，郑雪莲. 中国税制 [M]. 厦门：厦门大学出版社，2020.

[32] 刘颖，何辉. 中国税制 [M]. 北京：电子工业出版社，2022.

[33] 刘宇飞. 当代西方财政学 [M]. 北京：北京大学出版社，2003.

[34] 刘佐. 2019年中国税制概览（第23版）[M]. 北京：经济科学出版社，2019.

[35] 罗森，盖尔. 财政学 [M]. 北京：清华大学出版社，2015.

[36] 马国强. 中国税收 [M]. 大连：东北财经大学出版社，2016.

[37] 马海涛. 中国税制 [M]. 北京：中国人民大学出版社，2022.

[38] 马海涛. 中国税制 [M]. 北京：中国人民大学出版社，2016.

[39] 蒙丽珍，安仲文. 国家税收 [M]. 大连：东北财经大学出版社，2009.

[40] 齐代民，董汉彬. 中国税制 [M]. 长春：吉林大学出版社，2009.

[41] 企业所得税申报与业务处理研究小组. 企业所得税年度纳税申报方法与业务处理技巧 [M]. 北京：中国经济出版社，2018.

[42] [美] 乔尔·斯莱姆罗德，克里思汀·吉里泽尔. 税制分析 [M]. 李建军等译. 上海：格致出版社，上海三联书店，上海人民出版社，2019.

[43] 全国税务师职业资格考试教材编写组. 税法（Ⅰ）（Ⅱ）[M]. 北京：中国税务出版社，2022.

[44] 史蒂文·M.，谢福林. 税收公平与民间正义 [M]. 杨海燕译. 上海：上海财经大学出版社，2018.

[45] 孙世强. 国家税收 [M]. 北京：清华大学出版社，2011.

[46] 谭光荣，曹越，曹燕萍. 税收学 [M]. 北京：清华大学出版社，2016.

[47] 王乔，姚林香. 中国税制 [M]. 北京：高等教育出版社，2018.

[48] 王曙光. 财政税收理论与政策研究（修订版）[M]. 北京：经济科学出版社，2019.

[49] 王玮. 税收学原理 [M]. 北京：清华大学出版社，2010.

[50] 王秀芝. 税务管理 [M]. 北京：中国人民大学出版社，2014.

[51] 吴健，吕士柏. 个人所得税实务 [M]. 上海：中国市场出版社，2017.

[52] 徐孟洲. 税法 [M]. 北京：中国人民大学出版社，2006.

[53] 徐晔，杜莉. 中国税制 [M]. 上海：复旦大学出版社，2020.

[54] 杨斌. 税收学 [M]. 北京：科学出版社，2011.

[55] 杨斌. 税收学原理 [M]. 北京：高等教育出版社，2008.

[56] 杨虹. 中国税制（5版）[M]. 北京：中国人民大学出版社，2019.

[57] 杨杨，姜群，王立. 税收公平的三重维度：价值重构及制度选择 [M]. 北京：中国社会科学出版社，2017.

[58] 杨志清. 税法案例分析 [M]. 北京：中国人民大学出版社，2011.

[59] 杨志勇. 大国轻税 [M]. 广州：广东经济出版社，2017.

[60] 杨志勇. 税收经济学 [M]. 大连：东北财经大学出版社，2011.

[61] 于海峰，李林木. 中国税制 [M]. 北京：经济科学出版社，2022.

[62] 于立宏，张立. 国家税收 [M]. 北京：中国农业大学出版社，2020.

[63] 约翰·利奇. 公共经济学教程 [M]. 上海：上海财经大学出版社，2005.

[64] 约瑟夫·E. 斯蒂格利茨. 公共部门经济学 [M]. 北京：中国人民大学出版社，2013.

[65] 詹姆斯·A. 莫里斯. 福利、政府激励与税收 [M]. 北京：中国人民大学出版社，2012.

[66] 赵书博. 税收学. 北京：首都经济贸易大学出版社，2014.

[67] 中国会计师协会编. 注册会计师税法2023教材 [M]. 北京：中国财政经济出版社，2022.

[68] 中国注册会计师协会. 税法 [M]. 北京：中国财政经济出版社，2018.

[69] 中国注册会计师协会. 税法 [M]. 北京：中国财政经济出版社，2022.

[70] 朱军，李建强. 高级财政学 [M]. 上海：上海财经大学出版社，2022.

[71] 朱军，吴健. 中国税制 [M]. 南京：南京大学出版社，2019.

[72] 朱军. 高级财政学 [M]. 上海：上海财经大学出版社，2010.

[73] 朱明熙，刘蓉. 国家税收 [M]. 成都：西南财经大学出版社，2017.

[74] 朱青. 国际税收 [M]. 北京：中国人民大学出版社，2014.

[75] 朱为群. 中国税制 [M]. 北京：高等教育出版社，2016.

[76] Angrist, J. D., Pischke, J. S. Mostly Harmless Econometrics: An Empiricist's Companion [M]. Princeton University Press, 2008.

[77] Boadway, R. W. From Optimal Tax Theory to Tax Policy: Retrospective and Prospective Views [M]. MIT Press, 2012.

[78] Greenstein, R., Shapiro, I. The New Definitive CBO Data on Income and Tax Trends [M]. Washington, D. C.: Center on Budget and Policy Priorities, 2003.

[79] Hardesty, D. E. Electronic Commerce: Taxation and Planning [M]. Warren, Gorham & Lamont, Inc., 1999.

[80] Little, I. M. D., Mirrlees, J. A. Project Appraisal and Planning for Developing Coun-tries [M]. New York: Avebury, 1974.

[81] Mirrlees, J. A. Dimensions of Tax Design: the Mirrlees Review [M]. Oxford University Press, 2010.